Martin Luther · Briefe

Martin Luther
Briefe

Eine Auswahl
Herausgegeben von
Günther Wartenberg

Fourier Verlag · Wiesbaden

Aus dem Lateinischen übersetzt und kommentiert
von Günther Wartenberg

Iesus

Meyn vnterthenigst armß gepet, vnnd demutigs dienst meyn. Seyd
E f g altzeyt bereyt. Durchleuchtigster hochgeborner furst
gnedigster herr. Es schreybt der wirdige doctor Johannes Eckius
wie er an E f g sich gewendt vnnd eyn disputation zu leyptzk
yn E f g vniversitet zu halten, widder den wirdigen Doctorn
Andream Carlstat zu erleuben vnnd gnediglich vergonnen.

Die weyl aber Doctor Johann Eck anstrichs widder doctor Carlstatten
zu disputirn vnnd doch dieselbigen artikel widder mich furnympt, mit
gantzem crafft yn meyne positiones felt. Ich will mir zymen
dem vnvorwarnten eynfall zu empfahen vnnd meyne position zu
retten odder mich des bessere leren lassen. Ist derhalben an E f g
meyn vnterthenigs gepet. E f g wolt der warheyt zu liebe solch
disputation gnediglich vergonnen. Denn ich mir die wirdigen herrn
der vniversitet geschrieben, wie sie doctor Joh. Ecko zugesagt, das ich
doch wissen begeret, von yhn vorsagt gewesen. Das sie mir aber
zuschreyben das ich meyn disputation hab anschlahen lassen, ee denn ich
E f g darumb ersucht, ist auß vnuorsicht geschehen. E f g wird
vnd hoffe E f g mir das nit vorsagen werde, sunderlich so sie
bereyt doctor Ecko, wie er sich rhumet, zugesagt hat. Bit
E f g wolt mir dasselb gnediglich vorgeben vnnd verzeyhen.
Gott wolt E f g barmhertziglich sparen vnnd behalten Amen.
Geben zu Wittenberg am 19 tags Februarij 1519

E f g

vnterthenigster Cappellan
Doctor Martinus Luther
Augustiner

Brief Luthers an Herzog Georg von Sachsen (19. Februar 1519)

An Johann Braun

Erfurt, 22. April 1507

Dem heiligen und ehrwürdigen Priester Christi und Mariens, Johann Braun, Vikar zu Eisenach, seinem in Christo geliebten Freunde.

Gnade und Friede in Christus Jesus unserem Herrn! Wohl fürchtete ich, edelster Mann, Dein Wohlwollen mit meinen ungestümen Briefen und Bitten zu erschüttern, wenn ich nicht die echte Zuneigung Deines auch gegen mich gütig gesinnten Herzens bedächte, die ich in so vielen Beweisen und Wohltaten überaus reichlich erfahren habe. Deshalb trage ich keine Bedenken, diesen kleinen Brief an Dich zu richten, der im Vertrauen auf die aus unserer Wertschätzung füreinander erwachsenen Freundschaft von Dir erhört werde und Dich meiner Bitte geneigt finden möge.

Da nun der ruhmreiche und in allen seinen Werken heilige Gott mich elenden und sogar in jeder Weise unwürdigen Sünder für wert befunden hat, so herrlich zu erhöhen und in seinen erhabenen Dienst zu berufen, allein aus seinem überreichen Erbarmen, so muß ich das mir anvertraute Amt ganz erfüllen, damit ich mich für eine so große Hochherzigkeit der göttlichen Güte (so wenig der Staub das auch vermag) dankbar erweise. Deshalb ist auf Beschluß meiner Patres festgelegt worden, daß ich dieses [Amt] am künftigen vierten Sonntag [nach Ostern], den wir Kantate nennen, unter dem Schutz göttlicher Gnade zum ersten Mal ausübe. Denn dieser Tag ist für unsere Gott zu weihenden Erstlingsgaben bestimmt worden, weil er meinem Vater günstig liegt. Dazu lade ich Deine Liebe demütig, vielleicht eher kühn ein. Gewiß nicht, weil ich mich für würdig halte, wegen meiner Verdienste um Dich (die keine sind), Dir die Mühe einer so großen Reise aufzuerlegen und zu der so großen Armut unserer Niedrigkeit herbeikommen zu lassen, sondern weil ich Dein Wohlwollen gegen mich und Deine sichtbare Gefälligkeit erkannt, als ich kürzlich bei Dir war, und auch zu anderer Zeit sehr reichlich empfangen habe.

Du nun, teuerster Vater, Herr und Bruder (der erste Ehrenname gebührt Deinem Alter und Deiner Fürsorge, der zweite Deinem Verdienst, der letzte jedoch Deiner Ordenszugehörigkeit), würdige mich Deiner Anwesenheit, wenn es Deine Zeit, Deine kirchlichen und auch Deine häuslichen Aufgaben erlauben, um durch Deine [mir] angenehme Anwesenheit und Deine Gebete mitzuhelfen, daß mein Opfer vor Gott wohlgefällig sei. Du kannst doch meinen Verwandten Konrad, einst Küster an St. Nicolai, neben ihm, wen auch immer Du sonst willst, als Reisebegleiter nehmen, wenn dieser ebenfalls von den häuslichen Verpflichtungen abkommen kann und Lust dazu hat.

Schließlich muß ich Dich ermahnen, daß Du geradewegs in unser Kloster kommen sollst, um vorerst bei uns zu verweilen (denn ich befürchte nicht, daß Du hier ständig wohnen willst), und daß Du Dir nicht draußen auf den Plätzen eine andere Herberge suchst. Du mußt ein cellarius werden, das heißt der Bewohner einer Zelle. Lebe wohl in Christo Jesu unserem Herrn. Gegeben aus unserem Kloster zu Erfurt, an den 10. Kalenden des Mai, im Jahre des Herrn 1507.

Bruder Martin Luther aus Mansfeld.

Dem Schalbeschen Kollegium, jenen ehrenwerten Männern, die sich um mich gewiß sehr verdient gemacht haben, wage ich nicht, [so] ungestüm zur Last zu fallen, weil ich vollkommen überzeugt bin, daß es ihrem Stand und ihrer Würde nicht wohl angemessen ist, zu so einem niedrigen Dienst herbeigerufen, ja vielmehr von den Wünschen eines Mönchs, der jetzt der Welt abgestorben ist, belästigt zu werden. Außerdem bin ich im Zweifel und unentschieden, ob es jenen angenehm oder beschwerlich ist. Daher habe ich mir vorgenommen, zu schweigen. Doch möchte ich Dich bitten, ihnen dennoch meine Dankbarkeit zu bezeugen, wenn es die Gelegenheit erfordert. Lebe wohl!

An den Prior und den Augustinerkonvent in Erfurt

Wittenberg, 22. September 1512

Den hochwürdigen, ehrwürdigen und andächtigen Vätern, dem Prior, dem Magister und den Ältesten des Erfurter Konvents der Augustinereremiten, seinen in dem Herrn zu verehrenden Vätern.

Jesus.

Wohlergehen im Herrn! Ehrwürdige, hochzuverehrende und geliebte Patres! Seht, nun steht der Tag des hl. Lukas [18. Oktober] bevor, an dem mir, aus Gehorsam gegenüber den Patres und dem ehrwürdigen Pater Vicarius, die Würde eines Doctors der Theologie feierlich verliehen wird. Ihr habt, wie ich glaube, ausführlich davon aus dem Brief unseres ehrwürdigen Pater Prior zu Wittenberg erfahren. Ich übergehe meine Anklage gegen mich selbst und meine Unzulänglichkeit, damit ich nicht noch aus Demut Stolz oder Ruhm zu suchen scheine. Gott weiß es, auch mein Gewissen weiß es, wie würdig und wie dankbar ich für dieses Zeichen des Ruhmes und der Ehre bin.

Daher bitte ich um Christi Barmherzigkeit willen zuerst und vor allem, daß Ihr mich in Euren gemeinsamen Gebeten Gott anbefehlen wollt – Ihr wißt, daß Ihr in dieser Sache nach dem Recht der Liebe meine Schuldner seid –, damit sein geneigter und segenbringender Wille mit mir ist. Ferner [bitte ich], wenn es Euch irgendwie angemessen erscheint, an diesem meinem festlichen Aufzug (um die Wahrheit zu bekennen) zur Zierde und zur Ehre unseres Ordens und vornehmlich unserer Kongregation anwesend zu sein und teilzunehmen. Ich würde es nicht wagen, Euch zu einer so beschwerlichen Reise und Geldausgabe aufzufordern, nur weil es der ehrwürdigste Pater Vicarius mir so aufgetragen hat und man es als unehrenhaft, unwürdig oder auch ärgerlich ansähe, daß ich zu einer so großen Würde aufsteige, ohne daß Ihr Erfurter es wißt und eingeladen wurdet. Wenn nun der ehrwürdige Pater Lesemeister, Georg Leyser, mit Euch kommen möchte und es ihm möglich ist, wäre es mir besonders angenehm, wo nicht, dann geschehe Gottes Wille.

Möget Ihr Euch nun in diesem [allem] so erweisen, wie wir fest glauben und zuversichtlich hoffen dürfen. Eure Bereitwilligkeit werden wir dankbar in Erinnerung behalten. Lebt wohl in dem Herrn mit all Euren, nein, vielmehr mit unseren Brüdern, denen wir uns und die unseren zum Gebet anbefehlen.

Gegeben zu Wittenberg am Tag des heiligen Moritz 1512.

B. Martin Luther, Augustiner.

An Georg Spenlein

Wittenberg, 8. April 1516

Dem andächtigen und aufrichtigen Bruder Georg Spenlein, dem Augustinereremiten, der im Kloster Memmingen lebt und den ich im Herrn zu lieben habe.

Jesus Christus.

Gnade und Friede sei Dir von Gott dem Vater und dem Herrn Jesus Christus. Geliebter Bruder Georg, Du sollst wissen, daß ich für Deine ausgebotenen Sachen zweieinhalb Gulden zusammengebracht habe: 1 für die Tunika aus Brüssel, einen halben für das größere Werk des Eisenacher [Theologen] und 1 für die Kutte sowie einige andere Sachen. Verschiedene Dinge sind bis jetzt übriggeblieben, wie die ›Eclogae‹ des Baptista [Mantuanus] und Deine Materialsammlungen, diese wirst Du als Verlust ansehen müssen. Hier konnten wir sie bisher jedenfalls nicht verkaufen. Wir haben daher an Deiner Stelle die zweieinhalb Gulden dem ehrwürdigen Pater Vicarius übergeben. Wegen des restlichen halben Guldens, den Du ihm schuldest, wirst Du Dich bemühen, ihn entweder zufriedenzustellen oder den Erlaß der Schuld zu erwirken. Ich weiß nämlich, daß der hochehrwürdige Pater, gewogen, wie er Dir ist, leicht zum Erlaß der fehlenden [Summe] zu bewegen sein wird.

Außerdem möchte ich gern erfahren, was Deine Seele bewegt, ob sie endlich, ihrer eigenen Gerechtigkeit überdrüssig, lernt, in der Gerechtigkeit Christi zur Ruhe zu kommen und an sie fest zu glauben. Denn heute entbrennt die Versuchung zur Vermessenheit in vielen und besonders in denen, die sich mit allen Kräften bemühen, gerecht und gut zu sein. Sie kennen die Gerechtigkeit Gottes nicht, die uns in Christus überaus großzügig und umsonst geschenkt worden ist. Sie streben so lange aus sich selbst heraus, gut zu handeln, bis sie die Zuversicht haben, vor Gott bestehen zu können, gleichsam mit [eigenen] Tugenden und Verdiensten geschmückt. Das [jedoch] kann unmöglich geschehen. Bei uns warst Du in dieser Meinung, ja vielmehr in diesem Irrtum befangen; ich war es ebenfalls, indessen, ich kämpfe jetzt auch gegen jenen Irrtum an, ausgekämpft habe ich jedoch noch nicht.

Darum, mein lieber Bruder, lerne Christus kennen, auch den gekreuzigten! Lerne, ihn zu preisen und, indem Du nichts mehr von Dir selbst erhoffst, zu ihm zu beten: Du, Herr Jesus, bist meine Gerechtigkeit, ich aber bin deine Sünde. Du hast das Meine auf dich genommen und mir das Deine geschenkt. Du hast [daher] angenommen, was du nicht warst, und hast mir gegeben, was ich nicht war. Hüte Dich, daß Du nicht einmal nach einer so großen Reinheit trachtest, daß Du vor Dir nicht als ein Sünder erscheinen oder gar [ein Sünder] sein willst. Denn Christus wohnt nur in Sündern. Er ist in der Tat vom Himmel herabgestiegen, wo er unter Gerechten wohnte, damit er auch unter Sündern Wohnung nehme. Diese seine Liebe rufe Dir immer wieder ins Gedächtnis, und Du wirst seinen süßen Trost reichlich erfahren. Wenn wir durch unsere Mühen und unsere Trübsale zu einem ruhigen Gewissen gelangen müßten, wozu wäre dann jener gestorben. Folglich wirst Du nur in ihm Frieden finden durch getroste Verzweiflung an Dir und Deinen Werken. Dazu wirst Du von ihm selbst lernen, daß er seine Gerechtigkeit zu der Deinen gemacht, so wie er [selbst] Dich aufgenommen und Deine Sünden zu den seinen gemacht hat.

Wenn Du dieses gewiß glaubst (Du mußt es, denn verflucht ist, wer das nicht glaubt), dann nimm auch Du die zuchtlosen und bis jetzt irrenden Brüder an, ertrage sie geduldig, mache ihre Verfehlungen zu den Deinen, und wenn Dir etwas Gutes widerfährt, laß sie teilhaben. So lehrt der Apostel: Nehmt Euch einander an, so wie Christus Euch angenommen hat zum Lobe Gottes. Und wiederum [lehrt er]: Empfindet unter Euch dieses, was auch in Christo Jesu ist, der sich selbst entäußert hat, obwohl er in göttlicher Gestalt war etc. So [handle] auch Du, wenn Du Dir besser dünkst als andere. Halte das nicht für eine Beute, die Dir angeblich allein gehört, sondern entäußere Dich selbst. Vergiß, wie Du bist, und sei gleichsam einer von ihnen, damit Du sie trägst!

Unfruchtbar ist die Gerechtigkeit dessen, der andere nicht ertragen will, die er für schlechter hält als sich selbst, und der über Flucht und Einsamkeit nachdenkt, obwohl er ihnen doch durch Geduld, Wort und Beispiel persönlich beistehen muß. Das heißt das Pfund des Herrn vergraben und seinen Mitknechten nicht geben, was man schuldet. Wenn Du also eine Lilie oder eine Rose Christi bist, so wisse, daß Du unter Dornen wandelst. Darum siehe, daß Du nicht durch Ungeduld, durch unbesonnenes Richten oder durch verborgenen Hochmut selbst ein Dorn wirst. Das Reich Christi ist, wie es Psalm [110, 2] sagt, inmitten seiner Feinde. Was ersinnst Du Dir also [eine Welt] inmitten von Freunden? Woran es Dir auch immer mangelt, wirf Dich dem Herrn Jesus zu Füßen. Er selbst wird Dich alles lehren. Erwäge, was er selbst für Dich und [uns] alles getan hat, damit auch Du lernst, was Du für andere tun mußt. Wenn er selbst nur unter Guten hätte leben und nur für Freunde hätte sterben wollen, für wen, frage ich [Dich], wäre er dann eigentlich gestorben, oder mit wem hätte er jemals leben können?

Handle so, mein Bruder, und bete für mich, und der Herr sei mit Dir! Lebe wohl im Herrn! Aus Wittenberg, Dienstag nach Miserikordias Domini 1516.

Dein Bruder Martin Luther, Augustiner.

An Conrad Mutian

Gotha, 29. Mai 1516

Dem hochgelehrten und so gütigen Herrn Conrad Mutian, dem Domherrn zu Gotha, dem Doctor der Rechte, das heißt, dem besten Mann.

Jesus.

Wohlergehen in dem Herrn! Daß ich Deine Freundlichkeit, hochgelehrter und edelster Mutian, weder besucht noch zu mir eingeladen habe, hatte zwei Gründe, einmal die Eile meiner Reise und zugleich der Eifer für das Amt, das mir auferlegt wurde, zum anderen aber meine hohe Meinung von Dir und meine aufrichtige Verehrung für Dich. Denn unsere Freundschaft ist zu jung, als daß ich es gewagt hätte, Dich wahrhaft Erhabenen nicht nur in meinen Augen, sondern auch in Wirklichkeit zu erniedrigen, mich geringen Menschen aufzusuchen.

Aber jetzt muß ich dorthin, wohin ich befohlen und gefordert werde. Dennoch wollte ich Dich nicht ohne Gruß lassen, wenn auch die Scham wegen meiner Unwissenheit und (wie ich es nennen möchte) meiner geringen Beredsamkeit mich [darin] unterstützte. Indessen siegte meine Verehrung zu Dir, und so grüße ich, Martin [Luther], Dich, den großen Gelehrten, den Mann erlesenster Bildung, ich, ein Bauer wie jener Corydon, ein Barbar, der immer gewohnt ist, unter Gänsen zu schnattern. Aber ich weiß, ich bin des gewiß und setze voraus, daß Du, Mutian, das Herz höher schätzt als Sprache und Feder. Mein Herz ist gebildet genug, da es Dir gegenüber rechte Freundschaft empfindet.

Sei besonders gegrüßt in dem Herrn Jesus und gedenke meiner. Aus unserem Kloster zu Gotha, 29. Mai 1516.

Bruder Martin Luther, Distriktsvikar.

Eines aber sollst Du noch wissen: Pater Johann Lang, Baccalaureus [biblicus], den Du als einen des Griechischen und des Lateinischen Kundigen kennst, aber was mehr wert ist, auch als einen Mann mit aufrichtigem Herzen, ist kürzlich von mir zum Prior des Erfurter Klosters eingesetzt worden. Du wirst ihn bei den Menschen fördern und zu Gott für ihn beten. Lebe wohl, ich bin in Eile, wie Du siehst.

An Georg Spalatin

[Wittenberg, 24. August 1516]

Seinem Georg Spalatin, dem Diener Gottes.

Jesus.

Wohlergehen. Einen Dienst der Liebe und der Treue erbitte ich von Dir, geliebter Spalatin; das bedeutet, daß Du mir zur Stunde zur Sammlung der Briefe des heiligen Hieronymus verhelfen sollst oder daß Du mir wenigstens, wieviel Du in der Kürze vermagst, aus seinem Büchlein ›De viris illustribus‹ – was ich noch lieber hätte – herausschreibst, was der Heilige selbst über den Apostel Bartholomäus geschrieben hat. Sieh zu, daß ich es vor der zwölften Stunde habe, ich möchte darüber predigen. Über jene Possen und Lügen des ›Catalogus [sanctorum]‹ und der ›Legenda aurea‹ bin ich außerordentlich unwillig. Lebe wohl, bester Bruder. Aus unserem Klösterlein.

B. Martin Luther, Augustiner.

Wundere Dich nicht, daß ich als Theologe keinen Hieronymus besitze. Ich erwarte nämlich die Ausgabe des Erasmus. Und jene, die ich sonst benutzte, hat Johann Lang mitgenommen oder sogar verkauft.

An Georg Spalatin

Wittenberg, 19. Oktober 1516

Dem Diener Christi und dem Priester des Herrn, Georg Spalatin, dem hochgelehrten Magister, seinem wahren Freund und treuen Bruder.

Jesus.

Wohlergehen! Was mich von Erasmus, dem hochgelehrten Mann, trennt, mein Spalatin, ist dies, daß er bei der Erklärung des Apostels [Paulus] die Gerechtigkeit der Werke, des Gesetzes oder der eigenen Gerechtigkeit – denn so benennt sie nämlich der Apostel – die Beachtung jener Zeremonial- und äußeren Gesetze versteht. Ferner [behauptet er], daß der Apostel in Römer 5 nicht ausdrücklich von der Erbsünde rede (die [Erasmus] durchaus einräumt). Wenn dieser doch Augustin lesen würde, besonders die Bücher, die er gegen die Pelagianer geschrieben hat: ›De spiritu et littera‹, ›De peccatorum meritis et remissione‹, ›Contra duas epistolas Pelagianorum‹, ›Contra Iulianum‹. Diese stehen alle im achten Band seiner Werke. Er würde erkennen, wie Augustin seine Einsicht nicht aus sich heraus, sondern von hervorragenden Kirchenvätern gewonnen hat, von Cyprian, [Gregor von] Nazianz, Rheticus, Irenäus, Hilarius, Olympius, Innozenz und Ambrosius. Dann dürfte er vielleicht nicht nur den Apostel richtig verstehen, sondern auch glauben, daß Augustin einer höheren Wertschätzung würdig ist, als er bisher angenommen hat.

Ich habe freilich kaum Bedenken, von Erasmus darin abzuweichen, daß ich bei der Schriftauslegung Hieronymus gegenüber Augustin so hintenansetze wie er Augustin in allen Fragen gegenüber dem Hieronymus. Nicht der Eifer für meinen Orden veranlaßte mich, Augustin zu loben – er stand solange nicht in meiner Gunst, bis ich auf seine Bücher gestoßen war –, sondern weil ich sehe, daß Hieronymus sich dem historischen Sinn [des Textes] zuwendet und, was verwunderlicher ist, die Schrift zutreffender erklärt, wenn er es beiläufig tut, wie zum Beispiel in Briefen, als dort, wo er sie mit Nachdruck behandelt, wie in seinen Schriften. In keiner Weise besteht demnach die Gerechtigkeit des Gesetzes oder der Werke nur in Zeremonien, sondern vielmehr auch in der Verwirklichung der ganzen Zehn Gebote. Wenn diese Werke ohne Glauben an Christus geschehen, auch wenn durch sie Menschen wie Fabricius und Regulus sowie durchaus rechtschaffene Männer, in der Meinung der Menschen, hervorgebracht werden, schmecken jene dennoch nicht mehr nach Gerechtigkeit als die Vogelbeeren nach Feigen. Denn wir werden nicht, wie Aristoteles meint, gerecht, indem wir gerecht handeln – dann nur aus Heuchelei –, sondern (sozusagen) durch das Gerechtwerden und das Gerechtsein vollbringen wir gerechte Werke. Zuerst muß sich die Person ändern, dann ihre Werke. Abel gefiel [Gott] eher als seine Werke. Aber dazu an anderer Stelle.

Erfülle daher die Pflicht eines Freundes und Christen und

schreibe bitte an Erasmus auch darüber. Denn sosehr ich hoffe und wünsche, daß dessen Ansehen sich erhöhen möge, fürchte ich doch, daß sich viele dadurch zur Verteidigung jenes buchstäblichen, das bedeutet toten Wortsinnes entschließen [könnten], von dem der Kommentar des [Nikolaus von] Lyra und ungefähr alle nach Augustin voll sind. Denn auch [Faber] Stapulensis (guter Gott), sonst ein geistlicher und redlicher Mann, fehlt es an dieser Einsicht bei der Auslegung der göttlichen Schriften, obwohl sie in seiner eigenen Lebensführung, und wenn er andere [geistlich] ermahnt, durchaus anzutreffen ist.

Du könntest mich unbesonnen nennen, weil ich so große Männer unter die Rute des Aristarch führen möchte, wenn Du nicht wüßtest, daß ich dies im Interesse der Theologie und zum Heil der Brüder tue. Lebe wohl, mein Spalatin, und bete für mich. In Eile aus einem Winkel unseres Klosters am Tag nach dem Fest des heiligen Lukas 1516.

B. Martin Luther, Augustiner.

An Johann Lang

Wittenberg, 1. März 1517

Dem ehrwürdigen und gottesfürchtigen Professor Johannes Lang, dem Baccalaureus der Theologie, dem Prior der Augustinereremiten zu Erfurt, seinem in dem Herrn hoch zu Ehrenden.

Jesus.

Wohlergehen. Ich schicke zu Dir, ehrwürdiger Pater, unseren Bruder Gabriel [Zwilling], gemäß der Anordnung des ehrwürdigen Pater Vicarius. Sorge dafür, daß diese erfüllt wird, damit jener selbst wie auch andere möglichst gut, das heißt christlich, Griechisch treibe. Er hat es für gut befunden, und es ist ihm förderlich, sich in allen Punkten der Klosterzucht zu fügen. Du weißt doch, daß er die Regeln und Sitten des Ordens [bisher] noch nicht [bewußt] kennengelernt und sich an sie noch nicht gewöhnt hat. Dann gib schnell denjenigen Bruder, den Du uns anstelle von [Zwilling] zu schicken versprochen hast, zusammen mit Bruder Leonhard

[Beyer] frei. Wir leiden nämlich Mangel an Brüdern wie Gabriel.

Die von mir übersetzten und erklärten Psalmen gefallen mir sehr, wenn sie auch nicht jedem zusagen. Dennoch hofft der Drucker Johann [Grunenberg], daß Du die zurückschickst, die ich zu Dir gesandt habe.

Jetzt lese ich unseren Erasmus. Von Tag zu Tag wächst mein Unwille gegen ihn. Es gefällt mir zwar, daß er die Mönche und Priester nicht weniger beharrlich wie gelehrt tadelt und sie einer eingewurzelten und kraftlosen Unwissenheit beschuldigt. Ich fürchte jedoch, daß er Christus und die Gnade Gottes nicht genügend fordert, von der er viel weniger weiß als [Faber] Stapulensis. Das Menschliche vermag bei ihm mehr als das Göttliche. Obgleich ich ungern über ihn urteile, tue ich es doch, um Dich zu warnen, damit Du nicht alles liest oder sogar annimmst, ohne Dir eine Meinung gebildet zu haben. Die Zeiten sind nämlich heute voll von Gefahren, und ich sehe, daß nicht jeder deshalb ein erfahrener Christ ist, weil er gut Griechisch oder Hebräisch kann. Wenn auch der Selige Hieronymus mit seinen fünf Sprachen dem nur eine Sprache sprechenden Augustin nicht gleichzusetzen ist, wäre dem Erasmus eine weit andere Sicht möglich. Wer dem menschlichen Willen einiges zutraut, urteilt jedoch anders als der, welcher außer der Gnade [Gottes] nichts kennt.

Dieses Urteil verheimliche ich jedoch entschieden, um nicht die Einigkeit seiner Nachahmer zu stärken. Der Herr wird ihm vielleicht zu seiner Zeit die Einsicht schenken. Lebe wohl und grüße die Brüder Magister und den Lesemeister. Bringe in Erfahrung, ob mich Jodokus [Trutfetter] einer Antwort würdigt. Aus unserer Einsamkeit zu Wittenberg, am Sonntag Invokavit 1517.

B. Martin Luther, Augustiner.

An Erzbischof Albrecht von Mainz

Wittenberg, 31. Oktober 1517

Dem hochwürdigen Vater in Christo und durchlauchtigsten Herrn, Albert, Erzbischof der Kirchen zu Magdeburg und Mainz, Primas, Markgraf zu Brandenburg usw., seinem Herrn und Hirten in Christo, geachtet in Ehrerbietung und Liebe!

Jesus.

Gnade und Barmherzigkeit Gottes und alles, was er vermag und ist! Verzeiht mir, hochwürdigster Vater in Christo, durchlauchtigster Kurfürst, daß ich, der geringste unter den Menschen, so unbesonnen und vermessen bin und es wage, an Euer Hochwürden einen Brief zu richten. Der Herr Jesus ist mein Zeuge, daß ich, eingedenk meiner Niedrigkeit und Nichtswürdigkeit, lange aufgeschoben habe, was ich jetzt mit unverschämter Stirn vollbringe. Mich bewegt vor allem die Verpflichtung zu treuem Dienst, den ich Euch, hochwürdigster Vater in Christo, zu leisten mich schuldig weiß. Daher möge Eure Hoheit mich inzwischen würdigen und ein Auge auf mich richten, der ich nur Staub bin, und meinen Wunsch entsprechend Eurer bischöflichen Milde aufnehmen.

Päpstlicher Ablaß wird im Namen Euer Kurfürstlichen Gnaden zum Bau von St. Peter [zu Rom] unter die Leute gebracht. Dabei beklage ich nicht so sehr das Geschrei der Ablaßprediger, das ich nicht gehört habe, mich beunruhigen vielmehr die überaus falschen Anschauungen, die das Volk durch das [Geschrei] empfängt und mit denen sich [die Prediger] allgemein und an allen Orten großtun. So glauben nämlich die unglücklichen Seelen, ihrer Seligkeit sicher zu sein, wenn sie die Ablaßbriefe erwerben würden. Ebenso, daß die Seelen sofort aus dem Fegefeuer führen, sobald sie die Zahlung in den Kasten gelegt haben. Ferner, daß diese Gnadenwirkungen so stark sind, daß keine Sünde zu groß sei, als daß sie nicht erlassen werden könnte, auch wenn (wie sie sagen) jemand die Mutter Gottes – etwas Unmögliches – geschändet hätte. Schließlich, daß jene Ablässe den Menschen von jeder Strafe und Schuld befreiten.

Ach, lieber Gott, so werden die Eurer Sorge anvertrauten

Menschen zum Tode unterwiesen. Und es entsteht und wächst für Euch die äußerst bedrückende [Notwendigkeit], für alle jene Rechenschaft ablegen zu müssen. Deshalb konnte ich nicht länger davon schweigen. Denn der Mensch wird durch kein bischöfliches Amt seiner Seligkeit sicher, weil er ihrer nicht einmal durch die Gnade, die von Gott ausgegangen ist, gewiß wird. Der Apostel befiehlt uns vielmehr, immer in Furcht und Zittern an unserer Seligkeit zu arbeiten; auch der Gerechte wird kaum gerettet werden. Mit einem Wort, der Weg, der zum Leben führt, ist so eng, daß der Herr durch die Propheten Amos [4,11] und Sacharja [3,2] diejenigen, die gerettet werden sollen, brennende Holzscheite nennt, die aus dem Feuer gerissen worden sind. Und überall verkündigt der Herr die Schwierigkeiten einer Rettung. Warum machen sie durch jene falschen Fabeln und Versprechungen vom Ablaß das Volk sicher und furchtlos, nützt doch gerade der Ablaß den Seelen nichts zu ihrem Heil und ihrer Heiligkeit, er hebt nur die äußere Strafe auf, die früher nach dem geistlichen Recht auferlegt wurde.

Schließlich sind die Werke der Frömmigkeit und der Nächstenliebe unendlich besser als der Ablaß. Dennoch predigt man sie weder mit solchem Gepränge noch mit so großem Eifer, im Gegenteil, weil der Ablaß verkündet werden muß, verschweigt man jene [Werke]. Daher ist es die erste und einzige Pflicht aller Bischöfe, daß das Volk das Evangelium und die Liebe Christi kennenlernt. Christus hat niemals vorgeschrieben, den Ablaß zu predigen, aber nachdrücklich befahl er, das Evangelium zu predigen. Wie groß ist das Entsetzen, welche Gefahr entsteht einem Bischof, wenn er für sein Volk – während das Evangelium verstummt – nur den Lärm um den Ablaß zuläßt und er sich mehr darum kümmert als um das Evangelium. Wird nicht Christus zu ihnen sagen: Ihr seihet Mücken aus und verschluckt Kamele?

Es kommt hinzu, hochwürdigster Vater im Herrn, daß es in jener Instruktion für die Ablaßkommissare, die unter Eurem Namen ausgegangen ist, heißt (sicher ohne Euer Wissen und Eure Zustimmung), dieses unvergleichliche Geschenk Gottes, durch das der Mensch mit Gott wieder versöhnt wird und alle Strafen des Fegefeuers ausgelöscht werden, sei eine der höchsten Gnaden. Ebenso sei Reue für die unnötig, die Seelen- oder Beichtbriefe erwerben.

Aber was kann ich [anderes] tun, hochwürdigster Erzbischof und durchlauchtigster Kurfürst, als daß ich Euer Hochwürden um des Herrn Jesu Christi willen bitte, diese Sache mit väterlicher Sorge zu betrachten, die erwähnte Instruktion völlig aufzuheben und den Ablaßpredigern eine andere Form der Verkündigung zu befehlen, damit nicht vielleicht am Ende einer auftritt, der mit seinen Büchern sowohl die [Prediger] als auch jene Instruktion zu höchstem Schimpf für Eure durchlauchtigste Hoheit widerlege. Daß dieses geschieht, verabscheue ich entschieden, aber ich befürchte es dennoch für die Zukunft, wenn nicht schnell für Abhilfe gesorgt wird.

Diese treuen Dienste meiner Niedrigkeit, [das] bitte ich, möge Eure durchlauchtigste Gnaden würdigen und auf fürstliche und bischöfliche Weise, das heißt gnädigst annehmen, so wie ich diese Dienste mit treuestem und Euer Hochwürden besonders ergebenem Herzen erweise. Denn auch ich bin ein Teil Eurer Herde. Der Herr Jesus bewahre Euer Hochwürden in Ewigkeit. Aus Wittenberg 1517, am Abend vor Allerheiligen.

Wenn es Euer Hochwürden gefällt, könnte Sie diese meine Streitsätze ansehen und daraus entnehmen, wie zweifelhaft die Lehre vom Ablaß ist, die jene als ganz sicher ausstreuen.

Euer unwürdiger Sohn

Martin Luther,
Augustiner, berufener Doctor
der hl. Theologie.

An Kurfürst Friedrich von Sachsen

[Wittenberg, um den 6. November 1517]

Meinem gnädigsten und lieben Herrn, Herzog Friedrich, Churfursten zu Sachsen, zu seiner Gnaden Handen.

Jesus.

Gnädigster Herr und Furst. Als mir E. F. G. vor diesem Jahr zusagen tät durch den Hirsfelder, ein neu Kleid zu geben, so komme ich nue und bitt E. F. G., desselben eingedenken zu sein.

Bitt aber, g. H., wie vormals, so der Pfeffinger das ausrichten sall, daß er es mit der Tat und nit mit freundlicher Zusagung ausrichte. Er kann fast gute Wort spinnen, wird aber nit gut Tuch daraus.

Es ist auch, g. H., mir offenbart, nämlich durch den Prior zu Erfurt, der es von E. F. G. Beichtvater vorstanden, wie daß E. F. G. soll Ungnade empfangen haben uber Doctor Staupitz, unsern wirdigen lieben Vater, etlich Schreibens halben. Hab ich daselb, als er hie gewest und E. F. G. zu Torgau gesucht, mit seiner Wirde geredt und furgehalten, daß mirs nit lieb wäre E. F. G. Unglimpf uber seine Wirden; hab ich in der Wahrheit in vielen Worten nit anders erfunden, die wir den Abend von E. F. G. [geredet] hätten, dann daß E. F. G. ihm aufs beste in seinem Herzen und ihm der Churfurst von Sachsen ein lieber Furst ist und vorwahr gar sunderlich E. F. G. gunstig ist, also daß er endlich sagt: Ich meine nit, daß ich mein gnädigsten Herrn je erzurnet habe. Ich hätt es dann darinne tan, daß ich sein Gnade zuviel gelieb [!] gehabt. Derhalben bitt ich, g. H., seinthalben, als er mirs auch etlichermaß empfohlen, E. F. G. wollt sich aller Gunst und Treu zu ihm vorsehen, wie dann an Zweifel E. F. G. dieselbe oft an ihm erfunden.

Auch, gnädigster Herr, daß ich mein Treu E. F. G. auch erzeige und mein Hofekleid vordiene: Ich hab gehört, wie daß E. F. G. nach Abgang dieses Aufsatzes wollte eine andere und vielleicht schwerer aufsetzen. So E. F. G. nit wollt vorachten eines armen Bettelers Gebet, bitt ich, wollts umb Gottes willen nit lassen dahin kummen. Dann mirs von Herzen leid ist und vielen E. F. G. Gunstigen, daß auch diese Schätzung E. F. G. letzten Tagen soviel gutes Geruchts, Namen und Gunst beraubt hat. Gott hat E. F. G. wohl mit hoher Vornunft begnadet, daß Sie in diesen Sachen weiter sicht dann ich ader vielleicht alle E. F. G. Untertanen. Aber mag doch wohl sein, ja Gott will es so haben, daß groß Vornunft zuweilen durch weniger Vornunft gewiesen werde, auf daß niemand auf sich selb sich vorlasse, sundern alleine auf

Gott unsern Herrn, wilcher spar E.F.G. gesund, uns zugute und dornach E.F.G. Seelen zur Seligkeit. Amen.

E.F.G. untertäniger Kapellan,
Doctor Martinus Luther, zu Wittenberg.

An Georg Spalatin

Wittenberg, 18. Januar 1518

Seinem unbescholtenen Georg Spalatin, dem Schüler in der Wahrheit Christi und Bruder etc.

Jesus.

Wohlergehen. Was Du bisher von mir erfragt hast, bester Spalatin, das entsprach entweder meiner Fähigkeit oder zeugt davon, daß ich leichtfertig [geantwortet habe]. Wenn Du jetzt aber bittest, in den Punkten unterwiesen zu werden, die sich auf eine gründliche Erforschung der Heiligen Schrift beziehen, wünschst Du etwas, das weit über meine Kräfte geht; denn ich konnte selbst noch keinen Wegweiser für diese so große Aufgabe finden. Hier gelangen gewiß unterschiedliche Männer zu verschiedenen Ergebnissen, auch die gelehrtesten und klügsten von allen. Da hast Du Erasmus, der dem heiligen Hieronymus öffentlich eine solche Bedeutung als Theologen der Kirche beimißt, daß er ihn allein gelten lassen will. Diesem stelle ich den heiligen Augustin entgegen. Nicht nur aus Eifer für meinen Orden, sondern auch wegen des offen verbreiteten und schon lange anerkannten Urteils des Erasmus werde ich als zu unbilliger und allzu mißtrauischer Beurteiler angesehen, weil jener doch gesagt hat, es sei äußerst schamlos, wenn irgendeiner Augustin mit Hieronymus vergleichen würde.

Die Anschauungen der anderen [Gelehrten] sind ebenfalls unterschiedlich. Ich möchte nicht wagen, im Blick auf meine geringe Bildung und mein armseliges Wissen von so großen Sachen unter so bedeutenden Fachleuten ein eigenes Urteil zu äußern. Schließlich erhöhe ich bei denen, das heißt allgemein, welche die gründliche gelehrte Bildung entweder aus Eifer hassen oder aus Trägheit nicht kennen, den Erasmus immer mit den höchsten Lobreden und trete für ihn ein, solange ich kann. Mit allem Fleiß hüte ich mich, nicht [gerade] das herauszustoßen, worin ich eine abweichende Meinung habe, um die Mißgunst gegen ihn nicht noch mit meiner Äußerung zu stärken. Wenn ich jedoch trotz aller Wertschätzung als Theologe und nicht als Philologe urteilen müßte, ist bei Erasmus freilich vieles anzutreffen, was mir zur Erkenntnis Christi sehr ungeeignet erscheint. Selbst der von Erasmus mit so großem Lob bedachte Hieronymus besaß keine gelehrteren oder genialeren Einsichten. Solltest Du dieses mein Urteil über Erasmus einem anderen kundtun, dann bedenke, daß Du die Pflichten der Freundschaft verletztest. Nicht ohne Absicht erinnere ich Dich daran. Es gibt, wie Du weißt, viele, die mit allem Eifer nach einer Gelegenheit suchen, um die wahre Wissenschaft zu verleumden. Daher bleibe Dein Geheimnis, was ich gesagt habe, und Du sollst mir nicht eher glauben, bis Du es durch Lesen selbst geprüft hast. Wenn Du mir meine Methode zum Studium [der Heiligen Schrift] dennoch entreißen willst, werde ich sie Dir, meinem besten Freund, nicht gänzlich verheimlichen, aber nur so, daß Du mir erst nach [eigenen] Überlegungen folgst.

Zuerst ist unbedingt sicher, daß man in die Heilige Schrift weder durch Fleiß noch durch Verstand tief eindringen kann. Daher ist es Deine vornehmste Pflicht, mit Gebet zu beginnen, natürlich so, daß Du erbittest, Dir werde die wahre Einsicht in seine Worte aus besonderer Barmherzigkeit geschenkt, wenn es dem Herrn gefällt, durch Dich etwas geschehen zu lassen zu seinem Ruhm, nicht zu Deinem, nicht zu dem irgendeines Menschen. Denn keiner ist ein Lehrer der göttlichen Worte außer dem, der selbst sein Wort gesprochen hat, so wie [Christus] sagt: Sie werden alle Gelehrte Gottes sein. Daher mußt Du ganz an Deinem Eifer verzweifeln, ebenso an Deinem Verstand [und] allein auf den Einfluß des Geistes vertrauen. Glaube mir, ich habe das erfahren. Lies ferner die Bibel vom Anfang bis zum Ende, nachdem Dich diese demütigen Zweifel erfaßt haben, und präge Deinem Gedächtnis zuerst einfach die Geschichten ein (was Du schon längst getan hast, wie ich annehme). Dabei wird Dir besonders Hieronymus mit seinen Briefen und Kommentaren helfen. Zur Erkenntnis Christi und der Gnade Gottes – das heißt zum tieferen Verständnis des Geistes [der Heiligen Schrift] – scheinen mir jedoch Augustin und Ambrosius bei weitem nützlicher zu sein, besonders weil Hieronymus zu sehr Origines nachahmt und zu allegorisieren scheint. Ich möchte dieses unbeschadet des Urteils von Erasmus gesagt haben, da Du nicht seine, sondern meine Meinung gewünscht hast.

Du sollst aber – wenn Dir meine Methode gefällt – mit Augustins ›De spiritu et littera‹ beginnen, das bereits unser Karlstadt, ein Mann von unvergleichlichem Eifer, mit bemerkenswerten Erklärungen herausgegeben hat. Danach [beschäftige Dich] mit ›Contra Julianum‹, ›Contra duas epistolas Pelagianorum‹ sowie ›De vocatione omnium gentium‹ des Ambrosius. Wenn auch Stil, Charakter und Zeitfolge dieses Buch einem anderen als Ambrosius zusprechen, ist es doch sehr gelehrt. Das übrige später, falls diese [Schriften] Dir zusagen sollten. Übe Nachsicht mit meiner Vermessenheit, daß ich in einer so schwerwiegenden Frage es wage, über so große Männer hinweg meine Methode vorzubringen. Die ›Apologia [ad Jacobum Fabrum Stapulensem‹] des Erasmus schließlich übergehe ich. Mich bedrückt jedoch sehr, daß unter so großen Fürsten der Gelehrsamkeit ein solcher Streit entstanden ist. Erasmus ist zwar bei weitem der Überlegenere und spricht wohlgesetzter, aber auch härter, obgleich er sich sehr bemüht, Freundschaft zu wahren.

Lebe wohl, mein Spalatin. Aus unserem Kloster, am Tage der heiligen Prisca 1518, an dem Du Deinen Brief geschrieben hast. B. Martinus Eleutherius.

Staupitz hält sich in Bayern, in München auf. Kürzlich schickte er mir einen Brief von dort.

An Christoph Scheurl

Wittenberg, 5. März 1518

Dem besten und hochgelehrten Mann, Christoph Scheurl, dem Doctor beider Rechte, dem Advokaten zu Nürnberg, seinem in Christo hochzuverehrenden [Herrn].

Jesus.

Wohlergehen. Zwei Briefe habe ich von Dir erhalten, bester und hochgelehrter Christoph, den einen in Latein, den anderen in Deutsch, zugleich auch das Geschenk des ausgezeichneten Albrecht Dürer, ebenso meine deutschen und lateinischen Thesen. Auf Deine Verwunderung, warum ich diese nicht zu Euch geschickt habe, entgegne ich: Es war weder meine Absicht noch mein Wunsch, sie zu verbreiten. Vielmehr sollten sie zunächst mit wenigen, die bei uns und in unserer Nähe wohnen, disputiert werden, damit sie nach dem Urteil mehrerer entweder verworfen und vernichtet oder gebilligt und veröffentlicht werden. Jetzt dagegen werden sie weit über meine Erwartung so häufig gedruckt und übersetzt, daß mir dieses Erzeugnis leid ist. Nicht weil ich nicht unterstützen würde, daß die Wahrheit dem Volk bekannt werde – dies allein wünschte ich –, sondern weil jene Art und Weise nicht geeignet ist, das Volk zu unterweisen. Einiges ist mir selbst noch unklar, anderes hätte ich ganz anders und gewisser behauptet oder weggelassen, wenn ich dieses Echo erwartet hätte.

Dennoch erkenne ich aus dieser Verbreitung zur Genüge, welche Meinung überall und bei allen über den Ablaß herrscht, allerdings nicht öffentlich, nämlich aus Furcht vor den Juden. So wurde ich gezwungen, die ›Resolutiones‹ zu diesen [Thesen] vorzubereiten, die ich jedoch noch nicht veröffentlichen durfte; denn der ehrwürdige und gnädige Herr, der Bischof von Brandenburg, dessen Urteil ich in dieser Sache erbeten habe, ist sehr in Anspruch genommen und läßt mich schon lange warten. Ja, wenn der Herr mir Muße gäbe, würde ich ein Büchlein in deutscher Sprache über die Kraft des Ablasses veröffentlichen, um jene umherirrenden Thesen zu unterdrücken. Ich zweifle nicht, daß das Volk getäuscht wird, nicht durch den Ablaß [selbst], sondern durch [die Art] der Anwendung. Sobald [die ›Resolutiones‹] fertiggestellt sind, werde ich sie Dir schicken.

Unterdessen bitte ich Dich, mich dem ehrenwerten Albrecht Dürer zu empfehlen und ihm zu sagen, daß ich mich seiner dankbar erinnere. Nur bitte ich Euch, daß Ihr die falsche Meinung über mich ablegt und von mir nichts Größeres erwartet, als ich zu leisten vermag. Ich kann aber gar nichts und bin ganz und gar nichts, täglich werde ich mehr zu einem Nichts. Kürzlich habe ich an D. Johann Eck und an Euch alle Briefe geschickt, aber ich spüre nicht, daß sie angekommen sind. Wie sehr wünschte ich, daß das Büchlein von der Liebe unseres ehrwürdigen Pater Vicarius, das auf in München gehaltene Predigten zurückgeht und kürzlich herausgegeben wurde, erneut bei Euch gedruckt werde. Wir hungern und dürsten sehr danach.

Lebe wohl in dem Herrn.

Wittenberg, am 5. März 1518. B. Martin Luther.

An Johann von Staupitz

Wittenberg, 31. März 1518

Seinem Vater und Oberen, Staupitz, in Christo.

Jesus.

Wohlergehen. Da ich durch sehr viele Dinge in Anspruch genommen bin, kann ich, mein Vater im Herrn, nur sehr kurz schreiben. Zunächst glaube ich sehr, daß mein Name bei vielen anrüchig ist. Denn die rechtschaffenen Leute legen mir schon lange zur Last, als ob ich die Rosenkranz-, die Kronen-, die Psalter- und schließlich alle Gebete, ja vielmehr alle guten Werke verdammt hätte. Ebenso widerfuhr es Paulus von denen, die sagten, daß er lehre: Wir wollen Übles tun, damit sich Gutes zeige. Tatsächlich folge ich der Theologie Taulers und seines Buches, das Du vor kurzem unserem Goldschmied Christian zum Druck gegeben hast, und lehre, daß die Menschen auf nichts anderes ihr Vertrauen setzen sollen als auf Jesus Christus allein, nicht auf Gebete, Verdienste oder gute Werke. Nicht weil wir uns abmühen, werden wir gerettet, sondern weil Gott sich [unser] erbarmt. Aus diesen Predigten saugen jene das Gift, das, wie Du siehst, von ihnen ausgestreut wird. Nicht wegen des Geredes und des üblen Rufes habe ich begonnen [zu predigen], noch werde ich [deshalb] davon abstehen. Gott wird es wissen. Jene schüren wegen der Scholastiker den Haß gegen mich. Weil ich die Kirchenlehrer und die Bibel ihnen vorziehe, werden sie beinahe wahnsinnig vor zorniger Leidenschaft. Ich lese die Scholastiker mit Überlegung und nicht mit geschlossenen Augen, wie jene es tun. So hat es der Apostel vorgeschrieben: Prüft alles; was gut ist, behaltet. Ich weise nicht alles von diesen [Scholastikern] zurück, aber ich billige auch nicht alles. Dagegen machen jene Großsprecher gewöhnlich aus einem Teil das Ganze, aus einem Funken eine Feuersbrunst, aus einer Mücke einen Elefanten. Durch Gottes Gnade kümmere ich mich jedoch nicht um jene Gespenster. Worte sind es, und Worte werden es bleiben. Wenn es [Duns] Scotus, Gabriel [Biel] und ähnlichen [Gelehrten] erlaubt ist, von Thomas [von Aquin] abzuweichen und andererseits den Thomisten, der ganzen Welt zu widersprechen, und wenn es schließlich unter den Scholastikern ungefähr so viele Schulen wie Köpfe gibt, vielmehr so viele wie Haare auf jedem Kopf, warum erlauben sie mir ihnen gegenüber nicht dasselbe, was sie untereinander und für sich als Recht beanspruchen? Wenn Gott jedoch handelt, gibt es keinen, der es abwendet. Wenn er ruht, wird niemand Unruhe schaffen.

Lebe wohl, bete für mich und für Gottes Wahrheit, wo auch immer sie ist. Wittenberg, am Tag vor den Kalenden des April 1518. B. M. Eleutherius, Aug.

An Georg Spalatin

Wittenberg, 8. August 1518

Seinem hochgelehrten und zugleich sehr guten Freund, Georg Spalatin, der in Augsburg weilt, dem in Christo aufrichtig zu Liebenden.

Jesus.

Wohlergehen. Jetzt habe ich, mein Spalatin, Deine Hilfe besonders nötig. Ebenso bedarf das Ansehen der ganzen Universität Deiner Unterstützung. Es geht darum, daß Du Dich beim Kurfürsten und D. Pfeffinger [um folgendes] bemühen sollst: Unser Fürst und die Kaiserliche Majestät mögen für mich beim Papst erwirken, daß meine Sache zurückverwiesen und deutschen Richtern übergeben wird, wie ich es unserem Fürsten geschrieben habe. Denn Du siehst, wie arglistig und boshaft die Predigermönche, jene Menschenmörder, auf mein Verderben hinarbeiten.

Deshalb hatte ich an Pfeffinger geschrieben, um durch seine Hilfe und die Unterstützung von Freunden diese Gnade bei Kaiserlicher Majestät und beim Fürsten zu erhalten. Das muß jedoch rasch geschehen. Man hat mir nur eine knappe [Bedenk]zeit eingeräumt, wie Du der Zitation, vergleichbar einem lernäischen See voll von Schlangen und Ungeheuern, entnimmst. Daher kümmere Dich, wenn Du mich liebst und die Ungerechtigkeit verabscheust, daß Du bald die Entscheidung und Hilfe des Fürsten herbeiführst. Sobald Du diese erfahren hast, zeige es mir und mehr noch dem ehrwürdigen Pater Vicarius Johann Staupitz an, der sich vielleicht schon mit Euch in Augsburg aufhält oder bald dort sein wird. Er weilt nämlich in Salzburg, während er den Nürnbergern seine Ankunft zu Assumptionis Mariae [15. August] versprach. Schließlich bitte ich Dich, daß Du nicht bange wirst und Dich nicht über mich bekümmerst. Gott wird mit der Versuchung den guten Ausgang schaffen.

Auf den rohen und weithin ungehobelten Dialog des Silvester [Prierias] antworte ich bereits. Du wirst diese [Antwort], sobald sie fertig sein wird, nächstens vollständig zum Vergleich haben. Dieser so liebenswürdige Mensch ist zugleich mein Gegner und mein Richter, wie Du in der Vorladung sehen wirst.

Lebe wohl. Da ich mit Schreibarbeiten überladen bin, kann ich nicht ausführlicher sein. Wittenberg, am Tag des heiligen Cyriacus 1518.

B. Martinus Eleutherius, Augustiner.

An Philipp Melanchthon

Augsburg, 11. Oktober 1518

Dem gelehrten und geliebten Philipp Melanchthon, dem Professor des Griechischen zu Wittenberg, dem in Christo zu Verehrenden.

Jesus.

Wohlergehen. Unseren Johann Böschenstein, mein geliebter Philipp, den ich, von Dir empfohlen, gern aufnehme, sende ich Dir ebenso zurück. Er ist, wie ich sehe, ein ängstlicher und wenig vertrauenerweckender Mensch. Ich befürchte, daß Ihr ihm deshalb weniger Freundschaft entgegenbringt. Aber wende Du mit den übrigen nur Dein Äußeres, nicht Dein Herz gegen ihn.

Über meine Sache wird Dir Karlstadt berichten. Hier wird nichts Neues oder Aufsehenerregendes verhandelt, außer daß die Stadt voll von Gerede über mich ist und daß alle den Menschen zu sehen wünschen, der als ein Herostratus ein so großes Feuer [entfacht hat]. Handle Du als ein Mann, so wie Du es [schon] tust, und lehre die Jugend das Rechte. Ich gehe, um für Euch und für sie geopfert zu werden, wenn es dem Herrn gefällt. Lieber will ich umkommen, und, was mir jedoch sehr schwer fällt, den so angenehmen Umgang mit Euch für immer entbehren, als daß ich das widerrufe, was ich recht gelehrt habe, und daß ich diesen ebenso unwissenden wie äußerst heftigen Gegnern der Wissenschaften und Studien die Gelegenheit biete, daß die besten Studien vernichtet werden.

Italien ist sichtbar in die Finsternis Ägyptens gestürzt worden. Zu wenig kennen alle [dort] Christus und das, was zu Christus gehört. Dennoch haben wir sie als Herren und Lehrer unseres Glaubens und unseres Denkens. So erfüllt sich der Zorn Gottes über uns, der sagt: Ich will ihnen Knaben zu Fürsten geben, und Verweichlichte sollen über sie herrschen.

Lebe wohl, mein Philipp, und wende Gottes Zorn durch fromme Gebete ab. Augsburg, am Montag nach Dionysii 1518.

Bruder Martin Luther.

An Georg Spalatin

Wittenberg, 31. Oktober 1518

Seinem hochgelehrten Freund, Georg Spalatin, dem Bibliothekar des Herzogs von Sachsen etc. in Christo.

Jesus.

Wohlergehen. Ich bin heute, mein Spalatin, durch Gottes Gnade gesund nach Wittenberg zurückgekehrt. Ich weiß nicht, wie lange ich bleiben werde. Denn meine Sache steht so, daß ich zugleich Furcht und Hoffnung empfinde. Ich habe an den ungenügend informierten Papst appelliert, um ihn besser zu informieren. So bin ich [von Augsburg] abgereist, während ein Bruder zurückblieb, um dem Kardinal in Gegenwart eines Notars und von Zeugen die Appellation mitzuteilen. Nach meiner Rückkehr werde ich eine weitere Appellation an ein künftiges Konzil vorbereiten und mich an die Pariser hängen, falls der Papst jene erste Appellation aus der Fülle seiner Macht, vielmehr seiner Tyrannei zurückweisen sollte. Ich bin voll Freude und Frieden. Daher wundere ich mich, daß diese meine Anfechtung vielen bedeutenden Männern etwas Großes zu sein scheint.

Das gnädige Wohlwollen gegen mich, das der Kardinallegat unserem durchlauchtigsten Fürsten zugesagt hat, ist sicher in außerordentlicher [Weise] und reichlich erwiesen worden, aber wir haben es nicht so empfunden. Jener bot an, alles väterlich, ja höchst väterlich zu behandeln, und er hätte es ohne Zweifel auch getan, wenn ich wenigstens meine Lehre hätte widerrufen wollen. Denn an dieser Schwierigkeit hängt die ganze Sache. Weil ich dazu nicht willens war und er es durchaus wollte (denn ich glaube, daß er nur den Auftrag hatte, mich zu verdammen), wurde ich zur Appellation gezwungen.

Meine Antworten auf seine Vorwürfe werde ich zusammen mit der Appellation zur Veröffentlichung für die Allgemeinheit vorbereiten, nachdem eine theologische Darstellung über das apostolische, in Wahrheit teuflische Breve hinzugefügt worden ist. Daran hast Du mich oft erinnert und mir kürzlich ein Exemplar davon geschickt, das mir auf der Heimreise in Nürnberg mit anderen Briefen und Mitteilungen übergeben worden ist. Denn es ist unglaublich, daß eine solche Ungeheuerlichkeit vom Papst ausgehen soll, besonders von Leo X. Wer daher auch immer jener Schurke gewesen ist, der unter dem Namen Leos X. die Absicht hatte, mich mit einem solchen Dekret einzuschüchtern, der möge erkennen, daß ich auch [diese] Possen verstehen kann. Wenn es aber tatsächlich von der Kurie ausgegangen ist, werde ich sie über ihre schamlose Verwegenheit und gefährliche Unwissenheit [noch] belehren. Selbst der Kardinallegat zeigte sich für seine Person verwundert. Dabei vermute ich, daß die Römer anfangen, Furcht zu empfinden, ihrer Sache wenig vertrauen und deshalb mit scharfem Blick nach Auswegen suchen. Das übrige später und möglichst unter vier Augen. Empfiehl mich dem Fürsten und bringe mich ihm in dankbare Erinnerung.

Schließlich mußt Du mit Rücksicht auf die Ehre des Fürsten dafür sorgen, daß Du ihm von der Ankunft des Pater Licentiatus, des Priors der Karmeliter zu Augsburg, berichtest. Dieser hat uns mehr als üblich reichlich und freundlich versorgt. In mehrfacher Hinsicht ist es angemessen, daß auch wir uns ihm gleichermaßen dankbar erweisen. Er hat Augsburg am Sonnabend vor Simonis und Judae [23. Oktober] verlassen. Und er kommt in der Hoffnung auf den ihm (wie er sagt) von unserem Fürsten versprochenen Doctorschmaus. Ich erwarte ihn sicher, wenn der Fürst es versprochen hat. Sieh also zu, daß mit Ehre geschieht, was er erhofft etc.

Lebe wohl in Christus. Am Sonntag vor Allerheiligen zu Wittenberg 1518, an dem ich hoffte, daß Du mit dem Fürsten [hier] anwesend sein würdest. Aber es war ein Irrtum, und ich habe mich vergeblich beeilt. Bruder Martin Luther,

[soeben] aus Augsburg.

An Georg Spalatin

[Wittenberg] 9. Dezember 1518

Dem besten Herrn, D. Georg Spalatin, dem Knecht Christi, dem Bibliothekar des Fürsten von Sachsen, seinem in dem Herrn hochzuverehrenden [Freund].

Wohlergehen! Es war bereits geschehen, was Du, mein lieber Spalatin, mir mit Deinem Brief untersagen wolltest. Meine Acta sind erschienen, zwar mit viel Freimut für die Wahrheit, aber trotzdem noch nicht mit voller Unerschrockenheit. Ich sehe, daß ich in dieser und in allen anderen Sachen eilen muß. Gestern erfuhr ich aus Nürnberg, daß Karl von Miltitz auf dem Wege sei. Eine vertrauenswürdige Person soll gesehen haben (wie man schreibt), daß dieser drei päpstliche Schreiben mithabe, um mich zu verhaften und dem Papst zu übergeben. Ebenso trug mir jener Doctor, der zusammen mit Philipp von Feilitzsch und mir in Augsburg vor dem Legaten stand, durch unseren Prior aus Eisleben auf, mich vorzusehen: Er habe unterwegs gehört, daß ein Höfling dem Papst feierlich versprochen habe, mich auszuliefern. Ich höre auch anderes, was alles, sei es [nun] wahr [oder] sei es [nur] vorgetäuscht, mich zu erschrecken, wohl nicht geringgeachtet werden darf. Daher habe ich, damit sie mich nicht etwa unvorbereitet töten oder mit Strafen niederdrücken, alles geordnet und erwarte Gottes Entscheidung. An ein künftiges Konzil habe ich ebenfalls appelliert. Je mehr jene wüten und nach einem gewaltsamen Verfahren streben, um so weniger lasse ich mich einschüchtern. Ich werde künftig einmal freier sein gegenüber jenen lernäischen Schlangen zu Rom.

Daß ich den Wittenbergern Lebewohl gesagt hätte, was Du gehört hast, ist falsch. Aber in diesem Sinne habe ich gesprochen: Wie ihr erlebt habt, bin ich ein recht unzuverlässiger und unbeständiger Prediger. Wie oft bin ich plötzlich ohne Abschiedsgruß von Euch weggegangen! Wenn dieses nun wieder einmal geschehen sollte, will ich Lebewohl gesagt haben, falls ich nicht zurückkehrte. Darauf habe ich sie ermahnt, sich durch die gegen mich wütenden päpstlichen Strafen nicht schrecken zu lassen. Sie sollten deswegen nicht dem Papst oder irgendeinem Menschen die Schuld geben oder [ihnen] übelwollen, sondern die Sache und ähnliche Dinge Gott überlassen. Ich halte Vorlesungen und lehre wie früher.

Lebe wohl. Am Tag nach [Mariä] Empfängnis 1518.

B. Mart. Eleutherius.

An Johann Reuchlin

Wittenberg, 14. Dezember 1518

Martinus Luther, Augustiner, an Johann Reuchlin zu Pforzheim.

Der Herr sei mit Dir, Du so tapferer Mann! Ich freue mich über die Barmherzigkeit Gottes, die in Dir ist, Du hochgelehrter und hochwerter Mann, durch welche Du endlich den Mund denen zu stopfen vermochtest, die mißgünstig und gehässig geredet haben. In der Tat bist Du ein Werkzeug des göttlichen Ratschlusses gewesen, der, obgleich Dir selbst unbekannt, in dieser Weise doch allen Freunden einer reinen Theologie äußerst erwünscht war. So ganz anderes geschah von Gott, anderes, als durch Euch ausgerichtet zu werden schien. Ich war einer von denen, die wünschten, mit Dir zu sein, aber es bot sich keine Gelegenheit. In meinem Gebet und Wünschen war ich Dir dennoch immer sehr nahe. Was damals jedoch dem Verbündeten versagt blieb, ist jetzt dem Nachfolger in vollstem Maße gewährt worden.

Die Zähne jenes Behemoth fallen mich an, ob sie die Schande irgendwie wettmachen können, die sie von Dir erfahren haben. Auch ich leiste ihnen Widerstand, zwar bei weitem mit geringeren Kräften an Geist und Bildung als [jene, mit denen] Du ihnen entgegengetreten bist und sie niedergeworfen hast, aber mit nicht geringerem Mut des Geistes. Sie verschmähen es, sich mit mir auseinanderzusetzen, sie verweigern die Antwort, sie schlagen vielmehr den Weg der nackten Gewalt und Gewalttätigkeit ein. Aber Christus lebt! Ich kann nichts verlieren, weil ich nichts habe. An Deiner Standhaftigkeit haben sich nicht wenige Stiere die Hörner zerbrochen. Denn das hat der Herr in Dir gewirkt, daß der Herrscher über die Sophisten endlich einmal lernt, den wahren Studien der Theologie bedächtiger und maßvoller zu widerstehen, und daß Deutschland sich wieder zu erholen beginnt, nachdem die Lehre der Schrift durch so viele Jahrhunderte nicht nur unterdrückt, sondern vielmehr ausgelöscht worden war. Diese Anfänge für die so herrlichen Studien konnten durch einen Mann geringer Gnade nicht geschaffen werden. Aber so wie Gott den größten aller Berge, Christus (der Vergleich sei [mir] verziehen), bis in den Staub des Todes zermalmte, aber aus diesem Staub später so viele große Berge emporwuchsen, so hättest auch Du weniger Früchte gebracht, wenn Du nicht getötet und zu Staub geworden wärest, aus dem sich jetzt so viele Häupter der heiligen Wissenschaften erheben. Das Gebet der seufzenden Kirche ist erhört worden: Rette mich, o Herr, denn der Heilige ist dahin. Der Gläubigen unter den Menschenkindern sind weniger geworden, da die Geringsten unter ihnen zu den Höhen Gottes emporgehoben worden sind.

Aber siehe, bin ich nicht unverschämt, der ich mit Dir so vertraulich, ohne ehrende Einleitung rede? Wahrlich, dies bewirkt mein überaus ehrerbietiger Sinn Dir gegenüber, der, teils durch das Gedenken an Dich, teils durch das Nachdenken über Deine Bücher, mit Dir besonders vertraut ist. Dazu kommt noch, was mich ebenfalls bewogen hat, Dir endlich zu schreiben: Unser Philipp Melanchthon, der bewunderungswürdige Mann, der beinahe in allem über den [gewöhnlichen] Menschen hinausragt und mir dennoch sehr vertraut und freundschaftlich verbunden ist, hat diesen Brief an Dich geradezu gefordert. Er hat mir die Zuversicht vermittelt, daß Du ihn gewiß nicht mit Verstimmung aufnehmen, sondern mit Dank annehmen würdest, was auch immer ich zu Dir an Unsinn schwatze. Ihm mögest Du es anrechnen, wenn Du, außer daß ich Dir mit diesem Brief nur meine sehr aufrichtige Gesinnung bezeugen wollte, überhaupt etwas anrechnen willst.

Lebe wohl und freue Dich in dem Herrn, Du, mir wahrhaft verehrungswürdiger Lehrer.

Wittenberg, am Tag nach Lucia 1518.

An Kurfürst Friedrich von Sachsen

[Altenburg, 5. oder 6. Januar 1519]

Jesus.

Durchleuchtigister, hochgeborner Fürst, gnädigister Herr! Es ist mir zuviel, daß E.F.G. so weit in mein Sache und Muhe gezogen wird, dieweil aber die Not und Gott so fuget, bitt ich, E.F.G. wollt mirs zu Gnaden vorgute haben.

Es hat Herr Carolus von Miltitz gestern hoch angezogen die Unehr und Frevel, so durch mich der Romischen Kirchen zugefugt, und ich mich aufs allerdemutigist, zu tun, was ich vormuge, erboten zu Erstattung. Nu bitt ich, E.F.G. wollt mein Bedenken beschlahen, die ich hiemit zu erkennen geb E.F.G., dann ich wollt je gerne etwas tun.

Zum ersten wollt ich vorheißen, dieser Materien hinfurter stillzustehn und die Sach sich selb lassen zu Tod bluten (sofern der Widerpart auch schweige). Dann ichs dafur acht, hätt man mein Schreiben lassen freigehn, es wär langest alls geschwiegen und ausgesungen und ein jeglicher des Liedlins mude wurden. Besorge auch, so diesem Mittel nicht Folge geschicht und weiter werde angefochten mit Gewalt oder Worten, so wird das Ding allererstrecht herausfahren und aus dem Schimpf ein Ernst werden, dann ich meinen Vorrat noch ganz habe. Darumb ichs das Beste achte, so man mochte stillestehn in der Sachen.

Zum andern wollt ich päpstlicher Heiligkeit schreiben und mich ganz demutig unterwerfen, bekennen, wie ich zu hitzig und zu scharf gewesen, doch nit vormeinet, der h. Ro. Kirchen damit zu nahe sein, sundern anzeigen die Ursach, daß ich als ein treu Kind der Kirchen widerfochten hätte die lästerliche Prediget, davon groß Spott, Nachrede und Unehr und Ärgernis des Volks gegen der Romischen Kirchen erwachsen ist.

Zum dritten wollt ich ein Zettel ausgehn lassen, einen jeder zu vormahnen, der Romischen Kirchen folgen, gehorsam und erbietig zu sein und mein Schrift nit zur Schmach, sundern zur Ehr der h. Ro. K. vorstehn sollten, auch bekennen, daß ich die Wahrheit allzu hitzig und vielleicht unzeitig an Tag bracht. Dann wo nit die Ursach so groß gewesen, hätt ich gnug getan, und noch einem jeglichen gnug wäre, in diesem Stück zu wissen einen rechten Unterschied zwischen dem Ablaß und guten Werken.

Zum vierten hat Magister Spalatinus durch Angeben Herr Fabian von Feilitzsch das vorgeschlagen, daß die Sach befohlen wurde dem hochwirdigen etc. Erzbischof zu Salzburg, desselben Urteil, so mit gelehrten, unvordächtigen Leuten beschlossen, ich halten sollt oder zu meiner Appellation wiederkehren, so mirs nit zu halten wäre. Mocht also vielleicht die Sach anhängig werden und in ihr selbs vorgehn. Aber ich sorg, der Papst werd nit leiden einen Richter, so werd ich des Papsts Urteil auch nit leiden, darumb, so das erst Mittel nit fur sich geht, wird sich das Spiel machen, daß der Papst Text wird machen und ich ihn glossieren. Das wäre nit gut.

Ich habs auch mit Herr Carol geredt, der meint, es wäre nit gnug, und doch nit die Widerrufung foderet, sundern auf Bedenken voneinander gangen. Weiß C.F.G., ob ich etwas mehr tun mocht, wollt mir umb Gottis willen C.F.G. gnädigen Willen mitteilen. Ich will gerne alles tun, alles leiden, daß ich nur nit weiter aufzustechen vorursacht werde. Denn aus der Revocation wird nichts.

E.C.F.G.

untertäniger Kapellan Doctor Martinus.

An Herzog Georg von Sachsen

Wittenberg, 19. Februar 1519

Dem durchleuchtigen, hochgebornen Fursten und Herrn, Herrn Georgen, Herzogen zu Sachsen, Landgrafen zu Thüringen, Markgrafen zu Meißen etc., meinem gnädigen Herrn und Patronen.

Jesus.

Mein untertänigs, arms Gebet und demutigs Vormugen seind Euern F.G. allzeit bevor. Durchleuchtiger hochgeborner Fürst, gnädiger Herr! Es schreibt der wirdige Doctor Johannes Eckius, wie er an E.F.G. gesonnen umb eine Disputation zu Leipzig in E.F.G. Universität, zu halten wider den wirdigen Doctorem Andream Karlstadt, zu erläuben und gnädiglich vorgonnen.

Dieweil aber Doctor Johannes Eckius ausruft, wider Doctor Karlstadten zu disputieren, und doch, desselben Artikel wenig angefochten, mit ganzem Ernst in meine Positiones fällt, so will mir ziemen, den unvorwarnten Riesen zu empfahen und meine Position zu vortreten, oder mich das Bessere lehren lassen. Ist derhalben an E.F.G. mein untertänige Gebet, E.F.G. wollt der Wahrheit zuliebe solche Disputation gnädiglich vorgonnen. Dann itzo mir die wirdigen Herrn der Universität geschrieben, wie sie Doctor Joh. Eckio zugesagt, das ich doch vorhin gehoret, von ihn vorsagt gewesen. Daß sie mir aber zurechnen, daß ich meine Disputation habe ausgehn lassen, eh dann ich E. F. G. darumb ersucht, ist aus Zuversicht geschehn, E. F. G., und vorhofft, E. F. G. mir das nit vorsagen wurde, sunderlich so sie bereit Doctor Eckio, wie er sich rühmet, zugesagt hätt. Bitt E. F. G., wollt mir dasselb gnädiglich vorgeben und vorzeihen. Gott wollt E. F. G. barmherziglich sparen und behalten, Amen.

Geben zu Wittenberg, am 19. Tag Februarii 1519

E. F. G. untertäniger Kapellan
Doctor Martinus Luther, Augustiner.

An Desiderius Erasmus von Rotterdam

Wittenberg, 28. März 1519

Jesus.

Wohlergehen. So oft plaudere ich mit Dir und Du mit mir, [lieber] Erasmus, der Du für uns Zierde und Hoffnung bist, und wir kennen einander noch nicht. Ist das nicht sehr unglaublich? Es ist jedoch nichts Ungewöhnliches, sondern durchaus eine alltägliche Sache. Wen gibt es, dessen Innerstes Erasmus nicht völlig ergreift, den Erasmus nicht belehrt, in dem Erasmus nicht herrscht? Ich spreche von denen, welche die Wissenschaft ehrlich lieben. Überaus froh bin ich, daß unter die übrigen Gaben Christi auch die gerechnet wird, daß Du vielen mißfällst. An diesem Zeichen pflege ich die Gaben des gnädigen Gottes von denen des zürnenden zu unterscheiden. Daher beglückwünsche ich Dich, daß Du – während Du allen Guten in hohem Maße angenehm bist – nicht weniger denen mißfällst, die von allen als einzige die Vorzüglichsten sein und absolut gefallen wollen.

Aber ich bin töricht, der ich mich Dir, einem so großen Mann, mit so unreinen Händen, ohne eine Ehre und Respekt verratende Vorrede, gleichsam ganz vertraulich, nähere, wie ein Unbekannter dem Unbekannten. Dieses wirst Du jedoch aus Deiner Menschlichkeit heraus entweder meiner Verehrung oder meiner Unerfahrenheit zuschreiben, wenn ich etwa, da ich mein Leben unter den Sophisten zubrachte, noch nicht soviel gelernt habe, um einen gelehrten Mann brieflich begrüßen zu können. Sonst hätte ich Dich schon lange mit so vielen Briefen belästigt und nicht ertragen, daß Du zu mir stets allein in meinem Kämmerlein sprichst.

Weil ich jetzt von dem vortrefflichen Fabricius Capito erfahren habe, daß mein Name Dir durch jenes dumme Zeug über den Ablaß bekannt geworden ist, dann, aus Deiner kürzlich erschienenen Vorrede zum ›Enchiridion‹, daß Du mein Gerede nicht nur gesehen, sondern auch gebilligt hast, werde ich gedrängt, in einem wohl ganz ungebildet verfaßten Brief Deinen außergewöhnlichen Geist anzuerkennen, der den meinen und den anderer reich beschenkt. Dennoch weiß ich, daß gerade Du es für eine unwichtige Sache halten wirst, daß ich Dir brieflich meine Liebe und meinen Dank erweise. Du bist vollauf zufrieden, wenn das Herz in verborgener Dankbarkeit und Liebe vor Gott für Dich brennt. So haben auch wir genug, daß wir Unwissenden Deinen Geist und Deine Leistungen ohne brieflichen oder persönlichen Umgang in Deinen Schriften besitzen. Dennoch dulden es weder Ehrfurcht noch Gewissenhaftigkeit, Dir nicht auch mit Worten zu danken, besonders, nachdem auch mein Name beginnt, nicht [mehr] verborgen zu bleiben, damit es keinem als ein böswilliges Schweigen übelster Art erscheinen könnte.

Daher, mein lieber Erasmus, wenn es Dir so gut scheint, laß auch diesen geringen, Dir aber gewiß sehr zugetanen und Dich besonders liebenden Bruder in Christo gelten, der wegen seiner Unfähigkeit übrigens nur verdient hätte, daß er in einem Winkel begraben worden und im Himmel und auf der Erde allgemein unbekannt geblieben wäre. Das habe ich stets mit einem nicht ermüdenden Verlangen gewünscht, da ich mir ja meiner Möglichkeiten vollauf bewußt bin. Und ich weiß nicht, durch welche Geschicke die Sache sich zum Gegenteil verkehrte, so daß ich zu meiner großen Schande dulden muß, daß meine Schmach und meine unselige Unwissenheit auch vor gelehrte Leute kommt und hin und her geredet wird.

Philipp Melanchthon geht es gut, nur können wir alle

kaum erreichen, daß er wegen seiner allzu großen Begeisterung für die Wissenschaft nicht voreilig seine Gesundheit schädigt. In jugendlichem Feuer brennt er vor Verlangen, allen alles zugleich zu werden und zu tun. Du würdest uns eine Gefälligkeit erweisen, wenn Du ihn in einem Brief ermahntest, sich uns und den Wissenschaften zu bewahren. Wird dieser Mann uns erhalten, weiß ich nicht, was wir uns mit größerer Hoffnung versprechen.

Andreas Karlstadt, der Dich ganz in Christus verehrt, grüßt Dich. Der Herr Jesus selbst möge Dich, bester Erasmus, in Ewigkeit erhalten. Ich war sehr wortreich, aber Du wirst wissen, daß nicht immer gelehrte Briefe gelesen werden müssen. Einmal mußt auch Du mit den Schwachen schwach werden.

Wittenberg, an den 5. Kalenden des April 1519.

An Kurfürst Friedrich von Sachsen

Wittenberg, um den 15. Mai 1519

Zu Handen meinem gnädigsten Herrn, Herrn Herzog Friederich, Churfursten zu Sachsen etc.

Jesus.

Durchleuchtigster Furst, gnädigster Herr, es zwinget uns Notdurft, ein Gemach zu bauen, haben wir die Herrn des Rats zu Wittenberg demutig gebeten, uns zu vergunnen, aus der Mauren auf den Graben zu bauen, wird uns dar unser Bitt kein Antwort. Darumb bitten wir, E. F. G. wollt uns gnädiglich dieses Notbaus Gunst und Laub erzeigen, wartend, daß E. F. G. gnädig Antwurt, vordienen wir gegen Gott billig.

Ich bitt auch, E. F. G. wollt mir diesen Leipziger Jahrmarkt kaufen, das ist ein weiß und schwarz Kappen. Die schwarz Kappen ist mir E. F. G. schuldig, die weiße erbitte ich demutig. Denn vor zwei oder drei Jahren mir E. F. G. eine zugesagt, die ist mir noch nicht worden, wiewohl der Pfeffinger mir willig geredet. Und doch vielleicht Geschäft halben oder, als man ihm Schuld gibt, langsam ist, Geld auszugeben, verzogen, daß ich von Not ein andere mußte mir verschaffen. Und also benugt, bis hieher E. F. G. Zusage gesparet. Auf diese Notdurft bitt ich nu noch demutig, so der Psalter ein schwarz Kappe verdienet, wollt E. F. G. den Apostel auch ein weiße Kappen vordienen lassen. Und bitt auch, nit durch den Pfeffinger aber verlassen werden etc.

E. F. G. williger, untertaner Kapellan
D. Martinus, Augustiner zu Wittenberg.

An Georg Spalatin

[Wittenberg] 22: Mai 1519

Dem besten Herrn, Georg Spalatin, dem Priester Christi, seinem in Christo ehrwürdigen Oberen und Patron.

Jesus.

Wohlergehen. Der Brief des Erasmus gefällt mir und uns allen außerordentlich. Eines wollte ich nicht, daß mein Name darin freilich nicht nur genannt, sondern auch verherrlicht wird, zumal von einem so großen Mann. Ich kenne mich jedenfalls in dieser Hinsicht.

Bevor Du abreist, bitte ich Dich übrigens, für uns die noch ausstehende Meinung des erlauchtesten Fürsten über den Professor für Hebräisch zu erkunden. Bei uns war Johann Cellarius aus Kundstadt, der demnächst wiederkommen wird. Er hat in Heidelberg Hebräisch gelehrt, und durch die Edition einer Grammatik (die Du wohl gesehen hast) beweist er, daß er in diesem Fach etwas kann. Er hat uns hier versprochen, daß er alles, was er vermag, gewissenhaft lehren werde, wenn er erfährt, daß unser gnädigster Fürst für ein ehrenvolles Jahresgehalt sorgt. (Jetzt hält Cellarius sich in Leipzig auf und erwartet unsere Nachricht.) Antworte also recht schnell.

Zugleich sende mir auch den Brief Herzog Georgs zurück. Eine große Zahl an Studenten strömt hier zusammen, groß ist die Zahl ihrer Wappen. Schließlich kam jener Nürnberger Licentiat der Theologie, ein nicht mehr junger Mann, Prediger an St. Sebaldus. Unsere Stadt kann durch den Mangel an Zimmern bald nicht alle aufnehmen. Mehr ein anderes Mal.

Lebe wohl, am Sonntag Kantate 1519.

B. Martin Luther, Augustiner.

An Johann Lang

Wittenberg, 16. Oktober 1519

Dem ehrwürdigen Pater Johann Lang, dem Magister der heiligen Theologie, dem Distriktsvikar der Augustinereremiten, seinem Oberen in Christo.

Jesus.

Wohlergehen. Endlich kehrte Bruder Georg zu Euch zurück, wie Du, ehrwürdiger Pater, es wolltest. Es gibt nichts Neues, außer daß der Neid der Leipziger von Tag zu Tag wächst. Diese brüsten sich hartnäckig, Ihr Erfurter hättet Euch gegen uns und für Eck entschieden. Wenn das so ist, möge es Euch gut bekommen, daß Ihr ohne Grund in eine fremde Sache hineingezogen werdet. Ich habe die Absicht, diese Meinung in einer lateinischen und deutschen Verteidigungsschrift allgemein zu verbreiten. Zum Schutz der Wahrheit werde ich diese Ungleichheit und Unwissenheit, sobald sie erst bekannt werden, öffentlich zur Schau stellen. Ich werde an Eurem Blut unschuldig sein. Ich habe nicht im Sinn, eine Silbe unserer Propositionen unverteidigt zu lassen. Der Wille des Herrn möge geschehen.

Emser hat statt eines Steinbockes (wie man sagt) einen Elefanten hervorgebracht; ich weiß nicht, wie große Tiger noch folgen, wobei die unartigen Musen der Leipziger als Hebammen dienen. So brodelt die Sache. Der Satan wütet gegen das Wort Gottes. Er wird nichts ausrichten. Rubeus, der Esel, hat mich erneut in einem deutschen Büchlein auf das übelste geschmäht. Der Herr aber lebt, und ich lebe auch, in ihm lebe auch Du und sei gegrüßt! Bete für die Wahrheit. Am Gallustag 1519.

B. Martin Luther, August.

An Fürstin Margarethe von Anhalt-Dessau

Wittenberg, 4. November 1519

Der durchleuchten, hochgebornen Furstine und Frauen, Frauen Margarethen, gebornen Herzogin zu Münsterberg, Furstin zu Anhalt und Askanien und Bernburg, meiner gnädigen Frauen und Patronen.

Jesus.

Mein untertäniges Gebet. Hochgeborne, gnädige Furstine. Ich bin lang nit bei E. F. G. gewest, und wiewohl ich groß Ursach und Entschuldigung mocht furwenden, will ichs doch nit tun, dann mein Herz und Mut noch nie von E. F. G. blieben und allzeit geneigt gewesen, zu. E. F. G. zu kummen, derhalben auch nicht geschrieben noch mich erzeigt. Wiewohl es auch meiner Hoffart Schuld ist, daß ich gegen niemand mich gerne vorunglimpf. Aber daß E. F. G. sehe mein untertänige Andacht, hab ich diesen Vätern befohlen, E. F. G. mein Gebet zu erbieten und mitbringen dies Sermones. Es ist mir wohl nit lieb, daß ichs nit besser habe oder vormag. Auch sein ihr so viel, die mir einen bosen Namen machen, daß ich nit woll tar, mein Materie ausgeben, muß mir sie lassen auszwingen und innehalt und bleib, soviel ich kann. So ich von Gott uberkumme ein wenig Fried und Zeit, will ich mich einmal wieder einstellen, als ich vorhoff, E. F. G. Gefallens daran tun. Gott spar E. F. G. seliglich. Wo aber meins bösen Namens willen mein Zukunft E. F. G. oder der Euern jemand ungefällig, bitt ich, E. F. G. wollt mirs nit bergen. Dann ich wohl weiß, mein Wind nit von Leipzig oder Merseburg blasen will. E. F. G. mich hiemit befehl.

Zu Wittenberg, am Freitag omnium sanctorum 1519.

E. F. G. Kapellan, Doctor Martinus Luther, Aug.

An Georg Spalatin

Wittenberg, 31. Dezember 1519

Dem gelehrten und rechtschaffenen Mann, Georg Spalatin, dem fürstlichen Hofprediger zu Lochau, seinem Oberen in Christo.

Jesus.

Wohlergehen. Der Rat von Kemberg schickt beiliegend eine Bittschrift an den Kurfürsten. Darin wird, mein lieber Spalatin, über die Bedrückung durch die ungerechten Zinsen geklagt. In dieser Sache erbitte ich auch Deine Hilfe, wenn Du ohne Gefahr [für Dich] etwas tun kannst. Wenn auch der allergnädigste Kurfürst sich in die ganze Angelegenheit nicht vertiefen will (was nicht nötig ist), um die Sache nicht plötzlich und gewaltsam zu ändern, so hilf doch wenigstens das bewirken, daß jene Menschen erkennen, daß sie die Gunst und das Einverständnis des Kurfürsten besitzen. Das Volk dort wird nämlich erbärmlich ausgesaugt durch jenen besonders schimpflichen Wucherzins. Das so üble Beispiel vermehrt täglich die Gelegenheit zur Sünde. Denn sowohl Priester, Messen als auch einige Bruderschaften werden mit diesen gottlosen Zinsen und frevelhaften Räubereien ernährt und gefördert, was von allen Dingen am wenigsten erforderlich wäre. Du weißt, daß Du Gott, seinem Willen und der eigenen Frömmigkeit dienst, was auch immer Du tust und durch den Fürsten erreichst.

Jene Witwe ist zurückgekehrt, deren Haus ich selbst besichtigt und gesehen habe, daß die Kanoniker nicht vergeblich bewegt werden. Es ist gerecht, was dort erhofft wird.

Den ›Modus inquirendorum haereticorum‹ hätte unser Heß an Crotus nach Italien gesandt, wenn Du ihn zurückgegeben hättest. Lebe inzwischen wohl! Ich bin sehr beschäftigt und zugleich von Versuchungen heftig heimgesucht. Zu Wittenberg, am Tag des Silvester 1520.

Martin Luther, Aug.

An Georg Spalatin

Wittenberg, 18. Januar 1520

Dem hochgelehrten und redlichen Mann, D. Georg Spalatin, Domherr zu Altenburg, Hofprediger und Sekretär des sächsischen Kurfürsten, seinem in dem Herrn Oberen.

Jesus.

Wohlergehen. Ich glaube, daß die Nürnberger ›Schutzrede‹ zu Dir gelangt ist, mein Spalatin; aber auch ich lasse auf Wunsch der Freunde eine deutsche Schrift ausgehen, jene ungeheure Unruhe betreffend über [das Verständnis des Sakraments] in beiderlei Gestalt und über meine Herkunft.

Irgendwann einmal habe ich Dir die Unterweisung zum Beichten zusammengestellt. Dieses Exemplar erbitte ich zurück, weil ich fürchte, daß das, was vorliegt, so gedruckt wird, wie unser [Bernhard] Adelmann schreibt. Er wünschte, daß ich ihm die Unterweisung gedruckt oder übersetzt schicken möchte.

Hier hat mich ein Meßpriester auf Zureden des Schossers von Lochau gebeten, ihn Dir zu empfehlen, damit er die Pfarrstelle in ebendiesem Lochau erhält, die (wie er schreibt) unbesetzt ist. Das tue ich hiermit. Da Du die Gewohnheiten des Hofes und den Gang der Geschäfte besser kennst, wirst Du sehen, wie meine Empfehlung wirkt.

Der Herr Jesus möge unseren Fürsten bewahren, von dessen Erkrankung wir gehört haben. Guter Gott, was handelt ihr in jenen so langwierigen Sachen. Lebe wohl und bete für mich. Wittenberg, 18. Januar 1520.

Martin Luther, Aug.

An Georg Spalatin

[Wittenberg] 8. Februar 1520

Dem gelehrten und redlichen Mann in dem Herrn, Georg Spalatin, dem Hofprediger und Sekretär der Fürsten Sachsens, seinem in Christo Oberen.

Jesus.

Wohlergehen. Bernhard Adelmann schrieb, er habe dafür gesorgt, daß Eck geantwortet wurde. Soviel weiß ich über den Autor der ›Canonici indocti‹: Die Darstellungsweise weist nach meinem Urteil sowohl auf Oekolampad als auch auf Konrad Adelmann, den Bruder Bernhards, der mir stärker und gelehrter erscheint als Bernhard.

Unser Wenzeslaus schrieb, daß Eck den Vornehmsten geboten, meine Bücher, die ›Canonici indocti‹ und die deutsche Verteidigungsschrift, auf dem Markt öffentlich zu verbrennen. Obwohl dort das Gerät schon vorbereitet war, damit es am folgenden Tag geschehen konnte, hatten einige verständigere Doctoren von Ingolstadt Johann Reuchlin um Rat befragt. Dieser habe geantwortet, sie sollten sich hüten, damit sie durch diese Sache sich und der ganzen Universität nicht Schmach bereiteten. So wurde der Plan aufgegeben. Als Eck am nächsten Tag zum Markt kam, ging er unverrichteter Sache zornig weg. Man könnte glauben, daß ein Mensch zu einer Mänade des Bacchus geworden war. So treiben wir heute Theologie! Eigentlich wollte ich nicht, daß Du liest – Du wirst es dennoch erfahren –, was er gegen Karlstadt dahergeschwatzt hat. Er hat ihn so besudelt, daß ich kein unverschämteres und gemeineres Buch je gesehen noch von einem gehört habe. Der Geist dieses Menschen ist jammervoll, er ist ein armseliger Sophist, sobald er sieht, daß sein Vorhaben zerstört wird oder ohne Erfolg bleibt.

Herzog Georg hat den Erfurtern erneut (wie unser Lang schreibt) mit großem Ernst geschrieben, ihm zu antworten, welchen sie von uns beiden für besser im Glauben halten. ἄγεται καὶ φέρεταί τε ἄπο τῶν σοφιστῶν. Karlstadt beabsichtigt eine Gegenschrift gegen Eck. Sieh Dir diese Frucht der Leipziger Disputation an!

Nicht ein Wort habe ich von meinen Predigten zu Matthäus [für den Druck] zusammengestellt, mein lieber Spalatin, wenn ich auch kaum etwas anderes ebenso wollte; aber mir fehlt die Zeit. Ferner habe ich die Auslegungen vom Advent bis zur Fastenzeit noch nicht fortgeführt und mit der Fastenzeit noch gar nicht begonnen. Willst Du kurz den Grund wissen: Ich kann es unmöglich zustande bringen. Der Wunsch ist vorhanden, durch Gottes Gnade fehlen die Kräfte nicht. Aber ich bin kaum dem Psalter gewachsen. Du glaubst nicht, wieviel Mühe mir mitunter ein einziger Vers bereitet. Sage dem Fürsten, daß ich die Sache so gern beenden würde, wie ich sie angefangen habe. Du aber schaffe mir zwei oder drei Tage für einen, und es wird [doch] kaum genügen. Mehr als einmal rauben mir nicht zur Sache gehörende Gefälligkeiten gegenüber Brüdern und Freunden die Zeit. Gestern habe ich wieder einen halben Tag verloren mit der Antwort auf das Meißner Verbot. Ich habe gewiß eine schnelle Hand und ein gutes Erinnerungsvermögen, aus dem mir mehr fließt, als herausgepreßt wird, was auch immer ich schreibe. Und dennoch genüge ich nicht. Ich frage mich, wie anderen zumute ist, die langsamer sind. Du weißt um mein Bemühen, daß alle Auslegungen zugleich geordnet bei Lotter gedruckt werden. Das wollen wir so bald wie möglich beginnen und zugleich die Schriften Philipp [Melanchthons] zu den Sentenzen [des Petrus Lombardus]. Lebe wohl und empfiehl mich dem Fürsten. Am 8. Februar 1520.

Mart. Luther, Aug.

An Georg Spalatin

Wittenberg, 24. Februar 1520

Dem gelehrten und frommen Mann, D. Georg Spalatin, dem fürstlichen Hofprediger, seinem in Christo wahren Freunde.

Jesus.

Wohlergehen. Ich glaube, daß die Stolpener nicht schweigen werden. Der Herr wird durch diese etwas kräftig bewirken, was sie selbst und ich nicht denken. Sie mögen also kommen, damit sie einmal den Erklärer ihres Zettels finden. Die von der geschickten Hand des Johann Schwertfeger geschriebenen Briefe an die Bischöfe sind abgesandt; ich warte auf die Antwort. An einen Sermon von den guten Werken erinnere ich mich nicht. Aber ich habe schon so viel veröffentlicht, daß Gefahr besteht, die Käufer schließlich zu ermüden. Ich kenne die Apologia Germanica nicht, die der Nürnberger, wie Du schreibst, angefügt werden müßte. Schicke sie, wenn Du sie hast, damit wir sie sehen. Denn jene ist heute fertig. Die ›Canonici indocti‹ folgen. Dem Doctor aus Calbe wurde bisher noch nicht geschrieben. Wir werden heute zusammenkommen, um zu verhandeln und ihm zu schreiben. Gestern meldete mir Matthäus Adrianus im Namen von Conrad König, einem Schwager von Wolfgang, daß ich ihm [Werner Einhorn] antworten sollte. Indessen glaube ich, daß ich ihm schon geschrieben habe und daß der Brief weggekommen ist. Er hat auch mit mir besprochen, mit welcher Besoldung er wohl zufrieden sein würde, um hier Hebräisch zu lehren. [Adrianus] meinte, wenn er 100 oder 90 Goldgulden hätte, daß er [Einhorn] bewegen könne, nach hier zu kommen. Das beabsichtigte ich von diesem schon in einem anderen Brief zu erkunden. Teile mir inzwischen Deine Meinung und Deine Erwartung mit.

Ich habe durch die Gefälligkeit von Dominikus Sleupner die durch Laurentius Valla widerlegte Schenkung Konstantins in Händen, die Hutten herausgegeben hat. Guter Gott, welche Blindheit oder Leichtfertigkeit der Römlinge! Du wunderst Dich bei der Gerechtigkeit Gottes, daß diese nicht nur durch so viele Jahrhunderte bestand, sondern den Vorrang gehabt hat und unter die Dekretalen aufgenommen worden ist. Damit keiner der scheußlichsten Greuel fehlt, haben so lasterhafte, so ungebildete und so unverschämte Lügen den Platz von Glaubensartikeln eingenommen. Ich bin so beunruhigt, daß ich fast nicht daran zweifle, daß der Papst eigentlich jener Antichrist ist, den die Welt nach allgemeiner Meinung erwartet. So sehr stimmt alles überein, was er lebt, tut, redet und bestimmt. Aber dazu mündlich mehr. Wenn Du es nicht gesehen hast, werde ich [dafür] sorgen, daß Du es liest.

Über die Studenten und die Maler weiß ich nicht, was ich sagen soll. Ich fürchte, daß die Sache so groß nicht ist, wie sie einige Windmacher darstellen, die diese aufblasen. Ich habe in der Predigt davon gehandelt, aber nicht allen habe ich genügt. Es gab einige, die sagten, ich würde die Studenten zu sehr begünstigen, andere sagten das Gegenteil. So schwer ist das Werk des Teufels zu bändigen. Besser wäre es gewesen, wenn es sich von selbst abgekühlt hätte, als daß man begonnen hat, es mit so großer Unruhe und so großem Geräusch zu besänftigen. Wenige sind es, die dieses Trauerspiel treiben, und die sind nicht wert, daß die ganze Stadt und die gesamte Universität ihretwegen in Bewegung gerät. Und kann es nicht geschehen, daß in einem großen und kranken Körper (wie Antiochus zu Herodes sagte) nicht irgendwann ein Geschwür, Eiter oder ähnliches sich bildet, das von selbst aufhören wird, wenn Du es nicht anrührst, wenn Du es [aber] zurückhältst und verschließt, den ganzen Körper vergiften und zugrunde richten kann? Ich werde dennoch tun, was ich kann.

Lebe wohl und bete für mich. Unser Prior [Konrad] Helt war nach Magdeburg gezogen, als Dein Brief ankam. Am Abend vor Matthiä 1520.

M. Luther, Aug.

An Georg Spalatin

Wittenberg, 25. März 1520

Dem gelehrten und guten Mann, D. Georg Spalatin, Magister, seinem in Christo teuren [Freund].

Jesus.

Wohlergehen. Ich schicke Dir die ›Confitendi ratio‹, mein lieber Spalatin, wenig vollkommen, was unangenehm ist, auch durch die fehlende Vorrede, die zwar vorliegt, aber die wir – ich weiß nicht, durch welches Versehen – vergessen haben, drucken zu lassen. Unter der Hand und in der Feder ist der ›Sermon von den guten Werken‹, er wird keine Predigt werden, sondern ein Büchlein. So sehr wächst er beim Schreiben. Wenn er so fortschreitet, wird er – nach meinem Urteil – von allem, was ich veröffentlicht habe, das beste werden. Gleichwohl weiß ich, daß das, was mir von meinen Sachen gefällt, nicht allen zu gefallen pflegt, weil es mit diesem Sauerteig versetzt worden ist. Was Du denkst, würde ich gern wissen.

Mehrmals wurde mir geraten, irgendein Buch unserem durchlauchtigsten Fürsten Johann, seinem Sohn oder seiner Gemahlin zu widmen. Da ich vermute, daß diese einen Namen suchen, und ich will, daß die Heilige Schrift nur dem Namen Gottes dient, bin ich dem nicht gefolgt. Wenn es Dir [dennoch] gut scheint, rate mir. Ich werde diesen Sermon oder dieses Buch dem oder der widmen, die Du mir vorschlägst.

Die Antwort an das Kölner Lumpengesindel und die toten Löwen nähert sich dem letzten Blatt, sie wird demnächst beendet sein. Leb wohl und bete für mich. Unterrichte den Pfarrer zu Lochau, daß er die Sitten des Hofes zu ertragen lerne, die der Herr ihm als Reliquien des heiligen Kreuzes bestimmt hat, und daß er nicht leichtfertig weichen soll. So wird er in diesem Dienst unbehelligt bleiben. Ich weiß, daß es sehr schwer ist, aber je ungestümer das Feuer ist, um so schneller und deutlicher prüft es das Gold.

Zu Wittenberg, Sonntag Judika 1520.
B. Mart. Luther, Aug.

An Johann Heß

Wittenberg, 27. April 1520

Martin seinem Heß.

Wohlergehen. Ich bin im Begriff, mehreres andere zu schreiben, mein lieber Heß, mit einigen Dingen bin ich besonders beschäftigt, nur sollst Du nicht glauben, daß ich Deinen Brief nicht beantworte. Das übrige wird Moibanus selbst berichten. Ich danke Dir für den Honorius Imperator, mehr aber für Deine Gebete, die Du mir versprochen hast, auf sie verlasse ich mich so sehr, wie ich sie außerordentlich nötig habe. Für Deinen Bischof möge der Herr sorgen und ihn uns recht lange bewahren. Über das Priesteramt, soweit es sich auf die Zeremonien bezieht, werden Dich Deine Amtsbrüder belehren, wieweit es sich auf den Geist des Glaubens bezieht, da trägt der deutsche Sermon etwas bei, an den sich gleich eine andere Äußerung von mir über den Gebrauch der Messe anschließt. Denn bei der Messe darfst Du nicht zwischen Priester und Laien unterscheiden. Es ist ein Brot, ein Glaube, eine Gemeinschaft, ausgenommen, daß der Priester und nicht der Laie den Dienst versieht. Davon ein anderes Mal mehr.

Jetzt lebe wohl und bete für mich, was Du ja tust.

Wittenberg, Freitag nach Miserikordias Domini 1520.
Dein Martin Luther.

An Georg Spalatin

Wittenberg, 31. Mai 1520

Seinem in dem Herrn teueren Magister Georg Spalatin, dem fürstlichen Hofprediger und Sekretär, seinem aufrichtigen Freund.

Jesus.

Wohlergehen. Ich schicke Dir Briefe, mein lieber Spalatin, an Hutten, Sickingen und unseren Taubenheim. Ich bitte Dich, daß Du diese in geeigneter Weise zustellst, besonders damit Taubenheim seinen Brief sofort erhält. Ich selbst habe ihn nämlich länger vertröstet, als er vielleicht gehofft hatte. Lonicer wird morgen fertig werden.

Die Leipziger – ängstlich bemüht, die Studenten zu behalten – verbreiten, daß Erasmus zu ihnen kommen werde. Wie geschäftig und unergiebig ist doch der Neid! Vor einem Jahr, als sie uns verspotteten, als wären wir besiegt, sahen sie nicht voraus, daß dieses Kreuz über ihnen schwebt. Der Herr herrscht, wie [sehr] wir auch schöntun. Man sagt, Ochsenfurt rüste sich gegen das Büchlein des Feldkirch, in dem er verhöhnt worden ist. Ich habe die deutsche Schrift gegen den Esel Alveld beendet. Sie entsteht schon unter der Presse.

Berate mich, ob ich dem Kurfürsten schreiben soll, damit unser Land bewahrt wird. Alles ist sehr teuer, es wird nicht genügend eingeführt, nichts wird gebührend verwaltet in diesem völlig ungeordneten und vernachlässigten Gemeinwesen. Es könnte etwas in Wittenberg geschehen, wenn Ordnung in der Verwaltung wäre. Hier wären der Rat und die Autorität des Fürsten notwendig.

Antworte und lebe wohl. Wittenberg, am 5. Tag [Donnerstag] nach Pfingsten 1520.

Martin Luther, August.

An Justus Jonas in Erfurt

Wittenberg, 21. Juni 1520

Dem hochgeachteten Mann, Herrn D. Justus Jonas, seinem hochwerten Freund.

Jesus.

Heil und Frieden in Christus. Ich bitte Dich nicht, mein lieber Jonas, mir meine Schuld zu erlassen. Ich gestehe, daß ich schon längst hätte schreiben müssen, nicht weil das etwas bedeutet, sondern weil ich Dir zu Diensten sein möchte, auch wenn Du von mir unnütze Dinge erbitten würdest. Ich freue mich, daß Du aus dem stürmischen Meer der Rechtsgelehrten zur Freistatt der Heiligen Schrift geflohen bist. Der Herr, der es begonnen hat, bewahre Dich.

Die törichten Menschen wüten gegen mich, sie trachten nach meinem Leben, aber Christus lebt und regiert. Meine Sache wird in Rom (wie Freunde aus dieser Stadt schreiben) auf Ecks Betreiben hin, der allein der Geist der päpstlichen Männer ist, mit großer Mühe behandelt. Was sie erreichen, Christus wird es sehen. Alles übrige erfährst Du von unserem Lang.

Du magst mir inzwischen verzeihen, wenn ich seltener geschrieben habe, in Zukunft werde ich es gleichwohl häufiger tun. Sorge dafür, daß Du mich Saumseligen wiederholt anstachelst oder mich viel Beschäftigten mahnst. Wenn ich nicht auf alles antworten kann, was ich dennoch mit Eifer sehr gern versuchen werde, lese ich doch alles mit großem Verlangen. Vergelte nicht Schweigen mit Schweigen, nicht Trägheit mit Trägheit, sondern bezwinge mit Gutem das Übel. Lebe wohl, mein lieber Jonas, empfange mein Herz und bete für mich.

Wittenberg, 21. Juni 1520. B. Martin Luther.

An Johann Lang

Wittenberg, 18. August 1520

Dem gelehrten und frommen Mann, Herrn Johann Lang, dem rechtschaffenen Theologen, dem Distriktsvikar der Augustiner zu Erfurt, seinem in Christo Oberen.

Jesus.

Wohlergehen. Ob mein Büchlein, das Du, mein lieber Pater, als Feldgeschrei bezeichnest, so schroff und verwegen ist, wirst Du und alle anderen sehen. Es ist voll Freimut und, ich räume es ein, voll Angriffslust, dennoch gefällt es vielen, auch unserem Hof mißfällt es durchaus nicht. Vielleicht bin ich ein Vorläufer Philipps, dem ich nach dem Vorbild des Elia einen in Geist und Kraft gleichen Weg [bereite], indem ich im Begriff bin, Israel und die Achabiten zu verwirren. Nur dies eine wisse, daß die Veröffentlichung dieses Büchleins nicht in meiner Hand gewesen ist. Es ist nämlich schon gedruckt, und über 4000 Exemplare wurden verkauft. Es ist nicht möglich, daß unser Lotter der Urheber eines so großen Schadens ist. Ist etwas gesündigt worden, müssen wir beten.

Wir hier sind überzeugt, daß das Papsttum der Sitz jenes wahren und leibhaftigen Antichristen ist, gegen dessen Täuschung und Nichtsnutzigkeit, wie wir glauben, zum Heil der Seelen alles erlaubt ist. Für mich bekenne ich, daß ich dem Papst keinen Gehorsam schuldig bin, außer dem, den ich dem eigentlichen Antichristen schulde. Das übrige bedenke selbst und urteile nicht zu voreilig über mich. Wir haben Grund, bei dieser Meinung zu bleiben.

Philipp Melanchthon heiratet Katharina Krappe. Sie schreien, es geschehe auf meine Veranlassung. Ich tue diesem Manne das Beste, wenn es irgendwie möglich ist, und verweile bei dem allgemeinen Geschwätz nicht. Gott wird es zum Guten wenden. Aus Herzensgrund hasse ich jenen Menschen der Sünde und den Sohn des Verderbens mit seinem ganzen Reich, in dem nur Sünde und Heuchelei gedeihen.

Lebe wohl in dem Herrn. Aus Wittenberg, am Tag des heiligen Agapitus 1520.

Dein B. Martin Luther.

An Georg Spalatin

Wittenberg, 11. Oktober 1520

Seinem im Herrn teuren Georg Spalatin, dem frommen und gelehrten Mann, dem fürstlichen Hofprediger in Sachsen, der am kaiserlichen Hof weilt.

Jesus.

Wohlergehen. Endlich ist jene römische Bulle, die von Eck

mitgebracht worden ist, angekommen. Über sie werden die Unseren viel an den Kurfürsten schreiben. Ich verachte sie und greife sie deshalb an als ruchlos, als lügnerisch und in jeder Hinsicht als ein Produkt Ecks. Du siehst, daß in ihr Christus selbst verdammt wird, ferner wird keine Begründung angegeben, endlich werde ich nicht zum Verhör, sondern zum Widerruf vorgeladen. So kannst Du sehen, daß diese voll Wut, Blindheit und Wahnsinn sind und weder etwas sehen noch überlegen wollen. Dennoch werde ich die Bulle noch immer unter Verschweigen des päpstlichen Namens als erdichtet und lügnerisch behandeln, obwohl ich glaube, daß sie echt und ihre eigene ist. Oh, wenn doch Karl [V.] ein Mann wäre und für Christus diese Teufel angreifen würde.

Ich wenigstens fürchte für meine Person nichts; es geschehe, was Gottes Wille bestimmt. Ich weiß nicht, was der Fürst tun soll, nur daß es mir hier das beste zu sein scheint, sich unwissend zu stellen. Denn zu Leipzig und an allen Orten sind sowohl die Bulle als auch Eck sehr verachtet. Daher vermute ich, daß jene durch zu große Sorge oder Unruhe auf unserer Seite [eine] Glaubwürdigkeit erhält, die [sonst] von selbst zusammenstürzte und zur Ruhe käme. Ich schicke Dir ein Exemplar davon, damit Du die römischen Untaten erkennst. Wenn diese herrschen sollten, ist es um den Glauben und die Kirche geschehen.

Dennoch freue ich mich von ganzem Herzen, daß ich für eine so treffliche Sache Leiden erfahre. Einer so heiligen Prüfung bin ich indessen nicht wert. Um vieles bin ich jetzt schon freier, da ich endlich gewiß bin, daß der Papst der Antichrist und deutlich als Sitz des Satans erkannt worden ist. Nur möge Gott die Seinen bewahren, damit sie nicht durch dessen ruchlose Haltung verführt werden. Erasmus schreibt, der kaiserliche Hof sei von tyrannischen Bettelmönchen so in Besitz genommen, daß man auf Karl keine Hoffnung setzen könne. Es verwundert nicht: Vertraut nicht auf Fürsten, auf die Söhne der Menschen, bei ihnen ist keine Rettung.

Ich reise in dieser Stunde zur Lichtenburg, um Karl Miltitz wieder Gelegenheit zur Begegnung zu geben, wie es der Fürst bestimmt hat, obwohl es gegen den Willen des Präzeptors geschieht, der wer weiß wieviel fürchtet. Lebe wohl und bete für mich. Meine Appellation werde ich erneuern und mit dem Rat der Unseren besprechen, was zu tun ist, obgleich ich lieber wollte, daß [die Verbreitung] der Bulle gegen mich fortschreite. Der Ratschlag anderer ist aber auch zu bedenken. Wittenberg, am 13. Oktober 1520.

Martin Luther, Aug.

An Herzog Johann Friedrich von Sachsen

Wittenberg, 30. Oktober 1520

Jesus.

Durchleuchtiger, hochgeborner Furst, gnädiger Herr. E. F. G. sein mein untertänige Gebet und Vormugen allzeit bevor.

Gnädiger Herr, ich habe E. F. G. Schreiben empfangen und mit sondern Freuden gelesen, darinnen vornommen E. F. G. sonderliche Gunst und Genade zu mir Unwirdigen, auch den großen Willen und Lust zu der heiligen gottlichen Wahrheit. Und wiewohl ich zu geringe bin, solchs übrigs E. F. G. demütigen zu vorschulden, will ich doch allzeit meins untertänigen Vormugens fleißig sein zu danken und Gott loben, der E. F. G. Herz und Mut in solcher christlicher Meinung wollt stärken und behalten. Daß auch E. F. G. sich der Sach so fast annimmpt und meinem gnädigsten Herrn, Herzog Friedrich, Churfursten etc., davon so emsig schreibt, macht mir ein sondere Hoffnung, daß Gott durch E. F. G. werd seinem Evangelio beistehen. Wiewohl ich mich der Bullen in keinen Weg entsetzt, nichts deste weniger predigen, lesen und schreiben mir furgenummen habe. Doch ich wohl einen Wahn hab entpfangen, so die Leipziger vormochten, mich von Wittenberg treiben würden, durch Mithulf Herzog Georgen und Bischofs zu Merseburg, welch unsägliche Bitterkeit gegen mir geschepft, daß ich doch gottlichem Willen habe heimgestellet. Denn ich wohl merk, wie sie nit mich, sondern E. F. G. Universitätlin zu Wittenberg zu verstören suchen, damit sie langs umbgangen sein und nu mit Freuden achten, sie haben ein redliche Ursache ubirkummen. Was ihn Gott vorhänget, mugen sie tun. Ich will des Spiels warten, wo es hinfället. Hiemit will ich mich und zuvor der christlichen Wahrheit Sachen E.F.G. untertäniglich befohlen haben, die uns Gott seliglich stärk und regiere nach seinem göttlichen Willen, Lob und Ehre. Amen. Zu Wittenberg, am Dienstag nach Simonis und Judä 1520.

E.F.G. untertäniger Kapellan
D. Martinus Luther, Aug.

An Georg Spalatin

Wittenberg, 10. Dezember 1520

Dem frommen und gelehrten Mann, Georg Spalatin, dem fürstlichen Hofprediger und seinem ihm [Teuren] im Herrn.

Jesus.

Wohlergehen. Am 10. Dezember 1520, um 9 Uhr, sind zu Wittenberg am Osttor bei der Kapelle zum Hl. Kreuz alle Bücher des Papstes verbrannt worden: das Dekret, die Dekretalen, der Sextus, die Klementinen, die Extravaganten und die jüngste Bulle Leos X., ebenso die Summa Angelica, der Chrysopassus und andere Schriften Ecks sowie Emsers und alles, was durch andere herbeigetragen worden ist, damit die papistischen Brandstifter sehen, daß es nicht von großer Wirkung ist, Bücher zu verbrennen, die sie nicht widerlegen können. Das alles werden Neuigkeiten für Dich sein.

Weil Du mich übrigens batest, für den Eilenburger Prediger einzutreten, tue ich es jetzt. Er bittet nämlich, daß ich durch Dich vom durchlauchtigsten Fürsten erreiche, daß er bei seinen Oberen die Erlaubnis erlange, sich, acht Jahre etwa, zu intensivem Studium dort aufzuhalten, wo er wolle. Weil er schon viele Jahre lang durch ihre Befehle hin und her geworfen worden ist, wäre es endlich angemessen, daß er die Zeit zu seinem Nutzen in Ruhe genießen [kann]. Hier nun die Fürsprache, die ich eingelegt habe und die in dem Wunsch geschieht, daß auch Du sie tust. Siehe, da hast Du, was Du gewollt hast.

Lebe wohl. Zu Wittenberg, 10. Dezember 1520.

Martin Luther.

An Georg Spalatin

Wittenberg, 16. Januar 1521

Dem ihm teuren Georg Spalatin, dem fürstlichen Hofprediger Sachsens, dem guten Mann.

Jesus.

Wohlergehen. Ich schicke Dir, mein lieber Spalatin, Huttens Brief an mich mit der Bulle und mit anderen seiner Schriften sowie alles, was Du siehst: auch Briefe Bucers, von denen einer mir erbrochen zugestellt wurde, wie Du siehst, vielleicht, daß [er] sich an den Boten aufgerieben hat. Meine lateinische ›Assertio omnium articulorum‹, die ich Dir früher auf einigen Quartbogen geschickt habe, geht Dir jetzt vollständig und ergänzt zu. Beurteile sie nicht zu hart. Die deutsche Übersetzung wird verständlicher und einfacher sein. Es war nötig, den lateinischen Mägen etwas Salzfisch unterzumischen. Emser hat sich gegen mich erhoben. Der Herr sei mein Rat.

Was Hutten wünscht, siehst Du. Ich will nicht, daß mit Gewalt und Töten für das Evangelium gestritten wird, so habe ich an ihn geschrieben. Durch das Wort ist die Welt überwunden, ist die Kirche bewahrt worden, durch das Wort wird sie auch wieder gestärkt werden. Aber auch der Antichrist wird, wie er begonnen hat, ohne daß eine Hand sich rührt, durch das Wort zerrieben werden, ohne daß eine Hand sich rührt. Ich schicke Dir ebenfalls meinen Brief an den Kurfürsten. Mit Trauer las ich die jüngsten Briefe Karls, die sein früheres Vorhaben änderten. Was kann dort für Hoffnung sein, wenn sie so denken und schreiben? Der Wille des Herrn geschehe.

Heute wurde ich von dem Markgrafen zu Brandenburg und den ihn begleitenden Fürsten zu einem Gespräch gerufen. Sie wollten nämlich den Mann sehen. Die 100 Goldgulden, die mir zugedacht sind, habe ich durch Taubenheim erhalten, aber auch Schart gab mir 50, so daß ich zu fürchten anfange, daß Gott mich hier belohnt. Ich habe jedoch beteuert, daß ich so nicht von ihm befriedigt werden wolle, aber ich werde es sofort weiterreichen und ausgeben. Was soll ich mit soviel Geld? Dem Prior habe ich die Hälfte gegeben und ihn zu einem fröhlichen Menschen gemacht.

Der jüngere Fürst schrieb mir ein zweites Mal freundlich und zeigte mir die Antwort seines Onkels, unseres Kurfürsten, in meiner Sache an. Die Auslegungen über die Epistel- und Evangelientexte sind in Druck gegeben. Ich werde diese unter dem Namen unseres Fürsten hinausgehen lassen, wenn Du keinen anderen Rat gibst. Drei Sextbögen sind nämlich bereits gedruckt, während der erste bisher aufgeschoben worden ist.

D. Henning [Goede], der Propst, liegt darnieder ohne Hoffnung auf Genesung. Ebenso ist Tilo Dene erkrankt. Der Herr stehe ihnen bei. Anderes außer dem Üblichen gibt es nicht. Lebe wohl. Wittenberg, am Tag des heiligen Marcellus, des päpstlichen Märtyrers, 1521.

Martin Luther, Augus.

An Kurfürst Friedrich von Sachsen

Wittenberg, 25. Januar 1521

Dem durchleuchtigsten und hochgebornen Fürsten und Herrn, Herrn Friedrichen, Herzogen zu Sachsen, des H. Röm. Reichs Kurfürst und Vicari, Landgrafen zu Thüringen, Markgrafen zu Meißen, meinem gnädigsten Herrn und Patron.

Jesus.

Durchleuchtigster, hochgeborner Fürst, gnädigster Herr! E. K. F. G. ist mein armes Gebet und demütig Dienst allzeit in Gehorsam zuvor.

Gnädigster Herr, E. K. F. G. gnädige Anzeigung, was Römischer Kaiserlicher und Hispanischer Königlicher Majestät, meins allergnädigsten Herrn, Bedenken und Meinung in meiner Sachen ist, hab ich allenthalben zu gar demütigem Dank und Gefallen vernommen, welcher Gnaden gegen Kaiserl. Maj. und E. K. F. G. ich mich aufs Untertänigste bedanke. Und bin von Herzen erfreuet, daß Kaiserl. Maj. die Sache, die, ob Gott will, Gottes, gemeiner Christenheit und der ganzen deutschen Nation und nicht eins einigen Menschen, viel weniger mein eigen ist, zu seiner Kaiserl. Maj. nehmen will.

Darumb bin ich nochmals, wie bisher allewege, meinem vielfaltigen Erbieten nach und sonderlich dem, das hievor im Druck ausgegangen ist, des

Copey E. K. F. G. ich hiemit überschicke, untertäniglich erbütig, alles das zu tun und lassen, das ich mit Gott und christenlichen Ehren tun mag oder zu tun und lassen mit ehrbarn und christlichen und gnugsamen Ursachen der heiligen göttlichen Schrift geweist werde.

Derhalben in aller Untertänigkeit bittend, E. K. F. G. wellen gegen Röm. Kais. Maj. mich aufs Untertänigst verbitten, mich mit gnugsamer Versicherung und freiem sichern Geleit fur aller Gewalt, der ich mich merklich zu besorgen hab, gnädiglich zu versehen und zu bestellen, daß die Sach frommen, gelehrten, verständigen, unverdächtigen und christlichen Männern, geistlichen und weltlichen, die in der Biblien wohlgegründet und Verstand und Unterscheid der gottlichen und menschlichen Gesetze und Gebote haben und wissen, zusampt mir, mit Fleiß zu verhören, befohlen werd, umb Gottes willen kein Gewalt wider mich, bis ich fur unchristlich und unrecht befunden werde, fürnehmen lassen, als ein weltlich Häupt der heiligen Christenheit darob sein, daß mein Widerwärtigen, die Päpstischen, mittlerzeit ihres tobenden und unchristlichen Furnehmen wider mich, mit Verbrennung meiner Bücher und grimmigen Nachstellen nach meinem Leib, Ehr, Heil, Leben und Seligkeit, wiewohl unverhört und unüberwunden, abstellen; und so ich dawider zu Errettunge mehr der göttlichen evangelischen Wahrheit denn meiner eigenen nichtigen und unwürdigen Person etwas getan hätte oder aber hinfür würde gedrungen und verursacht zu tun, mich solcher nötigen Gegenwehre gnädiglich entschuldigt und mich in gnädigem Schutz und Befehl, das göttliche Wort zu retten, zu haben, auch allergnädigster und gn[ädigster] Herr sein, wie denn zu hochgenannter Kaiserl. Maj. und E. K. F. G. ich mich dieser und aller andern christlichen Kais. und Fürstl. Tugend und Gnaden, als zu meinem allergnädigsten und gnädigsten Herrn, tröstlich versehe.

Denn ich bin in demütigem Gehorsam bereit, so ich gnugsam Versicherung und ein frei Geleit auf und abe wieder in mein Gewahrsam erlang, auf nähest künftigen Reichstag zu Worms fur gleichen, gelahrten, frommen und unverdächtigen Richtern fürzukommen und mit Hülf des Allmächtigen mich dermaßen erzeigen und verantworten, daß männiglich in der Wahrheit erfahren soll, daß ich bisher nichts aus frevelem, unbedächtigen, ungeordeneten Willen und umb zeitlicher und weltlicher Ehr und Nutzung willen, sondern alles, das ich geschrieben und gelehret habe, meinem Gewissen, Eid und Pflichten nach, als ein armer Lehrer der H. Schrift, Gott zu Lob, zu Heil und Seligkeit gemeiner Christenheit, der ganzen deutschen Nation zugut, zu Ausrottung der fährlichen Mißbräuch und Aberglauben und zu einer Ledigung der ganzen heiligen Christenheit aus soviel unendlichen, unzähligen, unchristlichen und verdammlichen tyrannischen Verkleinerung, Beschwerung und Gotteslästerunge furgewandt und getan habe.

E.K.F.G. wollen zusampt Röm. Kaiserl. Maj. ein christlichs Auge und Einsehen haben auf den hochbeschwerten Stand der ganzen Christenheit; das bin ich umb Kaiserl. Maj. und E.K.F.G. uber göttlich Milde und Gnade mit meinem armen Gebet gegen Gott zu verbitten allezeit als der arm untertänige Kapellan in aller Demut schuldig und willig. Datum Wittenberg, am Tag Conversionis S. Pauli im tausendfünfhundertundeinundzwänzigsten Jahr.

Ew.K.F.G. gehorsamer, untertäniger Kapellan

Martinus Luther.

An Georg Spalatin

Wittenberg, 17. Februar 1521

Dem Herrn Magister Georg Spalatin, dem guten und gelehrten Mann, ihm in Christo.

Jesus.

Wohlergehen. Ich hoffe, daß mein Brief und mein Büchlein Dich, mein lieber Spalatin, endlich erreicht haben. Mich verwundert es aber, durch welches Hindernis Du sie nicht schon längst erhalten hast, da ich inzwischen bereits zwei Briefe von Dir bekommen habe und über den Empfang nichts erwähnt wird. Welcher Wind hat den Brief weggeweht, den ich schon ausführlich an Hutten geschrieben habe? Was ich demnächst zu schreiben oder zu schicken veranlaßt werde, weiß ich nicht. Ich habe schon sechs Quartbögen der Übersetzung der ›Assertio‹ zu Dir eilen lassen, die noch feucht aus der Presse gerissen worden sind, aber ich sehe, daß sie hinken. Die übrigen schicke ich oder werde ich Dir schicken, sobald sie ausgedruckt sind.

Emser hat endlich sein Gift – Herzog Georg zu Gefallen – ausgeschüttet. Ich bin gezwungen, dem Menschen zu antworten, allein wegen der unverschämten Lügen. Bei Murner konnte ich es noch nicht, wie sollte ich allen [entgegnen] können? Daß Adam Petri meinen Psalter in Basel druckt, möchte ich nicht. Der Bischof zu Merseburg ließ meine Bücher verbrennen, ein frommer Mann, aber ein Diener des Papstes.

Matthäus Adrianus erbat seinen Abschied, den wir ihm sofort gegeben haben. Damit sind wir von jenem Menschen befreit worden. Wenn doch Aurogallus für würdig befunden würde, ihm nachzufolgen. Außerdem heißt es, unser Fürst wolle anstelle des Medikus D. Peter Burchard einen Fremden als Nachfolger einsetzen, obwohl Mag. Augustin Schurf schon lange [um diese Stellung] gebeten hat und wir für ihn. Warum wird nicht lieber einer aus unserer Mitte genommen? Oder daß D. Stephan Wilde, der neue Schwiegersohn des alten Schossers, für die Nachfolge angemessen wäre, wenn unsere Bitte für Augustin nichts bewirken sollte. Ich sage das, damit Du, wenn es nötig ist und Du das tun kannst, geeignete Leute von uns vorschlägst.

Den ›Unterricht der Beichtkinder‹, den Du erbeten hast, schicke ich Dir. In Magdeburg ist das Buch Emsers am Galgen aufgehängt worden, mit der Aufschrift: Ein solches Buch ist solchen Ortes würdig. Sie haben eine Rute danebengestellt, die die Strafe für Emser verdeutlichte. In Leipzig übrigens regiert er, vermag viel und wagt viel, so daß er sich, nach der Art solcher Menschen, bald das Ende bereiten wird.

Unsere Jugend hat während dieser bacchanalischen Tage sehr zur Kurzweil den Papst in voller Größe, maskiert und prächtig herausgeputzt, herumgetragen. Schließlich haben sie ihn, in der Hitze des Treibens, als ob sie den Flüchtling hinauswerfen wollten, mit seinen Kardinälen, Bischöfen und Bediensteten in die verschiedenen Stadtteile zerstreut und ihn in einem sehr witzigen und geistreichen Spiel verfolgt. Der Feind Christi nämlich, der die größten Könige, ja Christus selbst verhöhnt, ist dieser Verspottung würdig. Jene Geschichte wird bereits in gelehrten Versen gedruckt.

Ich glaube, daß D. Hieronymus [Schurf] heute bei Dir ist. Lebe daher wohl. Zu Wittenberg, am Sonntag Invokavit 1521.

Martin Luther, Aug.

An Georg Spalatin

Wittenberg, 19. März 1521

Dem Seinen im Herrn, Georg Spalatin, dem Schüler Christi, dem guten und gelehrten Mann.

Jesus.

Wohlergehen. Die Artikel, die widerrufen werden sollen, mein lieber Spalatin, und die von mir zu befolgenden Vorschriften habe ich erhalten. Du solltest nicht zweifeln, ich werde nichts widerrufen, nachdem ich sehe, daß jene sich auf kein anderes Argument stützen, als daß ich, wie sie meinen, gegen den Brauch und die Gewohnheiten der Kirche geschrieben habe. Ich werde also Kaiser Karl antworten, daß ich nicht komme, wenn ich allein wegen eines Widerrufs geladen worden bin. Dann wäre es dasselbe, als wenn ich schon dorthin gegangen und hierher zurückgekehrt wäre; denn widerrufen könnte ich auch hier, wenn allein das nötig wäre. Wenn er mich übrigens nächstens zum Töten laden will und mich wegen dieser Antwort als Feind des Reiches versteht, dann biete ich mein Kommen an. Denn ich möchte nicht fliehen (mit Christi Hilfe) oder das Wort im Kampf verlassen. Ich bin aber ganz gewiß, daß jene Bluthunde nicht ruhen werden, bis sie mich getötet haben, obgleich ich wünschte, daß die Papisten an meinem Blut schuldig werden, wenn es mir nur irgendwie gelänge. Deutlich sind wir wieder zu Heiden gemacht worden, wie wir es vor Christus gewesen sind. So sehr hält jener listenreiche Antichrist die Königreiche in seiner Hand Jahrhunderte gefangen. Der Wille des Herrn geschehe. Du rate inzwischen denjenigen, bei denen Du es kannst, daß sie sich an der verbrecherischen Beratung der Übelwollenden nicht beteiligen sollen.

Mag. Jodokus Mörlin sagt, daß er Hieronymus drei Gulden als Schreibgebühr gegeben habe, er würde auch mehr zahlen, wenn es nötig sei, obgleich er unvermögend und sehr arm ist, nur wüßte er gern, wieviel noch zu geben ist. Über die Hebräischlektur haben wir öfter verhandelt. Nach unserer Meinung ist Aurogallus für diese Professur geeignet; ihn könntest Du dem durchlauchtigsten Fürsten anzeigen. Anderes gibt es bei uns nicht [zu berichten]. Der Lobgesang, das ›Magnifikat‹, entsteht unter der Presse. Ich weiß nicht, wann es fertig wird. Lebe wohl in dem Herrn und grüße die, die gegrüßt werden müssen. Zu Wittenberg, am Dienstag nach Judika, an dem ich Deinen letzten Brief erhalten habe, 1521.

Martin Luther, Aug.

Das Mandat des Kaisers habe ich noch nicht gesehen.

An Johann Cuspinian

Worms, 17. April 1521

Herrn Cuspinian, dem hochberühmten und hochgelehrten Mann, dem kaiserlichen Bibliothekar zu Wien, seinem im Herrn Verehrungswürdigen.

Jesus.

Wohlergehen. Dein leiblicher Bruder, hochberühmter Cuspinian, hat mich ohne Schwierigkeiten dazu überredet, daß ich es wagen sollte, Dir mitten aus diesem Getümmel zu schreiben, da ich schon früher wegen Deines berühmten Namens gewünscht habe, Dir näher bekannt zu werden. Nimm mich darum auch auf in den Kreis der Deinen, damit ich bestätigen kann, daß wahr ist, was Dein Bruder zu mir mit so vollem Munde über Dich gesagt hat.

In dieser Stunde habe ich vor Kaiser und Reichstag gestanden und bin gefragt worden, ob ich meine Bücher widerrufen wolle. Da habe ich entgegnet, daß die Bücher gewiß von mir stammten, ich im übrigen morgen sagen würde, was ich über einen Widerruf denke, da die erbetene und mir zugestandene Zeit zum Überlegen nicht größer wäre. Nie werde ich jedoch durch die Gnade Christi irgendeinen Buchstaben zurücknehmen.

Lebe wohl, mein teuerster Cuspinian. Worms, am Mittwoch nach [Miserikordias Domini], 1521.

An Lucas Cranach

Frankfurt am Main, 28. April 1521

Dem fursichtigen Meister Lucas Cranach, Maler zu Wittenberg, meinem lieben Gevattern und Freunde.

Jesus.

Meinen Dienst! Lieber Gevatter Lucas, ich segne und befehl Euch Gott. Ich laß mich eintun und verbergen, weiß selbst noch nicht wo, und wiewohl ich lieber hätte von den Tyrannen, sonderlich von des wütenden Herzog Georgen zu Sachsen Händen den Tod erlitten, muß ich doch guter Leut Rat nicht verachten bis zu seiner Zeit.

Man hat sich meiner Zukunft zu Worms nicht versehen, und wie mir das Geleit ist gehalten, wisset Ihr alle wohl aus dem Verbot, das mir entgegenkam. Ich meinte, Kais. Maj. sollt ein Doctor oder fünfzig haben versammlet und den Münch redlich überwunden. So ist nichts mehr hie gehandelt denn soviel: Sind die Bücher dein? Ja. Willt du sie widerrufen oder nicht? Nein. So heb dich! O wir blinden Deutschen, wie kindisch handeln wir und lassen uns so jämmerlich die Romanisten äffen und narren!

Sagt meiner Gevattern, Euerm lieben Weib, mein Gruß und daß sie sich dieweil wohlgehabe. Es müssen die Juden einmal singen: Jo, Jo, Jo! Der Ostertag wird uns auch kommen, so wöllen wir dann singen Alleluja. Es muß ein klein Zeit geschwiegen und gelitten sein. Ein wenig, so sehet ihr mich nicht, und aber ein wenig, so sehet ihr mich, sprach Christus. Ich hoff, es soll itzt auch so gehen. Doch Gottes Wille als der allerbeste geschehe hierin, wie im Himmel und Erden, Amen.

Grüßet mir Meister Christian und sein Weib! Wollet auch dem Rat meinen großen Dank sagen für die Fuhre. Ist Euch an Licentiat Feldkirch nicht gnugsam, mügt Ihr Herr Amsdorf zum Prediger ersuchen, er wirds gerne tun. Ade! Hiemit allesampt Gott befohlen, der behüt Euer aller Verstand und Glauben in Christo vor den römischen Wölfen und Drachen mit ihrem Anhang, Amen. Zu Frankfurt am Main, Sonntags Kantate, 1521.

D. Martinus Luther.

An Philipp Melanchthon

Wartburg, 12. Mai 1521

Philipp Melanchthon, dem Evangelisten der Kirche zu Wittenberg, seinem teuren Bruder in Christo.

Jesus.

Wohlergehen. Was machst Du inzwischen, mein lieber Philipp? Betest Du etwa nicht für mich, daß jene Einsamkeit, die ich ungern zugegeben habe, etwas Größeres zur Ehre Gottes bewirken möchte? Daher wünsche ich zu wissen, wie es Dir gefällt. Ich fürchte nämlich, daß ich die Schlachtreihe zu verlassen scheine. Dennoch stand kein Weg offen, auf dem ich denen, die es wollten und die es rieten, Widerstand leisten konnte. Nichts wünsche ich mehr, als dem Wüten der Feinde mit preisgegebener Kehle entgegenzueilen.

Ich sitze hier und stelle mir den ganzen Tag über die Gestalt der Kirche vor Augen. Ich sehe jenes [Wort] im Psalm 88: Warum willst Du alle Menschen umsonst geschaffen haben? O Gott, was für ein entsetzliches Bild von Gottes Zorn ist jene abscheuliche Herrschaft des Römischen Antichrists! Und ich verwünsche meine Gefühllosigkeit, daß ich mich nicht ganz in Tränen auflöse, damit ich in Strömen von Tränen die getöteten Kinder meines Volkes beweine. Es gibt keinen, der sich erhebt und Gott hält oder sich in diesem letzten Tag seines Zorns als Mauer für das Haus Israel entgegenstellt. O eine dem Ende und der Grundsuppe der Zeiten würdige Herrschaft des Papstes! Gott erbarme dich unser!

Deshalb bleibe Du inzwischen als Diener des Wortes standhaft, befestige die Mauern und Türme Jerusalems, bis sie auch auf Dich eindringen. Du kennst Deine Berufung und Deine Gaben. Ich bete sehr für Dich, wenn mein Gebet (was ich nicht bezweifle) etwas vermag. Gib Du es in gleicher Weise zurück. Wir wollen jene Last zusammen tragen! Wir stehen noch allein in der Schlachtreihe. Dich werden sie nach mir suchen.

Spalatin schrieb, daß ein so grausames Edikt geschmiedet wird, daß sie im Begriff sind, jedermann, bei Gefahr für sein Gewissen, über meine Bücher auszuforschen, und daß sie haben mich jene Gerüchte zwar so sehr beunruhigt, daß ich selbst nach Wittenberg gehen und nachsehen wollte, aber jetzt höre ich täglich wichtigere Dinge. In Kürze möchte ich gewiß an einem anderen Ort bleiben, oder ich werde umherreisen. Die Sache selbst erfordert das. Ich will nicht, daß sich der Fürst meinetwegen Sorgen macht, indessen, ich wünschte, daß er meinen Glauben und ich seine Macht hätte. Ich zweifle nicht, daß wir ohne Blut und Schwert über jene beiden Brandschwänze, die noch ein wenig rauchen, trefflich lachen werden.

Herzog Georg handelt hier am unglücklichsten von allen, weil jener, der in seinem Ratschluß über die Menschenkinder schrecklich ist, sein Urteil über ihn gefällt hat. Das ist der Haß, den er solange gegen uns genährt hat, und er sieht nicht, daß sich dieser Haß gegen ihn selbst richtet. Der Herr möge sich um ihn kümmern, wenn jener dessen würdig sein wird. Anders kann ich nicht. Sorge auch Du dafür, daß unser Fürst sich mit jenen neuen Zwickauer Propheten nicht die Hände besudelt.

Lebe wohl und bete für mich. Weder die Briefe des Bischofs noch die Capitos gefallen mir wegen der unglückseligen und allzu deutlichen Falschheit. Fabricius habe ich geantwortet, dem Bischof antworte ich nicht, bis ich dessen Gesinnung erkannt habe. Aus der Einsamkeit, am Tag des Antonius, 1522.

Martin Luther.

Die Bibel erwarte ich mit Schmerzen wegen der von mir gegebenen Zusage als Bürge.

An Kurfürst Friedrich von Sachsen

[Wartburg, um den 24. Februar 1522]

Meinem allergnädigsten Herrn, Herzog Friedrich, Churfürst zu Sachsen zu eigen Handen.

Jesus.

Gnade und Gluck von Gott dem Vater zum neuen Heiligtum! Solchen Gruß schreibe ich nu, m. gnädigster Herr, anstatt meiner Erbietung. E. F. G. hat nu lange Jahr nach Heiligtum in alle Land bewerben lassen, aber nu hat Gott E. F. G. Begierd erhöret und heimgeschickt ohn alle Kost und Muhe ein ganz Kreuz mit Nägeln, Speeren und Geißeln. Ich sage abermal: Gnade und Gluck von Gott zum neuen Heiligtum!

E. F. G. erschreck nur nicht, ja strecke die Arm getrost aus und laß die Nägel tief eingehen, ja dank und sei fröhlich! Also muß und soll es gehen, wer Gottes Wort haben will, daß auch nicht allein Annas und Kaiphas toben, sondern auch Judas unter den Aposteln sei und Satanas unter den Kindern Gottes. E. F. G. sei nu klug und weise und richte nicht nach Vernunft und Ansehen des Wesens, zage nur nicht, es ist noch nicht dahin, da Satanas hin will. E. F. G. glaube mir Narren doch auch ein klein wenig: Ich kenne nämlich diese und dergleichen Griff Satanae. Drumb fürcht ich mich auch nicht, das tut ihm wehe. Es ist noch alles das Anfahen. Laßt Welt schreien und urteilen, laß fallen, wer do fället, auch S. Peter und die Apostel! Sie werden wohl wiederkommen am dritten Tage, wenn Christus wieder aufstehet. Es muß das auch an uns erfüllet werden, 2. Kor. 6, [, 5]: Exhibeamus nos in seditionibus etc. E. F. G. wollt fur gut haben, fur großer Eile hat die Feder mussen laufen. Ich habe nicht mehr Zeit, will selbs, so Gott will, schier da sein. E. F. G. nehme sich mein nur nichts an.

E. F. G. untertäniger Diener Martinus Luther.

An Kurfürst Friedrich von Sachsen

Borna, 5. März 1522

Dem durchleuchtigsten, hochgebornen Fürsten und Herrn, Herrn Friedrich, Herzogen zu Sachsen, des Heiligen Römischen Reichs Kurfürsten, Landgrafen in Thüringen, Markgrafen zü Meißen, meinem gnädigsten Herrn und Patron.

Jesus.

Gunst und Friede von Gott unserm Vater und unserm Herrn Jesu Christo und meine untertänigste Dienste.

Durchleuchtigster, hochgeborner Kurfürst, gnädigster Herr! E. K. F. G. Schrift und gnädigs Bedenken ist mir zukommen auf Freitag zu Abend, als ich auf morgen, Sonnabend, wollt ausreiten. Und daß es E. K. F. G. aufs Allerbeste meine, darf freilich bei mir weder Bekenntnis noch Zeugnis, denn ich mich des, soviel menschlich Erkundung gibt, gewißachte. Wiederumb aber, daß ichs auch gut meine, dünkt mich, ich wisse es aus höher denn aus menschlicher Erkundigung. Damit aber ist nichts getan.

Ich hab mich aber lassen ansehen E. K. F. G. Schrift, als hätte meine

Schrift E.K.F.G. ein wenig bewegt, damit, daß ich schreib, E.K.F.G. sollt weise sein. Doch wider solchen Wahn hat mich mein große Zuversicht bescheiden, daß E.K.F.G. mein Herz wohl besser erkennet, dann daß ich mit solcher Art Worten E.K.F.G. hochberühmbte Vernunft stockern sollt. Denn ich hoffe, es sei mein Herz je an dem, daß ich aus Grund, ohn alles Heucheln, ein Lust und Gefallen allzeit an E.K.F.G. fur allen Fürsten und Oberkeiten gehabt. Was ich aber geschrieben habe, ist aus Sorgen geschehen, daß ich E.K.F.G. wollt tröstten, nicht meiner Sach halben, davon ich dazumal kein Gedanken hatte, sondern des ungeschickten Handels halben, nämlich zu Wittenberg, zu großer Schmach des Evangelii durch die Unsern entstanden. Da war mir Angst, E.K.F.G. würden des ein groß Beschwerung tragen. Denn mich auch selbs der Jammer also hat zutrieben, daß, wo ich nicht gewiß wäre, daß lauter Evangelium bei uns ist, hätte ich verzaget an der Sach. Alles, was bisher mir zu Leide getan ist in dieser Sachen, ist Schimpf und nichts gewesen. Ich wollts auch, wenn es hätte können sein, mit meinem Leben gern erkauft haben. Denn es ist also gehandelt, daß wirs weder fur Gott noch fur der Welt verantworten können, und liegt doch mir auf dem Halse und zuvor dem heiligen Evangelio. Das tut mir von Herzen wehe.

Darumb, gnädigster Herr, mein Schrift sich nicht weiter streckt denn auf derjenigen und nicht auf meinen Handel, daß E.K.F.G. sollten nicht ansehen das gegenwärtige Bild des Teufels in diesem Spiel. Und solche Ermahnung, ob sie E.K.F.G. nicht not wäre, ist sie doch mir nötlich zu tun gewesen.

Von meiner Sach aber, gnädigster Herr, antwort ich also: E.K.F.G. weiß, oder, weiß sie es nicht, so laß sie es Ihr hiemit kundsein, daß ich das Evangelium nicht von Menschen, sondern allein vom Himmel durch unsern Herrn Jesum Christum habe, daß ich mich wohl hätte mügen (wie ich denn hinfort tun will) einen Knecht und Evangelisten rühmen und schreiben. Daß ich mich aber zur Verhöre und Gericht erboten hab, ist geschehen nicht, daß ich dran zweifelt, sondern aus uberiger Demut, die andern zu locken.

Nu ich aber sehe, daß meine zuviel Demut gelangen will zur Niedrigung des Evangelii und der Teufel den Platz ganz einnehmen will, wo ich ihm nur ein Handbreit räume, muß ich aus Not meines Gewissens anders dazu tun. Ich hab E.K.F.G. gnug getan, daß ich dies Jahr gewichen bin, E.K.F.G. zu Dienst. Denn der Teufel weiß fast wohl, daß ichs aus keinem Zag getan habe. Er sahe mein Herz wohl, da ich zu Worms einkam, daß, wenn ich hätte gewußt, daß so viel Teufel auf mich gehalten hätten, als Ziegel auf den Dächern sind, wäre ich dennoch mitten unter sie gesprungen mit Freuden.

Nu ist Herzog Georg noch weit ungleich einem einigen Teufel. Und sintemal der Vater der abgründlichen Barmherzigkeit uns durchs Evangelium hat gemacht freidige Herrn uber alle Teufel und Tod und uns geben den Reichtum der Zuversicht, daß wir türen zu ihm sagen: Herzliebster Vater!, kann E.K.F.G. selbs ermessen, daß es solchem Vater die höchste Schmach ist, so wir nicht so wohl ihm vertrauen sollten, daß wir auch Herrn uber Herzog Georgen Zorn sind.

Das weiß ich je von mir wohl: Wenn diese Sache zu Leipzig also stünde wie zu Wittenberg, so wollte ich doch hineinreiten, wenns gleich (E.K.F.G. verzeihe mir mein närrisch Reden) neun Tage eitel Herzog Georgen regnete und ein jeglicher wäre neunfach wütender, denn dieser ist. Er hält meinen Herrn Christum für einen Mann, aus Stroh geflochten. Das kann mein Herr und ich eine Zeitlang wohl leiden.

Ich will aber E.K.F.G. nicht verbergen, daß ich fur Herzog Georgen habe nicht einmal gebeten und geweinet, daß ihn Gott wollt erleuchten. Ich will auch noch einmal bitten und weinen, darnach nimmermehr. Und bitte, E.K.F.G. wollt auch helfen bitten und bitten lassen, ob wir das Urteil könnten von ihm wenden, das (ach Herr Gott!) auf ihn dringt ohn Unterlaß. Ich wollt Herzog Georgen schnell mit einem Wort erwürgen, wenn es damit wäre ausgericht.

Solchs sei E.K.F.G. geschrieben, der Meinung, daß E.K.F.G. wisse, ich komme gen Wittenberg in gar viel einem höhern Schutz, denn des Kurfürsten. Ich habs auch nicht im Sinn, von E.K.F.G. Schutz begehren. Ja, ich halt, ich wolle E.K.F.G. mehr schützen, denn sie mich schützen könnte. Dazu, wenn ich wüßte, daß mich E.K.F.G. könnte und wollt schützen, so wollt ich nicht kommen. Dieser Sachen soll noch kann kein Schwert raten oder helfen. Gott muß hie allein schaffen, ohn alles menschlich Sorgen und Zutun. Darumb: Wer am meisten gläubt, der wird hie am meisten schützen. Dieweil ich denn nu spür, daß E.K.F.G. noch gar schwach ist im Glauben, kann ich keinerleiwege E.K.F.G. fur den Mann ansehen, der mich schützen oder retten könnte.

Daß nu E.K.F.G. begehrt zu wissen, was Sie tun solle in dieser Sachen, sintemal Sie es acht, Sie habe viel zuwenig getan, antwort ich untertäniglich: E.K.F.G. hat schon allzuviel getan und sollt gar nichts tun. Denn Gott will und kann nicht leiden E.K.F.G. oder mein Sorgen und mein Treiben. Er wills ihm gelassen haben, des und kein anders; da mag sich E.K.F.G. nach richten. Gläubt E.K.F.G. dies, so wird sie sicher sein und Friede haben; gläubt sie nicht, so gläube doch ich und muß E.K.F.G. Unglauben lassen seine Qual in Sorgen haben, wie sichs gebührt allen Ungläubigen zu leiden.

Dieweil denn ich nicht will E.K.F.G. folgen, so ist E.K.F.G. fur Gott entschuldiget, so ich gefangen oder getötet würde. Fur den Menschen soll E.K.F.G. also sich halten: nämlich der Oberkeit als ein Kurfürst gehorsam sein, und Kaiserl. Maj. lassen walten in E.K.F.G. Städten und Ländern an Leib und Gut, wie sichs gebührt nach Reichs Ordnung, und ja nicht wehren noch widersetzen, noch Widersatz oder irgendein Hindernis begehren der Gewalt, so sie mich fahren oder töten will. Denn die Gewalt soll niemand brechen noch widerstehen, denn alleine der, der sie eingesetzt hat, sonst ists Empörung und wider Gott.

Ich hoff aber, sie werden der Vernunft brauchen, daß sie E.K.F.G. erkennen werden als in einer höhern Wiegen geboren, denn daß sie selb sollt Stockmeister über mir werden. Wenn E.K.F.G. die Tor offen läßt und das frei kurfürstlich Geleit hält, wenn sie selb kämen, mich zu holen, oder ihre Gesandten, so hat E.K.F.G. dem Gehorsam gnug getan. Sie können ja nichts Höhers von E.K.F.G. fodern, denn daß sie den Luther wollen bei E.K.F.G. wissen. Und das soll geschehen, ohn E.K.F.G. Sorgen, Tun und einiger Fahr. Denn Christus hat mich nicht gelehrt, mit eines anderen Schaden ein Christ sein. Werden sie aber je so unvernünftig sein und gebieten, daß E.K.F.G. selb die Hand an mich lege, will ich E.K.F.G. alsdann sagen, was zu tun ist: Ich will E.K.F.G. Schaden und Fahr sicher halten an Leib, Gut und Seele, meiner Sachen halben, es gläube es E.K.F.G. oder gläubs nicht.

Hiemit befehl ich E.K.F.G. in Gottes Gnaden. Weiter wollen wir aufs schierst reden, so es not ist. Denn diese Schrift hab ich eilend abgefertigt, daß nicht E.K.F.G. Betrübnis anführe von dem Gehöre meiner Zukunft; denn ich soll und muß jedermann tröstlich und nicht schädlich sein, will ich ein rechter Christ sein. Es ist ein anderer Mann, denn Herzog Georg, mit dem ich handel, der kennet mich fast wohl, und ich kenne ihn nicht übel. Wenn E.K.F.G. gläubte, so würde sie Gottes Herrlichkeit sehen; weil sie aber noch nicht gläubt, hat sie auch noch nichts gesehn. Gott sei Lieb und Lob in Ewigkeit, Amen. Gegeben zu Borna bei dem Geleitsmann, am Aschermittwoch Anno 1522.

E.K.F.G. untertäniger Diener
Mart. Luther.

An Georg Spalatin

[Wittenberg] 13. März 1522

Dem Diener Christi, D. Georg Spalatin, seinem Bruder in dem Herrn.

Jesus.

Wohlergehen. Ich freue mich, mein lieber Spalatin, daß Du ein Evangelist geworden bist, und bete, daß der Herr Dein Wort zu einem Wort der Kraft mache, um Deinen Glauben und den Glauben derer zu stärken, die Dich hören. Daß Du Dich aber wunderst, warum ich Dir nicht geschrieben habe, ist ein Zeichen Deines Kleinglaubens, als ob ich gekränkt wäre, weil ich geschwiegen habe. Was brächte es freilich mit sich, wenn Luther gekränkt wäre, da Du schon reich bist und in Christus herrschst, dessen allein man sich rühmen muß?

Ich schicke hier einen Brief an den Fürsten, in welchem mir – wie viele Zeichen ängstlicher Kleingläubigkeit hat der Fürst gegeben, diese seine Schwäche müssen wir tragen – als einziges das Wort anstößig war, daß ich den Kaiser ›mein allergnädigster Herr‹ nennen soll, obwohl alle Welt weiß, daß er mir besonders feindselig [gesinnt] ist. Alle werden über diese allzu deutliche Falschheit lachen. Dennoch will ich lieber verlacht und der Falschheit beschuldigt werden, als daß ich mich der Schwachheit des Fürsten entgegenstelle. Mein Gewissen aber beruhige ich wegen dieser Verstellung so, daß es der gebräuchliche Stil ist, daß der Kaiser mit seinem ihm zukommenden Namen und Titel angeredet wird, auch von denen, die er so ungnädig behandelt. Denn ich hasse die Verstellung außerordentlich, und ich habe ihnen bisher recht viel zugestanden. Endlich einmal ist es aber nötig, Offenheit und Festigkeit zu zeigen.

Du aber bete für mich und hilf, jenen Satan niederzutreten, der sich in Wittenberg unter dem Namen des Evangeliums erhoben hat gegen das Evangelium. Wir kämpfen jetzt mit einem Engel, der sich in einen Engel des Lichts verwandelt hat. Es wird Karlstadt schwerfallen, seine Meinung aufzugeben. Aber Christus wird ihn zwingen, wenn er nicht freiwillig weicht. Denn wir, die wir an den Herrn über Leben und Tod glauben, gehören diesem Herrn.

Ein andermal mehr. Jetzt lebe wohl und sei stark in dem Amt, das Du übernommen hast. Am Tage nach Gregorius 1522. D[ein] Martin Luther.

An Herzog Johann Friedrich von Sachsen

Wittenberg, 18. März 1522

D. h. F. G. H.! E. F. G. sind mein untertänige Dienste allzeit bevor. Gnädiger Herr! E. F. G. Schrift und Gnade hab ich mit aller untertäniger Dankbarkeit gelesen und zu Herzen genommen. Daß aber E. F. G. von mir Unterricht begehren des Sakraments halben beider Gestalt und mit Händen zu empfahen, wie es allhie etlich angefangen, sage ich hiemit E. F. G. kurzlich mein untertänige Meinung:

Ich hab mein Schreiben von beider Gestalt und mit Händen angreifen dahin gericht, daß die Gewissen aufs erst sollten der Freiheit unterricht werden und die Gefängnus der frevelichen Gesetzen des Papstes verstöret wurde, denn es ohn Zweifel uns frei gelassen ist von Gott, mit Händen oder womit man will anzugreifen, daß mans auf keinerlei Weise soll mit Gesetzen benötigen oder verfassen. Weil aber solchs der gemein Mann noch nicht weiß, soll man der Liebe nach sich der Gemeine gleichen, dieweil kein Fahr darinnen ist, bis daß sie auch erlerne solche Freiheit, auf daß sie sich nicht ärgere an unser Freiheit umb des gefangenen schwachen Gewissens willen. Wir sind nicht davon Christen, daß wir das Sakrament angreifen oder nit, sondern davon, daß wir glauben und lieben. Die Freiheit ist nur zurhalten im Gewissen und zu predigen öffentlich, aber doch daneben die schwachen Gewissen, die solchs nit begreifen, zu tragen und nicht zu rütteln, bis sie auch hinankommen. Hierin haben meine Wittenberger einen großen Fehlgriff getan: Recht haben sie gelehret, aber nicht recht haben sie die Lehre braucht, die Kunst ist reich bei ihnen, aber die Liebe bettelt bei ihnen.

Solchs ist auch zu halten mit Fleischessen und desgleichen. Es heißt: Omnia mihi licent, sed non omnia expediunt. Man muß in solchen Sachen, die da frei und nicht not sind, das Auge halten auf des Nähisten Krankheit, viel davon predigen, daß die Gewissen frei werden, aber nicht drein fallen, die Gewissen sind denn zuvor frei, daß sie folgen mugen.

Also hat E. F. G. Macht, beider Gestalt zu nießen, wäre auch wohl das Feinst, aber wo nicht die, so dabei sind, solchs auch wissen oder verstehen, soll man ihrem schwachen Gewissen weichen, angesehen, daß unsere Stärk nichts dran verleuret. Das ist S. Paulus ad Rom. 14, [19–23] Meinung und 1. Kor. 8, [7–13]. Hiemit befiehl ich E. F. G. in Gottes Gnaden. Geben zu Wittenberg, am Dienstag nach Reminiszere 1522.

E. F. G. untertäniger Diener
Martinus Luther.

An Georg Spalatin

Wittenberg, 30. März 1522

D. Georg Spalatin, dem Evangelisten zu Lochau.

Jesus.

Wohlergehen. Beiliegend erhältst Du die Briefe, die Du, mein lieber Spalatin, gewünscht hast. Was ich aber an Herzog Johann Friedrich geschrieben habe, habe ich nicht voll im Gedächtnis. Nur dessen bin ich gewiß, daß ich ihm geraten habe, keine Neuerungen vorzunehmen, wenn diese nicht ohne Ärgernis für die Schwachen geschehen können, und daß er der Liebe in allen Sachen den Vorrang geben solle. Dieselbe Überzeugung habe ich auch Herzog Karl geschrieben.

In meinem Patmos hatte ich nicht nur das Johannesevangelium, sondern auch das ganze Neue Testament übersetzt. Jetzt aber haben Philipp und ich begonnen, das alles auszufeilen. Es wird (wenn Gott will) ein würdiges Werk. Bisweilen werden wir auch Deine Hilfe benötigen, damit wir die passenden Wörter einsetzen. Daher halte Dich bereit, aber so, daß Du einfache und nicht am Hof oder in der Umgebung der Fürsten gebräuchliche [Wörter] beisteuerst. Denn dieses Buch will sich durch Einfachheit auszeichnen. Um [gleich] den Anfang zu machen, sieh zu, daß Du die Namen und Farben der Edelsteine von Offenbarung 21[, 1.18–21] beschaffst. Wäre uns doch die eigene Anschauung möglich, vom Hof oder woher Du [sonst welche beschaffen] kannst!

Die Schrift ›Von beider Gestalt des Sakraments zu nehmen‹ habe ich in Arbeit. Wenn mir diese Sache auch viel Mühe bereitet, befürchte ich doch nichts. Christus lebt, um seinetwillen muß den einen der gute Geruch zum Tode, den anderen zum Leben gereichen, um seinetwillen muß man auch den Tod erleiden.

Lebe wohl und grüße alle am Hofe. Aus Wittenberg, am Sonntag Lätare, 1522.

Martin Luther.

An Bürgermeister und Rat zu Altenburg

Wittenberg, 17. April 1522

Den ehrsamen und weisen Bürgermeister und Rat der Stadt Altenburg, meinen besonderen günstigen Herrn und Freunden.

Jesus.

Gottis Gnad und Fried zuvor und mein willige Dienste! Ehrsamen, weisen, lieben Herrn! Eur Schriften, nähist an mich getan umb eines Prädikanten willen, hab ich gerne empfangen und mit Freuden Eur christlich Begierde zum gottlichen Wort vernommen. Darumb ich auch willig, wie ich auch schuldig bin, Euch hierinnen zu dienen und raten, soviel ich mag.

Es ist einer, der heißt Gabriel [Zwilling], itzt zu Düben, der ist fast berühmpt mit Verstand und Predigen und auch nu wohl geubet. Den wollt ich raten und wundschen, daß Ihr aufnehmpt. Es ist aber ein kleine Scheue dran, daß er ist aus dem Orden getreten und nu in weltliches Priesters Kleiden gebärdet. Ist auch wohl not und gut, daß er herauskommen ist, daß man sein genießen kunnte zu vieler Seelen Heil. Wo Euch nu dieser Scheusal nicht hinderte, wüßte ich Euch den auf diesmal nicht zu vorbessern. Und hab ihm davon geschrieben, daß er darauf sich zu Euch fuge, daß Ihr ihn selbs besehet und versucht. Wo der Euch nicht gefiele, sind noch zween andere weltliche Priester hie, auch wohl geschickte Männer. Mugen mir das E. Weisheit wieder kundtun, will ich sehen, daß ich zu der einem Euch helfe.

Wo sichs auch fugen oder leiden wollt, sollts meinethalben gar kein Mangel haben, Euer Begierden noch selbs bei Euch zu erscheinen, wiewohl, wenn Ihr Gabriel habt, mein nichts durfet. Hiemit Gottis Gnaden befohlen, der Euch allen reich mach am Glauben und Liebe durch sein heiligs Wort, Amen.

Geben zu Wittenberg, am grunen Dornstag 1522.

D. Martinus Luther.

An Georg Spalatin

Wittenberg, 7. Juni 1522

Dem wirdigen Herrn Magistro Georgio Spalatino, Churfurstlichem Prediger und Kapellan, meinem besondern gunstigen Herrn und Freund.

Jesus.

Gnad und Fried in Christo, Amen. Mein lieber Magister Spalatine! Es hat sich ein armer Fischermann vergriffen und einmal nur meinem gnädigen Herrn zu nahe gefischet, hab ich aus Furbitt gegen dem Schosser fur ihn gebeten. So hore ich nu, er hab ihn von sich an mein gnädigen Herrn geweiset. Bitt ich nu, Ihr wollet in meinem Namen mein gnädigen Herrn fur ihn bitten, daß die Straf gewandelt werde. Denn ich hore, 10 silbern Schock von ihm fodern. Nicht will ich ihn ungestraft haben, auf daß ein Exempel der Furcht und Regiment bleibe, sondern daß es ein Straf sei, die ihm sein Nahrung nicht verdrucke. Ich wollt ihn in Kerker etlich Tag werfen ader Wasser und Brot lassen fressen acht Tage, damit man sehe, daß nur Besserung und nicht Verderbung gesucht wurde, und das dunkt mich auch ein recht Strafe sein fur die Armen. Die Reichen soll man im Beutel reufen. Hoff, Ihr werdet dies ausrichten. Hiemit Gotte befohlen am Pfingstabend 1522. M. Luther.

An Claus Storm

Wittenberg, 15. Juni 1522

Dem ehrsamen und weisen Claus Storm, Burgermeister zu Magdeburg, meinem besondern günstigen Herrn und Freunde.

Gnade und Friede in Christo! Ehrsamer, lieber Herr und Freund! Euer Schrift hab ich empfangen, und ist wohl wahr, daß ich bei Doctor Paulus Moßhauer Euch erkennet habe, nicht in Eurem Hause, sondern da er Official war und Ihr etlich Mal sein Gast waret, da ich mit Hans Reinecke zu der Zeit zu den Nullbrüdern in die Schule ging.

Daß Ihr aber nicht vorstehet, warumb ich die hohen Häupter und Prälaten so hart antaste und schelte, sie Narren und Esel heiße, so doch Christus allenthalben lehret, man soll geduldig sein, antworte ich: Mein Geduld und Demut hab ich allzuviel erzeiget. Ich hab geflehet und gebeten, ich bin ihnen nu dreimal nachgezogen und hab mich allzeit untertäniglich erboten, wie alle Welt weiß.

Daß nu etliche Weltweisen solch mein manchfältig Erbieten und Demut nicht wollen ansehen, daß sie sich draus besserten, sondern fassen allein das, da ich hart und ernst bin, und sich dran ärgern, denen geschicht eben recht, und gedenk denselbigen nichts weiters zum Unterricht schreiben, sondern sie sind gleich den verstockten Pharisäern, die alle Güte und Sänfte unsers Herrn Christi ließen fahren und sich nichts dran besserten, sondern, wo er sie Otterngezüchte, blinde Narren, Teufelskinder, Ehebrecher und dergleichen schalt, das fasseten sie und ärgerten sich dran. Wenn Ihr leset das 23. Kap. Matthäi, werdet Ihr wohl sehen, wie sie Christus Blinde und Narren schilt.

Man ists bisher gewohnt, die Prälaten zu loben und schmeicheln, dieweil das Evangelium unter der Bank lag. Nu es aber herfürkompt und straft die hohen Köpfe als Narren und Blinden, dünkt es uns wunderlich sein. Gewalt und Unrecht soll jedermann leiden, das habe ich getan und tue es noch; aber ein Prediger soll nicht darumb schweigen, sondern, wie Jesaja 58, [1] saget, seine Stimme aufheben und den Prälaten ihre Sünde, Schalkheit, Büberei etc. sagen. Also haben die Propheten, Apostel, Christus selber getan, wiewohl sie auch allerlei Leiden williglich duldeten. Es ist ein groß Unterscheid, Geduld haben und die Bosheit der Prälaten schweigen. Schweigen taug nicht, leiden soll man, strafen und schelten muß man; aber lieben und wohltun muß man auch. Ein Vater schilt, straft und stäupt sein Kind und ist ihme doch nicht feind; der ist ihm aber feind, der sein Bosheit schweiget und nicht schilt noch strafet.

Hiemit befehle ich Euch Gott. Geben zu Wittenberg, 15. Juni 1522.

Martinus Luther.

An Johann von Staupitz

Wittenberg, 27. Juni 1522

D. Johann Staupitz, dem Prediger zu Salzburg.

Gnade und Friede in Christo, Amen. Ehrwürdiger und hochverehrter Vater, von Deiner Abtei habe ich weniger aus dem Brief des Nürnberger Priors gehört als durch das allgemeine Gerede, das sich so hartnäckig behauptet, daß ich veranlaßt worden wäre, es zu glauben, wenn ich nicht Deinen Brief erhalten hätte. Ich nehme an, daß auf demselben Weg und in gleicher Weise zu Euch auch Lügen über uns hingetragen worden sind. Obwohl ich mich dem Willen Gottes nicht entziehen möchte, verstehe ich dennoch aus meiner Unwissenheit heraus noch nicht ganz, ob es Gottes Wille gewesen sein kann, daß Du Abt geworden bist. Es scheint mir nicht reiflich überlegt zu sein. Aber ich will Deinem Geist weder widerstreben noch ein Richter sein.

Eines aber bitte ich Dich um Christi Blut willen, daß Du unseren Verleumdern nicht bereitwillig glaubst, sei es gegen Wenzeslaus [Link], sei es gegen mich. Denn daß meine Sache, wie Du schreibst, von denen vertreten wird, die sich in Hurenhäusern aufhalten, und daß aus meinen jüngsten Schriften viel Zwietracht und Ärgernis entstanden ist, wundert mich nicht, noch fürchte ich mich davor. Wir haben hier doch wenigstens so gehandelt und handeln [noch] so, daß wir die Menschen ohne Aufruhr öffentlich das reine Wort lehren, das sowohl Gute als auch Böse gebrauchen; Du weißt, daß wir darüber keine Macht haben. Wir haben uns als Ziel gesetzt, jene sündhafte Ehelosigkeit, die Gottlosigkeit der Messen, die Tyrannei gegen die Gewissen und alles, was auch immer durch die Menschen hinzugetragen und gegen die heilsame Lehre aufgerichtet worden, mit dem Wort zu verfolgen, das bewirkt, was Christus gelehrt hat, daß seine Engel im Begriff sind, alle Ärgernisse in seinem Reich zu sammeln. Ich muß, ehrwürdiger Vater, jenes päpstliche Reich des Greuels und des Verderbens in seiner Gesamtheit vernichten. Gleichwohl bewirkt er das schon ohne uns, ohne unser Zutun, allein durch das Wort: sein Ende kommt im Angesicht des Herrn. Es ist eine Sache, die über unsere Fassungskraft und über unser Denken geht. Daher ist es nicht dienlich, daß ich warte, bis es irgendeiner vermag. Deshalb entspricht es ganz der Größe Gottes, daß die Meinungen aneinandergeraten, daß große Ärgernisse, große Wunder aufkommen. Das alles, ehrwürdiger Vater, sollte Dich nicht verwirren. Ich erwarte Gutes. Du siehst in diesen Sachen die Absicht Gottes und seine große Hand. Denke daran, wie sehr meine Sache der Welt von Anfang an stets furchtbar und unerträglich erschienen ist. Dennoch ist sie kräftiger geworden von Tag zu Tag. Das wird sie auch in Zukunft, was Du gerade so sehr fürchtest. Warte ein wenig, Satan fühlt seine Wunde. Daher rast er so und wirft alles durcheinander. Aber Christus, der angefangen hat, wird ihn zermalmen, ob sich gleich alle Pforten der Hölle dagegen stemmen.

Jakob, der Prior zu Antwerpen, ist erneut verhaftet worden. Es wird vermutet, daß er schon verbrannt worden ist und zwei andere mit ihm. Denn es war sicher, daß dieser wegen des von ihm verweigerten Widerrufs getötet wird. Die Sophisten treiben auf ihr Verderben zu, das über sie kommen wird wegen des unschuldigen Blutes, das sie vergießen. Amen.

Man beratschlagt, auch mich zu verbrennen. Ich dagegen reize von Tag zu Tag den Satan und seine Schuppen, damit der Tag Christi schneller herbeikommt, der jenen Antichristen zerstören wird.

Lebe wohl, ehrwürdiger Vater, und bete für mich. Es grüßen Dich D. Hieronymus [Schurff], Amsdorf als Rektor und Philipp. Ich möchte, daß Wenzeslaus bei Dir entschuldigt ist. Er ist ein redlicher Mann und verkündet das Evangelium in rechter Weise. Das ist das Ärgernis für die Heiligen und Weisen. Zu Wittenberg, am Freitag nach der Oktave des Fronleichnams 1522. Dein Martin Luther.

An Georg Spalatin

Wittenberg, 4. September 1522

Dem gelehrten und frommen Mann, D. Georg Spalatin, dem Prediger des sächsischen Kurfürsten, seinem Freund im Herrn.

Jesus.

Gnade und Friede. Ich wußte, daß bei vielen Unwillen erregen wird, was ich gegen den König von England schrieb, gegen den geistlosen und giftigen Thomisten. Aber es gefiel mir. Außerdem war es aus vielen Gründen dringend notwendig. Was ich tue, weiß man jetzt, man wird es später wissen.

Jetzt beschäftigt mich eines, das heißt, ich wünsche zu wissen und bitte Dich daher, Dich darum zu kümmern, wenn man es beim Kurfürsten irgendwie erwirken kann, daß jener unglückliche Böhme, der bei uns schon sechzehn Wochen in einem häßlichen und schmutzigen Kerker gefangenliegt, [aus diesem Kerker] herausgeführt und im oberen Gewölbe, in Eisen und Ketten gefesselt, möglichst ehrenhaft und sicher verwahrt wird, um ihm so den Aufenthalt in Luft und Licht ein wenig zu ermöglichen. Ich fühle großes Mitleid mit diesem Menschen. Jene verschleppen den Fall, so daß es ganz und gar unangemessen ist, für eine derart geringe Sache so hart gequält zu werden. Tu, was Du kannst, und benachrichtige mich. Die Untersuchungsrichter wagen nichts und wollen ohne den Befehl des Kurfürsten nichts tun. Übrigens danke ich [Bernhard von] Hirschfeld für das mitgeschickte Buch, das viele von uns zum Lachen gebracht hat. Sie entdeckten jedoch, daß der erste König fehlt, der das Wappen mit dem roten Herz trägt. Ich deute mir diesen als jenen töricht vermessenen König, der mich kühn angefallen hat. Und siehe, er ist durch die Aufgeblasenheit und die ›Erhebung‹ seines Herzens, im Sinne jenes Wortes: Er richtet die ganz zugrunde, die im Denken ihres Herzens hochmütig sind, nicht zum Kampf gerüstet und zu nichts verwandelt worden.

Es ist nicht nötig, daß Du mir neue Münzen schickst. Lucas [Cranach] brachte mir eine mit zum Geschenk für den Kurfürsten. Lebe wohl in dem Herrn. Das Neue Testament wird bis zum Tag des Matthäus [21.9.] fertig. Zu Wittenberg, am 4. September 1522.

Mart. Luther.

Der Fürst der Propheten, Klaus Storch, war bei uns. Er trat ein nach der Weise und in der Kleidung jener Soldaten, die wir Lantzknecht nennen, zusammen mit D. Gerhard aus Köln und einem anderen in langem Rock. Der Mensch widerspricht in beinahe allen Fragen Markus Stübner und Thomas Drechsler, außer der Kindertaufe behandelte er nichts. Er scheint von einem Geist der Unbeständigkeit bewegt zu werden und selbst nicht viel von dem zu halten, was er denkt. So treibt der Satan sein Spiel in den Menschen.

Graf Georg von Wertheim erbittet sich von mir einen Prediger, dem er 100 Goldgulden im Jahr zahlen und den er an seinem Tisch versorgen will. Ein sehr gutes Beispiel. Gabriel [Zwilling], der in Neustadt die Mönchskutte wieder angezogen hatte, legte sie jetzt wieder ab und ist nach Düben gegangen. Philipp wurde eine gesunde Tochter mit Namen Hanna geboren. Die Hochzeit von Johannes Pomeranus fand nicht statt. Er sieht sich bereits nach einer anderen Braut um.

Sorge dafür, diesen Sermon dem Mann zurückzugeben, den Du mir kürzlich empfohlen hast, dem Buchhändler, der mir die Schutzschrift des Gallus von Dir mitbrachte. Denn ich versprach, daß ich ihm diesen Sermon auf Deine Bitte hin schenken werde. Lebe wohl.

An Freiherr Johann von Schwarzenberg

Wittenberg, 21. September 1522

Dem edlen und wohlgebornen Herrn Johanns, Herrn von Schwarzenberg etc., meinem gnädigen Herrn und Patron.

Gnad und Fried in Christo! Es ist, meine ich, einmal Zeit, gnädiger Herr, daß ich mich gegen E. Gn. ein wenig erzeige auf das Buch, durch Herr Philipps von Feilitzsch mir zugeschickt. Aber fürwahr, gn. Herr, mir liegt viel auf dem Hals, wie E. Gn. wohl selb bedenken kann, und immer eins aufs ander kömmet und E. Gn. Buchlin viel Muße und Weile haben wollt, wo auf jeglichs sollt geantwort werden, würd auch allzu ein groß Buch draus. Aber weil E. Gn. selbs anzeigt den höhesten Artikel vom Glauben und guten Werken, daß Sie mein Buchlin von guten Werken gesehen, hab ich mir daran benugen lassen und bin gewiß, daß E. Gn. selbs gnugsam drauf antworten kann. Denn wer mein Buch von guten Werken und christlicher Freiheit lieset und nichts draus geschickt wird zu rechtem Verstand des Glaubens und guter Werk, da trete ich abe und rate Euer Gn. auch abzutreten, denn solchem Menschen wird man nimmermehr gnugtun. Auch soll E. Gn. nicht denken, daß solche Lehre vielen wird eingehen, denn ich spüre E. Gn. herzliche gute Meinung, die gern wollt, daß jedermann Gnüge und niemand Klage an meiner Lehre hätte; da wird nichts aus. Wenig müssen diesen Weg finden, wie Christus sagt, ob er wohl jedermann gezeigt wird; viel aber müssen sich dran ärgern und lästern; das muß E. Gn. wohl gewöhnen.

Vom Sakrament anbeten und Bildnis zu haben, hat E. Gn. meine Meinung troffen. Ob aber D. Andreas [Karlstadt] oder sonst jemand anders hält, die laß ich ihres Sinnes walten. Von weltlichem Schwert, wie das mit dem Evangelio übereinkäme, will ich schier durch ein Buchlin sonderlich auslassengehen, der ichs mit E. Gn. in dem Stück gar nicht halte. Von Heiligen zu ehren, hab ich ein Epistel an die von Erfurt geschrieben, hoff, E. Gn. hab sie gelesen; will schier was mehr lassen sehen. Ich hab mir gedacht, in Euer Büchlin kürzlich an den Rand zu verzeichnen meine Meinung oder ein Blättlin dreinsetzen und E. Gn. wiederschicken, wo ich mir einmal soviel Weil nehmen kann. Denn ich hoff, daß aus vorigen und itzigen mein Buchlin, sonderlich aus dem Neuen Testament, neulich verdeutscht, E. Gn. gnugsamlich aufs mehrer Teil dieser Artikel sich selbs entrichten kann.

Ich hab auch ein kleines Gebet an E. Gn. zu tun aus christlicher Lieb und pflichtigem Dienst, bitt, E. Gn. wolle mich gnädiglich drinnen dulden. Der Pfarrherr von Kronach hat ein Eheweib genommen. Wiewohl das nu fast ärgerlich, weil es aber christlich ist und ihm vonnöten gewesen, kann ich der Unchristen Ärgernis und der Schwachgläubigen Mißfall nicht rechtfertigen und sein Tun tadeln. Er hat mich aber gebeten, gegen E. Gn. für ihn zu bitten, daß es E. Gn. meinem gnädigen Herrn von Bamberg wolle christlicher Meinung furtragen und furbitten, daß Seine Fürstl. Gn., ob sie ja nicht wollt drein bewilligen und sein Tun bestätigen aus irgendeiner Ursach, daß sie doch auch nicht dawider sich setzen und den armen Mann zu vertreiben oder verderben furnehme. Ich höre sagen, Seine Fürstl. Gn. ein feinen vernünftigen Mann sein, bei welchem leichtlich zu handeln sei, was christlich und recht ist, dazu auch gelehrte Leut liebhabe. Nu kann ja Seine Fürstl. Gn. dieser Sachen nicht widerstreben, sie muß auch wider Gott streben, der durch Sankt Paulum in der 1. zum Timotheo am 4. so offentlich den Ehestand frei gelassen und die Verbieter verdammt hat. Wo es nu E. Gn. nicht zu schwer wäre, bitte ich gar untertänig, sie wolle hierin ein christlich Werk üben und helfen, daß die greuliche Sünde der Unkeuschheit unter der Priesterschaft weniger werde. E. Gn. siehet, daß Sie freilich hieran ein köstlich Werk tät und ohn Zweifel auch Gott von Ihr fordert, wo Sie es tun kann. Wer weiß, warumb Gott E. Gn. solchen hohen Verstand geben und dazu an den Ort verfügt hat, da Sie es so mit großem vielen Nutz brauchen und anlegen kann? Furwahr, es ist nicht zu verachten solche große elende Not der Gewissen so vieler Priester, die mit dieser Sünden ohn ihre Schuld durch Menschengesetz so erbärmlich verstrickt und erwürget werden täglich. Das wollt E. Gn. umb Gotts willen beherzigen und meim gnädigen Herrn ins Herz helfen treiben; es ist not und köstlich fur Gott. Dazu helf und behut E. Gn. Christus unser Heiland, Amen. Zu Wittenberg, am Sonntag nach Lamperti 1522.

E. Gn. Diener Martinus Luther.

An den Rat zu Stettin

Wittenberg, 11. Januar 1523

Den ehrsamen und weisen Herrn Burgermeistern und Rat der Stadt Alten Stettin, meinen besonder gunstigen Herrn.

Jesus.

Gnad und Fried in Christo! Ehrsamen, weisen, lieben Herren unde Freund! Euer Weisheit Schrift sampt der Unterrichtunge des Handels zwischen Euch und den Tumherren hab ich entpfangen und vernommen, und dieweil Ihr mein Gutdünken und Meinung begehrent, weiß ich Euch meinen Dienst nit zu versagen. Erstlich laß ich den Vertrag, so zwischen Euch aufgericht, in seinen Wirden stan, denn ich mich versehe, das Recht lauts des Vertrags werd Euch hierinne wohl helfen. Aber die Sach an ihr selbest, und ob schon kein Vertrag je geschehn wäre, ist dergestalt, daß, wenn die Tumherren wollten christlich und göttlich handelen, sollten sie unangesehen aller ihrer kaiserlicher oder päpstlicher Freiheit, Vertrag, Recht und Gewohnheit sich selbest williglich ergeben, gemeine Last der Stadt gleich andern Burgern tragen. Darzu sind sie es schuldig zu tun aus dem Evangelio, do Christus Matth. 17, [27] dem Kaiser Zins gibt und Matth. 22, [21]: Gebt dem Kaiser, was des Kaisers ist; und Paulus Röm. 13, [1] spricht: Ein jegliche Seele sei der Oberkeit untertan, und: Gebet Schoß, dem das Schoß gebührt, Zoll, dem der Zoll gebührt. Desgleichen auch S. Petrus lehrt. Aus diesem Gebot hat er niemand gezogen, er sei Priester oder Lai, will er anders Christen sein.

Und ob sie wollten furgeben, daß Kaiser und weltlich Oberkeit haben solichs zu tun sich selbest begeben und bewilligt, so ist offenbar, daß der Kaiser nicht mag vergeben, das nicht sein ist oder das wider Gott ist, darzu, ob es bestund, solch Begeben, dieweil doch nun solch Freiheit aller Welt zu schwer worden und in unerträglichen Mißbrauch gekommen, ists wider Gott, Gewissen, Liebe, auch wider Vernunft und Recht, sie länger zu dulden, sunder sie sind schuldig, umb gemeine Beschwerung zu meiden, sich des alles verzeihen. Aber dies ist ein Volk, das wider brüderlich noch christlich gedenkt zu leben, sunder mit dem Kopf hindurchtrutzen, bis daß sie des Hasses zuviel auf sich laden. Darumb weiß ich hier nicht wieder Rat, denn daß sie E. W. solcher christlicher Pflicht freundlich erinnere. Wo des nit hilft, darzutun durch gemeine Ordenunge, daß sie nach dem Evangelio der Oberkeit untertan sind. Denn dies ist unchristlich, ja auch unnatürlich, gemeins Nutz und Schutzunge genießen und doch nicht auch gemeine Last und Abbruch tragen, ander Leut lassen arbeiten und sie einernten. Sonderlich dieweil nun offenbar worden ist, daß man ihres Wesens nichts bedarf und sie nichts darfür tun, sondern uns bisher vorführt haben mit ihren geistlichen Jahrmärken. Hiemit besiehl ich Euch Gott, der E. W. sein Genad gebe, solchs und alles anders christlich und seliglich ausführen, Amen. Geben zu Wittenberg, am Sonntag nach Epiphanie.

Martinus Luther.

An Georg Spalatin

Wittenberg, 14. Januar 1523

Dem Herrn Georg Spalatin, dem Prediger am Hofe, seinem [Bruder] im Herrn.

Gnade und Friede. Die Hauptfeier der Promotion für unsere Väter wird am Tag nach Purificatio Mariä [3. 2.] stattfinden, so erwarten wir Dein Versprechen. Den Grund für die Beseitigung des Heiligtums des Amasja hast Du aus meinen früheren Briefen erfahren, einen anderen habe ich nicht. Ich meine, das [Abendmahl] in beiderlei Gestalt sollte zunächst ungehindert ausgeteilt und empfangen werden. Auf die Schwachen wurde bisher genügend Rücksicht genommen, und jene Sache wurde bereits überall verkündet und gerühmt. Beinahe sind sie schon daran gewöhnt worden, auch Größeres zu tragen. Es ist Zeit, dem Evangelium Raum zu geben. Jetzt sind es in der Regel nicht die Schwachen, eher die Starrsinnigen, die sich durch die Praxis einer so bekannten und verbreiteten Sache verletzt fühlen. Daher wollen wir in dieser Angelegenheit die Freiheit gebrauchen.

Meinen Brief an Herzog Georg hast Du vielleicht schon gelesen. Ich nehme an, daß dieser von ihm selbst öffentlich verbreitet wird, besonders an unseren Fürsten und an das Reichsregiment. Deshalb hüte ich mich, ihn als erster zu veröffentlichen. Ich schicke Dir aber den an mich gerichteten Brief, auch den meinen werde ich Dir schicken, wenn Du ihn noch nicht haben solltest.

Lebe wohl und bete für mich. Zu Wittenberg, Mittwoch nach der Oktav des Epiphaniasfestes 1523.

Martin Luther.

An den Rat zu Leisnig

Wittenberg, 29. Januar 1523

Gnad und Fried in Christo. Gestrengen, ehrsamen, lieben Herrn und Freunde! Ich hab Euer christlich Schrift und Meinung durch Herr Bastian von Kötteritzsch und Franzen Salbach gerne und mit Freuden vernommen, und gefällt mir Euer Ordenung und Bestellung des Gemeinen Kastens fast wohl; hoff auch, es sollen beide, Gott zu Ehren und vielen Leuten zu gutem Exempel christlichs Glaubens und Liebe, erscheinen, wundsch und bitte, daß solch Euer Gemüte und Furnehmen Gott durch den Reichtum seiner Gnaden segenen, stärken und vollenden wolle, Amen.

Auf die anderen zwei Stück, das Pfarrambt zu befestigen, mit Schrift und Ordenung zu stellen, zu singen und beten und lesen, wie E. L. gebeten hat, will ich mein Furmogen gerne dartun, wiewohl Ihr, von Gottes Gnaden bei Euch selbs von Gott begabet, meines geringen Furmogens nicht durft. Doch will Gott uns alle gegenander und unternander gedemutiget und gedienet haben; dem wollen wir durch sein Gnade Recht an uns lassen. Hiemit befiehl ich Euch allesampt der Gnaden unsers Herrn Jesu Christi, der das angefangene gute Werk in Euch vollfuhre bis an seinen Tag, Amen. Zu Wittenberg, Dornstags nach Conversionis Pauli 1523.

Martinus Luther.

An Wenzeslaus Link

[Wittenberg] 8. April 1523

Wenzeslaus Link, dem neuen Menschen und dem neuen Mann, dem Prediger zu Altenburg!

Gnade und Friede! Ich, Philipp, der Propst, D. Hieronymus [Schurf], Pomeranus, unser Prior, Jakob [Propst] und Joachim [Camerarius], wir werden gewiß [zu Deiner Hochzeit] kommen, wenn der Herr nicht einen von uns hindert, was wir nicht [hoffen] wollen. Karlstadt ist nicht zu Hause. Ferner werden Hieronymus Krappe und Meister Lucas [Cranach erscheinen]. Ob außerdem die Frau des Propstes und die des Hieronymus zur gleichen Zeit mitreisen, steht bisher noch nicht fest.

Gestern habe ich neun Nonnen aus dem Kloster Nimbschen aus der Gefangenschaft als Gäste aufgenommen, unter ihnen zwei von Zeschau und eine von Staupitz. Lebe wohl im Herrn mit Deiner Braut. Mittwoch nach Ostern 1523.

Dein Martin Luther.

An Georg Spalatin

Wittenberg, 10. April 1523

Gnade und Friede! Jene neun abtrünnigen Nonnen sind zu mir gekommen, ein armseliges Völkchen. Ehrbare Torgauer Bürger haben sie gebracht, Leonhard Koppe, sein Vetter und Wolf Dommitzsch, so daß dabei kein nachteiliger Verdacht aufkommen kann. Sie jammern mich sehr, am meisten aber dauern mich die anderen, die überall in so großer Zahl an jener verfluchten und unzüchtigen Keuschheit zugrunde gehen. Ihr Geschlecht, an sich bei weitem das schwächste und von Natur aus, ja sogar durch göttliche Fügung an den Mann gebunden, wird mit soviel Grausamkeit abgesondert und zerstört. Oh, ihr Gewaltherrscher, ihr grausamen Eltern und Verwandten in Deutschland! Wer aber vermag dich, Papst, und euch, Bischöfe, so zu verfluchen, wie es euch gebührt? Wer kann eure Unwissenheit und eure blinde Leidenschaft, die derartiges lehrt und fordert, genügend verwünschen? Doch dafür ist hier nicht der Ort.

Du fragst, was ich mit den Nonnen zu tun gedenke? Zuerst will ich es den Verwandten anzeigen und sie um Aufnahme bitten. Lehnen diese ab, werde ich mich darum kümmern, ihnen bei anderen eine Bleibe zu verschaffen; einige Leute haben mir eine entsprechende Zusage gegeben. Wenn es mir gelingt, möchte ich auch ein paar von ihnen verheiraten. Die Geflüchteten heißen: Magdalena Staupitz, Elsa von Kanitz, Ave Groß, Ave Schönfeld und ihre Schwester Margaretha, Laneta von Golis, Margaretha Zeschau und ihre Schwester Katharina sowie Katharina von Bora. Ihr Zustand ist so übel, daß sie unser Mitgefühl in der Tat nötig haben; ihnen zu helfen, ist ein Dienst an Christo. Entkommen sind sie indessen auf wahrhaft wunderbare Weise. Um ihren Unterhalt für eine oder mehrere Wochen zu sichern, bis ich sie, den Verhältnissen entsprechend, entweder ihren Angehörigen oder denen, die es mir zugesagt haben, übergeben kann, bitte ich Dich um einen Liebesdienst: Erbettle doch von Deinen reichen Hofleuten in meinem Namen etwas Geld. Denn meine Kapernaiten machen durch das von Tag zu Tag reichlicher ausgehende Wort solche Fortschritte, daß ich kürzlich selbst auf meine Person für einen armen Bürger nicht zehn Gulden geborgt erlangen konnte. Die Armen, die gern geben würden, besitzen nichts, und die Reicheren lehnen entweder ab oder lassen sich so schwer dazu herbei, daß sie die Gnade, die ihnen Gott dafür schenkt, verlieren müssen oder ich meiner Freiheit beraubt werde. Aber das stimmt zur Welt und ihrem Sinn. Schließlich erhalte ich ja im Jahr als Besoldung nur neun alte Schock, darüber hinaus geht mir oder meinen Brüdern von der Stadt nicht ein Pfennig zu. Ich verlange auch nichts von ihnen, sondern eifre lieber dem Ruhm des Paulus nach und beraube andere Gemeinden, um meinen Korinthern umsonst zu dienen.

Noch etwas anderes wollte ich Dir schon oft schreiben, habe es jedoch ebensooft vergessen. Mich wundert, warum unser Fürst, obwohl er weiß, daß bei seinem Bruder, Herzog Johann, eine Art von Hausvätern am Werke ist, die den Besitz zugrunde richten, nicht Sebastian von Kötteritzsch an ihre Stelle setzt. Wie er täglich durch Taten und Beispiele beweist, ist er in Verwaltungssachen überaus erfahren. Kötteritzsch selbst wünschte ich diese Berufung, aber mehr noch dem fürstlichen Hof, vor allem, damit der vortreffliche junge Fürst, Johann Friedrich, an einem ausgezeichneten Beispiel lernt, für das Land zu sorgen und die Betrügereien der Menschen besser zu durchschauen.

Die jetzt hier regieren, stehen mir übel an, weil sie reich werden, während der Fürst verarmt. Bringe das bitte beim Fürsten in meinem Namen zur Sprache; denn ich möchte sehr gern, daß in dieser Sache von einem Mann Hilfe kommt, der fromm und zugleich tüchtig ist.

Lebe wohl und bete für mich. Zu Wittenberg, 1523, Freitag nach Ostern.

Mart. Luther.

An Kurfürst Friedrich von Sachsen

Wittenberg, 29. Mai 1523

Gnad und Fried in Christo zuvor! Durchleuchtigister, hochgeborner Furst, gnädigster Herr! Nachdem E.C.G. in vergangen Tagen mir haben lassen anzeigen, wie das Ro.Kai.Majt.Statthalter, Fursten und andere Räte des kaiserlichen Regiments Ihr geschrieben haben: Als auf nähest gehaltenem Reichstag zu Nürnberg der Papst durch seinen Nuntium, der Kron von Ungarn mit Hilf zu erscheinen, Werbung und Furbitt tun lassen, hab folgend derselb Nuntius mundlich und durch ein päpstlich Breve und auch ein Instruktion meins und meiner Anhänger vielfaltigen Schreibens und Lehre Ermahnung und Erinnerung getan, daß die Notdurft erfodern wollt, mit wohlzeitigem Bedenken Einsehens zu tun, damit solche Schreiben und Lehre, so zu Aufruhr dienen sollt, furkommen werde, mit angehängter Bitt, daß bemeldte Reichsstände ihr Gutbedunken und Rat, durch was Mittel und Wege solchem meinem Furnehmen zu begegen sein mocht, dem Papst zu eroffenen und mitzuteilen.

Und darauf hochbenannte Statthalter, Churfursten, Fursten und Stände auf vielgehabt Nachdenken und Erwägung Gestalt und Gelegenheit aller Sachen dieser Zeit kein trostlicher hofflicher Mittel haben ertrachten kunnten, denn daß der Papst mit Verwilligung Ro.Kai.Majt. ein frei christlich Concilium, an gelegen Malstatt deutscher Nation auszuschreiben und aufs längist in Jahrsfrist anzufahen verschaffe, wie dann obgedachte Statthalter, Churfursten, Fursten und andere Stände dem Papst ihren Ratschlag und Gutbedunken wieder schriftlich haben stellen und zuschicken lassen, sich auch daneben erboten, mittlerzeit solchs Concilii allen Fleiß furwenden und zu haben und sonderlich mit E.C.G., dieweil ich mich und etlich mein Anhänger in E.C.G. Landen sollen enthalten, fleißig handeln zu lassen, damit ich und mein Anhänger hinfurter in bestimpte Zeit nichts Neues schreiben noch drucken lassen, der Zuversicht, E.C.G. wurden als ein ehrlicher Churfurst nach aller Ziemlichkeit zu solchem behilflich sein, wie denn auch ein jeder Churfurst, Furst und andere Stände des Reichs in seiner Oberkeit verfugen sollt, daß mittlerzeit nichts anders denn das heilig Euangelion, nach Auslegung der Schriften von der Christlichen Kirchen approbiert und angenommen, gepredigt und auch weiter nichts Neues gedruckt oder feilgehabt werde, es sei dann zuvor durch gelehrte Person', so dazu sonderlich verordent werden sollen, besichtiget und zugelassen. Und weil dann dieselben Statthalter, Churfursten, Fursten und Stände durch eilend Hinwegziehen E.C.

G., solchs zu schreiben und allen Fleiß furzuwenden, damit furkommen werde, daß ich und mein Anhänger nichts Neues bis auf das kunftig Concilium schreiben oder drucken lassen, an solchem verhindert, hätten sie an dem kaiserlichen Regiment gesunnen und, daß sie solche Zusage, dem Papst geschehen, auch der Stände Abschied und Beschließ in dem Fall, E.C.G. zu schreiben und solchs alles von E.C.G., soviel sie belange, zum fleißigsten ansuchen wollten, befohlen und angehefter Bitt, E.C.G. wollten bestellen, furkommen und verhüten, damit ich und mein Anhänger des Orts in obangezeigtem Fall mittlerzeit des kunftigen Concilii, wie oben bestimpt, ferner nichts mehr schreiben oder in Druck bringen lassen, damit die vermutliche und versehenliche Zusage, dem Papst beschehen, daß solchs bei E.C.G. verhofflich zu erlangen, gehalten und der Abschied obgemeldt in diesem Fall deste gewisser vollzogen werden muge etc.

Und darauf E.C.G. mit mir mit Fleiß handeln und reden lassen, daß ihr Begehrung sei, mich in dem der Gebuhr und unverweislich zu halten, damit, weil das kaiserlich Mandat E.C.G. itzo dermaß ausgehen ließen, man sich nicht zu beklagen hätt, daß in den Dingen etwas Unbilligs furgenommen wurde, mit angehängten vielfältigen wohlbedachten Ursachen, die alle zu erzählen zu lang und E.C.G. zu lesen verdrießlich sein wollten.

Darauf, gnädigster Herr, E.C.G., ich untertäniger Meinung nicht will verhalten, daß ich solchs E.C.G. Ansuchen allenthalben zu untertänigem Dank angenommen hab, und mag E.C.G. mit gutem Grund schreiben, daß mein Gemut und Meinung, ohn Ruhm zu schreiben, lauts auch etlicher meiner vorigen Erbietung, offentlich geschehen, nie gewest, auch noch nicht ist, jemands von hohen oder niedern Ständen zu schmähen oder ichts zu schreiben oder lehren oder predigen, das zu Bewegung, Ungehorsam, Uneinigkeit und Aufruhr im heil. Reich oder die Christenmenschen in Irrung zu fuhren Ursach geben muge, dawider ich auch oftmals hart geschrieben und gepredigt habe, sondern mein Furnehmen je und je allein gewesen, das und noch ist, nichts anders zu schreiben, lehren, predigen, treiben und fodern, dann was zu Stärkung Gottis Wortis und Ehre, auch des heiligen wahrhaftigen Glaubens und der Liebe des Nähisten und also zu Heil gemeiner Christenheit dienstlich, notig und nutzlich, wie ich mich auch mit gottlicher Hilf fur meinem Gott mit gutem Gewissen zu entschuldigen weiß.

Daß ich aber bisher wider etliche mancherlei Stände Leut so hart und ernstlich geschrieben hab, ist nicht ohn Ursach, doch ohn Haß und unchristlichem Herzen von mir geschehen, wiewohl ich fast wohl weiß, daß solchs mein hartes Schreiben vielen meinen Freunden und Feinden, auch E.C.G. selbs wider und entgegen gewesen ist und noch. Dazu E.C.G. mir zu mehrmalen hat wehren und einreden lassen, mich des zu enthalten, als wohl, als ich auch ohn E.C.G. Rat, Wissen und Willen mich erstlich auf den Plan getan, auch im vergangen Jahr gen Wittenberg auf mein Ebenteuer wiederumb gefugt habe, nicht der Meinung, jemands auf Erden zu beschweren, sondern des Häufleins, das mir mein Gott befohlen, zu warten und der ganzen christlichen Gemein meins armen Vermugens, wie ich aus christlichen Pflichten zu tun schuldig, zu dienen.

Wäre auch von Herzen wohl geneiget, mich ferner Schreibens zu enthalten, zuvor des harten Schreibens. Weil aber etliche meine Mißgonstigen, sonderlich Herr Johannes Faber, des Bischofs zu Costnitz Vicarius, ein groß latinsch Buch wider mich geschrieben, das neulich auch zu Leipzig gedruckt ausgangen. Auch der Emser ein deutsch Buch nach dem andern wider mich, wiewohl nicht fast nutzlich noch mir schädlich, läßt ausgehen, mit manchfältiger Lästerung, nicht allein meins christlichen Namens, sondern auch des heiligen Evangeli, will mir je schwer sein, wie E.C.G. und alle christliche Menschen ermessen konnen, daß ich solche, Gottis meins Herrn, Lästerung erdulden und daß meiner Widerwärtigen mutwilligs Schreiben ehrlich und mein notigs und von ihnen erzwungens Widerschreiben so bos, unehrlich und verboten sein sollt. Will aber der starken Zuversicht und Hoffnung zu Gott sein, weil das kaiserlich Mandat, itzt ausgangen, unter andern klärlich inhält, daß man allein das heilig Euangelion predigen und lehren und die Lehrer oder Prediger bescheidelich und dermaßen weisen soll, daß daraus mitnichte verstanden werden muge, als wollt man die evangelische Wahrheit verhindern oder verdrücken, mir solle auch unverboten und unverweislich sein, gegen allermänniglich, so ich mich in schriftlicher Verantwortung mehr der gottlichen evangelischen Wahrheit dann meiner Unschuld halben begeben mußte.

Wilchs alles ich E.C.G. untertänigs Gehorsams nicht hab länger wissen unangezeigt zu lassen, bittend in allem Gehorsam, diese meine untertänige Antwort gnädiglich zu vermerken, dieselben auch, so es E.C.G. gefällig, weitergelangen zu lassen. Denn gottlob ich meiner Handlung keine Scheu habe und mich der Sachen und Gottis Worts nicht weiß zu schämen. Der ewig Gott erleuchte und stärke E.C.G. Herze durch seine gottliche Gnade und Barmherzigkeit, Amen.

Zu Wittenberg, Freitags nach dem Pfingsttag, Anno 1523.

E.C.G. untertäniger Diener
Martinus Luther.

An die Kanoniker des Allerheiligenstifts zu Wittenberg

[Wittenberg] 11. Juli 1523

Gnad und Fried in Christo! Ehrwürdigen, würdigen lieben Herrn und Freunde in Christo! Ich habe Euer Liebe zuvor latinisch durch Schrift brüderlich und christlich ermahnet, nachdem durchs Euangelion von Gottes Gnaden offenbar worden, wie schwerlich in Euer Kirchen viel Stück wider den rechten Gottesdienst ganghaftig seind, wie Eurer das mehr Teil ohn Zweifel gründlich wohl verstehen, daß E.L. wollten dazutun, daß zu Ehren dem heiligen Evangelio solcher Greuel möcht angegriffen und verändert werden.

Darauf haben mir E.L. lassen sagen: Weil kein Dechant zu der Zeit unter Euch, könntet Ihr dazu noch nichtes tun, sondern wolltets aufschieben auf den zukünftigen Dechant. Nu aber E.L. ein Dechant habt, komm ich nu zum andern Mal mit deutscher Schrift und bitte aufs allerfreundlichst und demütigst, E.L. wollten doch dazutun.

Ich nehme des zum Zeugen auf mein Gewissen Christum unsern Herrn, daß ich solchs aus keinem anderen Grund treibe, denn daß mich mein Gewissen dahin dringet, als auch Euer etliche wohl wissen; dann ich auch besorge, wir damit nicht die geringste Ursache geben, daß Gottes Wort so schwach bei uns und so wenig Frucht bringt, daß wir Euerm Wesen und abgöttischen Greuel zusehn und, wie Moses den Kindern Israel sagt, uns Stachel in den Augen und Stecken in der Seiten bleiben lassen. Es wäre wohl Geduld zu haben und stillzustehn, wenn es menschliche Gebrechen wärn. Nu es aber wider die lautere Lehre Christi und den Glauben strebt, kann man wahrlich, mein allerliebsten Herrn, nicht länger leiden und schweigen. Es ist lang genug geduldet umb der Schwachen und Unwissenden willn; was wir länger dulden, will auf uns kommen und mit fremden Sünden uns beschweren.

E.L. weiß auch wohl, daß hierauf nicht zu antworten ist, daß der Kurfürst solchs gebiete oder nicht gebiete zu tun oder zu ändern. Ich rede itzund mit Euern Gewissen: Was geht uns der Kurfürst in solchen Sachen an? Ihr wisset, was Petrus sagt: Oportet Deo magis oboedire quam hominibus, und Paulus: Si angelus de coelo aliud docuerit, anathema sit.

So kann E.L. auch nicht sagen, daß Sie nicht verstehe, wie etliche Stück greiflich wider das Evangelium sind. Nu Ihr dann mit uns in einer Stadt und Sammlung begriffen und, das noch mehr ist, den christlichen Namen führet, werden wir gezwungen, Euch solch Ermahnung zu tun; und, wo Ihr nicht gehorcht, den christlichen Namen Euch absagen und Eur ganz zu äußern. Ich für mich weiß Euch nichts zu dräuen, denn daß ich hinfurt wider Euch beten werde, wie ich bisher für Euch gebeten.

Und steht wohl darauf, weil Ihr christlichen Namen führet und nicht Heiden sein wollet, es möcht mein Gebet einmal Kraft gewinnen, daß Ihr innen werden müßt, was da heiße: Deus iudicabit populum suum. Et iterum: Christus non est in vobis infirmus, sed est potens in vobis. Fährlich ists, Christus' Namen zu führen und nicht wollen Christen sein, dann er ist ein Eiferer und kann wohl leiden, von den Fremden gelästert und geschändet werden, aber die Seinen sucht er gar bald heim, nachdem sie nicht gehorchen.

Weil ich nu E. L. je das Beste gönne, bitte ich Euch umb Gotts willen, E. L. woll mein treu Ermahnung lassen ein Ansehen haben, als vermahnet Euch Christus selbst durch mich; daran ich nicht zweifel und bins gewiß, dann ich ja gerne E. L. im Evangelio wollt dienen. Wo das nicht will sein, muß ich dannoch das Euangelion E. L. vorziehen und hie Dank und Gnad, aber bei Euch Undank und Ungnad verdienen. Hiemit befehl ich E. L. der Gnaden Christi, der wolle E. L. erleuchten, mahnen und stärken, zu tun, was seinem guten Willen angenehm ist, Amen. Sonnabends nach Kiliani unter der Vesper, Anno 1523.

E. williger Martinus Luther D.

An Kurfürst Friedrich von Sachsen

Leisnig, 11. August 1523

Dem durchleuchtigsten und hochgebornen Fürsten und Herrn, Herrn Friedrich, Herzog zu Sachsen, Churfurst etc., Markgraf zu Meißen und Landgraf in Thüringen, meinem gnädigsten Herrn.

Gnad und Fried in Christo! Durchleuchtigster, hochgeborner Furst, gn. Herr! Ich bin itzt zu Leisnig gewesen des Zwiespaltens halben über ihren Gemeinen Kasten und da erfahren, wie die Sach allenthalben stehet, und nämlich, daß alle Stück und Artikel schlecht sind bis auf den, daß die Güter, so bisher geistlich gewesen und dern viele zu ungottlichen Stiften und Mißbräuchen gedienet haben, noch nicht uberantwortet sind, und des Rats etlich auf E. C. F. G. Schluß sich berufen und desselben gewarten wollen. Nu ist der Aufzug die Länge fährlich, daß der Satan durch bose Zungen die Sach auf beiden Seiten bitter und ärger macht, weil es also hanget, und zuletzt ein boses Fach reißen mocht im Pobel, welchs gar ein wankelmutig Tier ist, wo es nicht verfasset ist und gewiß wird, wo es stehen soll. Ist derhalben an E.C.F.G. mein untertänig Bitte, E.C.F.G. wollte den Schluß fertigen, damit nicht allein die gegenwärtige Schmach, so bose Mäuler und Herzen schon auf das Euangelion treiben, sondern auch zukunftiger Freuden der Widersacher gewehret werden, die ohn Unterlaß warten, daß sie singen und sagen mochten: Euge, Euge, viderunt oculi nostri, welchem zu wehren auch David und viel Propheten Gott so herzlich bitten und wir auch zu bitten schuldig sind durch E.C.F.G. (weil es auf dieselben gestellet ist) furzukommen, denn des Evangelii Schmach Gottis Schmach ist, die uns billig bewegen soll. So weiß je ein Kind wohl, daß solche Guter, die durch Abfall unchristlicher Stiftung nicht dem Rat gebuhrn, von eigener Gewalt bei sich zu halten, sondern wieder zu christlichem Brauch gewandt werden oder, wohin sie die Oberkeit vorordnet, sein sollen.

Mich zwar bewegt, daß ich sehe und itzt in frischer Tat erfunden habe die Ratsherren so erbittert, daß sie lieber leiden und auch dazu helfen mochten und wollen, alle unchristliche Bräuch und Stiftung, so schon abgetan sind, zuwider dem Evangelio in den vorigen Stand und Schwang zu bringen, dafur Gottis Gnaden gebe E.C.F.G., mit Fleiß zu sein, hoff auch, Christus solle sie solchs lassen furnehmen, aber doch nicht vollenden. Auch ist das mein Ursach, E.C.F.G. so zu ersuchen, wo die Guter nicht uberantwortet werden, so muß doch der Kasten bald vorgehen, denn es ist nichts da und gefället nicht soviel, damit man die Person erhalten müge, wie die Ordenung laut'. Darumb wollt E.C.F.G. umb Gottis Ehre willen diese Sache aufs foderlichst fertigen, den Feinden des Worts nicht Raum geben zu freuen und den Armen zu trauren. Gottis Barmherzigkeit lehre und regiere E.C.F.G. Mut und Sinn, Amen.

Zu Leisnig, am Dienstag nach Laurentii 1523.

E.C.F.G. untertäniger
Martinus Luther.

An Michael von der Straßen

Wittenberg, 5. Dezember 1523

Gnad und Fried in Christo! Ehrbar, lieber Herr und Freund! Euer Schrift sampt dem eingeschlossenen Brief hab ich empfangen und vernommen, und ist mein Rat, daß mein gnädigster Herr mit Gewalt dazu tue und den Prediger zu Oelsnitz entweder vertreibe oder zwinge, solch ungeschickt Ding dem

Volk wieder auszureden und zu widerrufen. Denn solche Predigt ist weder evangelisch noch menschlich, sondern vom Teufel gewißlich. Und weil sie mit der Faust dazu tun, wills nicht gnug sein, mit Worten wider sie handeln, sondern der Faust mit Faust wehren. Lasset einen oder sechs beim Halse nehmen und ins Loch werfen, so wird der Teufel sich anders stellen. Ich hab schon zuvor einen Brief an den Rat und Gemeine daselbst geschrieben.

Hiemit Gott befohlen! Am Sonnabend in vigilia Nikolai anno 1523.

Martinus Luther.

An Georg Spalatin

[Wittenberg, Ende 1523]

Gnade und Friede! Meine Absicht ist es, nach dem Beispiel der Propheten und der alten Väter der Kirche deutsche Psalmen für das Volk zu schaffen, das heißt, geistliche Lieder, damit das Wort Gottes auch durch den Gesang unter den Leuten gegenwärtig ist. Daher suchen wir überall nach Dichtern. Weil Dir nun die Fülle und die Feinheit der deutschen Sprache geschenkt und sie von Dir mehrfach vervollkommnet worden ist, bitte ich Dich, daß Du dabei mithilfst und irgendeinen Psalm in ein Lied überträgst, so wie Du hier mein Beispiel hast. Die neuen und am Hof gebräuchlichen Wörter sollten wegbleiben, damit, entsprechend der Fassungskraft des Volkes, möglichst einfache und allgemein verbreitete, aber dennoch schöne und zugleich wohlgesetzte Worte gesungen werden, ferner ein klarer und den Psalmen möglichst naher Sinn zum Vorschein kommt. Man muß daher [bei der Übersetzung] frei verfahren und, nachdem der Sinn erkannt worden ist, ihn unter Verzicht auf die bisherigen Wörter durch andere angemessene ausdrücken. Ich besitze von dieser Gabe nicht genug, um zu können, was ich eigentlich möchte. Darum will ich versuchen, ob Du ein Heman, Asaph oder Jeduthun bist. Dasselbe wollte ich auch Johann von Dolzig bitten, der [in der Wortwahl] reich und geschickt ist. Doch ich fürchte, daß Euch, selbst wenn Ihr Muße hättet, nicht genügend Zeit zur Verfügung steht. Du hast aber meine sieben Bußpsalmen mit Kommentar, aus welchen Du den Sinn des Psalms entnehmen kannst, oder wenn es Dir recht ist, daß Dir der erste Bußpsalm [zur Übersetzung] empfohlen wird: ›Herr, erhöre mein Gebet.‹ Johann von Dolzig empfehle ich den zweiten Psalm ›Wohl dem, dem...‹, denn ›Aus den Tiefen...‹ habe ich übertragen. ›Erbarm dich mein...‹ ist schon [zum Übersetzen] bestimmt worden. Oder wenn jene schwieriger sind, so greift diese beiden auf: ›Ich will den Herrn loben allezeit...‹ und ›Freuet euch in dem Herrn, ihr Gerechten...‹, das heißt [Psalm] 34 und 33, oder Psalm 103: ›Lobe den Herrn, meine Seele...‹. Antworte mir jedoch, womit ich bei Euch rechnen kann. Lebe wohl im Herrn.

An Johann Oekolampad

Wittenberg [18. April?] 1524

Gnade und Friede! Ich habe, lieber Bruder, nichts zu schreiben, es sei denn, Dich zu grüßen und mich Deinen Gebeten anzuempfehlen. Denn Joachim [Camerarius], der uns sehr vertraut ist, wird Dir alles erzählen. Ich weiß nicht, ob mit ihm auch Philipp zu Dir kommen wird, was ich gern sähe. An Erasmus habe ich geschrieben und Frieden, Eintracht sowie das Ende jener großartigen Tragödie gewünscht. Dazu erbitte ich auch Deine Mithilfe, wenn Du irgend etwas vermagst. Es ist genug gekämpft worden, genug Entrüstung war auf beiden Seiten. Endlich muß Christo der Platz eingeräumt werden, und der Satan wird dem Hl. Geist weichen. Das Mandat des Basler Rates gegen den Vikar des Bischofs und die Magister [der Universität] gefällt mir außerordentlich.

Lebe wohl im Herrn und bete für mich. Zu Wittenberg, Anno 1524.

Martin Luther.

An Herzog Johann Friedrich von Sachsen

Wittenberg, 18. Juni 1524

Gnad und Fried in Christo! Durchleuchtiger, hochgeborner Fürst, gnädiger Herr! Es hat mir Mag. Veit etlich Stück hiegelassen, E. F. G. davon zu schreiben.

Erstlich, ob man solle richten und urteilen nach dem Gesetz Mose oder nach den kaiserlichen Rechten, weil etliche seind, die hart darauf dringen, als sollten kaiserliche Rechten unrecht und unchristlich sein. Hierauf hab ich auch vormals geantwort und sage noch: Wo kaiserliche Rechten etwas setzten, das wider Gott wäre (davon ich nichts weiß), soll man sich freilich nicht darnach halten. Weil aber solch weltlich Rechten ein äußerlich Ding ist, wie Essen und Trinken, Kleider und Haus, gehen sie die Christen nichts an, welche durch Gottes Geist nach dem Evangelio geregiert werden. Nun aber nicht Mose, sondern kaiserliche Rechte seind in der Welt angenommen und im Brauch, will sichs nicht gebühren, daß wir hie ein Sekten und Zwietracht anheben und Moses Gesetz annehmen und kaiserliche Recht fahrenlassen, als wenig als umb Essen und Trinkens willen Sekten und Zwietracht anzurichten seind, sintemal der Glaub und Lieb wohl bleiben kann mit und unter kaiserlichen Rechten. Ja wir seind schuldig, kaiserliche Recht zu halten und nicht Moses Rechte, aus der Ursache: Denn die Lieb zwingt uns, daß wir uns denen gleichmachen, bei denen wir sind, weil es ohn Fahr des Glaubens geschehen kann. Nun seind wir ja bei denen, die kaiserliche Recht halten und nicht Moses Recht. Wenn aber Kaiser und Fürsten zuführen und einträchtiglich Moses Recht annähmen, dann sollten wir auch folgen. Sonst sollen wir kein eigens noch besonders furnehmen und die anderen domit beleidigen, sondern uns des Spruchs halten 1. Kor. 12: Mit den Heiden ward ich heidenisch, mit den Juden ward ich jüdisch. Das will auch St. Petrus 1. Petri 2[, 13]: Seid untertan aller menschlicher Ordnung!, item [V. 17]: Ehret den König!, und Paulus Roma. 13 [, 1]: Ein itzliche Seele sei der Oberkeit untertan etc. Wenn nun solche Prediger oder Mosestreiber Kaiser werden und die Welt zu eigen kriegen, so laß man sie dann Mosen oder Elias oder Adams Recht wählen und halten. Wir seind schuldig, die Recht zu halten die unser Oberkeit und Nachbarn halten.

Das ander, ob eim Fürsten der wuchrische Zinskauf zu leiden sei, antwort ich: Es wäre wohl fein, daß nach alter Welt Brauch der Oberkeit würde der Zehnte von allen Gütern geben jährlich; das wäre der allergöttlichst Zinse, der sein kunnt, denn domit würden die Zinsleut nicht beschwert. Gäbe Gott viel oder wenig Guts, so wär der Zehnt auch darnach. Ja es wär noch zu wünschen und zu leiden, daß man, all andere Beschwerung abgetan, von den Leuten den Fünften oder Sechsten nähme, wie Joseph in Ägypten tät. Aber nun solch ordentlich Wesen in der Welt nicht ist, muß ich hieran vorzweifeln und sage, es wäre hoch vonnöten, daß man den Zinskauf rechtfertigte in allen Landen. Aber ganz und gar abzutun ist auch nicht recht, denn er kunnt wohl recht werden. Daß aber E. F. G. sollt die Leut schützen oder wehren, daß sie diesen Wucherzins nicht reichten, rate ich nicht. Denn es ist nicht von einem Fürsten ein Gesetz, es ist ein gemeine Plag, von allen angenommenen; darumb soll mans leiden und die Zinsleut darzu halten, daß sie solchs leiden und sich nit sperren noch ein Eigens furnehmen, sondern den anderen sich ebenmachen, auch mit Schaden, wie die Lieb fordert, bis daß Gott den Fürsten eingebe, daß sie einträchtiglich solchs ändern. Indes laß man die Gewissen beschwert sein derjenigen, so unrechte Zins einnehmen. Solchs aber rede ich von den Zinsen, die nicht über vier oder fünf aufs hundert geben werden, welche nicht wucherische seind der Summa halben, sondern daß sie gewiß seind und nicht in der Fahr stehen, wie sie sollten. Wo aber mehr dann fünf aufs Hundert gehen, da sollt ein jeglicher Fürst und Oberkeit zutun, daß mans auf Fünfte oder Vierte brächt, mit etzlicher Maß nachlassen an der Hauptsumma, donach sie lang gangen seind, und dasselb mit der Güte, auf daß damit ein Anfang würde, den ganzen Zinskauf zurechte und in seine billige Fahre zu bringen mit der Zeit.

Das dritte ist: Von dem Lehen des Pfisters und dem Gemeinen Kasten zu Eisenach hab ich auch vorhin gesagt: Weil dasselb Lehen zustehet zu verleihen den Tumherrn, soll man sie damit lassen walten, wie sie wolln, und die Kastner haben gar kein Teil noch Recht dran, obs ihm gleich von dem Besitzer übergeben sei. Denn man soll Gott nicht opfern vom Raube. Das seind die Stück, von Mag. Veit angeben.

Der Schwärmer halben mit dem Predigen etc. hoff ich, es sollt itzt der Sachen zu Orlamünde wohl geraten werden, weil Doctor Karlstadt die Pfarr ubergeben hat, daß man ein rechtgeschaffnen Mann bei uns dahin bestell. Aber der Satan zu Allstedt, wiewohl er sich erboten hat, zu uns zu kommen, läßt ers doch, und trotzt gleichwohl hoch in seinem Winkel. Meins Bedünkens halt ich, er sei noch nit flügg noch zeitig, möcht gerne, daß er baß herausbrächte; er hat noch viel dahinten, ehe ich darzutun sollt. Gefällt es aber E. F. G., möcht Sie verschaffen, daß er allhier kommen müßte und sich verantworten der Sache, damit er unser Lehr tadelt und verdampt, oder, so es ja so ein unerschrockener Held ist, unter Herzog Georgen oder sunst am andern

Orte solchen seinen Geist beweisen. Es ist ja nicht fein, daß er unsers Schattens, unsers Sieges und alle unsers Vorteils, ohn ihr Zutun erstritten durch uns, wider uns braucht; sitzen auf unser Misten und uns anbellen ist ein schlechter Geist, er fahr hin einmal, wie ich getan hab, und wage es außer diesem Fürstentumb fur andern Fürsten und laß da sehen, wo sein Geist ist. Doch stelle ich das alles heim auf E. F. G. Wohlgefallen, die ihm Gott in sein Barmherzigkeit befohlen lasse sein. Zu Wittenberg, am Sonnabend nach des heiligen neuen Benno Martertag.

An Johann Steenwyck zu Sternberg

Wittenberg, 17. Juli 1524

Dem ehrwürdigen Pater in Christo, Johann Steenwyck, dem Prior der Augustiner bei Sternberg, seinem [Bruder] in dem Herrn.

Gnade und Friede im Herrn! Mein ehrwürdiger Vater! Wir schicken Dir hier den Bruder Hieronymus von Enghuizen und noch einen Bruder, wenn der Herr es gewährt, was wir hoffen. Den rechtschaffenen Mann vertraue ich also Deiner väterlichen Güte und durch Dich dem Herzog an. Ich hätte ihm selbst geschrieben, aber aus irgendeinem Grund wagte ich es nicht, um kein Mißtrauen hervorzurufen oder in Verdacht zu geraten.

Ich freue mich, daß Ihr die Quelle der abgöttischen Greuel verschlossen habt, die Quelle Eurer ruchlosen Einnahmen. Der Herr möge bewirken, daß bei Euch die Erkenntnis Christi bis zur Vollendung wachse. Das Wort der Gnade möge bei Euch herrschen in dem ganzen Überfluß des Geistes. Amen. Grüßt die Brüder und Freunde! Betet für mich! Zu Wittenberg, am Sonntag nach Margaretha 1524.

Martin Luther.

An die Stadt Mühlhausen

Weimar, 21. August 1524

Den ehrsamen und weisen Herren Burgermeister, Rat und ganzer Gemein der Stadt Mühlhausen, meinen lieben Herrn und guten Freunden.

Gnad und Fried in Christo Jesu unserm Heiland. Ehrsamen, weisen lieben Herren, es haben mich gute Freund gebeten, nachdem es erschollen ist, wie sich einer, genannt Magister Thomas Müntzer, zu Euch in Eur Stadt zu begeben willens sei, Euch hierinnen treulich zu raten und warnen, vor seiner Lehre (die er aus Christus' Geist hoch rühmet) zu hüten: welch ich dann, als mich christliche Treu und Pflicht vermahnet, Euch zugut nicht hab unterlassen wöllen, wir auch gar willig und geneigt gewest, weil ich heraußen bin in Landen, selbst personlich Euch zu ersuchen. Aber mein Geschäft im Druck zu Wittenberg mir nit weiter Zeit noch Raum läßt. Bitt derhalben, wöllet gar fleißig Euch fürsehen vor diesem falschen Geist und Propheten, der in Schafskleidern dahergehet und ist inwendig ein reißender Wolf. Dann er hat nun an vielen Orten, sonderlich zu Zwickau und jetzt zu Allstedt, wohl beweiset, was er für ein Baum ist, weil er kein ander Frucht trägt, dann Mord und Aufruhr und Blutvergießen anzurichten, darzu er denn zu Allstedt offentlich gepredigt, geschrieben und gesungen hat. Der Heilig Geist treibt nicht viel Rühmens, sondern richtet große Ding zuvor an, ehe er rühmet. Aber dieser Geist hat sich nu bei dreien Jahren trefflich gerühmet und aufgeworfen und hat doch bisher nicht ein Tätlein ton noch einige Frucht beweiset, ohn daß er gerne mörden wöllt, wie Ihr des gute Kundschaft beide, von Zwickau und Allstedt, haben mügt. Auch sendt er nur Landläufer, die Gott nicht gesandt hat (dann sie künnens nicht beweisen), noch durch Menschen berufen sind, sondern kummen von ihn selbst und gehen nicht zu der Tür hinein. Darumb tun sie auch, wie Christus von denselben sagt Johannis 10 [, 8]: Alle die vor mir kummen sind, die sind Dieb und Mörder. Uber das vermag sie niemand, daß sie ans Licht wöllten und zur Antwortung stehen, ohn bei ihresgleichen. Wer ihn zuhört und folget, der heißt der Außerwelt Gottes Suhn, wer sie nit hört, der muß gottlos sein, und wöllen ihn töten. Wie toll Ding aber ihre Lehre sei, wäre viel zu sagen. Aber es würd bald an Tag kummen. Wöllen Euch aber solch meine Rede nit bewegen, so tut doch also und vollziehet die Sach mit eim Aufschub, bis Ihr es baß erfahrt, was es für Kinder sind. Denn es ist angangen, es wird nicht lang im Finstern bleiben.

Treulich meine ichs mit Euch (das weiß Gott), und wollt Eur Fahr und

Schaden gerne zuvorkummen, wo es Gott wöllt, des hoff ich, sollt Ihr mir selbst gut Zeugnus geben. Denn ich mich ja rühmen kann in Christo, daß ich mit meiner Lehre und Rat niemand je kein Schaden geton hab noch gewöllt, wie dieser Geist fürhat, sonder bin jedermann tröstlich und hülflich gewesen, daß Ihr diesen meinen Rat je billig nicht Ursach habt zu verachten. Wo Ihr aber solchs veracht, den Propheten annehmet und Euch Unglück daraus entspringt, bin ich unschuldig an Euerm Schaden, dann ich Euch christlich und freundlich gewarnet hab. Es nehme ihn ein ehrsamer Rat für sich auch vor der ganzen Gemein (kann es geschehen) und frage ihn, wer ihn hergesandt oder gerufen hab zu predigen: Es hat je der ehrsame Rat nicht geton. Wenn er dann saget, Gott und sein Geist hab ihn gesandt wie die Apostel, so laßt ihn das selb beweisen mit Zeichen und Wunder, oder wehret ihm das Predigen. Denn wo Gott die ordentliche Weis will ändern, so tut er allwegen Wunderzeichen dabei. Ich hab noch nie gepredigt noch predigen wöllen, wo ich nicht durch Menschen bin gebeten und berufen. Dann ich mich nicht berühmen kann, daß mich Gott ohn Mittel vom Himmel gesandt hat, wie sie tun und laufen selbert, so sie doch niemand sendet noch lädt (wie Jeremias schreibt): Darumb richten sie auch kein Guts an.

Gott gebe Euch sein Genad, seinen göttlichen Willen treulich zu erkennen und zu vollbringen, Amen. Zu Weimar, am Sonntag Assumptionis Mariae.

Martinus Luther.

An Hieronymus Baumgärtner

Wittenberg, 12. Oktober 1524

Hieronymus Baumgärtner, dem in Frömmigkeit und Gelehrsamkeit so begabten Jüngling zu Nürnberg, dem in Christo geliebten [Freund].

Gnade und Friede im Herrn! Auch Dich, lieber Hieronymus, muß ich wegen der Menge der Armen in Anspruch nehmen. Dieser junge Mann, Gregor Keser, wünscht irgendwo eine Bleibe [zu finden] und bat mich um ein Schreiben an irgendeinen Nürnberger Bürger. Obgleich ich ihm wenig Hoffnung machte, weil ich wußte, daß überall alles besetzt ist, habe ich ihn im Namen Gottes gehen lassen, der auch die Raben speist.

Wenn Du übrigens Deine Käthe von Bora behalten willst, schreite zur Tat, bevor sie einem anderen gegeben wird, der bei der Hand ist. Sie hat die Liebe zu Dir noch nicht überwunden. Ich würde mich freuen, wenn ihr beide vermählt würdet.

Lebe wohl! Zu Wittenberg, 12. Oktob. 1524.

Martin Luther.

An Nikolaus Hausmann

Wittenberg, 17. November 1524

Dem treuen und erfahrenen Diener Christi, D. Nikolaus Hausmann, dem Bischof zu Zwickau, seinem Oberen im Herrn.

Gnade und Frieden im Herrn! Ich habe Dich nicht vergessen, mein lieber Hausmann, obgleich es stimmt, daß mein Gedächtnis durch die Vielfalt der Sachen und Probleme, auch durch das zunehmende Alter, geschwächt wird. Dem Erasmus werde ich antworten, nicht um seinetwillen, sondern um derer willen, die sein Ansehen zu ihrem eigenen Ruhm im Gegensatz zu Christus mißbrauchen. Du hast mich früher gemahnt, über das Abendmahl zu schreiben. Ich schiebe es auf, bis Karlstadt mit seinem Gift öffentlich hervorgetreten ist. Das sagte er mir zu, nachdem ich ihm ein Goldstück gegeben hatte, obgleich ich den größeren Teil seiner geistlosen Einwände bereits besitze. Zwingli und Leo Jud in der Schweiz stimmen mit Karlstadt überein. So weit verbreitet ist dieses Übel, aber Christus herrscht, um so mehr kämpft er. Eine deutsche Messe wünsche ich eher, als daß ich zusage [sie zu verfassen]. Diesem Werk bin ich nicht gewachsen. Es fordert musikalisches und zugleich geistliches [Verstehen]. Inzwischen lasse ich zu, daß jeder an seiner Auffassung vollauf genug hat, bis Christus uns anderes schenken wird.

Mir scheint es nicht ohne Gefahr zu sein, daß unsere [Theologen] zu einem Konzil zusammenkommen, um die Einheit der Zeremonien aufzurichten. Denn es wäre nämlich ein schlechtes Beispiel, wenn es auch aus gutem Eifer geschieht. Das belegen alle Konzilien der Kirche von Anfang an, so wie auch auf jenem Apostelkonzil beinahe mehr über die Werke und Satzungen als über den Glauben gehandelt worden ist. Auf den späteren Konzilien disputierte man in der Tat niemals über den Glauben, sondern stets über Lehrmeinungen und Streitfragen. Daher ist mir der Name ›Konzil‹ beinahe so verdächtig und verhaßt wie der Begriff ›freier Wille‹. Wenn eine Kirche der anderen nicht freiwillig in jenen äußeren Dingen folgen will, wozu ist es nötig, sie durch Dekrete von Konzilien zu zwingen, die sich bald in Gesetze und Stricke für die Seelen verwandeln? Daher folge die eine [Kirche] der anderen aus freien Stücken, oder man lasse eine jede ihre Bräuche halten, wenn die Einheit des Geistes im Glauben und im Wort nur unverletzt bleibt, wie groß auch der Unterschied und die Vielfalt im Fleisch und in den Satzungen der Welt ist.

Ich glaube, daß Du die Geschichte über Kaspar Tauber erfahren hast, der zu Wien als Märtyrer für das Wort Gottes, wie man schreibt, enthauptet und verbrannt worden ist. Das gleiche widerfuhr im ungarischen Buda einem Buchführer mit Namen Georg, der zusammen mit den um ihn aufgeschichteten Büchern verbrannt worden ist und sehr tapfer für den Herrn gelitten hat. Blut kommt zu Blut, das den Papst mit seinen Königen und Herrschaften ersticken wird.

Lebe wohl und bete für mich Sünder. Zu Wittenberg, Donnerstag nach Martini 1524.

Martin Luther.

An Nikolaus Gerbel

Wittenberg, 17. Dezember 1524

Gnade und Frieden in Christo! Daß unter dem Fürsten, nein vielmehr unter dem Gott dieser Welt geschieht, was einem solchen Gott würdig und dem wahren Gott zuwider ist, mein lieber Gerbel, was verwundert uns das. Wir wissen, daß jener, der nicht lügt, dem Satan nicht umsonst noch fälschlich so viel Macht zugesteht, daß er ihn Fürst und Gott nennt, nicht über ein Geschlecht, sondern über die ganze Welt, weil er uns dadurch ermahnen und warnen will. Das ist nicht verwunderlich, wenn auch nur wenige unter einer so großen Tyrannei übrigbleiben, die recht glauben und gerettet werden, damit das wunderbare Werk des wahren Gottes prächtiger hervortritt.

Daher handelt Karlstadt recht, daß er, schon längst dem Satan überantwortet, endlich die Geheimnisse seines Gottes preisgibt. Dazu hat den Mann nichts getrieben als die so oft durch Christus gezügelte ungezähmte Begierde nach eitlem Ruhm, nach dem sein Herz unauslöschlich brennt. Darum ist es gemäß der Lehre des Paulus unsere Aufgabe, unbesorgt zu handeln und nicht ängstlich zu sein, weil wir um die Nähe Gottes wissen, wenn nur unsere Gebete mit Danksagung Gott kundwerden. Denn wir werden nicht um so glücklicher kämpfen oder siegen, je mehr wir uns ängstigen oder bange sind, noch um so unglücklicher fallen, wenn wir fröhlich und vergnügt gewesen sind. Überlassen wir die Traurigkeit und den Kummer dem Geist Karlstadts! Wir wollen jenen Kampf so ertragen, als wenn wir anderes zu tun haben. Es ist Gottes Sache, es ist Gottes Sorge, Gottes Werk, Gottes Sieg und Gottes Ruhm. Ohne uns wird er kämpfen und siegen. Wenn er uns würdigen und als seine Waffen ergreifen wird, sind wir geneigt und willig.

Dies schreibe ich, damit ich Dich und durch Dich die anderen ermahne, daß Ihr den Satan nicht fürchtet und Euer Herz nicht mutlos wird. Wenn wir ungerecht sind, was ist dann angemessener, als daß wir niedergedrückt werden? Wenn wir gerecht sind, ist Gott [auch] gerecht, der unsere Gerechtigkeit heraufführt wie den Mittag. Daher möge fallen, was fällt, und stehen, was steht. Nicht unsere Sache wird verhandelt; wir suchen nicht das, was uns zukommt. Lebe wohl, mein lieber Gerbel, und bete für mich! Zu Wittenberg, am Sabbat nach dem Tag der heiligen Lucia 1524.

Martin Luther.

An Katharina Zell

[Wittenberg] 17. Dezember 1524

Der tugendsamen Frauen, Katharin Schützin, meiner lieben Schwester und Freundin in Christo, zu Straßburg.

Gnad und Fried in Christo! Meine Liebe! Daß Dir Gott sein Gnade so reichlich geben hat, daß Du nicht allein selbs sein Reich siehest und kennest, so vielen Leuten verborgen, sondern auch einen solchen Mann bescheret, an dem Du es täglich und ohne Unterlaß besser lernen und immer hören magst, gönne ich Dir wohl und wünsche Dir Gnad und Stärke dazu, daß Du solches mit Dank behaltest bis auf jenen Tag, da wir uns alle sehen und freuen werden, will es Gott.

Itzt nichts mehr. Bitte Gott für mich und grüß mir Deinen Herrn, Herr Matthias Zell! Hiemit Gott befohlen! Am Sonnabend nach Luciä 1524.

Martinus Luther.

An Johann Brießmann

Wittenberg, 4. Februar 1525

Dem geliebten Bruder, Johann Brießmann zu Königsberg, seinem [Freund] im Herrn, dem Diener Gottes.

Gnade und Friede. Der unerwartete Weggang dieses Boten hat mich überrascht, der im Weggehen einen Brief [von mir] wünschte, während ich von Christian [Döring] noch nicht alles gehört hatte. Daher kann ich Dir, mein lieber Brießmann, nur einen ganz kurzen Gruß schreiben. Grüße bitte D. Sambiensis. Das Deuteronomium geht voran. Was ich Karlstadt geantwortet habe, kennst Du. Ich freue mich, daß Amandus weggezogen ist. Denn auch hier macht der Satan durch jene Propheten solche Fortschritte, daß in Nürnberg bereits einige Bürger verneinen, daß Christus etwas bedeutet, daß das Wort Gottes etwas vermag. Sie lehnen die Taufe ab, das Sakrament des Altars und die obrigkeitliche Gewalt. Nur Gott erkennen sie an. Daher sitzen sie als Gefangene im Gefängnis. Bis dahin reicht natürlich der Satan, der Geist des Allstedters und Karlstadts.

Leb wohl und bete für mich! Grüße Speratus mit seiner Frau. Bruder Leonhard, der einst vom bayrischen Herzog gefangengehalten wurde, ist nach zwei Jahren endlich durch Christus befreit worden und bereits bei uns. Zu Wittenberg, am Sabbat nach Purificatio [Mariae] 1525.

Martin Luther.

An Georg Spalatin

Wittenberg, 27. März 1525

Dem Herrn Georg Spalatin, dem Diener Christi am sächsischen Hof, seinem [Bruder] im Herrn.

Gnade und Friede! Ich schicke Dir, mein lieber Spalatin, [die Abbildung mit] den Sonnen, den Wunderzeichen Gottes, zurück. Diese zu verstehen, ist nicht meine Aufgabe, da ich kein Prophet für solche Dinge bin. Die blutige Abendsonne scheint freilich den König von Frankreich zu bezeichnen, die andere sehr helle in der Mitte den Kaiser. So versteht es auch Philipp. Zugleich aber deuten die Sonnen auf den jüngsten Tag.

Ich freue mich über die Unterredung des hessischen Landgrafen mit unseren Fürsten. Ich hoffe, daß es dem Evangelium nützen wird.

Ich habe hier ein neue Art von Propheten aus Antwerpen, die sagen, daß der Heilige Geist nichts anderes sei als der natürliche Verstand und die natürliche Vernunft. Wie wütet der Satan überall gegen das Wort! Und dieses zähle ich unter die nicht geringfügigen Zeichen, daß selbst der Satan auch jenen Tag zu spüren scheint. Daher speit er seinen letzten Zorn aus.

Lebe wohl und bete für mich! Zu Wittenberg, Montag nach Lätare 1525. Martin Luther.

An Georg Spalatin

[Wittenberg] 16. April 1525

Dem Herrn Georg Spalatin, dem Diener Christi am sächsischen Hof, seinem in dem Herrn geliebten Bruder.

Gnade und Friede! Ich habe unserem Lucas [Cranach] alles aufgetragen, damit er für die Übersendung von 100 Exemplaren an den Präzeptor sorgt. Zu dieser Stunde reise ich nämlich nach Eisleben mit Philipp und M. Eisleben. Wir wurden von Graf Albrecht gerufen, um eine christliche Schule einzurichten, weil ihr so lau seid und die unsrige vernachlässigt. Ich fange an zu wünschen und zu versuchen, daß Philipp eine ähnliche in Nürnberg aufbaut. Die Magdeburger haben Caspar Cruciger gerufen, die Danziger Magister Arnold [Burenius]. So werden wir zerstreut, und unsere Schule zerfällt. Was ich tun werde, weiß ich nicht. Mir ist bekannt, daß Du in dieser Sache ohne Schuld bist. Der Satan allein ist im Spiel.

Was Du übrigens über meine Ehe schreibst, so wundere Dich bitte nicht, daß ich nicht heirate, der ich doch ein soviel besprochener Freund [der Ehe] bin. Verwunderlicher ist dies, daß ich, der ich so oft über die Ehe schreibe und mich so oft unter Frauen mische, nicht schon längst eine Frau geworden bin, geschweige denn, daß ich nicht eine geheiratet habe. Wenn Du jedoch mein Beispiel erbittest, so hast Du ein besonders kräftiges. Denn ich habe drei Frauen zugleich gehabt und so stark geliebt, daß ich zwei verloren habe, die im Begriff sind, andere Männer zu heiraten. Die dritte halte ich kaum am linken Arm. Sie wird mir wohl auch bald entrissen werden. Du aber bist ein so träger Liebhaber, daß Du nicht einmal wagst, der Ehemann einer einzigen Frau zu werden. Indessen sieh zu, daß ich, der ich einer Ehe ganz abgeneigt bin, Euch, den so bereitwilligen Bräutigamen, nicht irgendeinmal zuvorkomme, pflegt doch Gott zu bewirken, was Du am allerwenigsten erwartest. Das sage ich, damit ich Dich – ohne Scherz – dahin bewege, wohin Du willst.

Lebe wohl, mein lieber Spalatin. Am Ostertage 1525.

Martin Luther.

An Johann Rühel

Seeburg, 4. [5.] Mai 1525

Gnade und Friede in Christo! Achtbar, lieber Herr Doctor und Schwager! Auf Euer neue Zeitung, zur letze mir gezeiget, hab ich diesen Weg bisher immer gedacht, daß ich auch muß von hinnen davon schreiben. Und bitt erstlich, daß Ihr meinen gnädigen Herrn, Graf Albrecht, nicht helfet weich machen in dieser Sachen, sondern laßt gehen, wie Sein Gnad hat angefangen, obwohl der Teufel darüber zorniger und wütger wird durch seine besessene Glieder; denn hie ist Gottes Wort, das nicht leuget, welches spricht Röm. 13[, 4]: Er träget das Schwert nicht umbsonst etc., daß nie kein Zweifel ist, sein Grafenstand sei von Gott verordent und befohlen, derhalben Sein Gnad desselbigen brauchen soll zur Strafe der Bösen, solange eine Ader sich reget im Leibe. Wirds Seiner Gnaden mit Gewalt aus der Hand geschlagen, so soll mans leiden und Gott heimgeben, der es zuvor gegeben hat und wieder nehmen mag, wenn und womit er will.

Daß also mit gutem Gewissen dem Stande mag Folge und Anhang geschehen bis in den Tod, umb Gottes Worts willen, welchs denselben also hat verordenet, solange es währet, gleichwie von keinem andern guten Werk jemand soll ablassen, es werde ihm denn mit Gewalt niedergeschlagen, und im Streit niemand soll von seinem Vorteil weichen oder zu streiten ablassen, er werde denn uberwältiget.

Denn ob gleich der Baurn noch mehr Tausend wären, so sind es dennoch allzumal Räuber und Mörder, die das Schwert aus eigener Durst und Frevel nehmen, und wollen Fürsten, Herrn und alles vertreiben, neu Ordnung machen in der Welt, des sie von Gott weder Gebot, Macht, Recht noch Befehl haben, wie es Herrn itzt haben. Dazu sind sie treulos und meineidig an ihren Herrn. Über das führen sie zu Schanden und Unehren, zu ihren solchen großen Sünden, den Namen göttlichs Worts und Evangelii, daß, wenn ihnen Gott aus Zorn gleich verhänget, mit der Tat, ohn alles Recht und Befehl Gottes, ihr Furnehmen auszuführen, so mußt mans leiden, als wenn sonst jemand Unrecht leidet oder leiden muß und doch nicht drein verwilliget, daß sie recht dran täten.

Ich hoffe aber noch fest, es soll keinen Fürgang oder je keinen Bestand haben, wiewohl Gott durch die allerverzweifeltsten Leute zuweilen die Welt plagt, wie er mit den Türken getan hat und noch tut.

Daß sie aber furgeben, niemand zu beschädigen noch Leide tun, ist des Teufels Spott. Heißt das nicht Schaden tun: Herrn verjagen und totschlagen? Wollen sie niemand schaden, warumb sammlen sie sich denn und gebieten, man soll ihrem Furnehmen weichen? Niemand Schaden tun und doch alles nehmen – so tät der Teufel auch wohl, wenn man ihn ließe machen, wie er wollt, und schadet niemand.

Auch ist das keine Ursache, daß sie Herrn vertreiben wollen, denn lauter Mutwillen. Warumb bessert mans nicht, was böse dran ist? Man sehe der S[chweizer] Regiment an, welchs auch so angefangen hat, und ärger ist, denn es je gewesen ist, und noch keine Furcht noch Zucht, sondern eitel Kriegsvolk drinnen ist. Summa: Will Gott seinen Zorn lassen uber uns gehen und Deutschland verwüsten, so sind die Gottesfeinde und Lästerer, Räuber und Mörder, als diese treulose und meineidige Baurn, gut dazu. So leiden wirs und heißen sie Herrn, wie die Schrift den Teufel Fürsten und Herrn heißt. Aber Gott behüte alle fromme Christen, daß sie der keins verwilligen noch anbeten, wie er Christum versuchet Matth. 4[,1–11], sondern widerstehen mit Munde und Händen, solange man immer kann, und sterbe drüber im Namen Gottes.

Erbieten sie sich, niemand zu beschädigen, wo wir nur ihnen weichen, so erbieten wir uns wieder, ihnen zu weichen, und, so es sein muß, bekennen, daß sie als die treulosen, meineidige Gotteslästerer und Räuber uber uns herrschen, des sie kein Recht von Gott, sondern eitel Eingeben vom Fürsten der Welt haben, wie er sich rühmet Matth. 4[, 8 f.], er habe aller Welt Gewalt und Ehre und gebe es, wem er will. Das ist beides wahr, wo Gott verhängt und nicht wehret.

Und ich (als dem es auch gilt, denn der Teufel will mich schlecht tot haben) merke das wohl, daß er zornig ist, daß er bisher weder mit List noch mit Macht etwas hat vermocht, und denkt, er wolle mein loswerden, und sollt er sein Höchstes versuchen und die ganze Welt ineinandermengen, daß ich schier gläube und mich fast dünkt, ich sei des Teufels Ursache, daß er solchs zuricht in der Welt, damit Gott die Welt plage.

Wohlan, komm ich heim, so will ich mich mit Gottes Hilfe zum Tode schicken und meiner neuen Herrn, der Mörder und Räuber, warten, die mir sagen, sie wollen niemand nichts tun – gleichwie jener Straßenräuber tät, der zu dem guten Fuhrmann sprach: Ich will dir nichts tun, gib mir aber, was du hast, und fahre, wie ich will, wo nicht, so sollt du sterben. O eine schöne Unschuld! Wie schöne schmückt der Teufel sich und seine Mörder! Aber ehe ich wollt billigen und rechtsprechen, was sie tun, wollt ich ehe hundert Hälse verlieren, daß mir Gott helfe mit Gnaden.

Und kann ichs schicken, ihm zum Trotz, will ich meine Käthe noch zur Ehe nehmen, ehedenn ich sterbe, wo ich höre, daß sie fortfahren. Ich hoffe, sie sollen mir doch nicht meinen Mut und Freude nehmen. Daß sie aber nicht müntzerisch sollten sein, das gläube ihnen ihr eigen Gott und sonst niemand. Solchs schreibe ich Euch, daß Ihr auch getrost seid und andere tröstet und sonderlich meinen gnädigen Herrn, Graf Albrechten.

Haltet an, daß Seine Gnade nur frisch fortfahre, gebe Gott die Sachen heim und tue seinem göttlichen Befehl, das Schwert zu führen, gnug, solange er immer kann; das Gewissen ist doch hie sicher, ob man gleich muß druber zu Boden gehen. Und wiederumb, ob jene gleich die Fürsten strafeten und vertilgeten und darinnen Gottes Zorn dieneten, so würde er ihnen doch das höllische Feuer zu Lohn geben. Es ist eine kurze Zeit, so kömmet der rechte Richter, der beide, sie und uns, finden wird: uns mit Gnaden, so wir ihren Gewalt und Frevel leiden, sie mit Zorn, daß sie das Schwert selbs nehmen, durch welches sie auch werden umbkommen, wie Christus schon solch Urteil gefället hat, Matth. 26[, 52]. Es kann doch ihr Tun und Sieg nicht bleiben noch lange bestehen. Grüßet mir Euer liebe Riebe! Gegeben zu Seeburg, am Donnerstag nach Miserikordias Domini Anno 1525.

D. Martinus Luther.

An den Rat zu Danzig

Wittenberg, 5. [7.?] Mai 1525

Gnade und Friede durch Christum unsern Heiland! Ehrsame und weise, liebe Herrn und Freunde. Auf Euer schriftlich Begehr habe ich meinen Fleiß getan, umb einen geschickten Prediger Euch zu bestellen. Nun hat es nicht sein wollen, daß Herr Johann Pommer, welchen Ihr selbst genennt und begehrt habt, hätte mögen Euch gegeben werden, wie ich gern gesehen hätte, denn unsre Gemeine hat ihn nicht wollen lassen, auf daß wir allhier auch Leute behielten, durch welche wir andere erziehen und anderen Städten dienen möchten. So schicke ich Euch M. Michaelem Hänlein, einen fast frommen, sittigen und gelahrten Mann in allen Stücken, desgleichen ich hie nicht anders weiß, damit hoffe ich, Ihr sollet versorget und bewahret sein, und er Euch täglich je baß gefallen wird. Denselbigen befehl ich Euer Weisheiten und Geliebten, wollet ihn Euch lassen befohlen sein, so vielmehr er von uns zu Euch in frembde Lande sich begibt, und verschaffen, daß er Eurem Zusagen nach christlich und wohl versorget sei, wie denn Christus und Paulus vielmal lehren, diejenigen, so uns das Wort lehren, zwiefacher Ehren würdig sind zu halten. Auch bitte ich, meine liebe Herren und Freunde, wollet ja alles tun und leiden, was sich immer tun und leiden will, damit Ihr Friede untereinander habt, und zusehen, daß nicht irgend Schwarmgeister unter Euch kommen, wie leider bei uns in Oberdeutschland solche Leute viel Jammers anrichten, wie E. W. vielleicht wohl gehöret haben. Ist etwas zu ändern oder zu brechen, es sei Bilder oder was es sei, daß solches nicht durch den gemeinen Mann, sondern durch ordentliche Gewalt des Rats geschehe, damit nicht auch wie anderswo einreißen würde, die Obrigkeit zu verachten, welche doch Gott will gefürchtet und geehret haben, insonderheit aber, daß E. W. darauf sehe, daß man Euch nicht lehre nach dem Gesetze Mosis regieren, viel weniger nach dem Evangelio, wie ich in beigelegtem Zettel verzeichnet und diesem Euren Prediger, Herrn Michaelem, befohlen habe, der Euch wohl unterrichten wird, dem gehorchet. Hiemit Gott befohlen, der Euch stärke und mehre zu seinem Lob und Ehren, Amen. Datum Wittenberg, am Freitage vor Jubilate 1525.

An Kurfürst Johann von Sachsen

Wittenberg, 15. Mai 1525

Dem Durchleuchtigisten und hochgebornen Fursten und Herrn, Herrn Johanns, Herzog zu Sachsen und des Ro. Reichs Churfurst, Landgraf in Thüringen und Markgraf zu Meißen, meinem gnädigsten Herrn.

Gnad und Friede in Christo! Durchleuchtigister, hochgeborner Furst, gnädigster Herr! Ich habe itzt freilich Ursache zu E. C. F. G. zu schreiben, wenn ich nur nu wohl schreiben kunnte. Nachdem der allmächtige Gott uns das Häupt, unsern gnädigen Herrn Churfursten, E. C. F. G. Bruder, in solcher fährlicher, greulicher Zeit hat weggenommen und uns so lassen im Jammer sticken, sonderlich E. C. F. G., auf die alle dies Ungluck sämptlich fället, daß auch E. C. F. G. wohl mit dem Psalter mag sagen: Es haben mich Unfall umbgeben, der' keine Zahl ist, und sind mehr denn Haar auf meinem Häupte, daß ich auch nichts mehr sehen kann etc.

Doch treu ist Gott und läßt nicht seinen Zorn uber die Barmherzigkeit walten bei denen, die ihm vertrauen, sondern gibt auch Mut und Kraft zu tragen und endlich Wege und Weise, wie mans loswerde, daß wir auch wiederumb mugen mit dem Psalter sagen: Der Herr hat mich wohl gestäupt, aber er hat mich dem Tode nicht uberantwortet, und abermal: Die Gerechten (das ist die Gläubigen) mussen viel Unglucks leiden, aber der Herr erloset sie aus den allen.

So trostet auch Salomo und spricht: Wilchen Gott liebhat, den zuchtiget er und hat seine Lust an ihm, gleich wie an eim Sohne. Drumb, mein Sohn, wirf nicht von dir Gottes Strafe und werde nicht mude, wenn du von ihm gezuchtiget wirdest. Und Christus selbs: In der Welt werdet ihr Gedränge haben, aber in mir den Frieden. Das ist die Schule, darinnen uns Gott zuchtiget und lehret auf ihn trauen, auf daß der Glaube nicht immer auf der Zungen und in den Ohren schwebe, sondern auch im Grunde des Herzens rechtschaffen werde.

In dieser Schule ist itzt E. C. F. G. freilich auch. Und hat Gott das Häupt ohn Zweifel weggenommen, auf daß er selbs an des Statt deste näher zu E. C. F. G. komme und lehre Sie, dieses Menschen trostliche und liebliche Zuversicht lassen und ubergeben und alleine an seiner Güte und Kraft stark und getrost werden, der viel trostlicher und lieblicher ist. Solchs habe ich itzt E. C. F. G. in der Eile zum Trost geschrieben. E. C. F. G. wollt es gnädiglich annehmen und sich weiter im Psalter und der Heiligen Schrift, die allerlei Trosts voll ist, ergetzen. Hiemit Gott befohlen! Am Montage nach Kantate 1525. E. C. F. G. untertäniger Martinus Luther.

An Johann Rühel

Wittenberg, 23. Mai 1525

Dem achtbaren, hochgelahrten Herrn Johann Rühel, der Rechten Doctorn, meinem günstigen Herrn und freundlichen lieben Schwager.

Gottes Gnade und Friede! Ich danke Euch, achtbar, lieber Herr und Schwager, Eur neu Zeitungen, die ich immer gerne erfahren hätte, sonderlich wie sich Thomas Müntzer hielte. Bitte, wollet weiter mich wissen lassen, wie er funden und gefangen ist und wie er sich gestellet hat, denn es nutzlich ist zu wissen, wie der hohmütige Geist sich habe gehalten.

Daß man mit den armen Leuten so greulich fähret, ist ja erbärmlich. Aber wie soll man tun? Es ist not, und Gott wills auch haben, daß eine Furcht und Scheu in die Leute bracht werde. Wo nicht, so tät der Satan viel Argers. Ein Ungluck ist besser denn das ander. Es ist Gottes Urteil: Qui accipit gladium, gladio peribit. Das ist trostlich, daß der Geist an den Tag kommen ist, damit hinfurt die Bauren wissen, wie Unrecht sie haben, und vielleicht ihr Rotterei lassen oder wenigern werden. Laßts Euch nicht so hart bekummern, denn es vielen Seelen zugut kommen wird, die dadurch abgeschreckt und erhalten werden.

Mein gnädigster Herr, der Kurfürst, ist des Tages, da ich von Euch scheidet, zwischen funfen und sechsen, fast umb die Zeit, da Osterhausen verderbt ward, mit sanftem Mut, frischer Vernunft und Verstand verschieden, hat das Sakrament beider Gestalt genommen und keine Ölunge. Ist auch ohn Messen und Vigilien von uns, und doch fein herrlich bestattet. Man hat etliche Steine in seiner Lungen funden und sonderlich drei in der Gallen (wilchs wunderlich ist), fast wie die Vierlingesgroschen, und so dicke, als ein kleiner Finger dick ist. Er ist auch am Steine gestorben, aber keiner ist in der Blasen funden.

Vom Aufruhr hat er noch nicht viel gewußt, hat aber seinem Bruder geschrieben, er sollte ja zuvor alle Wege mit der Güte suchen, ehe ers ließe zur Schlacht kommen; ist also christlich und seliglich gestorben. Das Zeichen seines Tods war ein Regenbogen, den wir, Philipps und ich, sahen in der Nacht im nähesten Winter über der Lochau, und ein Kind allhie zu Wittenberg ohn Häupt geborn und noch eines mit umbgekehreten Füßen.

Hiemit Gott befohlen, und grußet mir Euer Hausreben sampt ihren Trauben. Trostet auch Christoffel Meinhard, daß er Gott seinen Willen lasse, der doch nicht denn eitel gut sein kann, ob mirs schone nicht fuhlen. Es ist nu zu ernst worden, was wir zuvor von der Entgrobung, Langweil und Verwunderung gescherzt haben. Nu ists Zeit stillhalten und Gott walten lassen, so werden wir denn Friede sehen, Amen. An den [Bischof] bin ich nicht ungeneigt zu schreiben, wie Ihr anzeigt. Zu Wittenberg, am Dienstage nach Vocem iucunditatis 1525.

An Herzog Albrecht von Preußen

[Wittenberg] 26. Mai 1525

Dem durchleuchtigen, hochgebornen Fursten und Herren, Herren Albrecht, Markgrafen zu Brandenburg, Herzogen in Preußen, Stettin, Pommern etc., meinem gnädigen Herrn.

Gnad und Friede in Christo! Durchleuchtiger, hochgeborner Furst, gnädiger Herr! Daß E. F. G. Gott der Allmächtige so solchem Stand gnädiglich und wunderlich geholfen hat, bin ich hoch erfreuet und wundsche furder, daß derselbige barmherzige Gott solch angefangen Güte an E. F. G. vollfuhre zu seligem Ende, auch des ganzen Landes Nutz und Frumm, Amen.

Den Prediger, so E. F. G. begehrt, hab ich bestellen helfen; er soll bald hinnach kommen.

Auch, gnädiger Herr, bitte ich untertäniglich, mir eine vergebliche Furbitte an E. F. G. zu tun in Gnaden gonnen. Es ist der Bischof zu Riga etlich hundert Gulden seinen Muhmen aus eim Testament ihrs Bruders, Herr Niklas Blankenfeld, schuldig, darin er sich säumig macht zu bezahlen. Nu sind die zwo Jungfrauen allhie bei Meister Kersten, Goldschmied, der ihre Schwester hat, frumme, feine Kinder, die nu täglich bedurfen, daß sie beraten werden, und arme Maidelin. Nu aber derselbige Bischof bei E. F. G. noch etlich Summa Gelds außen hat, wollten sie gerne, wo es E. F. G. zu tun wäre, dasselbige Geld, soviel er den Kindern schuldig ist, wie des alles

M[eister] Kersten, Goldschmied, M. Joh[ann] Brießmann eine Verzeichnis schickt, innen behalten, und sie solchs doch bei und durch E. F. G. von ihm erlangen mochten. Was nu E. F. G. hierinnen raten oder tun will, stelle ich untertäniglich in E. F. G. Gewalt, welche sich ohn Zweifel wohl wird hierinnen christlich wissen zu halten. Hiemit Gotte befohlen. Am Freitage post ascensionis domini 1525. Martinus Luther.

An Johann Rühel, Johann Thür und Kaspar Müller

Wittenberg, 15. Juni 1525

Dem achtbaren, hochgelahrten, ehrbarn und fursichtigen Johann Rühel, der Rechten D., Johann Thür, Kaspar Müller, Kanzler, meinen lieben Herrn und Freunden sämptlich und sonderlich.

Gnade und Friede in Christo! Welch ein Zetergeschrei, lieben Herren, hab ich angericht mit dem Buchlin wider die Bauren! Da ist alles vergessen, was Gott der Welt durch mich getan hat. Nun sind Herrn, Pfaffen, Bauren, alles wider mich, und dräuen mir den Tod.

Wohlan, weil sie denn toll und töricht sind, will ich mich auch schicken, daß ich fur meinem Ende im Stande von Gott erschaffen gefunden und nichts meines vorigen papistischen Lebens an mir behalten werde, soviel ich kann, und sie noch töller und törichter machen, und das alles zur Letze und Ade. Denn es mir selbs ahnt, Gott werde mir einmal zu seiner Gnade helfen.

So hab ich auch nu aus Begehren meines lieben Vaters mich verehlicht und umb dieser Mäuler willen, daß nicht verhindert würde, mit Eile beigelegen; bin willens, auf Dienstags uber acht Tage, den nähesten nach St. Johannis Baptistä, ein kleine Freude und Heimfahrt zu machen. Solchs habe ich Euch als guten Freunden und Herrn nicht wollen bergen und bitte, daß Ihr den Segen helft drüber sprechen.

Und dieweil die Läufte also stehen und gehen itzt in den Landen, hab ich nicht turst Euch dazu bitten und zu fodern zu erscheinen. Wo Ihr aber von gutem Willen selbs wolltet oder künntet sampt meinem lieben Vater und Mutter kommen, müget Ihr selbs wohl ermessen, daß mirs eine besondere Freude wäre; und was Ihr mitbrächtet von guten Freunden zu meiner Armut, wäre mir lieb, ohne daß ich bitte, mich solchs bei diesem Boten zu verständigen.

Ich hätte auch meinen gnädigen Herrn Graf Gebharden und Albrecht davon geschrieben, habs aber nicht türen wagen, weil ihr Gnaden anders denn mit mir zu tun haben. Ist aber vonnöten was drinnen zu tun, und Euch gut dünkt, bitte ich, Euer Bedenken mir zu eröffnen. Hiemit Gott befohlen, Amen. Zu Wittenberg, am Donnerstag nach Trinitatis 1525.

Martinus Luther.

An Georg Spalatin

Wittenberg, 16. Juni 1525

Dem Herrn Georg Spalatin, dem Diener Gottes, seinem Bruder in Christo.

Gnade und Frieden. Ich habe denen den Mund verstopft, die mich mit Katharina von Bora verleumden, mein lieber Spalatin. Wenn es gutgegangen sein wird und das Festmahl als [öffentliches] Zeugnis für diesen meinen Ehestand bereitet wird, mußt Du nicht nur [daran] teilnehmen, sondern auch mithelfen, wenn Wildbret nötig wäre. Rede nur immer Gutes von uns und bete viel!

Mit dieser Heirat habe ich mich so gering und verächtlich gemacht, daß hoffentlich die Engel lachen und alle Teufel weinen. Die Welt und ihre Weisen verstehen das fromme und heilige Werk Gottes noch nicht und erklären dieses an meiner Person für gottlos und teuflisch. In dieser Hinsicht gefällt es mir sehr, daß ihr Urteil über meine Ehe verdammt und zu Schaden kommen wird, wie viele nur immer weiter in ihrer Unkenntnis über Gott verharren. Lebe wohl und bete für mich! Zu Wittenberg, Freitag nach Trinitatis 1525.

Martin Luther.

Lies den Brief, den der Dänenkönig mir geschickt hat.

An Wenzeslaus Link

[Wittenberg] 1. August 1525

Gnade und Frieden! Ich glaube und erfahre es auch, daß die Tyrannen an unserem Hof nach Friedrichs Tod mehr als früher wagen und noch mehr gegen das Evangelium wüten würden als die Anhänger Herzog Georgs, wenn sie es nur könnten. Aber was [ist] daher [zu tun]? Joachim oder andere müssen deswegen nicht fliehen, bis sie mit Gewalt vertrieben werden.

Christus herrscht auch jetzt noch inmitten seiner Feinde, so daß sie mit den Zähnen knirschen und vergehen. Doch ihr Wollen wird zunichte.

Über Deinen Weggang nach Nürnberg ist genug disputiert worden. Der Streit ist beendet. Wenn die Altenburger unseren Prior wünschen, müssen sie beharrlich für ihn eintreten; denn in den letzten Briefen des Fürsten an mich wurde nichts erwähnt, obwohl ich es doch sehr betrieben hatte. So ist dieser Hof ganz und gar nachlässig gegenüber den Sachen Christi unter einem so guten und so christlichen Fürsten. Am achten Tag nach Jakobi 1525. Martin Luther.

An Nikolaus Hausmann

[Wittenberg] 27. September 1525

Dem ehrwürdigen Mann, D. Nikolaus Hausmann, dem Bischof der Kirche zu Zwickau, seinem Bruder in Christo.

Gnade und Frieden in Christo! Tut inzwischen, was Ihr vollbringt, und tragt, was Ihr könnt, mein lieber Nikolaus! Ich bin schon mitten in der Widerlegung des Erasmus.

Ich weiß um die Notwendigkeit einer Reformation der Gemeinden und der Verordnung einheitlicher Zeremonien. Diesen Felsblock wälze ich bereits, und ich werde den Fürsten damit in Unruhe versetzen. Ich sehe, daß wir uns vergeblich bemühen, wenn die Pastoren nicht versorgt werden. Es wird gehen, wie sonst mit den Leviten, sie wollen sich selbst dienen und keinem anderen Ehre gewähren. Bis jetzt ist noch nicht [einmal] unser Sprengel geordnet: Was wird in den anderen sein, deren Klagen mich täglich überhäufen? Der Satan ist mitten im Spiel. Du visitiere also die Schneeberger und wen auch immer Du kannst, sobald sie Dich rufen und benötigen. Du weißt, daß dem Fürsten das kaum mißfällt. Den Katechismus schiebe ich auf. Denn ich möchte einmal alles in einer Schrift zusammenstellen. Lebe wohl und bete für alle, so wie Du es immer tust! Es grüßt Dich meine Rippe. An den fünften Kalenden des Oktober 1525.

Martin Luther.

An Michael Stiefel

Wittenberg, 29. September 1525

Gnade und Friede in Christo! Sei stark in dem Herrn, mein lieber Michael, mein geliebter Bruder, sei stark in der Kraft seiner Güte! Wenn meine Heirat ein Werk Gottes ist, was wundert es, wenn die Welt sich ärgert? Man ärgert sich auch darüber, daß der Gott und der Schöpfer selbst Fleisch geworden ist, wie er sich selbst für das Heil der Welt zum Lösegeld und zur Speise gegeben hat. Wenn die Welt sich nicht über uns ärgern würde, müßte ich mich über die Welt ärgern, in der Furcht, daß unser Tun nicht mit Gott wäre. Da die Welt sich nun an mir ärgert und mit mir unzufrieden ist, werde ich in [Gott] gestärkt und getröstet. So handle auch Du.

In dieser Nacht habe ich dreizehn Nonnen aus Herzog Georgs Gebiet bringen lassen und dem rasenden Tyrannen diese Beute Christi abgenommen. Unsere Fürsten bekennen sich offen zum Evangelium und befolgen es. M. Eberhard [Brisger] wird mit Georg Spalatin Bischof in Altenburg. Die Zinsen des Klosters haben wir dem Fürsten überlassen. Als gewöhnlicher Familienvater lebe und bleibe ich im Kloster, solange Christus es will. Denn ich habe nicht geheiratet, damit ich lange leben würde, sondern (weil ich vermutete, jetzt meinem Ende näher zu sein, da ich sehe, daß auch der gemeine Mann mit den Fürsten gegen mich wütet) damit ich meine Lehre, die vielleicht bald nach meinem Tode wieder unterdrückt werden wird, für die Schwachen, durch das eigene Beispiel bekräftigt, zurücklasse. Lebe wohl und bete für mich! Grüße Deine Herrin und die Frucht ihres Leibes. Zu Wittenberg, am Michaelistag 1525.

An den Rat zu Plauen

[Wittenberg] 30. Oktober 1525

Gnad und Friede in Christo! Ehrsame, weise, liebe Herren! Auf Euer Schreiben des Klosters halben bei Euch weiß ich nicht anders zu antworten, denn ich zuvor durch öffentlichen Druck habe in solchen Fällen geschrieben:

nämlich, wo das Kloster verlassen, so habe die Stadt oder Herrschaft die Häuser einzunehmen und in guten Brauch zu wenden, die Güter aber und Zinse, wo arme und dürftige Erben sind der Stifter, daß man denselbigen die läßt fahren oder ihnen eins Teils jetzo werd. Ist derhalben mein Gutdünken, daß Ihr Euch mit dem Adel freundlich vertraget, ob sie gar oder eins Teils abtreten wollen von der Stiftungen ihrer Altern und also zum Gotteswerk anlegen. Solches ist billig und gefällt Gott als eine Frucht der Liebe; die Kleinod aber bleiben, wo die Behausung bleibet. Hiemit Gott befohlen, Amen. Montags nach Simonis und Judä 1525.

Martinus Luther D.

An Kurfürst Johann von Sachsen

Wittenberg, 31. Oktober 1525

Dem durchleuchtigsten, hochgebornen Fursten und Herrn, Herrn Johanns, Herzog zu Sachsen, Churfursten etc., Landgrafen in Thüringen und Markgrafen zu Meißen, meinem gnädigsten Herrn.

Gnad und Friede in Christo! Durchleuchtigister, hochgeborner Furst, gnädigster Herr! Ich bitte ganz untertäniglich, E.C.F.G. wollte mir gnädiglich zugut halten, daß ich oft mit Schriften Muhe und Unlust zu Hofe bringen muß, angesehen, daß ich freilich nichts davon habe, denn auch Muhe und Unlust gnug, und gerne E.C.F.G. verschonet, aber, weil ich solches Stands und Achtens bin, nicht kann uberhaben sein.

Erstlich, gnädigster Herr, entschuldige ich mich, daß ich so hart habe angeregt, die Universität zu ordinieren. Denn ich vernommen habe, wie es E.C.F.G. fast befrembdet hat mein so sorgfältig Treiben, als sollt ich E.C.F.G. Zusagen nicht viel gegläubt haben. Nu ists ja nicht also, daß ich E.C.F.G. nicht sollt gläuben, denn wo das, so hätte ich aus Zweifeln mein Anregen lassen anstehen, sondern darumb, daß ich keinen Zweifel hatte an E.C.F.G. Zusagen, darumb hielt ich an, daß nicht durch uberflussig Geschäfte verzogen wurde, wie denn vielen und vielmal bei Vorigem unserm gnädigsten Herrn etc. geschehen. Denn Herrnhofe haben viel zu tun, und ist Not, daselbs anhalten, wie man sagt. So ward ich auch von andern gedrungen, weil die Personen sich verliefen und die Schule sich zutrennet, daß Eilens not ware.

Doch wie dem allen, ob ich gleich mit Mißtrauen mich an E.C.F.G. vergriffen hätte, sollte mich solche Sund nicht zu sehr reuen, angesehen das gute Werk, das heraus gefolget ist, wilchs wohl mehr solcher Sunde wert ist, und gerne noch mehr mich dermaßen an E.C.F.G. versundigen wollte, wo ich solch Gut schaffen kunnte, der trostlichen Zuversicht, E.C.F.G. werde mir solchs nicht alleine gnädiglich vergeben, sondern auch selbs Wohlgefallen dran haben, weil es gewiß ist und ja nicht anders sein kann, denn daß E.C.F.G. im Herzen fuhlen muß, daß solch Werk gut ist und Gotte wohlgefället. Und wiewohl Sie kein Verdienst noch Lohn darinnen, viel weniger Ruhm oder Ehre fur der Welt sucht, so muß sich doch das Gewissen freuen und im Glauben des stärken, daß Gott durch E.C.F.G. solchs gut ausgericht und zum Werkzeug gebraucht hat und angezeigt, desselbigen weiter zu seinem gottlichen gnädigen Willen zu gebrauchen im Sinn habe, wilchs wir herzlich bitten und wundschen, Amen.

Demnach, gnädigster Herr, weil die Universität nu in ihrer Ordenung steht und Ordenung Gotts Diensts auch nu gefasset wird und angehen soll, sind noch zwei Stuck furhanden, wilche fodern E.C.F.G. als weltlicher Oberkeit Einsehen und Ordenung. Das erst, daß die Pfarren allenthalben so elend liegen. Da gibt niemand, da bezahlet niemand, Opfer und Seelpfennige sind gefallen. Zinse sind nicht da oder zuwenig, so acht der gemein Mann wider Prediger noch Pfarrer, daß, wo hie nicht eine tapfer Ordnung und stattlich Erhaltunge der Pfarren und Predigtstuhlen wird furgenommen von E.C.F.G., wird in kurzer Zeit wider Pfarrhofe noch Schulen noch Stuhlen etwas sein und also Gotts Wort und Dienst zu Boden gehen. Derhalben wollt sich E.C.F.G. weiter Gott gebrauchen lassen und sein treues Werkzeug sein zu mehrem Trost, auch E.C.F.G. eigen Gewissen, weil sie dazu durch uns und durch die Not selbs, als gewißlich von Gott, gebeten und gefodert wird. E.C.F.G. wird da wohl Mittel zu finden. Es sind Kloster, Stift, Lehen und Spenden und des Dings gnug, wo nur E.C.F.G. Befehl sich drein begibt, die zu besehen, rechen und ordenen. Gott wird dazu seinen Segen und Gedeihen auch geben, daß, ob Gott will, die Ordenung, so die Seelen betrifft, als die hohen Schule und Gotts Dienst, nicht verhindert werde aus Mangel und Verlassung des armen Bauchs. Das bitten wir auch seine gottliche Gnade, Amen.

Das ander Stuck, daß E.C.F.G., wie ich mit E.C.F.G. einmal zu Wittenberg geredt, auch das weltliche Regiment visitiern ließe und wie Räte in Städten und all ander Amptleute regierten und dem gemeinen Nutz furstunden. Denn es ist große Klage allenthalben uber bose Regiment, beide, in Städten und auf dem Lande. Darein E.C.F.G. als eim Häupt und Landsfursten zu sehen gebuhrt. Und vielleicht vieler Zetteln, Sachen und Klagen zu Hofe weniger wären, wo solche Visitation und gut Ordnung stattlich wurde ganghaftig sein. Solchs alles wollte E.C.F.G. zur untertänigen Anregunge von mir gnädiglich annehmen, weil E.C.F.G. siehet und merkt, daß ichs gut meine.

Gott gebe dazu gnädiglich in E.C.F.G. Herz seinen Geist mit vollichem Licht und Macht, zu tun, was ihm wohlgefället, Amen. Zu Wittenberg, Dienstags nach Simonis und Judä 1525. E.C.F.G. untertäniger

Martinus Luther.

An Kurfürst Johann von Sachsen

Wittenberg, 30. November 1525

Gottes Gnad und Friede in Christo! Durchleuchtigster, hochgeborner Fürst, gnädigster Herr! E.K.F.G. haben mir geantwort auf mein Anregen, die Pfarren allenthalben zu versehen. Nu ist das meine Meinung nicht, daß alle Pfarren sollten aus E.K.F.G. Kammer bestellet werden. Weil aber E.K.F.G. gnädiglich begehrt mein Bedenken, wie es sollt fürzunehmen sein, gebe ich darauf meine untertänige Meinung, daß E.K.F.G. alle Pfarren im ganzen Fürstentumb ließen besehen, und wo man fünde, daß die Leute wollten evangelische Prediger haben und der Pfarren Gut nicht gnugsam wäre, sie zu unterhalten, daß alsdann aus Befehl E.K.F.G. dieselbige Gemeine, es wäre von dem Rathause oder sonst, so viel jährlich reichen müßte. Denn wo sie wollen Pfarrherr haben, ist E.K.F.G. Ampt, sie dahin zu halten, daß sie dem Arbeiter auch lohnen, wie das Evangelium setzt.

Solche Besichtigung möchte also geschehen, daß E.K.F.G. das Fürstentumb in vier oder fünf Teile scheidet und in ein jeglich Teil zween, etwa vom Adel oder Amptleuten, schicket, solchs Guts und Pfarren sich zu erkunden, und, was dem Pfarrherr not sein sollt zu erkennen, dazu solchen E.K.F.G. Befehl anzutragen von der jährlichen Steur. Wo aber solche Koste oder Mühe E.K.F.G. zuviel wäre, künnte man aus Städten Bürger dazu brauchen oder die Landschaft ihr etliche fürnehmliche Städte fodern und solchs mit ihnen handeln. Doch welchs E.K.F.G. am besten gefällt, das geschehe.

Daneben müßte nu auch auf die alten Pfarrherrn oder sonst untüchtigen achtgehabt werden, daß, wo sie sonst fromm wären oder dem Evangelio nicht wider, daß sie entweder die Evangelia mit der Postillen selbs zu lesen (wo sie nicht geschickt wären zu predigen) oder lesen lassen verpflichtet wären, damit dem Volk rechter Dienst im Evangelio geschähe, so sie ihn nähren sollten, denn es nicht gut wäre, die bisher gesessen zu verstoßen, wo sie dem Evangelio nicht feind sind, ohn Erstattunge. Solchs will ich E.K.F.G. untertäniglich auf E.K.F.G. Begehr angezeigt haben. Hiemit Gott befohlen, Amen. Zu Wittenberg, Dornstags St. Andreä 1525. E.K.F.G. untertäniger

Martinus Luther.

An Herzog Georg von Sachsen

Wittenberg, 21. Dezember 1525

Gnad und Fried in Jesu Christo, unserm Herrn und Heiland, und mein untertänige Dienste zuvor! Durchlauchter, hochgeborner Furst, g. H.! Wir wissen, wie alle Schrift von Gott sagt, daß er zuerst scharf und hart mit den Menschen handelt, hernach aber freundlich und väterlich. Also plagete er und vorflucht zuerst das ganz israelisch Volk durch das schwere Gesetz Mosi, ehe er sie durch das Evangelium segnet und freundlich trostet, wie geschrieben steht 1. Re[gum] 2: Der Herr töt' und macht lebendig etc. Demnach hab ich mit andern vielen, auch mit E.F.G., umbgangen und dieselbige mit harter, scharfer Schrift angetastet. Ich hab auch darneben freundlich gebeten, daß mir Gott wollt E.F.G. zum genädigen Herrn machen, und sust viel lieblicher prediget und Buchlin lassen ausgehen, darinne jedermann ja wohl mocht greifen, wie ichs mit niemand arg meine, sondern gern eim itzlichen zum besten [dienen] wollt. So ich aber merke, daß sich E.F.[G.] gar nichts von der Ungenade wendet, sonder immer fortfährt, bin ich zu Rat wurden, E.F.G. nach einmal fruntlich und demütig zu ersuchen mit dieser Schrift, vielleicht zur Letze, denn michs fast ansiehet, als sollte Gott, unser Herre, unser ein Teil gar bald von hinnen nehmen, und darauf stehet die Sorge, Herzoge Jurge und der Luther müßten auch mit. Was ich aber tu, des beruf ich mich auf Gott, soviel mir mein Herz sagen kann, daß ichs E.F.G. zum besten aus meiner Pflicht und Schuld tu, die mich dringet, zu vorhuten und zu vorwahren E.F.G. Seelen Seligkeit, welchs ich auch meinen Feinden schuldig mich erkenne zu tun. Es nehme nue E.F.G. also an, daß Gott gebe, ader nit, do Gott fur sei, so salls doch E.F.G. in korzer Zeit erfahren, daß ichs besser mit meiner harten Schrift gemeint habe und nach meine, denn alle die, so itzt E.F.G. hochlich preisen, auch weidelich heucheln. So komme ich nue und falle mit Herzen E.F.G. zu Füße und bitte aufs allerdemütigeste, E.F.G. wollte doch nach ablassen von dem ungnädigen Furnehmen, meine Lehre zu vorfolgen. Nit daß mir viel Schadens moge geschehn durch E.F.G. Vorfolgung. Ich hab nichts mehr denn den Madensack zu vorlieren, der doch nue täglich zum Grabe eilt. So hab ich auch wohl ein großern

Feind, nämlich den Teufel mit allen seinen Engeln, und Gott mir doch den Mut bisher gegeben, wiewohl ich ein armer, gebrechlicher, sundiger Mensch, daß ich fur ihm blieben bin. Und wann ich sollt meinen Nütz suchen, so kann mir nit baß geschehn, denn daß ich hart vorfolget werde, dann wie trefflich mir die Vorfolgung bisher genützet hat, kann ich nicht erzählen, daß ich billig meinen Feinden dorumb danken sollt. Und wenn mir E. F. G. Ungluck lieb wäre und nit fur E. F. G. Seele sorget, wollt ich E. F. G. auch weiter reizen und wünschen, mich immer mehr zu vorfolgen. Aber das ist genug gewesen, E. F. G. hat sich wohl beweiset, nue ists Zeit, anders zu tun. Dann wiewohl E. F. G. nicht will gläuben, daß meine Lehre Gottis Wort sei, dann so wußte sie sich selbst wohl zu weisen und durfte meine Vormahnung nichts, weil ichs aber weiß und bin gewiß, muß ich bei Fährlichkeit meiner Seelen fur E. F. G. Seele sorgen, bitten, flehen und ermahnen, ob ich kunnte etwas ausrichten, E. F. G. wollte nit ansehen mein geringe Person, dann Gott hat auch einmal durch ein Eselinne geredt, so schilt er im 13. Psalm, die des Elenden Rat vorschmähn. Es wird doch wider E. F. G. nach kein Mensch mein Lehre dämpfen nach hindern, sie muß fort und sall fort, wie sie dann auch bisher getan hat, dann sie ist nit mein. Allein ist mir leid, daß ich sall sehen, wie E. F. G. so greulich anläuft an den Eckstein Christum, so doch Gott sonst E. F. G. viel mehr Tugend und Art in andern Sachen gegeben hat. Gott der Allmächtige gebe seine Gnade darzu, daß ich itzund zur guten Stund komme und meine Schrift ein gnädige Statt finde in E. F. G. Herzen. Dann wo E. F. G., do Gott fur sei, solche meine demutige und herzliche Vormahnung nit annähme, müßte ichs Gott befehlen, will aber hiemit mich fur Gott und E. F. G. Gewissen entschuldigt haben, daß ich das Meine getan habe, und alles nach zu tun und zu lassen willig und bereit sein, was ich wußte, daß E. F. G. wohlgefiele, ausgenommen meine Lehre, dieselbige kann ich nit lassen fur meinem Gewissen. Sust bitt ich und unterwerfe mich und suche Gnad, worinne ich mich vorwahrlost habe an E. F. G., es sei mit Schriften ader Worten. Vorgebe auch von Herzen alles, was E. F. G. wider mich gehandelt hat, und will bitten und auch gewißlich erwerben Vorgebung bei meinem Herrn Jesu Christo uber alles, das E. F. G. wider sein Wort tut und getan hat. Allein E. F. G. lasse sich erweichen in dem einigen Stuck, so ist es alles schlecht, daß Christus Wort, durch mich an Tag kommen ist, frei sei. Des werden sich ane Zweifel alle Engel im Himmel uber E. F. G. freuen. Es sall auch E. F. G. wissen, daß ich bisher fur E. F. [G.] Herz fleißig gebeten habe und auch nach bitte, und wollt je gern zuvorkommen mit dieser Schrift, daß ich nicht mußte, aus Not der Sachen gezwungen, wider E. F. G.

bitten. Dann wiewohl wir ein geringes, armes Häuflein sind, so wir aber wider E. F. G. sollten beten, wie wir gar ungern tun und uns doch die Länge wird dohin dringen das unabläßlich vorfolgen des Evangelii und seiner Prediger, so stunde es darauf, daß E. F. G. nit wohl gelingen sollt. Dann wir wissen, was uns Christus hat zugesagt, das wird er halten. Und mochte vielleicht E. F. G. innewerden, daß nicht ein gleich Ding sei, wider den Müntzer und wider den Luther streben. Es wäre mir aber lieber, E. F. G. mußte das nit erfahren. Ich halte mein und der meinen Gebet stärker dann den Teufel selbst, und wo das nit wäre, sollt es langst anders umb den Luther stehen, wiewohl man das große Wunder Gotts an mir nicht siehet noch merkt. Dies will ich, wie gesagt, E. F. G., Gott gebe, nit zur Letze, aufs allerdemutigeste und treulichst geschrieben haben, und Gott gebe, daß mir E. F. G. gnädiglich und christlich, mehr mit lebendiger Tat dann mit toten Buchstaben, antworte, Amen. Am Tage Thomä 1525. E. F. G. williger und untertäniger Diener

Martinus Luther.

An Kurfürst Johann von Sachsen

[Wittenberg] 9. Februar 1526

Meinem gnädigsten Herrn Herzog Johanns, Churfursten zu Sachsen, zu S. C. F. G. selbst Händen.

Gnad und Friede in Christo! Durchleuchtigister, hochgeborner Furst, gnädigster Herr! Es hat E. C. F. G. in der Ordnung der Universität befehlen lassen, M. Philippsen zweihundert Gulden jährlich zu geben. Nu beschweret sich der Mensch, solchs zu nehmen, aus der Ursache, denn weil er nicht vermag, so steif und täglich in der Schrift zu lesen, mocht ers nicht mit gutem Gewissen nehmen und meint, E. C. F. G. fodere solch gestrenge Lesen von ihm. So hilft mein Sagen und Deuten gar nichts bei ihm. Ist derhalben mein untertäniglich Bitte, E. C. F. G. wollte ihr Gemüte selbs gegen ihm läutern und deuten, als daß sie zufrieden sei, daß er die Theologia helfe handhaben mit der Disputation und Lesen, wie vorhin geschehn, doch soviel er vermag, es sei gleich die Wochen nur einmal oder wie er kann. Denn wenngleich E. C. F. G. solchen Sold ihm ein Jahr oder zwei schenkete, wäre ers doch wohl wert, denn er zuvor wohl zwei Jahr ohn Sold in der Schrift gelesen hat mit großer Erbeit und Frucht. Und vielleicht sich auch damit zum Teil so verderbet. Ich wollte ja gerne die Schrift hie in den Schwang wieder bringen, weil man bei uns an allen Orten sucht der Schrift Verstand. Hiemit Gott befohlen, Amen. Freitags nach Agathe 1526. E. C. F. G. untertäniger Martinus Luther.

An Kaspar von Schwenckfeld

Wittenberg, 14. April 1526

Gnad und Fried in Christo! Mein lieber Herr und Freund! Wir haben lange verzogen mit Antwort, daß Ihr ja merken sollt, wie wir Euer Ding nicht überhin rips raps gelesen haben, und schickens Euch nu wieder bei Eurem Boten. Was soll ich aber sagen? Es will vielleicht Gott so haben, daß Ihr sollt so fallen. Ihr sagt mir zu, daß Ihr wollet probieren, wie verba coenae sich mit Kapitel VI Ioannis reimten und einerlei wären; das ist nicht geschehen und wird auch nimmer geschehen. Was hilfts nu, daß Ihr uns viel de duplici esca imaginis et veritatis lehret und lasset die Probation außen, die solche zwo escas sollen in coena anzeigen? Ihr sagt wohl, es sei so, beweiset es aber nicht. Nu mögen wir Euch nicht glauben und unsere Seelen auf Euer Wort bauen. Ist derhalben meine freundliche Bitte, wollet von dem öffentlichen Irrtum lassen und Euch nicht mengen in die Zahl derer, die itzt die Welt so jämmerlich verführen. Wills aber nicht sein, wohlan, so geschehe Gottes Wille, und ist mir doch von Herzen leid, aber rein bin ich von Eurm Blute und aller, die Ihr damit verführet. Gott bekehre Euch, Amen. Zu Wittenberg, die Tiburtii 1526.

An Herzog Johann Friedrich von Sachsen

[Wittenberg] 14. Mai 1526

Dem durchleuchtigen, hochgebornen Fursten und Herrn, Herrn Johanns Friedrich, Herzogen zu Sachsen, Markgrafen zu Meißen und Landgrafen in Thüringen, meinem gnädigen Herrn.

Gnad und Friede in Christo! Durchleuchtiger, hochgeborner Furst, gnädiger Herr! Dieser Herr Wigand, Briefes Zeiger, hat die Pfarr zu Waltershausen dem Rat aufgegeben laut eins Vertrags, den E. F. G. selbs aufgericht hat, also, daß sie ihm jährlich 30 Gulden von der Pfarr Guter sollen reichen. Nu sperret sichs, daß ihm solch Geld nicht wird, weil vielleicht der Rat die Pfarr nicht hat, wie E. F. G. weiter wird Bericht horen, daß der alt arm Mann so muß laufen umb seine Nahrunge. Weil er denn mein Schulmeister gewest und ich wohl schuldig wäre, ihm alle Ehre zu tun, bitte ich E. F. G. gar untertäniglich, E. F. G. wollte meinem Schulmeister nicht lassen solch pflichtig Geld verfallen, sondern gnädiglich verhelfen, daß er nicht müsse in seinen alten Tagen betteln gehen. Hiemit Gott befohlen, Amen. Montags nach Servatii 1526. E. F. G. untertäniger Martinus Luther.

An Kaspar Müller

[Wittenberg] 26. Mai 1526

Dem ehrbaren und fursichtigen Kaspar Müller, gräfelichem Kanzler zu Mansfeld, meinem gunstigen Herren und Freunde.

Gnade und Friede in Christo! Gerne tät ichs, daß ich m. g. Herrn zu Gevattern bäte, aber ich scheu des Prangens, daß man mir würde zumessen, als der ich mich mit eim Monchen und Nonnen Kinde so wollt herfurtun und große Herren zu Gevattern haben. Darumb will ich hienieden bleiben und bitte Euch, daß Ihr m. g. H. Kanzler, Kaspar Müller genannt, von meintwegen wollt bitten, daß er sich demütigen wollt und, so mir Gott die Frucht bescheret, sich derselben annehmen und geistlicher Vater mit sein, daß sie zum Christentum mocht geborn werden. Ich kann aber die Zeit nicht stimmen. So würde es zu lang, daß ich nach der Geburt einen Boten sollt senden. Wo es aber gefällt, so nehmet einen, der Euer Person vortrete, doch daß Ihr den Namen und die Tat habet. Die Wehmutter rechnet mir umb St. Johannes Tag [24. Juni], und das stimmet auch cum tempore conceptionis. Ich habe gerechnet nach dem ersten Fühlen, aber es hat mir gefehlet. Denn sie hat nu über 20 Wochen gefühlet. Hiemit Gott befohlen. Sonnabends nach Pfingsten 1526.

Martinus Luther.

An Johann Rühel

[Wittenberg] 8. Juni 1526

Meinem Herrn und Schwager, Doctor Johann Rühel, zu Eisleben, freundlich geschrieben.

Gnad und Friede in Christo! Das Psalterlein schick ich Euch hiemit, lieber Herr Doctor und Schwager. Mit dem ich vermag, will ich auch an die Psalmen. Ich hab das Anathema angriffen Euch zu Dienst und fur Schuld ausgestäupert. Drumb seid zufrieden. Wollet auch von meinetwegen M. Eisleben sagen, daß mir meine liebe Käthe von großer Gotts Gnaden einen Hansen Luther bracht hat gestern umb zwei, da der Tag im Kalender Dat heißt, und daß er sich nicht verwundern wolle, daß ich ihn mit solichem Befehl lasse anrennen. Denn er sollt fast umb diese Zeit des Jahrs denken, was es sei, Sohne haben.

Grußt mir Euer liebe Sonnträgerin und Eislebens Else. Hiemit Gott befohlen. Amen. Itzt dieses Buchstabens fodert mich die kranke Käthe. Freitags nach Bonifatii 1526.

Martinus Luther.

An Johann Agricola

[Wittenberg] 27. Juni 1526

Johann Agricola, dem Lehrer und Erzieher der Jugend und der Kinder zu Eisleben, seinem Bruder in dem Herrn.

Gnade und Frieden! Zur mir kam Vitus, mein lieber Agricola, Euer zukünftiger συνεργός (um es griechisch zu sagen). Er ist geblieben, damit Du ihn Graf Albrecht entsprechend empfiehlst. Als trefflicher, ja vielmehr ganz vorzüglicher junger Mann hat jener das auch verdient. Zugleich werdet auch Ihr ihn angemessen aufnehmen, was wir wissen. Was Du kürzlich geschrieben hast, daß meine Mutter am Kommen zum festgelegten Tag gehindert ist, habe ich erhalten. Christus wird tun, was ihm gefällt, und es wird gut werden. Johannes Lutherlein geht es gut, so wie es einem Kindlein möglich ist. Die Mutter leidet bisher an Milchmangel und benetzt mit wenigen Tropfen seinen Gaumen. Grüße all die Unseren. Die Gnade Gottes sei mit Dir, Amen! Grüße besonders Deine Elsa von uns. Wir wünschen ihr eine glückliche Geburt, Amen. Mittwoch nach Johannis 1526.

D[ein] Martin Luther.

An Kurfürst Johann von Sachsen

[Wittenberg] 15. November 1526

Dem durchleuchtigsten, hochgebornen Fursten und Herrn, Herrn Johanns, Herzogen zu Sachsen, Churfurst etc., Landgrafen in Thüringen und Markgrafen zu Meißen, meinem gnädigsten Herren.

Gnad und Friede in Christo! Durchleuchtigester, hochgeborner Furst, gnädigster Herr! Es ist Magister Kaspar Schalbe von Eisenach, der Bezichtigung halben, wie er zuvor E. C. F. G. angezeigt, noch immer im Elende und außer Eisenach, nicht ohn große Schaden und Beschwerung, wie E. C. F. G. wohl wissen zu bedenken. Bitte ich nu gar untertäniglich, E. C. F. G. wollte der Sache ein Ende schaffen, befehlen und dem guten Manne wieder heimhelfen lassen. Denn wo es gleich wahr wäre (als ich nicht hoffe), so sind wir Menschen, und mugen mit ziemlicher Strafe solche Gebrechen gebessert werden. Gott laß ihm E. C. F. G. barmherziglich befohlen sein, Amen. Dornstags nach Martini 1526.

E. C. F. G. untertäniger Martinus Luther.

An Kurfürst Johann von Sachsen

Wittenberg, 22. November 1526

Gnad und Friede in Christo! Durchleuchtig[ester, hochgeborner Furst,] gnädigster Herr! Ich hab E. C. F. G. lange nicht Su[pplication bracht die] haben sich nu gesammlet, E. C. F. G. wollte Geduld [haben, es will] und kann nicht anders sein.

Erstlich, gnädigster Herr, ist des Klagens uber [alle Maßen] viel [der Pfarrherrn] fast an allen Orten. Da wollen die Baurn sch[lecht] nichts me[her geben], und ist solcher Undank unter den Leuten für das heilige Gotts[wort], daß ohn Zweifel eine große Plage furhanden ist von Gott. Und w[enn] ichs mit gutem Gewissen zu tun wußte, mochte ich wohl [dazu] h[elfen], daß sie keinen Pfarrherr noch Prediger hätten und lebten w[ie die Säue], als sie doch tun. Da ist keine Furcht Gotts noch Zucht [mehr, weil] des Papsts Bann ist abgangen, und tut jederman, was er nur [will].

Weil aber uns allen, sonderlich der Oberkeit geboten ist, für allen D[ingen] doch die arme Jugend, so täglich geborn wird und daherwächst, [zu] ziehen und zu Gotts Furcht und Zucht halten, muß man Schulen [und] Prediger und Pfarrherr haben. Wollen die Alten ja nicht, mugen s[ie] immer zum Teufel hinfahren. Aber wo die Jugend versäumet und unerzogen bleibt, da ist die Schuld der Oberkeit. Und wird dazu das Land voll wilder loser Leute, daß nicht allein Gotts Gebot, sondern auch unser aller Not zwingt, hierin Fleiß furzuwenden.

Nu aber in E. C. F. G. Furstentum päpstlich und geistlicher Zwang und Ordnung aus ist und alle Kloster und Stift E. C. F. G. als dem obersten Häupt in die Hände fallen, kommen zugleich mit auch Pflicht und Beschwerde, solche Ding zu ordenen. Denn sichs sonst niemand annimmt, noch annehmen kann, noch soll. Derhalben, wie ich allhie mit E. C. F. G. Kanzeler, auch Herr Niklas vom Ende geredt, wills vonnoten sein, aufs foderlichst von E. C. F. G., als die Gott in solchem Fall dazu gefodert und mit der Tat befiehlet, vier Personen lassen das Land zu visitiern, zween, die auf die Zinse und Guter, zween, die auf die Lehre und Person verständig sind, daß dieselbigen aus E. C. F. G. Befehl die Schulen und Pfarren, wo es not ist, anrichten heißen und versorgen.

Wo nu Stadt oder Dorf ist, die des Vermugends sind, hat E. C. F. G. Macht, sie zu zwingen, daß sie Schulen, Predigtstühlen, Pfarren halten. Wollen sie es nicht zu ihrer Seligkeit tun noch bedenken, so ist E. C. F. G. da als oberster Vurmund der Jugend und aller, die es bedurfen, und soll sie mit Gewalt dazu halten, daß sie es tun mussen, gleich als wenn man sie mit Gewalt zwingt, daß sie zur Brucken, Steg und Weg oder sonst zufälliger Landsnot geben und dienen mussen.

[Was das La]nd bedarf und not ist, da sollen die zugeben und helfen, die [des Lands] gebrauchen und genießen. Nu ist kein notiger Ding, denn [Leute zie]hen, die nach uns kommen und regieren sollen. Sind [sie aber] des Vermugens nicht und sonst zu hoch beschweret, so sind [da] die [Kloster]guter, welche furnehmlich dazu gestift sind und auch noch da[zu zu ge]brauchen sind, des gemeinen Manns deste baß zu verschonen. [Denn] es kann E.C.F.G. gar leichtlich bedenken, daß zuletzt ein bose Geschrei wurde, auch nicht zu verantworten ist, wo die Schulen und Pfarren niederlegen und der Adel sollte die Klostergute zu sich bringen, wie man denn schon sagt und auch etliche tun. Weil nu solche Guter E.C.F.G. Kammer nichts bessern und endlich doch zu Gotts Dienst gestift sind, sollen sie billig hiezu am ersten dienen. Was danach ubrig ist, mag E.C.F.G. zur Lands Notdurft oder an arme Leute wenden.

Aufs ander, Doctor Karlstadt hat mich sehr gebeten, an E.C.F.G. zu schreiben umb Gnade, daß er mocht zu Kemberg wohnen, denn er sonst auf den Dorfern fur der Baurn Bosheit nicht bleiben kann, wie E.C.F.G. aus dieser seiner Schrift und auch an Hans v. Gräfendorf vernehmen kunnten, und doch sich scheuet, an E.C.F.G. selbs zu schreiben. Weil er denn bisher noch stille ist gewesen offentlich und unser einesteils, auch Hans Metzsch, Häuptmann, solchs fur gut ansehen, als daß der Propst zu Kemberg deste baß kunnte auf ihn sehen, bitte ich auch untertäniglich, E.C.F.G. wollte ihm solchs gnädiglich vergonnen, wiewohl E.C.F.G. schon viel getan und ein großes Reden seinhalben auf sich geladen. Aber Gott wird es deste reichlicher vergelten. Er sehe fur seine Seele. Seinem Leibe und der Seinen sollen wir Guts tun. Gotts Gnade sei mit uns, Amen. Dornstags nach Elisabeth 1526.

E.C.F.G. untertäniger Martinus Luther.

An Wenzeslaus Link

[Wittenberg] 1. Januar 1527

Dem im Herrn erhabenen Wenzeslaus Link, dem treuen Evangelisten zu Nürnberg.

Gnade und Frieden in dem Herrn! Du predigst, mein lieber Wenzeslaus, daß Christus uns gesetzt ist zum Fall und zum

Aufstehen. So gelangt, wer hört, zur Erkenntnis. Der König von England (ich habe ihm auf Anraten des Dänenkönigs einen untertänigen und demütigen Brief geschrieben in guter Absicht und aus einem redlichen und aufrichtigen Herzen) hat mir so feindselig geantwortet, daß es scheint, er freut sich wie auch Herzog Georg über die Gelegenheit zur Rache. So schwach und verweichlicht und vollkommen niederträchtig ist der Sinn jenes Tyrannen, daß er dem Pöbel willfährig ist. Aber Christo sei Dank und mir die Freude. Weil mir ihr Gott, der Satan und sie selbst gleichgültig geworden sind, habe ich von Rache genug.

Es ist mir willkommen, daß Du mir zum Frühjahr auch Samen versprichst. Schicke daher soviel Du kannst, ich warte nämlich sehnsüchtig darauf. Wenn andererseits ich für Dich etwas tun kann, so fordere und sei gewiß, daß es geschieht. Wütet auch der Satan mit seinen Anhängern, ich werde ihn inzwischen verlachen, mich an den Gärten, das heißt, an den Segnungen des Schöpfers erfreuen und sie zu seinem Lob genießen.

Weil es bei uns Barbaren aber weder Kunst noch Talent gibt, haben ich und mein Diener Wolfgang mit der Drechslerarbeit begonnen. Beiliegend übersenden wir Dir einen Goldgulden mit der Bitte, uns bei Gelegenheit einige Instrumente zum Aushöhlen und zum Drechseln zu schicken, ebenso zwei oder drei Dinge (die Schrauben heißen), wie sie Dir ein Drechsler ohne Mühe zeigen wird. Wir haben zwar Geräte, suchen jedoch welche, die zierlicher sind und Eurer Nürnberger Form entsprechen. Falls Du etwas mehr Geld ausgeben wirst, soll es Dir ersetzt werden, ich glaube aber, daß bei Euch [die Sachen] im Preis überhaupt billiger sind. Wenn es nicht zu schwierig ist, wollen wir lernen, durch diese Handarbeit den Lebensunterhalt zu erwerben, falls uns die Welt wegen des Wortes durchaus nicht ernähren will. Laßt uns nach den Vorstellungen unseres Vaters im Himmel den Unwürdigen und Undankbaren dienen. Die Gnade Gottes sei mit Dir. An den Kalenden des Januar 1527.

An Landgraf Philipp von Hessen

Wittenberg, 7. Januar 1527

Dem durchleuchtigen, hochgebornen Fursten und Herrn, Herrn Philipps, Landgrafen zu Hessen, Grafen zu Katzenelnbogen etc., meinem gnädigen Herrn.

Gnad und Friede in Christo! Durchleuchtiger, hochgeborner Furst, gnädiger Herr! Auf die Ordnunge, so mir E. F. G. zugeschickt und meine Meinung drauf begehrt, antwort ich zwar nicht gerne, weil uns zu Wittenberg viel Schuld geben, als wollten wir niemand ohn uns lassen etwas gelten, so wir doch, das weiß Gott, wohl wundschen, daß jedermann ohn uns das allerbeste tät. Aber E. F. G. zu Dienst und weil solch Ordnunge mocht mit dem Geschrei ausgehen, als wäre mein Rat auch dazukommen, ist das mein treuer und untertäniger Rat, daß E. F. G. nicht gestatte, noch zur Zeit diese Ordnunge auszulassen durch den Druck. Denn ich bin bisher und kann auch noch nicht so kuhne sein, so ein Haufen Gesetze mit so mächtigen Worten bei uns furzunehmen. Das wäre eine Meinung, wie Moses mit seinen Gesetzen getan hat, wilchs er fast das mehrer Teil, als schon im Brauch, ganghaftig unter dem Volk von altem Herkommen hat genommen, aufgeschrieben und geordenet.

Also auch E. F. G. zuerst die Pfarren und Schulen mit guten Personen versorgt, und versucht zuvor mit mundlichem Befehl oder auf Zettel gezeichent und das alles aufs kurzest und wenigst, was sie tun sollten, und, wilchs noch viel besser wäre, daß die Pfarrherrn, zuerst einer, drei, sechs, neune unternander anfingen eine einträchtige Weise in eim oder drei, funf, sechs Stucken, bis in Ubung und Schwang käme, und darnach weiter und mehr, wie sich Sache wohl selbst wurde geben und zwingen, bis so lange alle Pfarren hinach folgeten. Alsdenn kunnt mans in ein klein Buchlin fassen. Denn ich wohl weiß, habs auch wohl erfahren, daß, wenn Gesetze zu früh fur dem Brauch und Ubunge gestellet werden, selten wohl geraten. Die Leute sind nicht darnach geschickt, wie die meinen, so da sitzen bei sich selbs und malens mit Worten und Gedanken ab, wie es gehen solle.

Furschreiben und Nachtun ist weit voneinander. Und die Erfahrung wirds geben, daß dieser Ordnung viel Stuck wurden sich ändern mussen, etliche der Oberkeit alleine bleiben. Wenn aber etliche Stuck in Schwang und Brauch kommen, so ist denn leicht, dazutun und sie ordenen. Es ist furwahr Gesetzmachen ein groß, fährlich, weitläuftig Ding, und ohn Gotts Geist wird nichts Guts draus. Darumb ist mit Furcht und Demut fur Gott hie zu fahren und diese Maß zu halten: kurz und gut, wenig und wohl, sachte und immer an. Darnach, wenn sie einwurzlen, wird des Zutuns selbs mehr folgen, denn vonnoten ist, wie es Mose, Christo, den Romern, dem Papst und allen Gesetzgebern gangen ist.

Solchs ist meine Meinung, mich damit zu verwahren. Denn E. F. G. und der Prediger in E. F. G. Lande will ich hiemit weder Ziel noch Maß stecken, sondern sie Gotts Geist befehlen. E. F. G. zu dienen bin ich schuldig und willig. Zu Wittenberg, Montag nach Epiphanie 1527.

E. F. G. williger Martinus Luther.

An den Rat zu Crossen/Oder

Wittenberg, 13. April 1527

Den ehrbarn und weisen Bürgermeistern und Rat zu Crossen, meinen günstigen Herren und guten Freunden.

Gnad und Friede in Christo unserm Herrn! Ehrsamen, weisen, lieben Herren! Es hat mir Eur Burgermeister Franz Neumann in geheim geschrieben und auch Eurn wegen umb Rat gefragt, wie Ihr Euch solltet halten, wo Eur Landsfürst die alten Missebräuch gebote wieder aufzurichten und handzuhaben. Darauf ist mein dienstliche Antwort, daß sich ein ehrsamer Rat gegen dem Landsfürsten erbiete, es sei nicht des Rats, sondern des Pfarrers Ampt, mit den Zeremonien zu gebaren, wie ers wisse zu verantworten, ein ehrsamer Rat als ein weltliche Oberkeit wolle solch geistlich Regiment nicht mustern. Und soll also zusehen und dulden das gottlos Wesen des Pfarrherrs und doch im Herzen nicht drein bewilligen noch mit der Tat dazutun. Will das nicht gnug sein, und ein ehrsamer Rat sollte dazutun, helfen und handhaben solch geistliche Greuel. Auf solche äußerliche Not muß heraus auch fahren das Bekenntnis, es tu ein jeglicher für sich besonders oder sämptlich der Rat miteinander (es wäre aber besser, ein jeglicher für sich sonderlich, auf daß gewiß und sicher zu handeln wäre, weil niemand kann auf eines andern Glauben sich gewiß verlassen) und bekennen, daß solches Unrecht sei und nicht zu tun sei, und darüber leiden oder weichen.

Dieses zu bestätigen, mußt Ihr lesen das fünft Kapitel 4 Regum, da der Prophet Elisa dem Fürsten Naeman auch zuließ, mit seinem Herrn in den Tempel des Abgottes gehen, stehen und der Abgötterei zusehen, alleine, daß er nicht den Abgott anbetet etc., und S. Paulus 1. Kor. 10 spricht, im Götzenhause sein und essen sei eim Christen ohn Fahr etc. Also auch, wenn wir bei gottlosem Wesen und Haufen sind und tun doch nichts dazu, ists ohn Fahr. Aber wenn man uns dazu will ziehen oder treiben mitzuhelfen, da ists Zeit, nein zu sagen, und gilt nicht mehr schweigen oder heimlichhalten.

Eben dasselbige ist auch von der Beicht, Sakrament, Speise und Feier zu halten. Wo heimlich dawider getan wird, kanns heimlich bleiben, ists gut und ohn Fahr. Wo man aber drumb fragt und uns ans Licht heraus zeucht umb desselbigen willen, da müssen wir heraus und bekennen, was und wie wir glauben, und Christum nicht so lassen stecken, es gehe uns drüber, wie Gott will. Wie ich dem Bürgermeister auch weiter geschrieben habe. Gott aber, der Euch bewegt und berufen hat zum Erkenntnis der Wahrheit, stärke und behalte Euch zu seinem Lob und Ehren, demselbigen ich Euch in seiner Gnade befehle, Amen. Wittenberg, Sonnabends nach Judika 1527.

Martinus Luther.

An Elisabeth Agricola

[Wittenberg] 10. Juni 1527

Der ehrhaftigen und tugendsamen Frauen Elisabeth Agricola, Schulmeistern zu Eisleben, meiner lieben Freunden.

G. u. F. Mein liebe Elsa! Ich hatte am nächsten Willen, Dir zu schreiben. Aber Herr Matthes war weg, ehe ich michs versahe. So acht ich, Dein Herr Magister sei auch wieder heimkommen, daß, ob Gott will, besser mit Dir sein wird. Du mußt aber nicht so kleinmutig und zage sein, sondern denken, daß Christus nahe ist und hilft Dir Dein Ubel tragen. Denn er hat Dich nicht so verlassen, als Dir Dein Fleisch und Blut eingibt. Alleine rufe Du nu mit Ernst von Herzen, so bist Du gewiß, daß er Dich erhoret, weil Du weißt, daß es seine Art ist, helfen, stärken und trosten alle die, so sein begehren. So sei nu getrost und denke, daß er selbs noch und gar viel mehr gelitten habe fur Dich, denn Du immer leiden kannst umb seinen und Deinen Willen. So wollen wir auch bitten und bitten ernstlich, daß Gott Dich in seinem Sohn Christum wollt annehmen und in solicher Schwachheit Leibs und Seelen stärken. Hiemit Gott befohlen, Amen. Gruße Deinen Magister und alle Deinen von unser aller wegen. Am Pfingstmontage 1527.

Martinus Luther.

An den Bürgermeister und den Rat zu Coburg

[Wittenberg] 14. Juni 1527

Den ehrsamen und weisen Herrn Burgermeister und Rat zu Coburg, meinen gunstigen Herrn und Freunden.

G. u. F. Ehrsamen, weisen, lieben Herrn! Allhie kompt M. Philippus Eberbach, welchen Euch zum Schulmeister M. Philippus Melanchthon bestellet und zugeordenet hat, wie E. W. gebeten, neulich gegenwärtig durch Eurn Burgermeister und Ratsfreunde. Bitte wollet denselbigen also annehmen, denn ich mich versehe, er solle rechtschaffen sein, als ich von Magister Philipps Melanchthon Zeugnis habe, der sichs hoch und wohl versiehet. Denn Euch und den Euern sind ich und Philipps zu dienen geneigt. Hiemit Gott befohlen, Amen. Freitags nach Pfingsten 1527. Martinus Luther.

An Kurfürst Johann von Sachsen

Wittenberg, 16. Juni 1527

Dem durchleuchtigesten, hochgebornen Fursten und Herrn, Herrn Johanns, Herzogen zu Sachsen und Churfurst etc., Landgrafen in Thüringen und Markgrafen zu Meißen, meinem gnädigsten Herrn.

Gnad und Friede in Christo! Durchleuchtigester, hochgeborner Furst, gnädigster Herr. Es ist hie meins lieben Vaters Bruder und mein Vetter Heinz Luther von Möhra aus sonderlicher Zuversicht zu mir kommen umb eine Furbitt an E. C. F. G., eines Hofes halben, bei Eisenach gelegen, wie E. C. F. G. aus dieser seiner Supplikation seine Bitt und Begehr vernehmen mugen. Wiewohl ich nu mit solchen Sachen E. C. F. G. gar ungerne bemuhe, besorge auch, ich bitte zuviel und oft. Aber doch angesehen, daß ich meinen Freunden zuvor, so mir auch etwa gedienet, schuldig bin zu dienen, und der gute Mann so fernen Weg zu mir gangen, kann ich seine Zuversicht nicht so lassen feilen. Bitte derhalben untertäniglich, wo seine Bitte ziemlich und E. C. F. G. zu tun ist, wollte ihm ein gnädigs guts Antwort lassen widerfahren. Ich kann den Mann nicht verdenken. Er sucht sich und seine Kindlin mit seiner Erbeit gottlich zu nähren und begehrt nichts umbsonst, sondern will tun, was sich gebuhrt von demselbigen Hofe, und noch mehr, so es E. C. F. G. gefället. Hiemit Gott befohlen, Amen. Sonntags nach Pfingsten 1527. E. C. F. G. untertäniger Martinus Luther.

An Georg Spalatin

Wittenberg, 19. August 1527

Gnade und Frieden! Ich freue mich, daß Du wieder gesund bist, und danke dafür Christo unserm Herrn. Bete doch bitte für mich, daß auch ich nach dem Willen Gottes des Heilandes völlig gesund werde. Die Gerüchte über die Visitation sollen Dich ebenfalls nicht beunruhigen. Denn gestern hat der Fürst mir die Visitationsakten zugeschickt, damit ich sie durchsehe und entscheide, ob ein Druck angebracht wäre. Alles ist vortrefflich, wenn es nur so durchgeführt wird, wie es festgelegt worden ist. Du wirst es sehen. Laß die Feinde sich ihrer Lügen rühmen, wie sie es gewohnt sind, weil sie sich mit der Wahrheit nicht trösten können.

Die Pest ist hier zwar aufgetreten, aber ihr Verlauf ist noch ziemlich günstig. Die Furcht der Menschen ist erstaunlich; sie flüchten. Eine solche Ungeheuerlichkeit des Satans habe ich vorher nicht gesehen. So sehr versetzt er sie in Schrecken, ja freut sich noch, die Herzen damit ängstigen zu können, natürlich um diese vorzügliche Universität zu zerstreuen und völlig zu verderben, die er nicht umsonst mehr als alle anderen haßt. Während der ganzen Pestzeit gab es bis heute, einschließlich derjenigen, die in der Stadt lebten, die Mägde, die Kinder und alle anderen, nicht mehr als 18 Tote. In der Fischervorstadt hat sie furchtbar gewütet, in unserer Vorstadt war bisher noch kein Todesfall. Ob dort alle Leichen begraben werden? Heute haben wir die Ehefrau Tilo Denes bestattet, die gestern fast in meinen Armen starb. Das ist die erste Tote innerhalb der Stadt. Jene 18 Verstorbenen wohnten in meiner Umgebung am Elstertor. Unter ihnen war auch Barbara, die Schwester der Frau Eures Eberhards, sie war schon erwachsen. Das teile M. Eberhard mit. Die Tochter des Johann Grunenberg starb ebenfalls. Hans Luft hat sich erholt und die Pest überwunden. Viele andere stehen wieder auf, wenn sie ein Heilmittel nehmen. Aber viele sind so unwissend, daß sie die Medizin verachten, und sterben grundlos. Johannes, ein Söhnlein des Justus Jonas, ist auch gestorben. Jonas ist mit seiner Familie in seine Vaterstadt gereist.

Ich bleibe. Wegen jener ungeheuren Furcht unter dem gemeinen Mann ist es nötig. Und so sind Pomeranus und ich mit den Kaplänen allein hier. Christus ist jedoch bei uns, damit wir nicht allein sind. Er wird auch in uns jene alte Schlange, die Mörderin und Schöpferin der Sünde, besiegen, wenn sie ihn nur in seine Ferse sticht. Betet für uns und lebt wohl! Zu Wittenberg, am Montag nach Mariä Himmelfahrt 1527.

Grüße M. Eberhard und alle die Unseren! Befiehl uns ihnen allen! Die Schwärmer haben gegen mich geschrieben, die Büchlein besitze ich noch nicht. Den anderen heftigeren Brief Zwinglis an mich wollte ich Dir schicken, aber er war nicht bei der Hand.

D[ein] Martin Luther.

An Else von Kanitz

Wittenberg, 22. *August* 1527

Der ehrbarn und tugendsamen Jungfrauen Else von Kanitz, itz zu Eicha, meiner lieben in Christo Freundin.

G.u.F. in Christo Jesu! Ehrbare, tugendsame Jungfrau Else! Ich habe Euer lieben Muhmen, Hanna von Plausig, geboten schriftlich, daß sie Euch wollte zu mir schicken eine Zeitlang, denn ich gedacht Eur zu brauchen, junge Maidlein zu lehren und durch Euch solch Werk andern zum Exempel anzufahen. Bei mir sollt Ihr sein zu Hause und zu Tische, daß Ihr keine Fahr noch Sorge haben sollt. So bitte ich nu, daß Ihr mir solchs nicht wollet abschlahen. Ich höre auch, daß Euch der böse Feind mit schweren Gedanken anficht. O liebe Jungfrau, laßt Euch solchs ihn nicht erschrecken, denn wer hier den Teufel leidet, der darf eben dort nicht zu leiden, es ist ein gut Zeichen. Christus hat auch solchs alles gelitten und viel heiligen Propheten und Apostel, wie der Psalter wohl anzeigt. Darumb seid getrost und leidet solche Rute vom Vater gerne, er wird Euch auch wohl davon helfen in seiner Zeit. Wenn Ihr kommet, so will ich Euch weiter davon sagen. Hiemit Gott befohlen, Amen. Zu Wittenberg, Dornstags nach Agap[itus] 1527.

An Kurfürst Johann von Sachsen

[Wittenberg] 16. September 1527

Meinem gnädigsten Herrn, Herzog Johanns, Kurfürsten zu Sachsen etc., zu S. K. F. G. selbs Händen.

Gnad und Friede in Christo Jesu! Durchleuchtigster, hochgeborner Fürst, gnädigster Herr! Es haben E. K. F. G. neulich dem Rat zu Wittenberg das Barfußerkloster daselbs eingetan fur die Kranken; demnach haben wir, der Pfarrherr und ich, sampt dem Rat dasselbige besichtiget und befunden, daß Greger Burger das beste und nützlichste Stück, als Born, Röhrkasten, Badstuben, Brauhaus und andere gebräuchliche Gemach und Raum, ohn welche das ander Teil des Klosters wenig nütz sein kann, von E. K. F. G. erlanget. Als wir aber mit ihm drumb geredt, hat er sich williglich erboten, den armen Leuten zugut abzutreten, der Hoffnung, E. K. F. G. ihn wohl mit eim andern begnaden würden.

Weil denn solch Kloster als ein alt fürstlich Begräbnis nirgendzu billiger gebraucht wird, nachdem beider, Juden und Heiden, Begräbnis in großen Ehren gehalten, denn daß mans zu Gottes Dienst und armen Leuten, an welchen man Christus selbs dienet, verordne, ist derhalben neben dem Rat mein untertänige Bitte, E. K. F. G. wollten solch Kloster sampt Greger Burgers Raum und Gebäu unserm Herrn Jesu Christo zu einer Herberg und Wohnung fur seine arme Glieder verordnen und geben (denn er spricht: Was ihr meinen Geringsten tut, das tut ihr mir), daneben dem Rat auch ernstlich befehlen, daß sie es bräuchlich und ohn Abbruch zurichten, auf daß nicht mit der Zeit Greifenklauen dranfallen und herabzwacken möchten. Hiemit Gott befohlen, Amen. Montag nach Crucis 1527.

E. K. F. G. untertäniger Diener
Martinus Luther.

An Kurfürst Johann von Sachsen

[Wittenberg] 12. Oktober 1527

Gnade und Friede in Christo Jesu! Durchleuchtigster, hochgeborner Fürst, gnädigster Herr! Unser Pfarrherr, Herr Johann Pommer, und ich haben der Visitatoren Acta uberlesen und wenig darinnen geändert, wie E. K. F. G. dabei verzeichnet vernehmen werden. Denn es uns alles fast wohlgefället, weil es für den Pöbel aufs einfältigst ist gestellet. Daß aber die Widerwärtigen möchten rühmen, wir kröchen wieder zurück, ist nicht groß zu achten; es wird wohl still werden. Wer was Gottlichs furnimmt, der muß dem Teufel das Maul lassen, dawider zu plaudern und lügen, wie ich bisher hab tun müssen.

Und ist mehr darauf zu sehen, daß die Unsern, so den Predigern ungeneigt, nicht hieraus schöpfen Ursach und Gewalt wider sie, daß sie predigen müssen, was sie wöllen, wie etliche an viel Orten schon furgenommen. Auch kann mans nicht alles auf einmal stellen, wie es gehen soll. Es ist nichts damit, denn der Samen geworfen; wenns nu aufgehet, wird sich Unkraut und der Fälle so viel finden, daß Getens und Flickens genug sein wird.

Denn Ordnung stellen und gestellete Ordnung halten sind zwei Ding weit voneinander. Ecclesiastes lehret, man müsse tun, soviel man kann, und nicht ablassen, das ander gehen lassen, wie es gehet, und Gott befehlen, wie es denn im weltlichen Regiment auch zugehet. Christus unser Herr sei mit E.K.F.G. seliglich zu leben und regieren, Amen. Den 12. Oktobr. 1527.

E.K.F.G. untertäniger Martinus Luther.

An Justus Jonas

[Wittenberg] 4. November 1527

Doctor Justus Jonas, dem sich zu Nordhausen Verbergenden.

Gnade und Friede im Herrn! Ich weiß eigentlich nicht, was ich schreiben soll, mein lieber Jonas, ich, der ich vor Unruhe und Kleinmut kaum Atem holen kann. Am Sonnabend wäre ich beinahe verzweifelt, als die Frau Georgs, des Kaplans, eine Frühgeburt hatte. Sie starb bald nach dem Kind einen zweifachen Tod, zuerst infolge der Schmerzen bei der Geburt, dann vom Gift der Pest aufs furchtbarste zugerichtet. Christus hat damals weder unsere Tränen noch unsere Gebete, sie zu bewahren, erhört, aber er hat Trost gegeben, daß sie ein gutes Ende hatte, das heißt voll Glauben und erfüllt vom Hl. Geist zu ihm gegangen ist. Da nun alle vor Furcht zittern, habe ich den Pfarrer mit seiner Familie in meinem Haus aufgenommen. Meine Käthe ist bis jetzt stark im Glauben und gesund. Mein Hänschen liegt schon acht Tage an einer noch ungeklärten Krankheit darnieder (wie ich beinahe vermute, an der Krankheit dieser Zeit), es sollen die Zähne sein, und so glaubt man es. Nach der Frau des Kaplans gab es gestern und heute keinen Sterbefall. Christus möge bewirken, daß diese Pest aufhört. In der Fischervorstadt ist sie zwar schon abgeklungen, und sie beginnen dort wieder mit Hochzeiten und nehmen ihre Vergnügungen wieder auf. Etwas Gewisses kann man jedoch nicht sagen. Denn vor acht Tagen hatte die Pest in der Stadt beinahe aufgehört, so daß noch nicht einmal an jedem Tag ein Todesfall war, aber plötzlich änderte sich die Luft. Innerhalb von zwei Tagen gab es an einem Tag gleich 12 Tote, wenn freilich auch zum größten Teil Kinder. Die Frau Augustins lag acht Tage und länger krank an einem inneren Geschwür. Man vermutete natürlich nichts anderes als die Pest, aber sie erholte sich wieder. Margarethe von Mochau liegt ebenso bei mir darnieder, man spricht von einer Menstruationskrankheit, befürchtet jedoch die Pest. Siehst Du nur die Vermutung, lebe ich in meinem Hause inmitten der Pest; wenn Du die Sache in Wahrheit betrachtest, sind es Leben und Heil, allerdings unter Versuchungen. Ich vertraue uns Deinen Gebeten an. Dorotheas Ehemann ist gestorben, sie selbst ist so ziemlich gesund, obwohl das Geschwür hartnäckig und unbezwungen bleibt, es weicht weder, noch kommt es zur Reife. Meine Käthe grüßt Dich und beklagt sich, daß Du uns nicht besuchst, da doch in unseren Grenzen Frieden herrscht. Dich grüßt Pomeranus, der heute zur Reinigung seines Leibes ein Abführmittel eingenommen hatte. Christus sei mit uns, Amen. 1527, am Dienstag nach Allerheiligen.

D[ein] Martin Luther.

An Johann Brenz

Torgau, 28. November 1527

Seinem in Christo teuren Bruder und Herrn, Johann Brenz, dem heiligen Schüler Christi und dem treuen Prediger der Kirche zu Hall.

Gnade und Friede in Christo Jesu unserem Herrn! Mein teurer Spalatin hat mir Deinen an ihn geschickten Brief gezeigt, den ich mit rechter Freude gelesen habe, mein lieber Brenz. Denn ich sehe die Gnade Gottes, der durch Christum, seinen Sohn, in Dir wohnt, daß Du inmitten dieses verkehrten und törichten Geschlechts das Wort Christi so standhaft und lauter bewahrst und lehrst. Gelobt sei Gott, der Vater unseres Herrn Jesu Christi, der in so vielen Übeln, von denen ich umgeben bin, mich wenigstens einige Brüder sehen läßt, den wahren und rechten Samen Israels; im übrigen toben und wüten überall nur Ungeheuer. Karlstadt haben wir bisher in unserer Obhut liebevoll genug getragen in der guten Hoffnung, daß er zum Leben zurückkehren werde. Der elende Mensch indessen verhärtet sich von Tag zu Tag mehr und wird dennoch aus Kleinmut zum Schweigen gezwungen. Er behauptet auch weiter sein ›Tuto‹, obwohl es selbst von den Seinen verworfen wurde. So groß ist der Zorn, wenn irgendeiner gegen das Wort Gottes gestritten hat. Ich bitte Christus, daß er Dich und Deine Brüder mit uns in seiner Reinheit und Einfalt bis zum Tage seines Ruhms bewahren möge, Amen. Diesen Brief (wenn auch gern und willig verfaßt) hat mir Spalatin abgenötigt, damit ich auch durch Briefeschreiben Deine innige Freundschaft erwerbe, da wir im Geist und in der Einmütigkeit durch Gottes Gnade schon tief verbunden sind. Bete aber mit Deinen Brüdern, daß Christus diese Freude in uns vollkommen und dauernd bewirke. Pomeranus, mein einziger Gefährte, grüßt Dich, während die anderen aus Furcht vor der Pest abwesend sind. Befiehl uns, besonders mich armen Sünder Deiner Kirche. Denn der Satan ist zügellos gegen mich und versucht mit seinen Ränken, mir Christus heimlich zu rauben, nachdem er sieht, daß er mir in öffentlichen Bekenntnissen des Wortes nichts entreißen kann. Ich bin erstaunt, was Zwingli für ein Mann ist, so unkundig in Grammatik und Dialektik, daß ich über die anderen Wissenschaften [lieber] schweigen will. Dennoch wagt er es, Siege auszuschreien. Solch ein Ruhm gerät allzu schnell ins Wanken. Du, meine teure Freude und Krone in Christo Jesu, dem Lehrer und Herrn, lebe besonders wohl mit Deinen Brüdern. Zu Torgau bei Spalatin, 1527, an den 4. Kalenden des Dezember.

Dein Bruder im Geist, Martin Luther.

An Nikolaus Hausmann

[Wittenberg] 14. Dezember 1527

Dem ehrwürdigen Bruder in Christo, Herrn Nikolaus Hausmann, dem treuen und ihm teuren Bischof zu Zwickau.

G. [und] Friede im Herrn. Meine Käthe dankt Dir, bester Mann, für Deinen Eifer und Deinen Dienst, mit dem Du ihr das Chemnitzer Leinen besorgt hast. Sie hat mir am 10. Dezember ein Töchterlein, Elisabeth, geboren. Christus sei Lob und Ruhm!

Die Pest ist auch bei uns ganz und gar erloschen. Gott, dem Vater der Barmherzigkeit, sei Dank; denn weder die Ärzte noch die Kapläne haben in dieser Woche mit Kranken zu tun gehabt. Und niemand liegt irgendwo darnieder. Im Hospital sind die beiden zuletzt Erkrankten und die übrigen auch wieder genesen. Dort pflegten nämlich mehr als 14 auf einmal zu liegen. In der ganzen Pestzeit sind im Hospital kaum 15 gestorben, während weit über 100 Kranke hineingebracht worden sind und in so großer Zahl dort zusammen gelegen haben: so hat Christus sich unser erbarmt. Ich bin zwar von meiner Versuchung noch nicht frei; aber ich wünsche es auch nicht, sie loszuwerden, wenn es der Ehre meines Gottes und allerliebsten Heilandes dient, Amen. Dennoch höre nicht auf, für mich zu beten und zu kämpfen in diesem gar harten Kampf mit dem Satan, dem hochmächtigen Fürsten. Mit vielen Büchern habe ich ihn erzürnt, deshalb tobt er. Aber er wütet gegen Christus, der ihn vielmehr durch mich, sein allerschwächstes Werkzeug, aufgebracht hat. Lebe wohl, mein Bruder in Christo, mit allen Unseren.

Die Visitationsordnung wird der Herr demnächst besorgen. Zum Leipziger Markt werde ich den Sacharja liefern, danach zur Frankfurter Messe die andere und jüngste Schrift gegen die Sakramentierer. Christus möge uns nur beistehen, Amen. Sonnabend nach Luciä 1527.

D[ein] Martin Luther.

An Kurfürst Johann von Sachsen

[Wittenberg, 21. Januar 1528]

Dem durchleuchtigsten, hochgebornen Fursten und Herrn, Herrn Johanns, Herzog zu Sachsen und Kurfurst etc., Landgraf in Thüringen und Markgraf zu Meißen, meinem gnädigsten Herrn.

Gnad und Friede in Christo! Durchleuchtigster, hochgeborner Furst, gnädigster Herr! In dem Fall, so Hans Muller von Almerode betrifft, hab ich zwar mein Meinung und Urteil in der Unterricht angezeigt, wie ich gerne drin zweifeln wollte, aber ich kann doch dawider nicht grundlich schließen, das unser Pfarrherr hält, nämlich, daß die Frau schuldig ist, dem ersten Mann zu folgen, welchs rechte Weib sie auch fur Gott ist aus Kraft des ersten Verlobnis; der ander Mann ist betrogen und mag das Kindlin behalten. Und mich auch bewegt, so man die ersten Gelubde also sollte lassen zureißen, wurde zuletzt kein Ehe fest und gewiß bleiben, da ein jeglichs, so oft es wollte, sich anderweit verlobete und das erste Gemahl ließe. So mag Hans Muller nu mit seiner Braut heimfuhren, so er sie begehrt etc. Hiemit Gott befohlen, Amen. Dienstags nach Fabiani 1528.

E. C. F. G. untertäniger Martinus Luther.

An die Gebrüder Einsiedel

[Wittenberg, Anfang März 1528]

Gnade und Friede in Christo! Gestrengen, festen, lieben Herrn! Magister Philipps und ich sehens nicht gerne, daß Ihr Euer Güter verkäufet, und wöllten viel lieber raten, daß Ihrs nicht tätet. Vielleicht möcht Gott ein Mittel schicken mit dem Tyrannen, daß anders würde. Doch wöllen wir Eurem Bedenken unsers nachsetzen. Die Form aber, so ich M. Spalatino zugesagt hab, dünkt mich, sollte diese sein, oder wie Ihr das besser werdet finden und ändern:

Erstlich, daß Ihr untertäniglich und mit den besten Worten, so Ihr künntet, anzeiget, wie Ihr S. F. G. gehorsamlich hättet angenommen die Artikel, so verfaßt wären etc. Aber nu Ihr vielmal bei Leuten indes gewesen wäret, hättet Ihr viel beschwerlicher Wort müssen hören beide, von Feinden und Freunden, des unterstrichen Stücks halben, so S. F. G. außen zu lassen hätten verzeichent, und Ihr doch dazumal nicht so scharf darauf gemerkt, daß solche Macht an demselbigen Stück gelegen. Weil denn nu jedermann Euer Gewissen hiemit ängstet und martert und Ihr solchs nicht künntet verantworten und selbs auch fühlet im Gewissen des eine Beschwerung, sonderlich weil man Euch furhält, als hättet Ihr damit Gott und sein Wort im Gewissen klärlich verleugnet und, wie sie sagen, ein Türk und Jude müßte solch Stück nicht leiden, schweige denn, daß jemands bei Christen zu hören leiden künnte, daß jemand Gott und sein Gewissen sollt verleugnen, zudem auch der mehrer Haufen dafur hält, daß freilich E. F. G. selbs Meinung nicht sei gewesen, solchs, wie die Wort lauten, zu halten oder zu fodern, sondern sei vielleicht dazumal, als im Fall, Ungnaden auf uns zu werfen, ubereilet, aber die andern solchs E. F. G. ja so ubel auslegen als uns; weil denn unser Gewissen hiermit zu Unruge bracht und wir uns auch schuldig erkennen, E. F. G. Ehre und Leumund zu retten, und doch nichts wissen, womit wir solchs tun, weil die Wort so klar dastehen, daß wir Gott und unser Gewissen ausziehen, haben wir uns bedacht, E. F. G. solchs untertäniglich anzuzeigen und umb Rat zu suchen, was wir hierin tun sollen, damit wir nicht allein unser Gewissen, sondern auch E. F. G. löblich und christlich Gerücht, welche alle beide höchlich verletzt sein sollen, als jedermann sagt und wir uns auch also fühlen, erretten und den bösen Mäulern nicht Ursach zu lästern, den Frommen auch kein Ärgernis geben. Bitten hierauf, E. F. G. wollte die Artikel wiederumb ubersehen und uns ein gnädig Antwort geben.

Mit solcher Schrift, hoff ich, sollt die Sach wiederumb in die ersten Staffel kommen, damit Ihr wieder frei würdet, weislich Euer Gewissen zu bewahren.

Die Pfarre zum Gnandstein ließ ich noch ein Weil so stehen, bis das Wetter anders würde. Wie kann man anders tun? Die Leute müssen ein Weil Geduld tragen. Hiermit Gott befohlen, 1528.

An die Christen zu Halle/Saale

[Altenburg] 26. April 1528

Gnade und Fried in Christo Jesu, unserm Herrn und Heilande! Ich höre, mein lieben Freunde in Christo, wie Euer Tyrann, so bisher sich ausgeheuchlet hat, nu fort offentlich herausfähret zu wüten und Euch allen mit Ernst gebeut, das Sakrament zu dieser Zeit allein der einen Gestalt nach alter unlöblicher Gewohnheit zu nehmen, ob er gleich fein und wohl weiß, daß es wider die klare Wort und Einsetzung Christi gehandelt ist und sich noch nicht fürcht oder scheuet an dem greulichen Fall und Geschichte Doctor Krausens. Wohlan, Christus, unser Herr, der Euch sein Wort und Wahrheit hat zu erkennen geben, der wollte Euch auch in solcher Not helfen, beistehen und stärken, daß Ihr dem unchristlichen Wüten und Furnehmen müget widerstehen; das bitte ich von Herzen, Amen.

Denn weil Ihr des nu bericht seid, daß es recht sei, beider Gestalt zu empfahn und Euer etzliche viel bisher vielleicht auch also empfangen habt, will sichs nicht leiden hinfort, anders denn Ihr recht erkennet zu tuen, weil wir nicht müssen unrecht oder wider Recht tun umb jemandes willen, sondern Gotte mehr denn Menschen gehorsam sein.

Wiewohl sie nu anfahen zu lehren, daß die Christenheit habe Macht, die Ordenung Christi zu ändern, als sie etliche Exempel anziehen Act. 15, so ists doch alles erlogen. Denn es ist nicht wahr, daß die christliche Kirche habe die Gestalt zu empfahen eingesetzt, wie ich im Büchlein, an Euer Liebe geschrieben, beweiset habe. So ist ja das gewißlich wahr, daß die christliche Kirche, als seine fromme, untertänige Braut, allzeit Christo ihrem Herrn gehorsam ist und sein Wort oder Ordnung nicht bricht noch brechen lehret, wiewohl sie hat müssen leiden, daß man sie solcher Ordenung beraubt oder zum Mißbrauch verkehret.

Wer nu ein recht Glied der Christenheit sein will, der muß wahrlich auch mit derselbigen Christo gehorsam sein. Denn sollte die christliche Kirche in einem Stücke mögen Christi Wort und Ordenung ändern und brechen, so möchte sie auch alle andere sein Wort und Ordenung brechen und ändern und zuletzt dahin kommen, daß man auch sie selbst nicht müßte hören oder gehorsam sein, weil solchs Gott geordenet und geboten hätte, und also möcht durch Menschen alle Gottes Gebot, darzu die christliche Kirche, aufgehaben werden. Wenn man dann Gottes Gebot aufhebet, wem will man denn gehorsam sein?

Darumb sind es gewiß eitel Teufelslügen, daß die furgeben, die Kirche habe Macht, Gottes Gebot zu ändern, und reißen damit den Gehorsam beide, Gottes und der Menschen, gar weg. Denn Menschen gehorsam sein ist auch Gottes Gebot und Ordenung (als den Eltern und Oberherrn). Warumb fordern sie denn Gehorsam und strafen die Aufrührischen, so Gottes Gebot durch Menschen kann aufgehaben werden? Davon ich willens bald durch Druck weiter (ob Gott will) handeln will.

Itzt nicht mehr, denn stärkt Euch in Christo und stehet fest zu seinem Lob und Ehre! Darzu Euch Gott, der Vater aller Barmherzigkeit, seinen Geist gebe, daß Ihr möget solche Anfechtung uberwinden, Amen.

Meinen lieben Freunden zu Halle.

An Kurfürst Johann von Sachsen

[Torgau, 6. Mai 1528]

Meim allergnädigsten Herrn, Herzog Johanns, Kurfursten etc., zu S. K. F. G. selbs eigen Handen.

Gnad und Friede in Christo! Durchleuchtigister, hochgeborner Furst, gnädigster Herr! Wiewohl wir uns versehen, daß E. K. F. G. wohl selbs sich werden wissen zu schicken in die Sachen, so itzt gehen, auszurichten. Doch mügen wir aus billicher und schuldiger Sorge, so wir tragen gegen E. K. F. G., nicht lassen, E. K. F. G. untertäniglich zu bitten und zu ermahnen, weil wir heut von hinnen zu Haus werden ziehen und gleich eine Denkzettel hinter uns lassen, angesehen, daß E. K. F. G. mit vielen Geschäften alle Stunde uberfallen und auch sonst der Satan uns listiglich sucht, damit wir dem Friede ungerne oder je doch laß und langsam nachtrachten und annehmen.

Erstlich, weil Gott uns solche gute Mittel und Ursachen furlegt, den Friede zu erhalten, daß E. K. F. G. ja dieselbigen nicht versäumen, denn so spricht S. Paulus 2. Kor. 6 [,1]: Lieben Bruder, ich bitte, daß Ihr die Gnade Gottes nicht vergeblich annehmet etc., und aufs foderlichst Botschaft abfertigen beide, an das keiserliche Regiment und Konig Ferdinando, den Glimpf zu erhalten und mehren etc.

Zum andern, daß m. gnädigen Herrn, dem Landgrafen, ja Einhalt geschehe, daß S. F. G. nicht zu sehr eile und solche gottliche Mittel nicht verjeuche und zurstreue, wie man pflegt, fur dem Hamen zu fischen.

Zum dritten, daß man auf die Kostunge nicht so hart dringe und genau suche. Denn es besser ist, soviel Kosten verloren, denn so großes Wesen, das mißlich und fährlich ist, anzufahen. Wie wollt man tun, wenn sonst soviel Schadens durch Feur oder Wasser oder ander Unfall zukommen wäre, wie in der bäurischen Aufruhr geschach etc.? Christus aber, unser Herr, erleuchte und stärke E. K. F. G. Herz, zu bedenken und zu tun seinen Willen. Amen.

E. K. F. G. untertänige

Martinus Luther, Philippus Melanchthon.

An Wenzeslaus Link

[Wittenberg] 14. Juni 1528

Dem vortrefflichen und ebenso frommen Mann, Wenzeslaus Link, dem Diener Christi im Evangelio zu Nürnberg, seinem Bruder.

Gnade und Friede! Du weißt mehr Neues, als ich schreiben kann. Jenes Bündnis der ruchlosen Fürsten, das sie selbst abstreiten, Du siehst, welche Bewegungen es hervorgerufen hat. Die so frostige Entschuldigung Herzog Georgs verstehe ich jedoch fast als ein Bekenntnis. Sie mögen es verleugnen, sich entschuldigen, sich verstellen. Ich weiß bestimmt, daß jenes Bündnis wahr und keine Chimäre ist, wenngleich es ein Ungeheuer und in hohem Maße wunderlich ist. Denn die ganze Welt weiß, daß jene im Geist, durch die Tat, durch Mandat und durch halsstarrigen Eifer solches bis jetzt öffentlich versucht und getan haben und noch jetzt tun. Sie wollen nämlich das Evangelium vertilgen, welches niemand leugnen kann. Aber was soll Dir das, der Du ohne Zweifel über dies alles unterrichtet bist? Nur damit Du weißt, daß wir diesen Gottlosen nichts glauben, wiewohl wir ihnen den Frieden anbieten, ihn wünschen und Frieden geben wollen. Gott verwirre diesen μωρότατον μωρόν, der wie Moab mehr wagt, als er vermag, und sich über seine Kräfte hinaus brüstet, wie er das immer getan hat. Wir werden gegen diese Menschenmörder beten. Bis hierher sei ihnen vergeben. Wenn sie etwas Neues anzetteln, wollen wir Gott bitten und dann unsere Fürsten mahnen, daß diese unersättlichen Blutsauger, die nun einmal nicht ruhen wollen, bis sie Deutschland von Blut triefen sehen, ohne Barmherzigkeit vernichtet werden.

Wir bemühen uns jetzt, die Propheten ins Deutsche zu übersetzen. Gott, was für ein großes und beschwerliches Werk ist es, die hebräischen Schriftsteller zu zwingen, Deutsch zu reden. Sie sträuben sich. Sie wollen ihre hebräische Eigenart nicht aufgeben und dem barbarischen Deutsch folgen, als wenn die Nachtigall gezwungen wird, nachdem sie ihre liebliche Weise verlassen hat, den Kuckuck nachzuahmen, dessen eintönigen Ruf sie verabscheut. Lebe wohl und bete für uns! Sonntags nach Barnabas 1528.

D[ein] Martin Luther.

An Herzog Christian von Dänemark

Wittenberg, 24. Juli 1528

Dem durchleuchtigen, hochgebornen Fursten und Herrn, Herrn Christian, Erbnem zu Norwegen, Herzogen zu Schleswig, Holstein, Stormarn und der Dithmarschen, Grafen zu Oldenburg, Delmenhorst, meinem gnädigen Herrn.

Gnad und Friede in Christo! Durchleuchtiger, hochgeborner Furst, gnädiger Herr! Wiewohl ich nicht Besonders gehabt an E. F. G. zu schreiben, weil aber gegenwärtiger Magister Erhard, des Lands Kind, sich ins Vaterland begeben, hab ichs nicht mugen unterlassen, E. F. G. meine untertänige Dienst anzuzeigen. Ich hoffe aber, es solle in E. F. G. Landen noch recht und wohl sein, sonderlich mit dem heiligen Evangelio, obs wohl nicht ohn Anfechtung sein kann, sintemal Satan nicht schläft. Und insonderheit wundsche ich, daß der Melchior Hoffman sich mäßiglich halte, denn ich wohl möcht leiden, er ließe sein Predigen anstehen, bis er der Sachen baß bericht. Sonst dasjenige, so ich von ihm gehort und er auch durch Druck läßt ausgehen, gar nichts zur Sachen dient und vergebliche Dichterei ist, ohn welche doch man wohl wissen und lehren kann, was eim Christen gebührt, welchs er zumal weinig und gar selten rühret. Demnach ist meine untertänige Vermahnung, E. F. G. wolle mit Ernst die Einträchtigkeit der Lehre fodern und solchen Steigergeisten nicht zuviel Raum lassen, angesehen, daß wir zu lernen genug haben, wie wir an Christum gläuben und unseren Nähesten dienen sollen unter dem Kreuz, welche Stucke unser gar weinig (leider) verstehen ader achten, viel weiniger mit dem Werk und Leben erweisen und doch dieweil unnötige Ding spekuliern, da kein Nutz, sondern viel mehr Hindernis der nötigen Lehre von kompt. Christus, unser lieber Herr und Heiland, erleuchte, anzünde und stärke E. F. G., zu tun seinen wohlgefälligen Willen ewiglich, Amen. Befehel mich hiemit E. F. G. Wittenberg, Freitags nach Mariä Magdalenä 1528.

E. F. G. untertäniger Martinus Luther.

An Nikolaus Hausmann

Wittenberg, 5. August 1528

Gnade und Friede! Mein Hänschen dankt Dir, mein lieber Nikolaus, für die Kinderklapper, auf die er stolz ist und über die er sich freut. Ich habe mir zwar vorgenommen, über den Türkenkrieg zu schreiben, es wird indessen (hoffentlich) nicht unnütz sein. Mein Töchterchen Elisabeth ist gestorben. Sie hat mich tieftraurig und mit beinahe mütterlichem Herzen zurückgelassen, so sehr werde ich durch den Jammer um sie bewegt. Vorher hatte ich nie geglaubt, daß auch das Herz eines Vaters gegenüber seinem Kind so weich werden kann. Bete für mich zum Herrn, lebe in ihm wohl. Zu Wittenberg, 1528, am 5. August.

Wegen jener Freiberger [Nonne], die entführt werden soll, geschieht nichts. Es waren nur Überlegungen. Daher laß Du es gut sein.

Martin Luther.

An Johann Agricola

[Wittenberg] 11. September 1528

Dem ehrwürdigen Bruder in Christo, M. Johann Agricola, dem treuen Lehrer der Jugend zu Eisleben.

Gnade und Frieden! Neulich hat mir jemand von Dir, mein lieber Agricola, eine Geschichte erzählt, so ausdauernd, daß er nicht aufhörte, sie zu bekräftigen, bis ich zusagte, daß ich Dir schreiben und mich erkundigen werde. Das aber war die Geschichte: Du würdest beginnen, gleichsam mit einer neuen Lehre zu kämpfen und dafür einzutreten, daß der Glaube ohne Werke sein könne. Diese Sache (sagte er) würdest Du vorbringen und mit großer Sorgfalt in der Rhetorik und im Vergleich mit griechischen Worten anpreisen. Da ich als ein vom Satan Geplagter belehrt und gezwungen bin, alles zu befürchten, schreibe ich nicht nur, weil ich es versprochen habe, sondern auch, um Dich ernsthaft zu ermahnen, auf den Satan und auf Dein Fleisch zu achten. Du weißt nämlich, daß wir gegen die List des Satans nicht sicher und geschützt genug sind, wenn wir nicht immer aufs neue vom Himmel bewahrt werden. Außerdem steckt in der List so viel Gift und Gefahr, daß aus einem Funken ein Feuer entstehen kann, oder wie Paulus zu sagen pflegt, wenig Sauerteig den ganzen Teig versäuert. Daher darf in einer so wichtigen Angelegenheit nicht gespottet oder – wenn auch noch so besonnen – probiert werden, da jener Feind durch die kleinsten Ritzen einzudringen pflegt und ebenso schadet, als wenn er durch alle offenen Tore eingedrungen wäre. Diese Ermahnung zum Guten bedenke wohl, Du siehst, aus welchem Herzen sie kommt. Daher berichte bitte (wenn es die Zeit erlaubt), worum es sich handelt. Was befürchte ich nämlich weniger als den Fall des Oekolampads, des Rhegius und anderer? Und was fürchte ich auch jetzt nicht von den uns hier durchaus Vertrauten? Es ist nicht verwunderlich, daß ich auch für Dich fürchte, mit dem ich am allerwenigsten von allen abweichender Meinung sein möchte. Lebe wohl im Herrn und grüße Deine Else mit ihren Trauben. Mein Elschen hat der Herr zu sich genommen, damit es nicht die Übel sehen sollte. 11. September 1528.

D[ein] Martin Luther.

An Kurfürst Johann von Sachsen

Schweinitz, 7. Januar 1529

Dem durchleuchtigisten, hochgebornen Fursten und Herrn, Herrn Johanns, Herzog zu Sachsen und Kurfursten, Landgrafen in Thüringen und Markgrafen zu Meißen, meinem gnädigsten Herrn.

Gnad und Fried in Christo! Durchleuchtigster, hochgeborner Furst, gnädigster Herr! Es hat mich Michel Koch, Burger von Mühlhausen, mich [!] abermal gebeten, E.K.F.G. fur ihn zu bitten, nachdem jene Fürbitt, so er zu Mühlhausen einzukommen begehrt, nicht hat mugen helfen bei dem Rate zu Mühlhausen, daß E.K.F.G., sein, seins Weibs und armer Kinder Elende angesehen, gnädiglich vergonnen wollt, sich in E.K.F.G. Landen niederzusetzen und sicher zu nähren, wie E.K.F.G. weiter aus seiner beigelegten Schrift vernehmen werden. Also hab ich mich seins Elends mussen erbarmen und fur ihn an E.K.F.G. schreiben.

E.K.F.G. wird sich wohl wissen gnädiglich gegen ihm wissen [!] zu halten. Hiemit Gotts Gnaden befohlen. Zur Schweinitz, Dornstags nach Epiphaniä d[omi]ni 1529. E.K.F.G. untertäniger Martinus Luther.

An den Rat zu Memmingen

Wittenberg, 30. Januar 1529

Gnad und Friede in Christo! Ehrbarn, fursichtigen, lieben Herren! Es hat mich Johannes Schmelz, Eur Verwandter, so allhie bei uns im Studio gehalten wird durch E. E., gebeten umb diese Schrift an E. E., nachdem Gott Eur lobliche Stadt gnädiglich beraten hat mit seinem heiligen Evangelio, E. E. zu vermahnen, daß Sie treulich dabeihalten und sich fur den irrigen Geistern fleißiglich behüten wollten. Wiewohl ich nu wohl mich versehe, daß Gott, so bei Euch solch sein Werk angefangen, auch wohl ohn mich und ohn mein Vermahnens E. E. drinnen behalten und bewahren werd, so hab ich doch genanntes Johanns Schmelz Bitten nicht mügen verachten, dazu auch mich nicht enthalten, meinen Willen und Dienst E. E. zu erzeigen, denn es fürwahr, als itzt in der Welt stehet, meine hoheste Freude ist, zu hören, wo eine Stadt das göttliche Wort rein und fleißig bei sich hat. Derhalben auch mein herzlichs Bitten ist zu Gott, dem Vater aller Elenden, daß er Euch sampt allen, so sein liebes Wort haben, wolle durch seinen Geist stärken und bewahren wider alle Rottengeister und, wie man sie billig nennet, tollen Heiligen, so der Teufel itzt allenthalben aussendet, auf daß E. E. sampt Euren Untertanen in seinem Wort rein, tätig, fruchtbar und unsträflich erfunden werdet, auf seinen Tag und Zukunft, Amen.

Bitte auch, E. E. wollen uns helfen dazu tun mit fleißigem Gebet und stetigem Aufsehen, daß wir allesampt im Glauben und stille im Frieden bleiben mögen. Dazu gebe Christus, unser Herr und Heiland, seinen Segen und Gnade, Amen. Wollet mir solch Schrift gnädiglich zugut halten und E. E. gedachten Johann Schmelz lassen befohlen sein, als der sich fürwahr redlich stellet und durch Gotts Gnade ein teurer Mann werden soll, zu Trost und Besserung vieler Leute, Amen. Gotts Gnade sei mit E. E. zum seligen Regiment, Amen. Zu Wittenberg, Sonnabends nach St. Pauli Bekehrung 1529.

Martinus Luther.

An Wenzeslaus Link

[Wittenberg] 6. Mai 1529

Gnade und Friede in Christo! Die Uhr, die Du mir geschenkt hast, lieber Wenzeslaus, ist angekommen. Sie steht still, da sie von der Reise vielleicht ermüdet ist oder sich an den neuen Besitzer noch nicht gewöhnt hat. Sie wird mit der Zeit wieder in Gang kommen. Ich danke Dir. Nichts habe ich Armer, was ich Dir schenken könnte, denn die Bücher, die wir kürzlich drucken ließen, sind, wie ich glaube, schon längst zu Euch gelangt. Sie sind auch solcher Art, daß sie sich als Geschenk nicht eignen dürften. Denn es sind alte Sachen, die in anderer Form neu gedruckt wurden.

Der Herr hat meine Familie durch das Töchterchen Magdalena vergrößert. Die Mutter ist gesund und glücklich, entbunden zu haben.

Der Reichstag ist wieder zu Ende, aber fast ohne Ergebnis, außer daß die Christusgeißler und Seelentyrannen ihre Wut nicht auslassen konnten. Das vom Herrn erlangt zu haben, ist für uns genug. Denn vom Konzil wird gesprochen, wir erhoffen nichts.

Bei mir ist ein Mann, der aus Venedig kommt und versichert, der Sohn des Dogen von Venedig sei am türkischen Hof. So kämpfen wir bis heute gegen die Türken, während der Papst, Venedig und Frankreich heimlich und schamlos Türken geworden sind. Schließlich erzählt er, daß im letzten französischen Heer für den Papst 800 Türken waren, von denen 300, gesund und dieses Krieges überdrüssig, nach Hause zurückgekehrt sind. Weil Du nicht davon schreibst, nehme ich an, daß diese ungeheuren Dinge Dir unbekannt sind. Mir wurden sie von Beteiligten geschrieben und berichtet, so daß ich sie für wahr halte. Jene Mitte der Nacht steht bevor, in der ein Geschrei gehört werden wird: Der Bräutigam kommt, gehet ihm entgegen. Bete für mich! Lebe wohl mit Deiner Frau und grüße alle, die uns vertraut sind. 6. Mai 1529.

D[ein] Martin Luther.

An Kurfürst Johann von Sachsen

Wittenberg, 22. Mai 1529

Dem durchleuchtigsten, hochgebornen Fürsten und Herrn, Herrn Johanns, Herzogen zu Sachsen und Kurfürsten, Landgrafen in Thüringen und Markgrafen zu Meißen, meinem gnädigsten Herrn.

Gnad und Friede in Christo! Durchleuchtigster, hochgeborner Fürst, gnädigster Herr! Es hat mir M. Philipps aus dem Reichstage unter andern diese

Zeitung bracht, wie ein neu Bündnis furhanden sein solle, sonderlich m. g. Herrn Landgrafen zu Hessen mit etlichen Städten; welchs mich nicht ein wenig bewegt, nachdem ich fur dem Jahr verbrannt gewest, da uns Gott durch wunderliche Gnade aus dem fährlichen Bündnis erlöset. Und wiewohl ich verhoffe, Gott werde uns förder behüten und E. K. F. G. seinen Geist und Rat geben, sich hinfort fur solchem und dergleichen Bündnis zu bewahren, hab ichs doch aus übriger Sorge und Zwang meines Gewissens nicht mugen lassen, E. K. F. G. davon zu schreiben, als der ich weiß und erfahren habe, daß man dem Teufel und seinen Lüsten nicht kann gnugsam und zu fleißig furkommen. Christus, unser Herr, wirds geben durch unser Gebet, daß, ob der Landgraf gleich ja fortführe (dafur Gott auch gnädiglich sein wollte) mit seinem Bundmachen, daß doch E. K. F. G. sich nicht mit dareinflechten und binden lassen; denn was Unrats draus folgen will, können wir nicht alles denken.

Erstlich ist das gewiß, daß solch Bündnis nicht aus Gott noch aus Trauen zu Gott geschicht, sondern aus menschlicher Witze, und menschliche Hülfe alleine zu suchen, drauf zu trotzen, welchs keinen guten Grund hat und dazu kein gute Frucht bringen mag, angesehen, daß solch Bündnis unnötig ist, denn der Papisten Haufen nicht soviel vermag, noch soviel Herzens hat, daß sie sollten etwas anfahen, und hat Gott allbereit uns gegen sie mit guter Mauren seiner Macht verwahret. So schafft auch solch Bündnis nicht mehr, denn daß der Widerteil verursacht wird, auch Bündnis zu machen, und vielleicht, als zur Wehre und Schutz, daneben denn tun möchten, das sie sonst wohl ließen. Zudem ist das zu besorgen, und vielleicht allzu gewiß, daß der Landgraf, wo er solch Bündnis gestift, nachdem es ein unrugig junger Fürst ist, möcht nicht stillehalten, sondern, wie fur dem Jahr geschah, etwa eine Ursachen finden, nicht allein zu schützen, sondern anzugreifen; und ist ja nicht göttlich, daß wir uns so stellen, so doch uns noch niemand jagt noch sucht.

Aufs ander, so ist das allerärgste, daß wir in solchem Bündnis die müssen haben, so wider Gott und das Sakrament streben als die mutwilligen Feinde Gottes und seines Worts, dadurch wir müssen alle ihre Untugend und Lästerung auf uns laden, teilhaftig machen und verfechten, daß fürwahr kein fährlicher Bund möcht furgenommen werden, das Evangelium zu schänden und zu dämpfen, dazu uns mit Leib und Seel verdammen; das sucht der Teufel leider.

Wills nicht anders sein, so helfe Gott, daß E. K. F. G. den Landgrafen lasse und sei abgesondert, wie ich höre, daß mein g. Herr Markgraf George gesagt und tut. Unser Herr Christus, der bisher E.K.F.G. ohne den Landgrafen, ja wider den Landgrafen, wunderlich geholfen hat, wird wohl weiter helfen und raten.

Zum dritten, so hat Gott im Alten Testament allezeit solch Bündnis menschlicher Hülfe verdampt, als Jesaja 7, 8, 30, und spricht: Wenn ihr stille bleibt und trauet, so soll euch geholfen werden; denn wir sollen Kinder des Glaubens sein zu Gott in rechter Zuversicht. Sollen wir aber Bündnis haben, die wird er uns ohn unser Suchen und Sorgen zuschicken, wie er verheißt Matth. 6 [,25.33]: Sorget nicht, solchs alles soll euch zukommen, wenn ihr zuerst Gottes Reich suchet; und St. Petrus spricht: Werft alle euer Anliegen auf ihn, denn er sorget für euch; und Jesaja [51, 52]: Wer bist du, daß du dich fürchtest fur sterblichen Menschen? Dem Landgrafen, so einmal so schwerlich gefeilet, will nicht so zu trauen sein, sonderlich, weil desselbigen bisher keine Änderung noch einige Reu oder Leid dafur gespürt ist.

Solchs habe ich untertäniglich E.K.F.G. wollen zuschreiben, der Hoffnung, Christus habe solchs allbereit besser und mehr in E.K.F.G. Herz gegeben. Wir bitten und wollen bitten, wollen auch erhöret sein, daß Gott, der Vater aller Gnaden, uns rat, E.K.F.G. behüte fur alle listige Anläufe und Gesuche des Teufels, Amen. E.K.F.G. halte mir solchs mein Schreiben gnädiglich zugut. Wittenberg, 22. Mai 1529.

E.K.F.G. untertäniger Martinus Luther.

An Landgraf Philipp von Hessen

Wittenberg, 23. Juni 1529

Dem durchleuchtigen, hochgebornen Fürsten und Herrn, Herrn Philipps, Landgrafen zu Hessen, Grafen zu Katzenelnbogen, Nidda und Ziegenhain, meinem gnädig[en] Herrn.

Gnad und Friede in Christo! Durchleuchtiger, hochgeborner Furst, gnädiger Herr! Ich hab E.F.G. Schrift und Begehren, ohn Zweifel aus christlicher gnädiger Meinung an mich getan, gerne und mit hohem Fleiß empfangen, sampt der Schrift m. gnädigsten Herrn, Herzog Johanns, Kurfursten etc., darin S.K.F.G. auch mit großem Fleiß anhält E.F.G., zugut der Sachen gute Antwort zu geben, ob Gott geben wollt seine Gnade, daß solch Zwiespalt unter uns des Sakraments mocht weggetan werden, dazü mir E.F.G. stimmet, S. Michelstag zu Marburg einzukommen, mit dem Gegenteil gutlicher heimlicher Weise zu unterreden.

Furwar, ich gläub gänzlich, daß E. F. G. ganzer Ernst und herzlich wohl gemeinet sei. Darumb ich auch willig und geneigt bin, solchem Eurer F. G. christlichem Furnehmen einen verlornen (als ich sorge), vielleicht auch uns fährlichen Dienst zu leisten. Denn ich freilich auch Lust und Lieb zu Frieden habe, des sich andere so hoch ruhmen mit dem Maul und Federn, aber mit der Tat also stellen, daß kleine Hoffnung dableibt.

Ich will aber E. F. G. ebensomehr bei Zeit dürre heraussagen, was ich denke. Mich siehet die Sache an, als suchte der Gegenteil durch solch E. F. G. Fleiß ein Stücklin, daraus nichts Guts folgen will, nämlich, daß sie hernach sich ruhmen mügen, wie es kein Fehl an ihn gewest sei, hätten solchen großen Fursten bewegt etc., und werden uns also durch E. F. G. Namen mit Unglimpf beschweren, als hätten wir nicht Lust zu Friede und Wahrheit, sich aufs feinest zu schmucken.

Ich kenne den Teufel wohl, Gott gebe, daß ich kein Prophet sei. Ich bin nu bisher ins zwolfte Jahr mit solchen Stucken und Tucken wohl gewitzigt und oft gar sehr gebrannt.

Denn wo das nicht ein falscher Tuck, sondern rechter Ernst bei ihn wäre, durften sie solche prächtige Weise, als durch große mächtige Fursten (die wohl anders zu tun), nicht fürnehmen noch fürwenden. Es täte wohl ein kleiner Holzlin. Sintemal wir nicht so hochs Standes, auch nicht so wild und wust, sie hätten ihren großen Ernst zu Friede und Einigkeit (wie sie ruhmen) uns durch Schrift wohl längest mugen anzeigen und begehren.

Demnach, wo es E. F. G. zu tun sein wollt, sehe ich gar gerne, daß, weil E. F. G. doch ja sich in die Sache schlahen will, bei jenem Teil erforschet, ob sie geneig wären, von ihrer Meinung zu weichen, damit zuletzt nicht ubel Arger werde.

Denn E. F. G. kann das leichtlich bedenken, daß alle Unterrede verloren und Zusammenkommen umbsonst ist, so beiderteil mit Fursatz kompt, nichts zu vergeben, wie ich denn bisher nicht anders erfunden, denn daß sie auf ihrem Sinn bestehen wollen, nachdem sie unsern Grund wohl gesehen. So weiß ich ja wohl, daß ich nicht weichen kann, als gewiß, daß sie irren, nachdem ich ihren Grund auch gesehen. Sollten wir denn uneins scheiden voneinander, so wäre nicht allein E. F. G. Kost und Mühe, dazu unser Zeit und Erbeit verloren, sondern sie würden auch ihr Ruhmen nicht lassen, wie sie bisher gewohnt und getan, und damit uns zwingen, uns aufs neu zu verantworten. So wäre es denn besser, man hätts lassen stehen und gehen, wie es itzt stehet und gehet. Denn kurz, ich kann mich nichts Guts zu dem Teufel versehen. Er stelle sich, wie hübsch er immer wolle.

Daß aber E. F. G. sorget, es mocht aus solcher Uneinigkeit Blutvergießen folgen, so weiß auch widerumb E. F. G., daß, was des folgen wurde (da Gott fur sei), wir des alles unschuldig sein werden. So ists nicht neu, daß die Rottengeister Blutvergießen anrichten. Sie haben bei Franz von Sickingen zuvor und durch Karlstadt und Müntzer auch beweiset, da wir dennoch von Gottes Gnaden ganz unschuldig erfunden sind. Christus aber unser Herr zutrete den Satan unter seine und unser aller Fuße, Amen. XXIII. Junii 1529.

E. F. G. williger Martinus Luther.

An Kurfürst Johann von Sachsen

[Wittenberg] 17. August 1529

Dem durchleuchtigsten, hochgebornen Fürsten und Herrn, Herrn Johanns, Herzog zu Sachsen und Kurfursten, Landgrafen in Thüringen und Markgrafen zu Meißen, meinem gnädigsten Herrn.

Gnad und Friede in Christo! Durchleuchtigster, hochgeborner Furst, gnädigster Herr! Ich hab lange verzogen, E. K. F. G. zu danken für die Geschenke und geschenkte Kleider und Gewand. Aber ich will E. K. F. G. untertäniglich bitten, E. K. F. G. wolle nicht glauben denen, so da mich dargeben, als hab ich Mangel. Ich hab leider mehr, sonderlich von E. K. F. G., denn ich im Gewissen vertragen kann. Mir gebuhrt auch als eim Prediger, nicht Uberfluß zu haben, begehre es auch nicht. Darumb ich auch E. K. F. G. allzu milde und gnädige Gunst also spure, daß ich mich gleich furchte, denn ich ja nicht gerne hie in diesem Leben wollte mit denen erfunden werden, zu welchen Christus spricht: Wehe euch Reichen, ihr habt eurn Lohn dahin! Zudem, auch weltlich zu reden, wollt ich auch nicht gerne E. K. F. G. beschwerlich sein, als der ich weiß, daß E. K. F. G. des Gebens so viel hat, daß Sie freilich zu solchem Stande nicht ubrigs haben mag, denn zuviel zerreißt den Sack. Demnach, wie wohl es zuviel wäre gewest an dem leberfarben Tuch, auf daß ich aber E. K. F. G. dankbar sei, will ich auch E. K. F. G. zu Ehren den schwarzen Rock tragen, wiewohl er mir doch ja zu köstlich ist, und wo es nicht E. K. F. G. Geschenke wäre, ich nimmermehr solchen Rock tragen künnt. Bitte derhalben, E. K. F. G. wollten harren, bis ich selber klage und bitte, auf daß ich durch solich Zuvorkommen E. K. F. G. nicht scheu werde, fur andere zu bitten, die viel wirdiger sind solcher Gnaden denn ich. E. K. F. G. tut mir ohn das zuviel, Christus wird und soll es gnädiglich und reichlich erstatten, das bitte ich von Herzen. Amen. XVII. Augusti 1529.

E. K. F. G. untertäniger Martinus Luther.

An Katharina Luther

[Marburg] 4. Oktober 1529

Meinem freundlichen lieben Herrn, Katharina Lutherin, Doctorin, Predigerin zu Wittenberg.

Gnad und Friede in Christo! Lieber Herr Käth! Wisset, daß unser freundlich Gespräch zu Marburg ein Ende hat, und seind fast in allen Stücken eins, ohne daß die Widerteil wollten eitel Brot im Abendmahl behalten und Christum geistlich darinnen gegenwärtig bekennen. Heute handelt der Landgraf, ob wir könnten eins werden, oder doch gleichwohl, so wir uneins blieben, dennoch Brüder und Christus' Glieder untereinander uns halten. Da arbeit der Landgraf heftig. Aber wir wollen des Brüdern und Glieders nicht, friedlich und Guts wollen wir wohl. Ich achte, morgen oder übermorgen wollen wir aufbrechen und zu E. Gn. Herrn gen Schl[eiz] in Vogtland ziehen, dahin uns S. K. F. G. berufen hat.

Sage dem Herrn Pommer, daß die besten Argument seind gewesen des Zwinglii, daß corpus non potest esse sine loco, ergo Christi corpus non est in pane, des Oecolampadii: dies Sacramentum est signum corporis Christi. Ich achte, Gott habe sie verblendet, daß sie nichts haben müssen fürbringen. Ich habe viel zu tun, und der Bot eilet. Sage allen gute Nacht und bittet für uns! Wir seind noch alle frisch und gesund und leben wie die Fürsten. Küßt mir Lensgen und Hänsgen! Am Tage Francisci, 1529. E. williger Diener Martinus Luther.

Johann Brenz, Andreas Osiander, Doctor Stephan von Augsburg seind auch hier kommen.

Sie seind hier toll worden mit Schweißschrecken, gestern haben sich bei funfzig geleget, deren seind eins oder zwei gestorben.

An Johann Agricola

Jena, 12. Oktober 1529

Dem ehrwürdigen Bruder im Herrn, Johann Agricola, dem Diener Christi.

Gnade und Friede in Christo! Auf dem Rückweg von unserer Marburger Zusammenkunft wollen wir Dir, mein lieber Agricola, hier aus der Nachbarschaft mit wenigen Worten den Ausgang mitteilen. Vom hessischen Landgrafen wurden wir glanzvoll empfangen und großzügig bewirtet. Anwesend waren Oekolampad, Zwingli, Bucer, Hedio mit drei hohen Ratsherren: Jakob Sturm aus Straßburg, Ulrich Funk aus Zürich und N. N. aus Basel. Überaus demütig baten sie um Frieden. Zwei Tage haben wir verhandelt. Beiden, Oekolampad und Zwingli, habe ich geantwortet und ihnen diese Stelle entgegengehalten: Das ist mein Leib. Alle Entgegnungen habe ich widerlegt. Am Tage zuvor sprachen wir vertraulich und zuvorkommend miteinander: ich mit Oekolampad, Philipp mit Zwingli. Inzwischen trafen auch Andreas Osiander, Johann Brenz und Stephan [Agricola] aus Augsburg ein. Überhaupt sind die Männer beim Disputieren töricht und unerfahren. Wenn sie auch fühlten, daß ihre Folgerungen nichts bewiesen, wollten sie dennoch in diesem einen Stück, der Gegenwart des Leibes Christi, nicht weichen, und das (wie wir glauben) mehr aus Furcht und Scham als aus Übelwollen. In allem anderen haben sie nachgegeben, wie Du aus dem gedruckten Zettel entnehmen wirst. Am Ende baten sie, daß wir sie wenigstens als Brüder anerkennen sollten. Der Landgraf drängte sehr darauf. Aber ich konnte es ihnen nicht zugestehen. Jedoch haben wir die Hand zum Frieden und zur Liebe gereicht, auf daß die heftigen Schriften und Worte inzwischen ruhen mögen. Jeder sollte seine Meinung vertreten, ohne Schelten, aber nicht ohne Verteidigung und Widerlegung. So sind wir geschieden. Dieses teile D. Kaspar Aquila, unserem teuren Bruder, mit. Betet für uns! Die Gnade Christi sei mit Euch! Amen. Zu Jena, XII. Oktober 1529. D[ein] Martin Luther.

An Kurfürst Johann von Sachsen

[Wittenberg] 18. November 1529

Dem durchleuchtigsten, hochgebornen Fürsten und Herrn, Herrn Johanns, Herzogen zu Sachsen und Kurfürsten etc., Landgrafen in Thüringen und Markgrafen zu Meißen, meinem gnädigsten Herrn.

Gnade und Friede in Christo! Durchleuchtigster, hochgeborner Fürst, gnädigster Herr! Es hat der achtbar, hochgelahrt Herr, Gregor Brück, Doctor etc., uns vieren von E.K.F.G. eine Kredenz bracht, darauf wir von ihm E.K.F.G. Meinung vernommen und unser bestes Bedenken, schriftlich angezeigt, E.K.F.G. zu uberantworten, und ich bitte, E.K.F.G. wollten solchs gnädiger Meinung von uns vernehmen. Denn wir in unserm Gewissen solch Verbündnis nicht mügen billigen noch raten, angesehen, wo es fortginge und etwa ein Blutvergießen oder sonst ein Unglück draus erfolgete, daß, ob wir alsdenn gern heraus wollten sein, nicht könnten kommen, und alles solchs Unfalls ein unleidliche Beschwerung tragen müßten, daß wir lieber möchten zehenmal tot sein, denn solchs Gewissen haben, daß unser Evangelium sollte ein Ursache gewesen sein einiges Bluts oder Schadens, so von unserwegen geschehe; weil wir sollen die sein, die da leiden und, wie der Prophet sagt Ps. 44 [,23], wie die Schlachtschafe gerechent sein und nicht uns selbs rächen oder verteidingen, sondern dem Zorn Gottes Raum lassen, Röm. 12 [,19].

Daß aber E.K.F.G. darüber muß in Fahr sitzen, schadet nicht. Unser Herr Christus ist mächtig gnug, kann wohl Mittel und Wege finden, daß E.K.F.G. solche Fahr nichts tun wird; er kann die Gedanken der gottlosen Fürsten wohl zunicht machen, Ps. 33 [,10]. Denn wirs auch dafur achten, daß solch des Kaisers Furnehmen ein lauter Drauen des Teufels sei, das ohn Kraft sein wird und endlich dem Widerteil zum Verderben gedeihen wird, wie der 7. Psalm singet: Sein Unglück wird auf seinen Kopf kommen und sein Frevel uber ihn ausgehen; ohn daß uns Christus dadurch (wie billig und not ist) versucht, ob wir auch mit Ernst sein Wort meinen oder fur gewisse Wahrheit halten oder nicht. Denn so wir wollen Christen sein und dort das ewige Leben haben, werden wirs nicht besser konnen haben, denn es unser Herr selbs mit allen seinen Heiligen gehabt hat und noch hat. Es muß je Christus' Kreuz getragen sein; die Welt wills nicht tragen, sondern auflegen; so müssens freilich wir Christen tragen, auf daß es nicht ledig daliege oder nichts sei. E.K.F.G. haben bisher redlich dran getragen, beide, wider die Aufruhr und auch wider große Anfechtung, Neid, Haß und viel böser Tücke von Freunden und Feinden. Noch hat Gott gnädiglich immerdar ausgeholfen und E.K.F.G. festen Mut gegeben und ohn Trost beide, leiblich und geistlich, nicht gelassen, sondern wunderbarlich alle böse Tücke und Strick des Teufels aufgedeckt, zurissen und zuschanden gemacht. Er wirds auch förder nicht böse machen, so wir gläuben und bitten. Wir wissen je gewiß, habens auch in öffentlicher Hülfe Gottes erfahren bisher, daß unser Sache nicht unser, sondern Gottes selber ist. Das ist ja unser Trotz und Trost, darumb er sich auch als ein treuer Vater solcher seiner Sachen also angenommen und verteidingt, daß wir müssen bekennen, es sei uber unser Kunst und Macht gewest, und hättens also nicht mügen mit unser Vernunft regieren, verteidingen oder ausführen.

Derhalben bitte und vermahne ich untertäniglich, E.K.F.G. seien getrost und unerschrocken in solcher Fahr; wir wollen, ob Gott will, mit Beten und Flehen gegen Gott mehr ausrichten, denn sie mit all ihrem Trotzen, allein daß wir unser Hände rein vom Blut und Frevel behalten. Und wo es dazu käme (als ich nicht meine), daß der Kaiser fortdrünge und mich oder die andern foderte, so wollen wir fur uns selbs mit Gottes Hülfe erscheinen, E.K.F.G. unserhalb in keine Fahr setzen, wie ich vormals auch oft E.K.F.G. Bruder gottseliger, meinem gnädigsten Herrn, Herzog Friederichen, angezeigt.

Denn E.K.F.G. soll weder meinen noch eins andern Glauben verteidingen, kanns auch nicht tun, sondern ein jeglicher soll selbst seinen Glauben verteidigen und nicht auf eins andern, sondern auf sein eigen Fahr gläuben oder nicht gläuben, wenns so fern kompt, daß unser Oberherr, als der Kaiser, an uns will. Indes verläuft viel Wassers, und wird Gott wohl Rat finden, daß nicht so gehen wird, wie sie gedenken. Christus, unser Herr und Trost, stärke E.K.F.G. reichlich, Amen. XVIII. Novembris 1529.

E.K.F.G. untertäniger Martinus Luther.

An Hans Luther

Wittenberg, 15. Februar 1530

Meinem lieben Vatern, Hans Luther, Burger zu Mansfeld im Tal, Gnad und Fried in Christo Jesu, unserm Herrn und Heiland, Amen.

Lieber Vater! Es hat mir Jakob, mein Bruder, geschrieben, wie daß ihr fährlich krank sein sollt. Weil denn itzt böse Luft und sonst allenthalben Fahr ist, auch der Zeit halben, bin ich beweget, für Euch zu sorgen. Denn wiewohl Euch Gott bis hieher einen festen, harten Leib gegeben und erhalten, machet mir doch Euer Alter zu diesen Zeiten sorgliche Gedanken, wiewohl wir alle ohn das kein Stund unsers Lebens sicher sind noch sein sollen, derhalben ich aus der Maßen gern wär selbs zu Euch kommen leiblich; so haben mirs doch meine guten Freund widerraten und ausgeredt, und ich auch selbs denken muß, daß ich nicht auf Gottes Versuchen in die Fahr mich wagte; denn Ihr wisset, wie mir Herrn und Baurn gunstig sind. Aber große Freud sollt mirs sein, wo es müglich wär, daß Ihr Euch ließet sampt der Mutter hieherführen zu uns, welchs mein Käth mit Tränen auch begehrt und wir alle. Ich hoffet, wir wollten Euer aufs best warten. Darauf hab ich Cyriakus zu Euch abgefertiget, zu besehen, ob es Euer Schwachheit halben müglich wär. Denn es geriet mit Euch nach göttlichem Willen zu diesem oder jenem Leben, so wollt ich ja herzlich gern (wie auch wohl billig) leiblich umb Euch sein und nach dem vierten Gebot mit kindlicher Treu und Dienst mich gegen Gott und Euch dankbar erzeigen.

Indes bitt ich den Vater, der Euch mir zum Vater geschaffen und gegeben hat, von Herzengrund, daß er Euch nach seiner grundlosen Güte woll stärken und mit seinem Geist erleuchten und bewahren, damit Ihr erkennet mit Freuden und Danksagung die selige Lehr von seinem Sohn, unserm Herrn Jesu Christo, zu welcher Ihr auch itzt durch sein Gnad berufen und kummen seid aus dem greulichen vorigen Finsternis und Irrtumen, und hoffe, daß seine Gnade, so solch Erkenntnis Euch gegeben und sein Werk damit in Euch angefangen hat, werde es bis zu End in jenes Leben und auf die fröhlich Zukunft unsers Herrn Jesu Christi bewahren und vollbringen, Amen.

Denn er hat solche Lehre und Glauben auch schon in Euch versiegelt und mit Merkzeichen bestätigt, nämlich daß Ihr umb meines Namens willen viel Lästerung, Schmach, Hohn, Spott, Verachtung, Haß, Feindschaft und Fahr darzu erlitten habt, sampt uns allen. Das sind aber die rechten Malzeichen, darin wir unserm Herrn Christo gleich und ähnlich müssen sein, wie Sankt Paulus sagt, auf daß wir auch seiner zukünftigen Herrlichkeit gleich werden.

So laßt nu in Euer Schwachheit das Herz frisch und getrost sein; denn wir haben dort in jenem Leben bei Gott einen gewissen treuen Helfer, Jesum Christum, welcher für uns den Tod sampt den Sünden erwürget hat und itzt da für uns sitzet und sampt allen Engeln auf uns siehet und unser wartet, wenn wir ausfahren sollen, daß wir nicht sorgen noch fürchten dürfen, daß wir versinken oder zu Grund fallen werden. Er hat zu große Gewalt uber den Tod und Sünde, daß sie uns nichts tun können; so ist er so herzlich treu und frumb, daß er uns nicht lassen kann noch will; allein, daß wirs ohn Zweifel begehren.

Denn er hats geredt, verheißen und zugesagt, er wird und kann uns nicht liegen noch triegen, das hat keinen Zweifel. Bittet (spricht er), so sollt ihrs kriegen, suchet, so sollt ihrs finden, klopfet an, so wird euch aufgetan werden. Und anderswo: Alle, die den Namen des Herrn anrufen, sollen selig werden. Und der ganz Psalter voll solcher tröstlicher Verheißung ist, sonderlich der 91. Psalm, welcher allen Kranken sonderlich gut zu lesen ist.

Solchs will ich mit Euch schriftlich geredet haben, als in Sorgen Euer Krankheit halben (dieweil wir das Stündlin nicht wissen), damit ich teilhaftig werde Euers Glaubens, Kampfs, Trosts und Dank gegen Gott für sein heiliges Wort, das er uns so reichlich, kräftig und gnadenreich zu dieser Zeit gegeben hat.

Ists aber sein göttlicher Will, daß Ihr sollt, jenes bessern Lebens noch länger verzogen, mit uns fürder in diesem betrübten und unseligen Jammertal mit leiden und Unglück sehen und hören oder auch sampt allen Christen helfen tragen und uberwinden, so wird er auch Gnad geben, solchs alles williglich und gehorsamlich anzunehmen. Es ist doch ja dies verflucht Leben nichts anders denn ein rechtes Jammertal, darin man je länger je mehr Sünde, Bosheit, Plage und Unglück siehet und erfähret, und ist des alles kein Aufhören noch Abnehmen da, bis man uns mit der Schaufel nachschlägt; da muß es doch aufhören und uns zufrieden in der Ruge Christi schlafen lassen, bis er kömpt und wecke uns mit Fröhlichsein wieder auf, Amen.

Hiemit befehle ich Euch dem, der Euch lieber hat denn Ihr Euch selbs und solche Liebe beweiset hat, daß er Euer Sünd auf sich genommen und mit seinem Blut bezahlt und solchs Euch durchs Evangelium wissen lassen und durch seinen Geist solchs zu glauben geschenkt und also alles aufs gewissest bereitet und versiegelt hat, daß Ihr nichts mehr dörfet weder sorgen noch Euch fürchten, denn daß Ihr mit Eurem Herzen fest und getrost bleibet an seinem Wort und Glauben. Wo das geschicht, so lasset ihn sorgen, er wirds wohl machen, ja, er hats alsdenn schon aufs Allerbest gemacht, mehr denn wir begreifen mügen. Derselbig unser lieber Herr und Heiland sei mit und bei Euch, auf daß (Gott gebe, es gescheh hie oder dort) wir uns fröhlich wiederumb sehen mügen. Denn unser Glaube ist gewiß, und wir zweifeln nicht, daß wir uns bei Christo wiederumb sehen werden in kurzem, sintemal der Abschied von diesem Leben für Gott viel geringer ist, denn ob ich von Mansfeld hieher von Euch oder Ihr von Wittenberg gen Mansfeld von mir zöget. Das ist gewißlich wahr, es ist umb ein Stündlin Schlafs zu tun, so wirds anders werden.

Wiewohl ich nu hoff, daß Euer Pfarrherr und Prediger Euch in solchen Sachen ihren treuen Dienst reichlich werden erzeigen, daß Ihr meines Geschwätzes nicht fast bedürft, hab ich doch nicht lassen mügen, mein leiblich Abwesen, das mir (Gott weiß) von Herzen wehe tut, zu entschuldigen.

Es grüßen Euch und bitten auch treulich für Euch meine Käthe, Hänsichen, Lenichen, Muhme Lene und das ganze Haus. Grüßet meine liebe Mutter und die ganze Freundschaft. Gottes Gnade und Kraft sei und bleibe bei Euch ewiglich, Amen.

Zu Wittenberg, am 15. Febr., Anno 1530.

Euer lieber Sohn Martinus Luther.

An Nikolaus Hausmann

Coburg, 18. April 1530

Dem trefflichen Mann, D. Nikolaus Hausmann, dem treuen Bischof der Kirche zu Zwickau, seinem Oberen im Herrn.

Gnade und Friede in Christo. Mit Martin Sangner haben wir gesprochen, soweit wir konnten, mein lieber Hausmann. Er wird es selbst berichten. Im übrigen wird er Cordatus und Dir erzählen, daß wir noch hier weilen und nicht wissen, wann wir weiter aufbrechen werden. Denn gestern kamen ein Brief und ein Bote an, die aussagten, daß der Kaiser bisher in Mantua verweilt und dort das Osterfest feiern werde. Außerdem heißt es, die Päpstlichen würden sich sehr bemühen, daß der Reichstag nicht vorangehe, in der Furcht, irgend etwas werde gegen sie beschlossen. Schließlich sei der Papst auf den Kaiser zornig, daß dieser sich in geistliche Sachen einmischen und die Parteien hören wollte. Hoffte der Papst doch, dieser werde nur sein Helfershelfer gegen die Ketzer sein und alles wiederherstellen. Denn sie wollen nämlich nichts ändern, nichts verlieren, weder beurteilt noch geprüft werden, sondern wollen, daß wir einfach verdammt und zugrunde gerichtet werden und er [der Papst] aber unversehrt restituiert wird. Und so werden sie untergehen. So gehen sie einem vollkommenen Untergang entgegen. So müssen die Gottlosen verblendet werden, bis sie untergehen. Einige glauben ja sogar, daß der Reichstag wieder rückgängig gemacht und aus ihm nichts wird. Mir hat der Fürst befohlen (sobald die anderen zum Reichstag abgereist sind), in Coburg zu bleiben; ich weiß nicht, warum. So ungewiß ist alles von Tag zu Tag.

Florenz ist weder erobert noch mit dem Papst ausgesöhnt, was den Papst nicht betrübt. Das Heer drinnen hat nämlich immer gerufen, sie stünden auch unter dem Befehl des Kaisers. Daher ist durch den Feldherrn von außen nichts mit Gewalt versucht worden. Nach Aufhebung der Belagerung sind sie befreit worden. Daraus werdet Ihr erkennen, wieviel unsere Gebete vermögen, wenn wir darin fortfahren.

Der Türke, so sagt man, habe versprochen oder vielmehr gedroht, er werde im nächsten Jahr mit aller Macht nach Deutschland zurückkehren und ferner zugleich auch die Tataren mit nicht geringen Kräften gegen uns heranführen. Aber es steht geschrieben: Der Herr zerstört die Pläne der Heiden. Das Wort und das Gebet werden dagegen kämpfen. Betet für mich und lebt in Christo recht wohl. Zu Coburg 1530, am Tag nach Ostern.

Martin Luther.

Dem nach Frankfurt geschickten Boten haben die Florentiner befohlen, dort für 1000 Dukaten meine Bücher zu kaufen und nach Florenz zu bringen. Zum Unwillen des Papstes werden sie dort das Evangelium erlauben. Das wurde mir aus Frankfurt als sicher geschrieben.

An Kurfürst Johann von Sachsen

[Coburg, 20.? April 1530]

Meinem allergnädigsten Herrn Johann, Herzog zu Sachsen und Kurfurst, S.K.F.G. zu Handen.

Gnad und Fried in Christo unserm Herrn! Durchleuchtigster, hochgeborner Furst, gnädigster Herr! Ich hab den Bericht durch den Herrn Doctor Brück, Kanzeler, untertäniglich vernommen, so mir E.K.F.G. mir [!] zu tun gnädiglich befohlen, von dem Häuserabbrechen zu Wittenberg etc. Und bin desselbigen Furhabens wahrlich hochlich erschrocken gewest, das weiß Gott. Hab auch nicht gläuben wollen, daß es E.K.F.G. dermaßen befohlen habe. Der barmherzige Gott behute auch forder E.K.F.G. fur solchem Geschrei, das Himmel und Erde fullen wurde. Gott hat bisher E.K.F.G. in großen Fährlichkeiten oft gnädiglich beschirmet, aber hiemit sollt wohl seine Gnade aufhoren zu schirmen, weil dieses Furhaben fast ein menschlich unnotiger Schirm sich ansehen läßt. Da ohn Not der Stadt schier das dritte Teil verderbet wird und, wie sie es E.K.F.G. furbilden, so viel Burger auf ein Eile sollen aus mit Weib, Kind, Hausrat und Viehe, Gnädigster Herr, wohin? Wittenberg kann wohl ohn solchen Schaden der Stadt und ohn Nachteil so viel guter Leut, dazu auch ohn E.K.F.G. große Kost und Beschwerung, so zu solcher Festung dargewagt sein will, wo es anders wohl gerett, dennoch feste gnug werden, den Nachbarn zu widerstehen. Dazu, weil es ohn der Bürger Willen geschicht, wurde es gewißlich ein Exempel werden, fast gleich dem Konige Ahab mit dem Naboth, wie E.K.F.G. als ein christlicher Furst von Gottes Gnaden selbst bedacht und mir anzuzeigen befohlen haben. Es haben uns hieher von Wittenberg auch mit Klagen und Jammern etliche solchs geschrieben. Aber wir habens nicht wollen gläuben.

Darumb, gnädigster Herr, hab ich jemals gebeten, so bitte ich itzt aufs hohest, E.K.F.G. wollten Ihre armen braven Untertanen gnädiglich hierin bedenken und das groß Geschrei und Klage des Volks zu Herzen nehmen, als das auch zum Ärgernis und Schmach unsers Evangelii reichen mocht, wiewohl ich hoffe, daß E.K.F.G. ohn das hierin mehr tun, denn wir begehren. Denn es ist leichtlich zu rechen, daß Land und Leute wider uns noch jemand anders so zu Herzen gehen als E.K.F.G., ihrem rechten naturlichen Landsherrn, des sie eigen sind, wiewohl der Satan ein Meister ist, solche Liebe und Gnade (wie auch alle andere Gottes Werk) zu hindern und anzufechten. Derhalben ich hie nicht viel Wort mehr machen will und solchs in E.K.F.G. gnädigs Bedenken stellen.

Christus, unser lieber Herr und Heiland, stärke und troste E.K.F.G., auf daß auch wir sampt allen Ihren Untertanen dadurch getrostet werden, und gebe E.K.F.G. auf das beruhrte Furhaben ein Herz, daß solcher Handel, die [!] zu Wittenberg der Häuser halben befohlen sein soll, forderlich aufgehaben und das arme Volk wiederumb getröstet werde, wie dann E.K.F.G. solchs mit gutem Glimpf ohn männiglichs Unglimpf wohl konnen tun lassen, sintemal E.K.F.G. Trost und Freude unser aller Trost und Freude wahrlich ist und billig sein soll.

E.K.F.G. untertäniger Martinus Luther.

An Philipp Melanchthon

Veste Coburg, 24. April 1530

Dem teuren Bruder, Magister Philipp, dem treuen und gelehrten Diener und Schüler Christi.

Gnade und Friede in dem Herrn Jesu. Wir sind endlich auf unserm Sinai angelangt, teurer Philipp, aus dem wir einen

Zion machen und dort drei Hütten bauen werden: eine dem Psalter, eine den Propheten und eine dem Äsop. Aber das erfordert Zeit. Der Ort ist fürwahr sehr anmutig und für Studien geeignet, nur daß Eure Abwesenheit ihn verdüstert. Ich werde mit so großen Leidenschaften des Geistes gegen den Türken und Mohammed bewegt, wenn ich jene unerträgliche Raserei des Satans betrachte, die gegen unsere Körper und Seelen so übermütig wütet. Ich werde daher beten und klagen und nicht ruhen, bis ich erkenne, daß mein Schreien im Himmel erhört worden ist. Dich quälen mehr heimische Ungeheuer unseres Reiches. Aber wir sind es, denen jene beiden neuen Reiche bestimmt sind, um ihr Wüten und ihr letztes Anstürmen zu erleben sowie zu ertragen. Aber dieser Angriff ist Zeuge und Vorbote ihres Untergangs und unserer Erlösung.

Ich bitte Christum, daß er Dir beständigen, sorgenfreien Schlaf schenkt, das heißt, daß er Dein Herz von den feurigen Pfeilen des Satans befreit und bewahrt, Amen. Das schreibe ich aus Muße, da ich meine Kisten mit Papier und den Sachen noch nicht erhalten habe. Bisher habe ich die beiden Befehlshaber noch nicht gesehen. Nichts fehlt, was zur Einsamkeit gehört. Jenes große Gebäude, das in der Burg hervorragt, ist mir ganz eingeräumt. Zu allen Räumen wurde mir der Schlüssel überantwortet. Man sagt, hier erhalten über 30 Mann ihr Brot, unter ihnen sind 12 Nachtwächter und 2 Türmer. Aber wozu das? Anderes habe ich allerdings nicht zu schreiben. Am Abend wird, wie ich hoffe, der Kastner oder der Schosser kommen. Dann werden wir vielleicht Neues erfahren. Die Gnade Gottes sei mit Dir, Amen.

Grüße Du mir Doctor Caspar und M. Spalatin, denn den Gruß für M. Agricola und Aquila werde ich Jonas auftragen. Aus dem Reich der Vögel, um drei Uhr, 1530.

Martin Luther.

An Kurfürst Johann von Sachsen

[Veste Coburg] 15. Mai 1530

Dem durchleuchtigsten, hochgebornen Fursten und Herrn, Herrn Johanns, Herzogen zu Sachsen und Kurfursten, Landgrafen in Thüringen und Markgrafen zu Meißen, meinem gnädigsten Herrn.

Gnad und Friede in Christo unserm Herrn! Durchleuchtigster, hochgeborner Furst, gnädigster Herr! Ich hab M. Philippsen Apologia uberlesen, die gefället mir fast wohl, und weiß nichts dran zu bessern noch ändern, wurde sich auch nicht schicken, denn ich so sanft und leise nicht treten kann, Christus, unser Herr, helfe, daß sie viel und große Frucht schaffe, wie wir hoffen und bitten, Amen.

Auf die Frage,

wo K. Mt. begehren wurde, daß E. K. F. G. sollten mit Predigen stillehalten lassen, ist noch wie vormals meine Meinung, daß der Kaiser ist unser Herr, die Stadt und alles ist sein, gleich wie man E. K. F. G. zu Torgau nicht sollt widerstreben, wo sie begehrten oder schafften als in ihrer Stadt, daß man dies oder das lassen sollte. Wohl mocht ich, wo es sein wollt, gern sehen, daß man mit guten fuglichen Worten und Weise K. Mt. Begehr und Furnehmen kunnte wenden mit Demut, daß S. K. Mt. nicht so unverhoret das Predigen verbote, sondern ließe doch zuvor jemand zuheren, wie man predigte. Es sollt ja K. Mt. nicht die lauter klare Schrift zu predigen verbieten, weil man doch sonst nicht aufruhrisch noch schwärmerisch predigt. Will das nicht helfen, so muß man lassen Gewalt fur Recht gehen. Wir haben das Unser getan und sind entschuldigt. Solchs habe ich E. K. F. G. auf diese Frage wissen untertäniglich zu antworten.

Der barmherzige Gott sei mit E. K. F. G. Gnaden [!] durch seinen Heiligen trostlichen Geist, Amen. Am Sonntag Kantate 1530.

E. K. F. G. untertäniger Martinus Luther.

An Kurfürst Johann von Sachsen

Veste Coburg, 20. Mai 1530

Dem durchleuchtigsten, hochgebornen Fürsten und Herrn, Herrn Johanns, Herzogen zu Sachsen, des Heiligen Römischen Reichs Kurfürsten etc., Landgrafen in Thüringen und Markgrafen zu Meißen, meinem gnädigsten Herrn.

Gnad und Fried in Christo, unserm Herrn und Heiland, Amen. Durchleuchtigster, hochgeborner Fürst, gnädigster Herr! Ich hab nu lang verzogen mit Antwort auf E. K. F. G. ersts Schreiben aus Augsburg, an mich gnädiglich getan, mit Anzeigung neuer Zeitung und Vermahnung, daß ich mir die Zeit an diesem Ort nicht soll lassen lang sein etc. Und ist fürwahr ohn Not, daß E. K. F. G. so gnädiglichen am mich denket und sorget; denn wir sollen an E. K. F. G. denken, sorgen und bitten, wie wir denn auch wahrlich und treulich tun. Die Zeit ist mir fürwahr nit lang, wir leben als die Herren, und sind mir diese Wochen daher also verlaufen, daß michs kaum drei Tage dunkt. Aber E. K. F. G. ist und muß jetzt sein an einem langweiligen Ort, da helf unser lieber Vater im Himmel, daß E. K. F. G. Herz fest und geduldig bleib in seiner Gnad, die er uns so reichlich erzeiget.

Denn aufs erst, so ist ja das gewiß, daß E. K. F. G. solche Muhe, Kost, Fahr und Langweil lauterlich umb Gottes willen tragen muß, sintemal alle wütige Fürsten und Feind kein ander Schuld zu E. K. F. G. haben denn das rein, zart, lebendig Wort Gottes; sonst müssen sie E. K. F. G. ja einen unschuldigen, stillen, frummen, treuen Fürsten bekennen.

Weil denn das gewiß ist, so ists ja ein groß Zeichen, daß Gott E. K. F. G. liebhat, als dem er sein heiligs Wort so reichlich günnet, und wirdig darzu macht, daß sie umb desselbigen willen solche Schmach und Feindschaft leiden müssen, welchs je ein trostlich Gewissen machet. Denn Gott zum Freund haben ist ja tröstlicher denn aller Welt Freundschaft haben. Dagegen sehen wir, wie Gott die wütigen und zornigen Fürsten nit wert acht, daß sie sein Wort kennen oder haben sollen. Ja, sie müssen verblendt und verstockt dasselbig lästern und verfolgen als die Rasigen und Unsinnigen, welchs schrecklich Zeichen seind seiner großen Ungnad und Zorns uber sie; des sollten sie wohl billig erschrecken und trostlos sein im Gewissen, wie es denn zuletzt auch ergehen muß.

Uber das so erzeigt sich der barmherzige Gott wohl noch gnädiger, daß er sein Wort so mächtig und fruchtbar in E. K. F. G. Lande macht. Denn freilich E. K. F. G. Lande die allerbesten und meisten guten Pfarrer und Prediger haben, als sonst kein Land in aller Welt, die so treulich und rein lehren und so schönen Fried helfen halten. Es wächset jetzt daher die zart Jugend von Knäblin und Maidlin, mit dem Catechismo und Schrift so wohl zugericht, daß mirs in meinem Herzen sanft tut, daß ich sehen mag, wie jetzt junge Knäblin und Maidlin mehr beten, gläuben und reden können von Gott, von Christo, denn vorhin und noch alle Stift, Klöster und Schulen gekönnt haben und noch können.

Es ist fürwahr sollichs jung Volk in E. K. F. G. Land ein schönes Paradies, desgleichen auch in der Welt nicht ist. Und solches alles bauet Gott in E.K.F.G. Schoß zum Wahrzeichen, daß er E.K.F.G. gnädig und gunstig ist. Als sollt er sagen: Wohlan, lieber Herzog Hans, da befehl ich dir meinen edelsten Schatz, mein lustigs Paradeis, du sollt Vater uber sie sein. Denn unter deinem Schutz und Regiment will ich sie haben und dir die Ehre tun, daß du mein Gartner und Pfleger sollt sein. Sollichs ist je gewißlich wahr. Denn Gott der Herr, der E.K.F.G. zu dieses Lands Vater und Helfer gesetzt hat, der nähret sie alle durch E.K.F.G. Ampt und Dienst und müssen alle E.K.F.G. Brot essen. Das ist doch nit anders denn als wär Gott selbs E.K.F.G. täglicher Gast und Mündlin, weil sein Wort und seine Kinder, so sein Wort haben, E.K.F.G. tägliche Gäst und Mündlin seind.

Dargegen sehe man auch an, was bei andern Fursten ihr Wüten Schaden tut an der lieben Jugend, daß sie aus dem Paradies Gottes sündliche, faule, zurissen Pfützen dem Teufel machen und verderben alles, haben auch eitel Teufel täglich zu Tisch und zu Gästen; denn sie sind der Ehren bei Gott nit wert, daß sie seinem Wort von allem ihrem Gut einen kalten Trunk Wassers geben. Ja, sie müssen darzu dem durstigen Christo am Kreuz noch Essig, Myrrhen und Gallen geben. Wiewohl dennocht viel frummer Leut heimlich unter ihn sind, die E.K.F.G. Paradies und gelobt Land sehnlich begehren und helfen dafür herzlich bitten.

Weil denn Gott so reichlich in E.K.F.G. Land wohnet, daß er sein Wort so gnädiglich walten lässet, daß dadurch E.K.F.G. Ampt, Güter und Hab, alles in einem seligen Brauch und Dienst gehn und eigentlich alles eitel täglich Almosen und Opfer sind, dem heiligen Wort Gottes zu Ehren darreicht ohn Unterlaß, darzu E.K.F.G. mit einem friedsamen Herzen begabet, das nit blutdurstig noch mordisch ist, wie jenes Teil ist und sein muß, so hat furwahr E.K.F.G. groß Ursach, sich in Gott zu freuen und an solchen großen Zeichen seiner Gnaden sich zu trösten. Dann es ja ein herrliche große Ehr ist, daß Gott E.K.F.G. darzu erwählet, geweihet und wirdig gemacht hat, daß Leib und Gut, Land und Leut, und alles, was E.K.F.G. hat, in solchem schönen Gottesdienst steht und geht, daß sein göttlich Wort nicht allein unverfolgt, sondern gleich ernähret und erhalten wird. Schadet auch nit, daß etlich unter uns nicht wohl dran sind; dennocht gehet E.K.F.G. Dienst und Schutz im Werk, das Wort zu erhalten.

Zuletzt haben nu E.K.F.G. auch zuvor das treu herzlich Gebet bei allen Christen, sonderlich in E.K.F.G. Landen, und wir wissen, daß unser Gebet recht ist und die Sach gut; darumb wir auch gewiß sind, daß es angenehm und erhöret wird. O das jung Volk wirds tun, das mit seinen unschuldigen Zunglin so herzlich gen Himmel ruft und schreiet und E. K. F. G. als ihren lieben Vater so treulich dem barmherzigen Gott befiehlet. Dargegen wissen wir ja, daß jenes Teil bös Sachen hat, künnen auch nit beten, sondern gehen mit klugen Anschlägen umb, setzens alles auf ihr Witz und Macht, wie man für Augen sicht; da steht es denn auf dem rechten Sand.

Diese mein Schrift wolle E. K. F. G. gnädiglich von mir annehmen; Gott weiß, daß ich die Wahrheit sage und nicht heuchle; denn mir ist leid, daß der Satan E. K. F. G. Herz möchte bekümmern und betrüben. Ich kenn ihn zum Teil wohl, weiß wohl, wie er mir pflegt mitzuspielen; er ist ein trauriger, saurer Geist, der nicht leiden kann, daß ein Herz fröhlich sei oder Ruhe hab, sonderlich in Gott; wieviel weniger wird ers leiden können, daß E. K. F. G. gutes Muts sei, als der wohl weiß, wieviel an E. K. F. G. Herz uns allen gelegen; und nicht uns allein, sondern fast der ganzen Welt, ich wollt schier sagen, auch dem Himmel selb, weil freilich ein großes Teil des Himmelreichs Christi in E. K. F. G. Land ist durch das heilsam Wort erbauet ohn Unterlaß; das weiß er und siehet seinen Unwillen dran. Darumb seien wir alle schuldig, E. K. F. G. treulich beizustehen mit Beten, Trösten, Lieben und wormit wir immer können; denn wo E. K. F. G. fröhlich ist, so leben wir; wo sie aber betrübt ist, da seind wir krank.

Aber unser lieber Herre und treuer Heiland, Jesus Christus, den uns der Vater aller Gnaden hat so reichlich offenbart und geschenkt, der wölle E. K. F. G. uber alle meine Wort seinen Heiligen Geist, den rechten ewigen Tröster, senden, der E. K. F. G. stets erhalt, stärk und bewahre, wider alle listige, giftige, feurige Pfeile des sauren, schweren, argen Geists, Amen, lieber Gott, Amen. Geben am 20. Mai, Anno 1530.

E. K. F. G. untertäniger Martinus Luther.

Es hat mich auch, gnädigster Herr, gebeten Doctor Apel, daß ich ihn wollt gegen E. K. F. G. verbitten und entschuldigen, daß er Urlaub itzt nimmt und wegzeucht in Preußen. Denn er hätte es gern längst getan, so ist E. K. F. G. allezeit so uberladen gewest, daß er, als er denn sehr scheu und zuchtig ist, immer hat E. K. F. G. nicht wollen bemuhen, wie ich mich versehe, daß er weiter wird E. K. F. G. selbs anzeigen. E. K. F. G. werden sich hierin wohl wissen gnädiglich zu halten. Hiemit Gott befohlen.

An Katharina Luther

[Veste Coburg] 5. Juni 1530

Meiner herzlieben Hausfrauen Katherin Lutherin zu Wittenberg zu Handen.

Gnad und Friede in Christo! Liebe Käthe! Ich hab, acht ich, Deine Briefe alle empfangen, so ist dies der vierte Brief, den ich Dir schreibe, sint daß Herr Johann von hinnen zu Dir gangen ist. Lenchen konterfeit hab ich mit der Schachtel auch. Ich kannte das Hürlin zuerst nicht, so schwarz deucht michs sein. Ich halte, wo Du es willt absetzen von wehnen, daß gut sei meilinger Weise, also daß Du ihr zuerst eines Tages einmal abbrechest, darnach des Tages zweimal, b[is] also säuberlich abläßt. Also hat mir Georgen von Grumbachs Mutter, Frau Argula, geraten, die ist hier bei uns gewest und hat mit mir gessen, Hans Reinecke von Mansfeld auch und George Römer, daß wir müssen an einen andern Ort, es will zu gemeiner Wallfahrt hieher werden.

Sage Meister Christianus [Döring], daß ich mein Tage schändlicher Brillen nicht gesehen habe denn die mit seinem Briefe kommen. Ich kunnt nicht ein Stich dadurch sehen. So ist mir auch der Brief an Cuntzen Vater nicht worden. Auch bin ich nicht zu Coburg, kann ich aber sonst dazu tun, will ichs nicht lassen. Du sollt aber gleichwohl Deine Briefe dem Kastner lassen zustellen, der wird mir sie wohl schaffen.

Man beginnet b[eide, zu] Nürnberg und Augsburg, zu zweifeln, ob etwas aus dem Reichstage werde. Der Kaiser verzeucht noch immer zu Innsbruck. Die Pfaffen haben etwas fur und gehet mit Kräutern zu, Gott gebe, daß sie der Teufel bescheiße, Amen. Laß den Herrn Pommer den Brief an D. Wenzels lesen. Eilend, der Bote wollt nicht harren, grüße, küsse, herze und sei freundlich allen und jeder nach seinem Stande! Am Pfingsttag, frühe, 1530. Martin Luther.

An Philipp Melanchthon

[Veste Coburg] 7. Juni 1530

Gnade und Friede in Christo! Ich sehe, daß Ihr alle beschlossen habt, uns durch Schweigen mürbe zu machen. Damit wir uns nicht ohne Vergeltung verzehren, zeigen wir Euch deshalb in diesem Brief an, daß wir dann mit Euch im Schweigen wetteifern werden. Wenn Ihr es vielleicht geringschätzt, lobe ich die Wittenberger, die dreimal schreiben, obwohl sie sehr beschäftigt sind, bevor Ihr, die Ihr untätig seid, einmal schreibt. Trost habe ich empfangen über den Tod meines lieben Vaters. Wenn Du darüber etwas wissen willst, kannst Du es aus diesem Brief des Michael Cölius entnehmen. Hier halte ich mit der Feder inne, damit ich Euch, dem Schweigenden, nicht mehr schreibe. Grüße alle, die zu uns gehören. Die Gnade Gottes sei mit Euch, Amen. 7. Juni 1530.

Meine Herrin Käthe schreibt, daß die Elbe erneut über die Ufer getreten ist, obwohl es dort noch nicht geregnet hat. Die Wunder des vielen Wassers sind groß. Lebe wohl.

D[ein] Martin Luther.

An Hans Luther

[Veste Coburg, 19. Juni 1530]

Meinem herzlieben Sohn, Hänsichen Luther zu Wittenberg.

G. und F. in Christo! Mein herzlieber Sohn, ich sehe gern, daß Du wohl lernest und fleißig betest. Tue also, mein Sohn, und fahre fort. Wenn ich heimkomme, so will ich Dir ein schon Jahrmarkt mitbringen. Ich weiß ein hubschen, schonen, lustigen Garten. Da gehen viel Kinder innen, haben guldene Rocklin an und lesen schone Öpfel unter den Bäumen und Birnen, Kirschen, Spilling und Pflaumen, singen, springen und sind frohlich. Haben auch schone kleine Pferdlin mit gulden Zäumen und silbern Sätteln. Da fragt ich den Mann, des der Garten ist, wes die Kinder wären? Da sprach er: Es sind die Kinder, die gern beten, lernen und fromm sein. Da sprach ich: Lieber Mann, ich hab auch einen Sohn, heißt Hänsichen Luther, mocht er nicht auch in den Garten kommen, daß er auch solche schone Öpfel und Birne essen mochte und solche feine Pferdlin reiten und mit diesen Kindern spielen? Da sprach der Mann: Wenn er gerne betet, lernet und fromm ist, so soll er auch in den Garten kommen, Lippus und Jost auch. Und wenn sie all zusammen kommen, so werden sie auch Pfeiffen, Pauken, Lauten und allerlei andere Saitespiel haben, auch tanzen und mit kleinen Armbrüsten schießen. Und er zeigt mir dort eine feine Wiesen im Garten, zu tanzen zugericht, da hingen eitel guldene Pfeiffen und Pauken und feine silberne Armbruste. Aber es war noch fruhe, daß die Kinder noch nicht gessen hatten, darumb kunnte ich des Tanzes nicht erharren und sprach zu dem Mann: Ah, lieber Herr, ich will flux hingehen und das alles meinem lieben Sohn Hänsichen schreiben, daß er ja fleißig lerne, wohl bete und fromm sei, auf daß er auch in diesen Garten komme. Aber er hat eine Muhme Lene, die muß er mitbringen. Da sprach der Mann: Es soll ja sein, gehe hin und schreibs ihm also.

Darumb, lieber Sohn Hänsichen, lerne und bete ja getrost und sage es Lippus und Justen auch, daß sie auch lernen und beten, so werdet ihr miteinander in den Garten kommen. Hiemit bis dem lieben Gott befohlen und gruße Muhme Lenen und gibt ihr einen Bus von meinetwegen. Dein lieber Vater Martinus Luther.

An Philipp Melanchthon

Veste Coburg, 3. Juli 1530

Philipp Melanchthon, dem Diener und Bekenner Christi, seinem teuren Bruder.

Gnade und Friede in Christo. Diesen Franz, den uns Doctor Heß aus Breslau geschickt hat, empfehle ich Dir, mein teurer Philipp. Er wünscht nur, Euch zu sehen und zu sprechen. Zu mir konnte er nicht vorgelassen werden.

Deine ganze Apologie habe ich gestern wieder sorgfältig gelesen und überdacht. Sie gefällt mir außerordentlich. Aber in dem einen Punkt irrst und sündigst Du und handelst gegen die Heilige Schrift, wo Christus von sich selbst sagt: Wir wollen nicht, daß dieser über uns herrsche. Und Du stößt an jenen Eckstein, den die Bauleute verworfen haben. Was erwartest Du von den Dämonen, die in so großer Blindheit und so großem Starrsinn befangen sind, anderes, als getadelt zu werden? Denn uns räumen sie nicht den Namen der Bauleute ein, den sie sich anmaßen, und mit Recht. Wir aber müssen geehrt werden im Namen derer, die zugrunde richten, die zerstreuen und die verwirren, so daß wir mit den Frevlern beschämt werden, da ja auch der Stein selbst verworfen, mit den Mördern verdammt und ihnen zugerechnet worden ist. Also ist unsere Hoffnung allein auf den Herrn gerichtet. Dieser muß Wunder tun und wird den Stein nicht verlassen, denn es folgt [im Text]: Dieser ist zum Eckstein geworden. Vom Herrn ist das bewirkt worden, nicht von uns, daher ist es wunderbar in unseren Augen. Aber davon an anderer Stelle mehr. Christus möge Dich mit uns stärken, er erquicke Dich mit seinem Geist und handle mit uns nach allen seinen Wundern, Amen. Grüße all die Unsrigen mit Ehrerbietung. Aus der Einsamkeit, 3. Juli 1530.

D[ein] Martin Luther.

An Konrad Cordatus

Veste Coburg, 6. Juli 1530

Gnade und Frieden in Christo. Du hast hier, mein teurer Cordatus, einen lebenden und einen toten Brief, das heißt, Hornung selbst und meinen Brief an Euren Bischof, aus dem Du alles ersehen kannst, was ich jetzt über jenen Reichstag weiß. Deswegen habe ich nicht mehr, als was ich Dir schrieb. Jonas berichtet, daß er bei der Audienz anwesend war, als unser Bekenntnis von D. Christian zwei volle Stunden verlesen worden ist, dabei achtete er auf die Mienen der Anwesenden. Darüber hat er mir einen mündlichen Bericht zugesagt. Ich habe hier ein Exemplar dieses Bekenntnisses, aber ich muß es auf Befehl zurückhalten. Von den Feinden ist gewiß vorbereitet und geschickt versucht worden, daß der Kaiser dieses weder zuließ noch anhörte. Daß es nicht öffentlich vor dem ganzen Volk verlesen werden konnte, das haben sie erreicht. Darauf ist es auf Befehl des Kaisers übergeben und vor dem ganzen Hof verlesen worden, das heißt, vor den Fürsten und den Reichsständen. Mir gefällt es außerordentlich, in jener Stunde gelebt zu haben, in der Christus durch dieses herrliche Bekenntnis von so großen Bekennern in einer solch großen Versammlung öffentlich verkündet worden ist. Und es erfüllt sich jener Spruch: Ich rede von deinen Zeugnissen im Angesicht der Könige; erfüllt wird auch das, was nachfolgt: Und ich werde nicht zuschanden werden, denn, wer mich bekannt haben wird (so sagt der, der nicht lügt) vor den Menschen, den werde auch ich bekennen vor meinem Vater, der im Himmel ist.

Von den übrigen Sachen (glaube ich) hast Du alles schon von anderen erfahren. Denn der prächtige kaiserliche Einzug ist [beschrieben und] gedruckt worden. Ich muß sehen und mit den Händen greifen, daß Gott der wahre Erhörer der Gebete genannt wird, Ps. 62. Mit vollem Recht verkündet man diesen seinen Namen in der ganzen Welt. Daher fahre fort zu beten und alle zum Gebet anzufeuern, besonders für den Kaiser, diesen vortrefflichen jungen Mann, der der Liebe Gottes und der Menschen würdig ist, dann nicht weniger für unseren guten Fürsten, der mehr das Kreuz trägt, und für Philipp, der elend ist und sich mit Sorgen quält. Wenn ich gerufen werde, werde ich Dich auch rufen, daran zweifle nicht. Der Herr sei mit Dir, Amen. Aus der Einsamkeit, 6. Juli 1530. D[ein] Martin Luther.

An Lazarus Spengler

Veste Coburg, 8. Juli 1530

Gnad und Friede in Christo! Ehrbar, günstiger, lieber Herr und Freund! Weil Ihr begehrt zu wissen, ob mein Petschaft recht troffen sei, will ich Euch mein erste Gedanken anzeigen zu guter Gesellschaft, die ich auf mein Petschaft wollt fassen als in ein Merkzeichen meiner Theologie. Das erst sollt ein Kreuz sein, schwarz, im Herzen, das seine natürliche Farbe hätte, damit ich mir selbs Erinnerung gäbe, daß der Glaube an den Gekreuzigten uns selig machet. Denn so man von Herzen gläubt, wird man gerecht. Obs nu wohl ein schwarz Kreuz ist, mortifizieret und soll auch wehe tun, noch läßt es das Herz in seiner Farbe, verderbt die Natur nicht, das ist, es tötet nicht, sondern behält lebendig. Iustus enim fide vivet, sed fide crucifixi. Solch Herz aber soll mitten in einer weißen Rosen stehen, anzuzeigen, daß der Glaube Freude, Trost und Friede gibt und kurz in eine weiße fröhliche Rosen setzt, nicht wie die Welt Fried und Freude gibt, darumb soll die Rose weiß und nicht rot sein; denn weiße Farbe ist der Geister und aller Engel Farbe. Solche Rose stehet im himmelfarben Felde, daß solche Freude im Geist und Glauben ein Anfang ist der himmlischen Freude zukunftig, itzt wohl schon drinnen begriffen und durch Hoffnung gefasset, aber noch nicht offenbar. Und in solch Feld einen gulden Ring, daß solch Seligkeit im Himmel ewig währet und kein Ende hat und auch köstlich uber alle Freude und Güter, wie das Gold das höhest, köstlichst Erz ist. Christus unser lieber Herr sei mit Eurem Geist bis in jenes Leben, Amen. Ex Eremo Grubok, 8. Iulii, MDXXX.

An Gregor Brück

Veste Coburg, 5. August 1530

Dem achtbarn, hochgelahrten Herrn Gregorio Brück, der Rechten Doctor, Kurfürstlichen zu Sachsen Kanzler und Rat, meinem günstigen Herrn und freundlichen lieben Gevatter.

Gnad und Fried in Christo! Achtbar, hochgelahrter, lieber Herr und lieber Gevatter! Ich hab nu etlichmal an meinen gnädigsten Herrn geschrieben und an die Unsern, daß ich wohl denke, ich hab sein zuviel gemacht, sonderlich an meinen gnädigsten Herrn, als ob ich gleich zweifelte, daß Gottes Trost und Hülfe mehr und stärker bei S.K.F.G. wären denn bei mir. Ich habs aber aus Anregung der Unsern getan, der etliche so wehmütig und sorgfältig sind, als hätt Gott unser vergessen, so er doch unser nicht kann vergessen, er müßte zuvor sein selbs vergessen, es wäre denn, daß unser Sache nicht sein Sache und unser Wort nicht sein Wort wäre. Sonst, wo wir des gewiß sind und nicht zweifeln, daß es seine Sache und Wort ist, so ist auch gewiß unser Gebet erhöret und die Hülfe schon beschlossen und zugerüst, daß uns geholfen werde; das kann nicht feilen. Dann er spricht: Kann auch ein Weib ihres Kindlins vergessen, daß sie sich nicht sollt erbarmen uber ihres Leibs Frucht? Und ob sie desselbigen vergäße, so will ich doch dein nicht vergessen; siehe, ich hab dich auf meine eigne Hand gezeichnet.

Ich habe neulich zwei Wunder gesehen: das erste, da ich zum Fenster hinaussahe, die Sterne am Himmel und das ganze schöne Gewölb Gottes, und sahe doch nirgend keine Pfeiler, darauf der Meister solch Gewölb gesetzt hatte; noch fiel der Himmel nicht ein, und stehet auch solch Gewölb noch fest. Nu sind etliche, die suchen solche Pfeiler und wollten sie gern greifen und fühlen. Weil sie denn das nicht vermögen, zappeln und zittern sie, als werde der Himmel gewißlich einfallen, aus keiner andern Ursachen, denn daß sie die Pfeiler nicht greifen noch sehen. Wenn sie dieselbigen greifen künnten, so stünde der Himmel feste.

Das ander, ich sahe auch große dicke Wolken uber uns schweben, mit solcher Last, daß sie möchten einem großen Meer zu vergleichen sein, und sahe doch keinen Boden, darauf sie rugeten oder fußeten, noch keine Kufen, darein sie gefasset wären; noch fielen sie dennoch nicht auf uns, sondern grüßeten uns mit einem sauren Angesicht und flohen davon. Da sie fürüber waren, leuchtet herfür beide, der Boden und unser Dach, der sie gehalten hatte, der Regenbogen. Das war doch ein schwacher, dünner, geringer Boden und Dach, daß es auch in den Wolken verschwand, und mehr ein Schemen, als durch ein gemalet Glas zu scheinen pflegt, denn ein solcher gewaltiger Boden anzusehen war, daß einer auch des Bodens halben wohl so sehr verzweifeln sollte als der großen Wasserlaste. Dennoch fand sichs in der Tat, daß solcher amächtiger (anzusehen) Scheme die Wasserlast trug und uns beschützet. Noch sind etliche, die des Wassers und der Wolken Dicke und schwere Last mehr ansehen, achten und fürchten denn diesen dünnen, schmalen und leichten Schemen; denn sie wollten gern fühlen die Kraft solches Schemens; weil sie das nicht können, fürchten sie, die Wolken werden ein ewige Sündflut anrichten.

Solches muß ich mit Euer Achtbarkeit freundlicherweise scherzen und doch ungescherzt schreiben; denn ich besonder Freude davon gehabt, daß ich erfahren habe, wie E.A. für allen andern einen guten Mut und groß Herz hat in dieser unser Anfechtung. Ich hätte wohl gehofft, es sollte zum wenigsten pax politica zu erhalten gewesen sein; aber Gottes Gedanken sind weit über unser Gedanken. Und ist auch recht; denn er (spricht Sankt Paulus) erhöret und tut supra quam intelligimus aut petimus. Denn wir wissen nicht, wie wir bitten sollen, Röm. 8. Sollt er uns nu also erhören, wie wir bitten, daß der Kaiser uns Friede gäbe, so möchts vielleicht heißen: infra, nicht supra quam intelligimus, und sollt wohl der Kaiser und nicht Gott die Ehre kriegen.

Aber nu will er selbs uns Friede schaffen, daß er allein die Ehre habe, die ihm auch allein gebührt. Nicht daß wir hiemit K.M. verachten; sondern bitten und wündschen, daß K.M. nichts wider Gott und kaiserliche Recht furnehme. Wo sie aber das täte (da Gott für sei), so wollen dennoch wir, als die treuen Untertanen, nicht glauben, daß S.K.M. tue, sondern denken, daß es ander Tyrannen unter dem Namen K.M. tun, und also K.M. Namen und der Tyrannen Werk unterscheiden, gleichwie wir Gottes Namen, so die Ketzer und Lügner führen, auch unterscheiden und Gottes Namen ehren und die Lügen meiden. Also sollen und können wir der Tyrannen Fürnehmen gar nicht billigen noch annehmen, das sie unter K.M. Namen treiben, sondern seind schuldig, K.M. Namen beizustehen, helfen bei Ehren halten und nicht gestatten noch bewilligen in solichem Mißbrauch wider Gott und kaiserlich Recht, auf daß wir nit auch mit teilhaftig werden und auf unser Gewissen laden soliche frembde Sund, Mißbrauch und Schand K.M. Namens. Denn man soll die Majestäten ehren und nicht schänden lassen.

Solch Werk, das uns Gott mit Gnaden geben hat, wird er durch seinen Geist segnen und fördern, und die Weise, Zeit und Raum, uns zu helfen, wohl treffen und nicht vergessen noch versäumen. Sie habens noch nicht zum

Ende bracht, die Viri Sanguinum, was sie jetzt anfahen, sind auch noch nicht alle wieder heim oder dahin sie gern wären. Unser Regenbogen ist schwach; ihre Wolken sind mächtig, aber in fine videbitur, cuius toni. Euer Achtbarkeit halte mir mein Geschwätze zugute und tröste Magistrum Philippum und die andern alle. Christus soll mir unsern gnädigsten Herrn auch trösten und halten. Dem sei Lob und Dank in Ewigkeit, Amen. Des Gnaden ich auch E.A. befehle treulich. Ex Eremo 5. Aug., anno MDXXX. Martinus Luther D.

An Katharina Luther

[Veste Coburg] 14. August 1530

Gnad und Friede in Christo! Meine liebe Käthe! Dieser Bote lief eilend fürüber, daß ich nichts mehr schreiben konnte, ohne daß ich nicht wollte ohne meine Handschrift ihn lassen gehen. Du magst Herr Johann Pommern und allen sagen, daß ich balde mehr schreiben will. Wir haben noch nichts von Augsburg, warten aber alle Stunden auf Botschaft und Schrift. Aus fliegenden Reden haben wir, daß unsers Widerparts Antwort solle öffentlich gelesen sein, man habe aber den Unsern keine Abschrift wollen geben, daß sie darauf antworten möchten. Weiß nicht, obs wahr ist. Wo sie das Licht so scheuen, werden die Unsern nicht lange bleiben. Ich bin seit Lorenzentag fast gesund gewesen und kein Sausen im Kopfe gefühlet; das hat mich fein lustig gemacht zu schreiben, denn bisher hat mich das Sausen wohl zuplaget. Grüße alle und alles! Ein andermal weiter. Gott sei mit Euch, Amen. Und betet getrost, denn es ist wohl angelegt, und Gott wird helfen. Gegeben am Sonntage nach Lorenzentage Anno 1530. Martinus Luther.

An Katharina Luther

Veste Coburg, 15. August 1530

Meinem lieben Herrn, Frau Katherin Lutherin zu Wittenberg, zu Handen.

Gnad und Friede in Christo! Mein liebe Käthe! Als ich den Brief hatte zugemacht, kamen mir diese Briefe von Augsburg. Da ließ ich den Boten aufhalten, daß er sie mit sich nehme. Daraus werdet Ihr wohl vernehmen, wie es zu Augsburg mit unser Sachen stehe, fast, wie ich im andern Briefe geschrieben habe. Laß Dir sie Peter Weller lesen oder Herr Johann Pommer.

Gott helfe weiter, wie er gnädiglich angefangen hat, Amen. Itzt kann ich nicht mehr schreiben, weil der Bote so wegfertig dasitzt und harret kaume. Gruße unsern lieben Sack. Ich hab Deinen Brief an die Kastnerin gelesen, und sie dankt Dir sehr. Hans Polner hab ich Peter Wellern befohlen, siehe zu, daß er sich gehorsamlich halte. Gruße Hansen Luthern und seinen Schulmeister, dem will ich bald auch schreiben. Grüße M[uhme] Lenen und allesampt! Wir essen hie reife Weintrauben, wiewohl es diesen Mond heraußen sehr naß gewest ist. Gott sei mit Euch allen, Amen. Ex Eremo, Die Assumptionis Mariä 1530.

Mart. Luther.

Wie verdreußt michs, daß unser Drucker so schändlich verziehen mit den Exemplaren! Ich schicke solch Exemplar darumb hinein, daß sie bald sollten fertig werden, da machen sie mir ein Lagerobst draus. Wollt ich sie so liegen haben, ich hätte sie wohl hie bei mir auch wissen zu halten. Ich hab Dir geschrieben, daß Du den Sermon (wo er nicht angefangen) von Schirlenz nehmen und Georgen Rhau geben solltest. Ich kann doch wohl denken, daß Schirlenz sein groß Exemplar kaum zu verlegen hat mit Papier. Ist das nicht geschehen, so schaffe, daß noch bald geschehe und der Sermon aufs forderlichst gefertigt werde.

An Georg Spalatin

Veste Coburg, 28. August 1530

Gnade und Friede in Christo! Ich habe vorher bereits über jene Artikel geschrieben, die Ihr mir nun zum zweiten Mal geschickt habt, mein lieber Spalatin. Und wie ich es gesagt habe, wenn der Teufel kein Löwe sein kann, will er ein Drache sein. Ihr seht selbst, daß man unsere Sache bereits mit Hinterlist behandelt. Daher brauche ich nicht viel zu schreiben. Wer vermöchte es denn nicht, sich leicht vor einem Trug zu hüten, der erkannt worden ist? Jene bemühen sich, über den Glauben und das Gewissen zu herrschen, und wollen Euch auf diese Weise vom Wort wegführen, was ich sehr wohl sehe. Aber ich fürchte nichts, weil sie selbst in unseren Hinterhalt gelangen, wenn sie so hinterlistig fortfahren. Denn wenn Ihr an diesem einen festhaltet, daß Ihr nichts gegen das Evangelium zulassen werdet oder zugelassen habt, was bedeutet dann ihre Tücke? In der Tat werde ich ihnen dann mit meiner Redekunst tüchtig zusetzen, weil sie gewagt haben, von Euch etwas gegen das Evangelium zu fordern, jene so großen Kämpfer für den Glauben und das Evangelium. Und sei es, daß Ihr offensichtlich irgend etwas (was Ihr durch Christi Gnade nicht tun werdet) gegen das Evangelium erlauben und so diesen Adler in irgendeinen Sack verschließen würdet, dann wird der Luther kommen – zweifle nicht daran – und diesen Adler wunderbar befreien. So wahr Christus lebt, wird dies geschehen. Deshalb fürchtet Euch nicht als Sieger über die Gewalt vor jenen Blasen der Tücke, wie auch immer die Sache ausgehen wird! Luther ist ungebunden. Zufällig ist auch der Μακεδών frei. Ich möchte nicht, daß die Einsicht gegen die Tücke und Ismael gegen die Gewalt steht. Seid tapfer und handelt männlich. Es hat nicht not, wenn sie mit den blinden Griffen umbgehen.

Über jenen Artikel ferner, in dem gewünscht wird, daß wir vom Legaten und vom Papst begehren sollen, uns einzuräumen, was sie uns erlauben wollten, sage bitte zu Amsdorf in irgendeinem Winkel: Daß uns der Papst und Legat wollten im Ars lecken! Lebe wohl, mein lieber Spalatin, und nimm Rücksicht auf diese Leichtfertigkeit, die mir die außerordentliche Entrüstung über diese üblen Menschen abnötigt. Aus der Einsamkeit, am Tage des heiligen Augustin, 1530.

Dein Martin Luther.

An Katharina Luther

Veste Coburg, 8. September 1530

Meiner herzlieben Hausfrauen Katherin Lutherin zu Wittenberg zu Handen.

Gnade und Friede in Christo. Mein liebe Käthe, dieser Bote lief eilend fürüber, daß ich nicht viel schreiben kunnte. Hoff aber, wir wollen schier selbs kommen, denn dieser Bot bringt uns von Augsburg Briefe, daß die Handlung in unser Sache ein Ende habe, und man nu wartet, was der Kaiser schließen und urteilen wird. Man hälts dafür, daß es werde alles aufgeschoben auf ein künftig Concilium, denn der Bischof zu Mainz und Augsburg halten noch fest, so wollen der Pfalzgrafe, Trier und Köln nicht zum Unfried oder Kriege willigen. Die andern wollten gern wüten und versehen sich, daß der Kaiser mit Ernst gebieten werde. Es geschehe, was Gott will, daß nur des Reichstags ein Ende werde, wir haben genug getan und erboten, die Papisten wollen nicht ein Haarbreit weichen, darmit wird einer kommen, der sie lehren soll weichen und räumen. Mich wundert, warum Hans Weiß den Psalm nicht hat angenommen. Ich hätt nicht gemeint, daß er so ekel wäre, ists doch ein kostlich Exemplar. Schicke vollend hiemit denselbigen ganz, und gonn ihn Georgen Rhauen wohl. Gefällt das Exemplar von den Schlüsseln Herr Johann Pommern und Crucigern, so laß immerhin drucken. Es ist doch nichts, daß man dem Teufel feiret. Wer Dir gesagt hat, daß ich krank sei, wundert mich fast, und Du siehest ja die Bücher fur Augen, die ich schreibe. So hab ich ja die Propheten alle aus, ohn Ezechielem, darin ich itzt bin, und im Sermon vom Sakrament, ohn was sonst des Schreibens mit Briefen und anders mehr ist. Ich kunnt itzt nicht mehr fur Eilen schreiben. Grüßt alle und alles! Ich hab ein groß schön Buch von Zucker Hansen Luther, das hat Cyriacus von Nürnberg bracht aus dem schönen Garten. Hiemit Gott befohlen und betet! Mit Polner machs nach Rat des Pommers und Wellers! Ex Eremo, am VIII. Septembris 1530.

Martinus Luther.

An Wenzeslaus Link

Veste Coburg, 12. September 1530

Gnade und Friede in Christo. Ich schicke Dir, mein lieber Wenzeslaus, ein Manuskript für Deinen Georg Rotmaier, das Du ihm geben sollst, wenn er anwesend ist. Wenn er aber nicht da ist, bewahre es für ihn, bis er kommt, und gib es keinem anderen. Wohl kannst Du es aber in Deinem Namen herausgeben als meinen Brief, der Dir von einem Freund zugeschickt und übergeben worden ist. Denn ich wollte, daß jene Schrift wie aus einem unterirdischen Gang und wie ein Vorspiel ausgeschickt wird, während ich gleichsam untätig bin und anderes tue. In der Hoffnung, daß vielleicht einige zurückgehalten werden könnten, habe ich in dieser Schrift ausführlicher geschrieben. Folgenden Titel kannst Du voranstellen: Ein Sendbrief D. Mart. Luthers vom Dolmetschen, oder wie es Dir gefallen würde.

Wir weilen hier, wie in eine andere Welt versetzt. Dazu

haben wir lange keine Nachricht aus Augsburg. Sie schweigen hartnäckig, als ob sie besiegt, gefangen oder tot wären. Du lebe möglichst glücklich im Herrn. Aber noch das eine: Sollte Dir jenes Manuskript wegen der Wertlosigkeit des Inhalts zum Drucken ungeeignet erscheinen, möge es nach Deinem Urteil geschehen und ausfallen. Grüße Deine Frau mit ihren Früchten. Aus der Einsamkeit, 12. Septembris 1530.

D[ein] Martin Luther.

An Katharina Luther

[Veste Coburg] 24. September 1530

Zu Händen Frauen Katherin Doctor Lutherin zu Wittenberg.

Gnad und Friede in Christo! Mein liebe Käthe! Gestern hab ich Dir geschrieben und einen Brief m. g. Herrn mitgeschickt, daraus Du vernehmen kannst, wie die Unsern zu Augsburg wollen auf sein. Demnach hoffe ich (wo Gott Gnade gibt), wollen wir in vierzehen Tagen bei Euch daheimen sein. Wiewohl ich acht, unser Sache werde nicht gar unverdampt bleiben. Da liegt auch nicht Macht an. Sie wollen schlecht die Munch und Nonnen wieder in die Kloster haben. Doch hat der Rietesel anher geschrieben, er hoffe, daß man zu Augsburg werde abscheiden mit Frieden in allen Gassen. Das gebe Gott. Und wäre eine große Gnade. So bedurften wirs alle wohl, weil der Türk so an uns will. Weiter wirst Du wohl von Hornungen horen. Hiemit seid alle Gott befohlen, Amen. Sonnabends nach Matthei 1530.

Martinus Luther.

An Ludwig Senfl

[Veste?] Coburg, 1. Oktober 1530

Gnade und Friede in Christo! Obwohl mein Name verhaßt ist, daß ich fürchten muß, Du würdest nicht ohne Gefahr den Brief erhalten und lesen, mein bester Ludwig, den ich Dir schicke, hat dennoch die Liebe zur Musik diese Furcht überwunden. Mit dieser Musik hat mein Gott Dich, wie ich glaube, geschmückt und beschenkt. Jene Liebe gibt mir auch die Hoffnung, daß Dir durch den Empfang meines Briefes keine Gefahr entstehen wird. Denn wer sollte an einem Türken auch tadeln, wenn er eine Kunst liebt und den Künstler lobt? Selbst Deine Herzöge von Bayern lobe ich dennoch, obwohl sie mir sehr wenig geneigt sind, und verehre sie vor anderen, da sie die Musik so pflegen und in Ehren halten. Es besteht kein Zweifel, daß viele Samen guter Tugenden in jenen Seelen sind, die sich der Musik verschreiben. Die aber von ihr nicht berührt werden, sind, wie ich glaube, Baumstämmen und Steinen sehr ähnlich. Wir wissen nämlich, daß die Musik den Teufeln ebenfalls verhaßt und unleidlich ist. Und ich glaube durchaus und schäme mich nicht, es zu behaupten, daß nach der Theologie keine Kunst der Musik gleichkommen könnte, weil allein sie neben der Theologie das gewährt, was an anderer Stelle nur die Theologie schafft, nämlich Ruhe und Freude der Seele. Dadurch wird klar bewiesen, daß der Teufel als Anstifter trauriger Sorgen und unruhiger Verwirrungen zur Stimme der Musik beinahe ähnlich flieht wie zum Wort der Theologie. Daher ist es gekommen, daß die Propheten keine Kunst so gebraucht haben wie die Musik, daß sie ihre Theologie nicht in Geometrie, in Arithmetik, in Astronomie, sondern in Musik dargelegt haben, so daß sie Theologie und Musik besonders verknüpften, indem sie die Wahrheit in Psalmen und Gesängen sagten. Aber was lobe ich jetzt die Musik und versuche, auf so engem Papier eine so große Sache zu malen oder eher zu verunstalten? Aber meine Zuneigung zu ihr, die mich oft gelabt und mich von großer Unlust befreit hat, überströmt mich und sprudelt hervor.

Ich komme wieder zu Dir zurück und bitte Dich, wenn Du etwa die Weise des Liedes ›In pace in id ipsum‹ hast, schreibe sie mir bitte ab und schicke sie mir. Denn jener Tenor hat mich von Jugend an erfreut und jetzt um so mehr, nachdem ich auch die Worte verstehe. Ich habe diese Antiphone noch nicht für mehrere Stimmen komponiert gesehen. Aber ich will Dich nicht mit der Mühe des Komponierens beladen, nehme jedoch an, daß Du schon anderswo eine Weise geschrieben hast. Ich hoffe in der Tat, daß das Ende meines Lebens bevorsteht. Die Welt haßt mich und kann mich nicht ertragen, mir wiederum bereitet die Welt Ekel, und ich verwünsche sie. Daher möge der beste und treue Hirt meine Seele hinwegnehmen. Und so begann ich dieses Lied bereits zu singen und wünsche es mehrstimmig zu hören. Wenn Du keine Weise hast oder keine kennst, schicke ich sie hier in ihren Noten gezeichnet, die Du nach meinem Tod, wenn Du willst, in Harmonien setzen kannst. Der Herr Jesus sei mit Dir in Ewigkeit, Amen. Nimm Rücksicht auf meine Leichtfertigkeit und meine Geschwätzigkeit. Grüße mir ehrerbietig den ganzen Chor Deiner Musik. Aus Coburg, 4. Oktober 1530.

Martin Luther.

An Kurfürst Johann von Sachsen

[Wittenberg] 12. Dezember 1530

Dem durchlüchtigesten, hochgebornen Fürsten und Herrn, Herrn Johanns, Herzogen zu Sachsen und Kurfursten, Landgraf von Thüringen und Markgrafen zu Meißen, meinem gnädigsten Herrn.

Gnad und Friede in Christo. Durchleuchtigester, hochgeborner Furste, gnädigster Herr. Es hat mein lieber Herr und Freund Doctor Bruck, Kanzler, etc. als E.K.F.G. Befehls mit mir in geheim geredt und begehrt, was mein Gutdunken sein wollt in der Sachen, so itzt furfället, Romischen Konig zu erwählen, nachdem K.Mt. auch E.K.F.G. darumb als einen Kurfursten ersuchen hat lassen. Wiewohl aber mir als in geringem Stande fur der Welt in solchen hohen Sachen, solche große Stände betreffend, nicht viel zu raten noch zu wissen sein kann, denn mir solcher Händel mancherlei Umbstände und Ansehen verborgen sein, noch, soviel ichs von fern und außen ansehe, will ich meine Gedanken darauf E.K.F.G. untertäniglich anzeigen.

Erstlich wollt ich wundschen, wenn sie ja wollten einen Konig wählen und solchem Furnehmen nicht zu wehren sein wollt, daß E.K.F.G. im Namen Gottes immer mit hinhulfe wählen. Und ist das mein Bewegen: Das erst, das ich besorge, man suche mit dieser Wahl Ursache zu E.K.F.G., daß, wo sich E.K.F.G. der Wurde wegern, sie dester mehr Glimpfs hätten, E.K.F.G. die Kure zu nehmen, sonst, wo E.K.F.G. mithulfe wählen, wärn damit E.K.F.G. beide, Lehen und Kure, bestätigt in der Tat und wäre auch also hiemit ihr listiger Anschlag, E.K.F.G. umb die Kur zu bringen, verhindert. Gleich, wie Gott zu Augsburg ihre Bosheit verhindert hat, da sie auch meineten, E.K.F.G. turften nicht erscheinen und sie damit einen Schein hätten, E.K.F.G. zu verdammen, das ihn aber gefeilet und leid ist, also wurden hie in der Wahl ihr klugen Sinne auch feilen und E.K.F.G.

mit großem Glimpf die Lehen und Kur behalten. So wissen E.K.F.G. wohl, daß kein Sunde ist, einen Feind des Evangelii zurwählen, weil E.K.F.G. allein solchs nicht hindern kann und ohn das doch geschicht. Dann muß E.K.F.G. doch ohn das K.Mt. weltlicher Weise gehorchen, welche doch das Euangelion verdampt.

Das ander, wo E.K.F.G. itzt die Wahl wegert, so wurd sie vielleicht Herzog Georgen oder andern geliehen. Hie dunkt mich nu fast fahrlich Ding zukunftig sein. Wo der Titel einmal einem andern gegeben wurde, denn denselbigen wollte denn ein jeglicher auf seine Nachkommen erben. Und mußte folgen ein ewiger Neid, Zank und Zwietracht, wo nicht viel ärgers. Sollte nu E.K.F.G. zu solchem allen mit Wegerung der Wahl eine Ursache sein und solcher Ubel im Gewissen beschweret sein, so Sie doch des mit dieser Wahl kunnte wohl frei und los sein und ohn Not sich darein verteufete, das wäre mir leid und E.K.F.G. vielleicht fur Gott unträglich. Es wäre besser, auf Gott die Wahl gewagt, der zukunftig Ding wohl weiß anders zu schicken, denn wir sorgen oder denken weder, daß man ohn Not sich in solche gewisse gegenwärtige Fahr und Ursachen des Gewissen steckte. E.K.F.G. kann doch wohl bei dem Evangelio bleiben, wenn K. Ferdinandus gleich fast viel dawider gebote, wie bisher unter dem Kaiser geschehen. Auch ist Gott allein ein Meister und Regierer zukunftiger Fälle, wo man ihm gläubet. Denn ich wollt je nicht gern, daß E.K.F.G. Glauben und Trauen zu Gott, itzt zu Augsburg so herrlich erzeigt und bewährt, sollte nu in diesem Fall untergehen und den Gedanken von zukunftigen Dingen weichen, sonderlich, weil hie kein Schrift noch Not, solchen Gedanken zu folgen, zwingen und wohl mugen umbgangen werden.

Das dritte, wo E.K.F.G. der Wahl sich wegert, so ist das Reich schon zurissen und deutsch Land getrennet, daraus denn Krieg und aller Jammer folgen muß, denn kein Teil dem andern weichen wird, und doch ohn Krieg keins das ander bezwingen kann. Weil nu solchs die Not nicht fodert, so wills E.K.F.G. schwer sein, ohn Not sich hierum beladen im Gewissen als ein anfängliche Ursache solches Trennens und allerlei Jammers. Es sind schwere Sachen, das weiß Gott. Aber Gott helfe uns, daß wir sie nicht viel schwerer machen eben damit, da wir sie leichter machen wollen. Es stehen doch zukunftige Ding nicht in Menschen Wissen noch Gewalt, wie das alle Historien uns lehren. Und (wo nicht Gott oder Not fodert), da gerät es doch allwege anders, denn man gedenkt, daß man sagen muß: Ich hätt es wahrlich nicht gemeint, ists doch itzt zu Augsburg Papst und Kaiser nicht geraten, wie sie gedacht. Soll ihn auch hinfurt nicht geraten, weil sie es mit Gedanken fassen wollen. Allein daß wir bei Gott bleiben und ohn Not nicht auch, wie sie tun, in ungewisse kunftige Fahr uns begeben.

So wissen E.K.F.G., daß der Landgraf ohne daß herfur will und sich Burger zu Zürich lassen einschreiben hat, des ich wahrlich nicht sehr erfreuet, und wo Gott nicht hilft und wehret, muß daraus ein großer Krieg werden. Und E.K.F.G. doch wissen, daß in solchem Krieg gleichwohl der Irrtum vom Sakrament verteidingt, ja auf uns getrieben muß werden. Dafur behüte Christus, mein Herr, E.K.F.G. Denn die Schweizer haben noch nicht widerrufen, fechten auch nicht aus Not, sondern den Irrtum zu erhalten. Ach Herr Gott, ich bin solchen Weltsachen zu kindisch. Ich will bitten und bitte, daß Gott E.K.F.G. gnädiglichen behüte und fuhre, wie bisher geschehen, oder, soll je etwas werden, das ich nicht gern sehe, daß er doch mit Gnaden uns nicht verlasse und ein gnädiges Mittel und Ende gebe, Amen. E.K.F.G. wollten mir mein unverständigs Geschwätz gnädiglich zugut halten. Ich rede, wie ichs verstehe. Weiß aber wohl, daß ich E.K.F.G. Gewissen gar herzlich gern sicher und frei haben wollt und mir das hoheste Leid wäre, wo ich sollt sehen, dasselbige in Fahr oder Beschwerung kommen. Hiemit befehl ich E.K.F.G. in Gottes Gnaden, Amen. Am Montag nach Nicolai 1530. E.K.F.G. untertäniger Martinus Luther.

An Kurfürst Johann von Sachsen

[Wittenberg, 16. Januar 1531]

Erstlich, daß Martinus Bucerus anzeigt, jenes Teil halte es mit uns im Sakrament gleich, nämlich des Stücks halben, daß sie gläuben mit uns, daß der wahre Leib und Blut unsers Herrn sei gegenwärtig im Sakrament und werde mit den Worten dargereicht der Seelen zur Speise oder zur Stärkung des christlichen Glaubens, das nehmen wir freundlich an und hörens von Herzen gern.

Zum andern, weil aber allein Bucerus solchs bekennet und allein sein Bedenken anzeigt, als haltens die andern auch also, so uns doch wohl bewußt und die Bücher und Händel am Tage liegen, daß Zwingli und Oekolampad heftig dawider gestritten und als ob dem Hauptstück darob gehalten, daß Christus leiblich im Himmel, allein an einem Ort, und nicht im Sakrament gegenwärtig sein könne, will hie vonnöten sein, daß man zuvor gewiß sei, ob die andern auch also halten, wie Bucerus guter Hoffnung meinet, und ob man auch solches im Volk öffentlich lehre und treibe, sonst möchte die Vereinigung einen bösen Grund gewinnen und hernach ärger werden, wie ich, D. Luther, dem Bucero zu Coburg gar fleißig fürhielt, daß man solche Vereinigung aus gutem reinen Grunde anfinge oder ließ es anstehen.

Zum dritten, über solche leibliche Gegenwärtigkeit Christi für die Seelen, wie Bucerus hier bekennet, handelte ich auch mit ihm von der leiblichen Gegenwärtigkeit, so beide, Gottlose und Gläubige, auch mündlich den wahren Leib und Blut Christi empfahen unter dem Brot und Wein; darin er sich ziemlich ließ merken, das mich herzlich erfreuete. Nun wird in dieser Schrift nichts von diesem Stück gemeldet; und wir doch denken, wo sie so viel zugeben, daß der Leib Christi möge der Seelen leiblich dargereicht werden und gegenwärtig sein, sollte es nicht schwer sein zu gläuben, daß er auch dem Munde oder dem Leib oder dem Brot gegenwärtig sei und dem Munde dargereicht werde.

Wo nun Gott vollends Gnade gäbe (das wir von Herzen wünschen), daß sie solchs Stücks auch mit uns eins und mit uns hielten und lehreten, so wäre die Einigkeit schlecht und ein hohes Werk und Wunder Gottes vollbracht.

An den Rat zu Göttingen

[Wittenberg] 1. März 1531

Den ehrsamen und weisen Herren Burgermeister und Rat zu Göttingen, meinem gönstigen Herren und guten Freunden.

Gnad und Friede in Christo! Ehrsame, weise Herren! Ich habe Euer Ordnung lassen drucken, wie Ihr sehet. Aber warum der Licentiat Basilius nicht kommet, werdet Ihr aus seiner Schrift vernehmen. Ich komme nicht wohl dazu, daß ich also habe den guten Mann aufbracht und nun muß sitzenlassen. Das ist meiner Frommheit oder Torheit Schuld, daß ich nicht zuvor umb alle Sachen erkundet. Nun es ist nicht mein erster Feil, wird auch der letzte nicht sein. Gott gebe, daß Ihr allezeit zuvor der Sachen gewiß und erstlich eins werdet, ehe Ihr solches Ding fürnehmet. Hiemit Gott befohlen, Amen. Am ersten Martii 1531. Mart. Luther.

An Stephan Roth

[Wittenberg] 4. März 1531

Dem ehrwürdigen Mann, Herrn Stephan Roth, Schreiber des Zwickauer Rates, seinem Freund.

Gnade und Friede in dem Herrn. Wenn ich, mein lieber Stephan, als besonders nichtswürdiger Mensch wegen des Wortes Gottes mehr als zuvor gequält werde, schmerzt mich dennoch auch das nicht wenig, daß Du und Deine Zwickauer so selbstbewußt Gott und dessen Diener verachten. Laurentius Soranus habt Ihr mit Schimpf und Schande ausgewiesen, mit einer öffentlichen Strafe ist er belegt worden, obwohl er durch eine öffentliche Beschuldigung noch nicht überführt, ja nicht einmal angehört worden ist. Alle beschuldigen Dich unverhohlen, Urheber und ebenso Förderer dieses Verbrechens zu sein. Und wieviel Du Dich auch entschuldigen magst, so kann dieses doch in keiner Weise verziehen werden, weil Ihr aus eigenem Antrieb oder vielmehr aus eigener Leichtfertigkeit gehandelt habt, ungebeten und gegen den Willen des Pastors, des redlichen Mannes. Es wäre wichtig gewesen, daß er es weiß und zustimmt. Meinet Ihr aber, Ihr lieben Junkern, daß Ihr so wollet dominieren in Kirchen und die Renten, die Ihr nicht gestiftet, noch Euer seind, also zu Euch reißen und rauben, darnach geben, wem Ihr wollet, als wäret Ihr Herren uber die Kirchen? Der Herr lebt, wenn nicht ich Dich und diese Zwickauer Bestien in einem Buch vorzüglich zum allgemeinen Beispiel für eine so große Niederträchtigkeit dem Spott preisgeben werde. Aber das haben wir unseren so großen Anstrengungen, so großen Kämpfen für das Wort Gottes zu verdanken, daß Ihr uns, liebe Freunde, diesen Dank abstattet. Umgekehrt aber will ich Dich und die Deinen aus der Gemeinschaft meines Herrn Jesu Christi ausschließen. Das sollst Du und sie alle sehen, wie nur immer ihr ihn bereits sorglos verachtet. Der Herr Jesus Christus möge Deine und der Deinen Pläne und Bemühungen zerstören, Amen. 4. März 1531.

Martin Luther.

An Nikolaus von Amsdorf

Wittenberg, 12. März 1531

Gnade und Friede. Mein Basilius kommt zu Dir, mein lieber Amsdorf. Er sei Dir empfohlen, und der Herr schaffe durch ihn Nutzen, Amen. Das Gerücht, daß der Türke kommen werde, hält sich. Gott erbarme sich unser! Andere Neuigkeiten habe ich nicht. An Kräften nehme ich sehr ab, besonders an denen des Kopfes. Das hindert mich zu schreiben, zu lesen und viel zu reden. Ich lebe wie ein Kranker. Bete für mich. Zu Wittenberg, am Sonntag Okuli 1531.

Martin Luther.

An den Bürgermeister und die Richter zu Frauenstein

Wittenberg, 17. März 1531

Den ehrsamen und weisen Burgermeister und Richter auf dem Frauenstein, meinen besonderen guten Freunden.

Gnade und Friede in Christo! Ehrsame, weisen, lieben Herrn! Ich habe vernommen Euer Anliegen, so Ihr gedrungen werdet durch Euer Oberkeit, die eine Gestalt des Sakraments zu empfahen, und auf Euer Frage ist das mein bestes Gutdünken: Weil Ihrs vorhin in beider Gestalt empfangen und dasselbe bekannt, und ob Ihrs nicht bekannt hättet, gleichwohl mit dem Werk verbracht und doch also fur dem Teufel bekannt, will es nicht zu tun sein mit gutem Gewissen, solches offentlich zu widerrufen oder leugnen, wiewohl es fein wäre, so es je sein künnt und nicht zum Bekenntnis gedrungen würdet, daß Ihrs noch heimlich hieltet und davon bliebet. Denn nachdem Ihrs für recht und Gottes Ordnung haltet in Eurem Gewissen, ist in keinem Wege zu raten, wider solch Gewissen etwas anders zu tun. Denn es bewegt mich hart und oft das Exempel D. Krausen zu Halle. Und da Gott für sei, so Ihr solltet wider Euer Gewissen hierin handeln (wiewohl kein Sünde zu groß ist, wenn sie geschehen, Gott will sie vergeben), möcht Euch allzu schwere Anfechtung und große Reu ankommen, und wäre dann kein Trost fürhanden, weil Ihr des Worts beraubt. Darum bitte ich den barmherzigen Gott, um deswillen Ihr in solcher Not stecket, wolle Euer gnädiger Gott sein, Hülf und Mittel schicken, damit Ihr bei gutem Gewissen bleibet.

Daß Ihr aber weiter fraget, ob Ihrs bekennen oder verneinen dürft für der Oberkeit, so Ihr gefragt würdet, ob Ihr von einer Gestalt zu empfangen Euch enthalten hättet, antwortet kurz Christus: Wer mich bekennet vor den Menschen, den will ich bekennen für meinem himmlischen Vater. Und ist nicht damit entschüldiget, ob jemand in einem Ampt sei, Weib oder Kinder habe, denn es heißt: Liebe Gott uber alles, und: Wer Weib und Kind mehr liebet denn mich, der ist mein nicht wert. Wohl wäre es fein gewest, wo Ihr Euch hättet schwach gefühlet im Glauben, wäret zum allerersten von beider Gestalt blieben sowohl als von einer Gestalt. Aber nu Ihr dreinkommen seid und man Euch nu auch dringet zu einer Gestalt, will Euch vonnöten sein ein starker Glaube, oder müsset wider Euer Gewissen tun. Da sollet Ihr lieber wagen alles, was Ihr seid und habt; denn er kann es Euch wohl hundertfältig wiedergeben, der Euch das einfältige geben hat, wie er spricht im Evangelio. Es ist hie mehr Betens not denn Ratens; denn wider Gewalt ist kein Rat, sondern allein Gebet. Das gebe Euch der barmherzige Gott von Herzen und kräftiglichen zu vollbringen, Amen. Wittenberg, 17. Martii, Anno 1531.

An den Rat zu Reval

[Wittenberg] 3. Mai 1531

Den ehrsamen und weisen Burgermeister und Rat der Stadt Reval in Livland, meinen gonstigen Herrn und Freunden.

Gnad und Fried in Christo. Ehrsamen, weisen, lieben Herrn. Auf Euer Begehr hab ich mit Magister Henrico Hameln handeln lassen. Aber er wegert sich solchs Ampts sehr hochlich, und meinen auch etliche, er sei zu solchem Ampt noch nicht gnugsam erwachsen noch geubt oder versucht. Derhalben er E. W. freundlich dankt. So hab ich auch mich umb einen ander[n] umbgesehen, aber itzt bei uns keinen funden, dazu tuchtig, versehe mich aber, es sollen etliche anherkommen. Wo es denn E. W. gefällt, will ich meinen Fleiß gern dazutun. Es wäre aber wohl not und gut, daß Eur Stadt etliche Gesellen im Studio hielten, und sonderlich hab ich diesen Joachim dazu vermahnet, damit Ihr selbs eigene Personen hättet. Also hat er mich gebeten, ich wollt E. W. drumb schreiben und verbitten, daß E. W. wollte ihn hie drei Jahr im Studio halten und verlegen, weil an seine Statt wohl ein ander vorhanden. Demnach bitt ich, E. W. wollte ansehen dieser Zeit Gelegenheit, wie der Personen allenthalben wenig sind, der man doch nicht geraten kann und helfen, Gottes Reich und Lob mehren, als ich mich zu E. W. trostlich versehe. Ich dank auch fur das Mardern Geschenke freundlich. Hiemit Gott befohlen, der sein Werk, in Euch angefangen, gnädiglich erhalte und reichlich stärke, Amen. 3. Maij 1531.

Martinus Luther.

Es ist auch einer hie, Matthäus Roesken, zuvor Eur Stadtprediger gewest, der wäre auch gut in Eur Land, begehrt aber eine Hulfe zum Studio. Das befehl ich Euch.

An Gregor Brück

[Wittenberg] 8. Mai 1531

Clarissimo viri D. Gregorio Brück, Iurium Doctori [et], Saxoni[a]e Senatori, Suo in D[omino] Maiori.

[Gnad und Fried!] Lieber Herr und Gevatter! Daß [mein Büchlein ehe gen D]resden denn gen Torgau kommen, sollt [ich Euch wohl entschul]digen, so hoffe ich, es sei nicht not. [Denn E.A. war zu] lange außen, wie ich mich E.A. [Zukunft doch versehe]n hatte. So denk ich auch, daß [meine Büchlein, so] sie gen Hofe zuvor sollten kommen, sie [würden des Meis]terns so viel finden, daß nimmermehr [nichts draus würd]e, und mir dem Meister [unzählig a]nder Leute verdächtig machen. Aber nu [sehn sie allei]n Lutherisch, und kann ein jeglicher sich ent[schuldigen], daß er nichts dazu getan.

[Wohlan,] d[es] Bischofes will ich noch schonen, kanns auch [jetzt] nicht tun, daß ich schreibe, und muß verziehen, anders Schreibens halben. Mich wundert aber, daß sich der gute Mann, D. Johann Rühel, läßt abermal so narren, dem losen und falschen Mann zu gläuben, da er weiß, daß nichts Guts hinter ist.

Ich hab E.A. durch Herr Johann lassen bitten, Sie wollten mir doch helfen, das Meuchelbuch vollend mützen, denn ich wieder dran will, weiß aber wenig von dem Punkt, da er uns mit dem Herzogen von Württemberg beschmitzt. Theologisch wollt ichs wohl handeln, aber historisch zu handeln wär mir sehr nutze.

Ich tu, was E.A. lieb ist, wo sie nicht zu langsam kommen mit Ermahnen. Hiemit Gott befohlen, Amen. Octava Maij 1531.

Martinus Luther.

An Margarethe Luther

[Wittenberg] 20. Mai 1531

Gnad und Friede in Christo Jesu, unserm Herrn und Heiland, Amen. Mein herzliebe Mutter! Ich hab die Schrift meines Bruders Jakobs von Euer Krankheit empfangen, und ist mir ja herzlich leid, sonderlich, daß ich nicht kann leiblich bei Euch sein, wie ich wohl gerne wäre; aber doch erscheine ich hie mit dieser Schrift leiblich, und will ja nicht von Euch sein geistlich, sampt allen den Unsern.

Wiewohl ich aber hoffe, daß Euer Herz ohn das längest und reichlich gnug unterricht und (Gott Lob) sein tröstlich Wort wohl innen habt, dazu mit Predigern und Tröstern allenthalben versorget seid, so will ich doch das Meine auch tun und meiner Pflicht nach mich Euer Kind und Euch für meine Mutter erkennen, wie unser beider Gott und Schöpfer uns gemacht und gegeneinander verpflicht hat, damit ich zugleich den Haufen Euer Tröster vermehre.

Erstlich, liebe Mutter, wisset Ihr von Gottes Gnaden nu wohl, daß Euer Krankheit seine väterliche gnädige Rute ist, und gar ein geringe Rute gegen die, so er uber die Gottlosen, ja auch oft uber seine eigene liebe Kinder schickt, da einer geköpft, der ander verbrannt, der dritte ertränkt wird, und so fortan, daß wir allesampt müssen singen: Wir werden um deinen Willen täglich getötet und sind gleich wie die Schlachtschafe. Darumb Euch solche Krankheit nicht soll betrüben noch bekümmern, sondern sollet sie mit Dank annehmen, als von seiner Gnaden zugeschickt, angesehen, wie gar ein geringes Leiden es ist, wenn es gleich zum Tode oder Sterben sollt, gegen das Leiden seines eigen lieben Sohns, unsers Herrn Jesu Christi, welches er nicht für sich selbs, wie wir, leiden müssen, sondern für uns und unser Sünde erlitten hat.

Zum andern wisset Ihr, liebe Mutter, auch das rechte Häuptstück und Grund Euer Seligkeit, worauf Ihr Euren Trost setzen sollt in dieser und allen Nöten, nämlich den Eckstein, Jesum Christum, der uns nicht wanken noch feilen wird, auch uns nicht sinken noch untergehen lassen kann. Denn er ist der Heiland und heißt der Heiland aller armen Sünder und aller, die in Not und Tod stecken, so auf ihn sich verlassen und seinen Namen anrufen.

Er spricht: Seid getrost, ich hab die Welt uberwunden. Hat er die Welt uberwunden, so hat er auch gewißlich den Fürsten der Welt mit aller seiner Macht uberwunden. Was ist aber seine Macht anders denn der Tod, damit er uns unter sich geworfen, umb unser Sünde willen gefangen hatte? Aber nu der Tod und Sünde uberwunden ist, mügen wir fröhlich und tröstlich das süße Wort hören: Seid getrost, ich hab die Welt uberwunden. Und sollen ja nicht zweifeln, es sei gewißlich wahr, und nicht allein das, sondern uns wird auch geboten, daß wir sollen mit Freuden uns solches Trosts annehmen und mit aller Danksagung. Und wer sich solche Wort nicht wollt trösten lassen, der tät dem lieben Tröster Unrecht und die größte Unehre, gleich als wäre es nicht wahr, daß er uns heißt getrost sein, oder als wäre es nicht wahr, daß er die Welt hätte uberwunden, damit wir den uberwunden Teufel, Sünde und Tod uns selbs wieder zum Tyrannen stärken wider den lieben Heiland, da uns Gott fur behüte.

Derhalben mügen wir nu mit aller Sicherheit und Freudigkeit uns freuen, und wo uns will etwa ein Gedanken von der Sünde oder Tod erschrecken, wir dagegen unser Herz erheben und sagen: Siehe, liebe Seele, wie tust du? Lieber Tod, liebe Sünde, wie lebest du und schreckest mich? Weißt du nicht, daß du uberwunden, und du, Tod, gar tot bist? Kennest du nicht einen, der von dir sagt: Ich hab die Welt uberwunden? Mir gebührt nicht, dein Schrecken zu hören noch anzunehmen, sondern die Trostwort meines Heilands: Seid getrost, seid getrost, ich hab die Welt uberwunden.

Das ist der Siegmann, der rechte Held, der mir hiemit seinen Sieg gibt und zueigent: Seid getrost! Bei dem bleib ich, des Worts und Trosts halte ich mich, darauf bleibe ich hie oder fahre dorthin, er leuget mir nicht. Dein falsches Schrecken wollt mich gerne betriegen und mit Lügengedanken von solchem Siegmann und Heiland reißen und ist doch erlogen, so wahr es ist, daß er Dich uberwunden und uns getrost zu sein geboten hat.

Also rühmet St. Paulus auch und trotzet wider des Todes Schrecken: Der Tod ist verschlungen im Sieg: Tod, wo ist dein Sieg? Hölle, wo ist dein Stachel? Schrecken und reizen kannst du wie ein hülzern Todesbilde, aber Gewalt hast du nicht zu würgen. Denn dein Sieg, Stachel und Kraft ist im Sieg Christi verschlungen; die Zähne magst du blecken, aber fressen kannst du nicht. Denn Gott hat uns den Sieg wider dich gegeben, durch Jesum Christum, unsern Herrn, dem sei Lob und Dank gesagt, Amen.

Mit solchen Worten und Gedanken, liebe Mutter, lasset sich Euer Herz bekümmern, und sonst mitnichte, und seid ja dankbar, daß Euch Gott zu solchem Erkenntnis bracht hat und nicht lassen stecken in dem päpstischen Irrtum, da man uns gelehrt hat auf unser Werk und der Mönchen Heiligkeit bauen und diesen einigen Trost, unsern Heiland, nicht für einen Tröster, sondern für einen grausamen Richter und Tyrannen halten, daß wir von ihm zu Maria und den Heiligen haben müssen fliehen und uns keiner Gnaden noch Trost zu ihm haben versehen können.

Aber nu wissen wirs anders von der grundlosen Güte und Barmherzigkeit unsers himmlischen Vaters, daß Jesus Christus unser Mittler und Gnadenstuhl ist und unser Bischof im Himmel fur Gott, der uns täglich vertritt und versühnet, alle, die nur an ihn gläuben und ihn anrufen, und nicht ein Richter ist noch grausam, ohn allein uber die, so ihm nicht gläuben noch seinen Trost und Gnad annehmen wollen. Es ist nicht der Mann, der uns verklagt noch dräuet, sondern der uns versühnet und vertritt durch seinen eigenen Tod und Blut, für uns vergossen, daß wir uns nicht fur ihm fürchten, sondern mit aller Sicherheit zu ihm treten und ihn nennen sollen: Lieber Heiland, du süßer Tröster, du treuer Bischof unser Seelen etc.

Zu solchem Erkenntnis (sage ich) hat Euch Gott gnädiglich berufen, des habt Ihr sein Siegel und Briefe, nämlich das Evangelium, die Taufe und das Sakrament, so Ihr höret predigen also, daß kein Fahr noch Not mit Euch haben soll. Seid nur getrost und danket mit Freuden solcher großer Gnaden! Denn der es in Euch angefangen hat, wird es auch gnädiglich vollenden. Denn wir können uns selbs in solchen Sachen nicht helfen, wir mügen der Sünden, Tod und Teufel nichts abgewinnen mit unsern Werken, darumb ist da an unser Statt und für uns ein ander, der es baß kann und uns seinen Sieg gibt und befiehlet, daß wirs annehmen und nicht dran zweifeln sollen, und spricht: Seid getrost, ich hab die Welt uberwunden; und abermal: Ich lebe, und ihr sollet auch leben, und euer Freude soll niemand von euch nehmen.

Der Vater und Gott alles Trostes verleihe Euch durch sein heiliges Wort und Geist einen festen, fröhlichen und dankbaren Glauben, damit Ihr diese und alle Not müget seliglich uberwinden und endlich schmecken und erfahren, daß es die Wahrheit sei, da er selbs spricht: Seid getrost, ich hab die Welt uberwunden. Und befehle hiemit Euer Leib und Seele in seine Barmherzigkeit, Amen. Es bitten für Euch alle Eure Kinder und meine Käthe. Etliche weinen, etliche essen und sagen: Die Großmutter ist sehr krank. Gottes Gnade sei mit uns allen, Amen. Am Sonnabend nach Ascensionis Domini, MDXXXI.

Euer lieber Sohn Mart. Luther.

An Kurfürst Johann von Sachsen

[Wittenberg] 10. Oktober 1531

Dem durchleuchtigsten, hochgebornen Fursten und Herrn, Herrn Johanns, Herzogen zu Sachsen, des Heiligen Ro. Reichs Erzmarschalk und Kurfursten, Landgrafen in Thüringen und Markgrafen zu Meißen, meinem gnädigsten Herrn.

G. u. F. in Christo! Durchleuchtigster, hochgeborner Furst, gnädigster Herr! Wiewohl es ohn Not wäre, E. K. F. G. mit dieser Schrift zu bemühen, weil aber die armen Pfarrherr mich so fast bitten und achten, ihre Supplikation solle dadurch bei E. K. F. G. deste mehr Glaubens und Gnade wirken, hab ichs nicht wissen zu wegern. E. K. F. G. werden aus ihrer Supplikation wohl die Sache vernehmen, wie sie werden gefodert, den Bauren gleich zu dämmen etc. Nu wissen E. K. F. G. selbs wohl, daß große Armut da ist. So sind ja die Pfarrguter auch nicht erblich ihr eigen wie der Baur Guter und haben als die gedingte Knechte nerlich ihr Brot davon und müssen heut oder morgen dieselbigen lassen liegen, mit ledigen Händen davongehen. Sollt nu ihr täglich Brot, das sie kaum davon haben, gleich den Erbgutern auch beschweret werden, so mussen ihr das mehrer Teil solche Pfarren lassen, als die es nicht konnen ertragen. Und ist doch ja billig, weil sie der Seelen warten sollen, daß sie als gemeine Diener solcher Beschwerung uberhaben seien. Es will bereit fast an Pfarrherrn mangeln, daß nicht not ist, mit weiter Beschwerungen sie abzuschrecken. So haben sie es vorhin nicht gepflegt, sind auch dazu ist [!] ärmer denn vorhin, dazu mit Weib und Kindlin rechte Bettler. E. K. F. G. werden sich wohl wissen hierin gnädiglich zu halten. Hiemit Gott befohlen, Amen. Dornstags nach S. Francisci 1531.

E. K. F. G. untertäniger Martinus Luther.

An Markgraf Georg von Brandenburg

[Wittenberg] 16. November 1531

Dem durchleuchtigen, hochgebornen Fursten und Herrn, Herrn Georgen, Markgrafen zu Brandenburg etc., Herzog zu Stettin, Pommern etc., meinem gnädigen Herrn.

Gnad und Friede in Christo Jesu! Durchleuchtiger, hochgeborner Fürst, gnädiger Herr! Es haben mich E. F. G. Prediger zu Kulmbach und auf dem Gebirge oft mit Schriften und itzt personlich gebeten, daß ich sollt an E. F. G.

demutiglich vermahnen, stark und fest zu sein in dem Evangelio wider solche große und mancherlei Anstoße und Ärgernis, so der Teufel dawider täglich erregt und mehret. Weil aber E. F. G. zu Augsburg sampt den Unsern das Euangelion so getrost bekannt und sich so freidig gewogt, hab ichs nicht hoch vonnoten geacht, E. F. G. weiter zu vermahnen. Denn E. F. G. weiß, daß Christus hie auf Erden in den Seinen schwach, gebrechlich und ärgerlich sein muß, wie er selbs spricht: Selig ist, der sich nicht ärgert an mir, und seine Christenheit also läßt verbergen mit Trubsal, Rotten, Gebrechen und Schwachheit, daß man sie mit der Vernunft nicht finden kann, sondern allein mit dem Glauben ersehen und bei dem Evangelio erkennen muß, wie wir im Credo sagen: Ich gläube eine heilige christliche Kirche. Ob nu wohl die Christen viel Fruchte des Geists bringen und heiliglich leben, so bleiben doch daneben viel Sunde und Gebrechen, auf daß der Artikel nicht mußig stehe (Ich gläube die Vergebung der Sünden), und im Vaterunser bleibe die funfte Bitte: Vergib uns unser Schuld etc. Wie auch Paulus sagt Gal. 6 [,2]: Christus Gesetze sei, so einer des andern Last trägt. Das ist das gemein Recht in seinem Gnadenreich, welchs alles E. F. G. besser wissen, denn ichs schreiben kann. Daß aber E. F. G. Prediger mich zu solcher Vermahnung vermocht haben, ist nicht die Ursache, daß sie an E. F. G. Glauben zweifelten, sondern weil E. F. G. ein groß Land zu regiern hat und dasselbe nicht durch sich selbs allein regiern kann, sondern Amptleuten und Unterregenten befehlen muß und denselbigen alles vertrauen, unter welchen (wie bei uns) etlich dem Evangelio heimlich entgegen, etliche auch ganz verachten. Daher denn kumpt mancher boser Tuck und Verlassen der Prediger, daß sie weder Schutz noch Hulf haben konnen und also gehandelt werden, daß sie zuletz fur Hunger und Armut die Pfarren lassen mussen. Und also mit der Zeit das Euangelion bei den Unsern fallen wird und vergehen. So besorgen die guten Männer, E. F. G. erfahre solchs nimmer, und die, so den Pfarrherrn so mitfahren, durfens freilich E. F. G. auch wohl verbergen und weit aus dem Sinn reden, wie es bei uns auch täglich geschicht. So sagen sie auf ihr Gewissen, wie der eine, M. Ludwig, sei mit Unrecht und fälschlich gegen E. F. G. der Unzucht verklagt, nehmen also mutwillige Ursachen, den Leuten das Maul aufzutun und dem Evangelio Hindernis und Ärgernis zu stiften. So ist E. F. G. so wohl ein Mensch als ich, der ich selbs oft so mude uber den Sachen und Ärgernissen werde, daß ichs kaum ertragen kann. Was sollt denn E. F. G. nicht begegen, so ein solch groß, schwer Regiment haben neben dem Evangelio zu tragen? Derhalben bitt ich Gott, den Vater aller Stärke und Trosts, daß er E. F. G. wollte in seinem lieben Sohn Jesu Christo stärken und durch seinen Heiligen

Geist trösten, alle solche Last, Muhe und Ärgernis seiner Christen ritterlich zu tragen und behüten vor den feurigen Pfeilen des Satans, der uns, nachdem er weder mit Kunst noch Gewalt uns kann angewinnen, dennoch mit seinem Anhalten und unaufhorlichen Ärgernissen und Hindernis, zuletzt gern müde und verdrossen machen wollt. Nam quod vi et arte non potest, sepius vincit assiduitate et tedio.

Bitte auch, E. F. G. wollten gedachte Prediger Ihr lassen gnädiglich befohlen sein und mit Ernst drob sein, daß sie ein wenig besser gehalten werden. Denn so wir sie fur Gottes und seines Worts Diener halten und wollen Christen sein, so konnen sie ja nicht verachtet werden, ohn Verachtung Gottes selber und seines Worts. Solchs will ich E. F. G. aus ihrem Anhalten gebeten haben, auf daß sie nicht dächten, ich wollt ihn gar nichts dienen. Denn fur mich setze ichs in keinen Zweifel, es sei E. F. G. ganz leid, wo man Gottes Wort und seine Diener unwert hält. Wer kann aber alle Buben frumm machen? Wir Prediger sollen und mussen auch Geduld haben und die Welt helfen tragen in all ihrer Bosheit. E. F. G. wollten mir solch Schreiben gnädiglich zugut halten. Der barmherzige Gott troste und fuhre E. F. G. nach allem seinem Wohlgefallen, Amen. Dornstags nach S. Martini 1531. E. F. G. williger D. Martinus Luther.

An den Rat zu Torgau

[Wittenberg] 12. Januar 1532

Den ehrsamen und weisen Burgermeister und Rat zu Torgau, meinen gunstigen lieben Herren und Freunden.

[G.] u. F. Ehrsamen, weisen, lieben Herren! I[ch] hab nu etlich Mal fur Erasmus Krautheim beten, daß E. W. ihm wollten der Stipendia [e]ines lassen, darauf er sich vertrostet hat bisher und gemeinet, es sollt ihm werden, [a]l[s] er denn mir anzeigt, daß er von einem [e]hrbarn Rat auf meine Furbitte Zusagung erlanget. Demnach ist mein fleißige Bitte wie vorhin, E. W. wollte ihm als einem guten feinen Menschen (der nach wohl viel Nutz schaffen kann) solch Stipendium gonnen. Denn er solcher Huffnung halben sich bisher gehalten, sonst vielleicht sich zum Handwerk begeben, und ich doch ja, ja, ja muß hart drob halten, daß sie nicht alle Handwerker werden, die zum Predigampt geschickt. Denn ich wohl sehe und [erfahr]e, wie groß Mangel an Predigern [und] Pfarrherrn sein wird, ehe drei Jahr [ve]rgehen. Darumb wollen E. W. auch [hie]rin als die frommen Christen helfen [for]dern, sorgen und zutun, denn es ist not, [das] weiß Gott mein Herr, dem ich E. W. [hier] mit befehle, Amen. Freit[a]gs nach [E]piphanie 1532.

D. Martinus Luther.

An den Rat zu Herford

Wittenberg, 31. Januar 1532

Dem ehrsamen und weisen Herrn Bürgermeister und Rat der Stadt Herford in Westfalen, meinen günstigen Herren und Freunden.

Gnade und Friede in Christo! Ehrsame, weise, liebe Herrn! Es ist an mich gelanget, wie man die Schwestern und die im Bruderhause nötigen will, ihren Stand und Kleider zu verlassen und sich nach des Pfarrherrs und Predigers Meinunge begeben sollen. Nun wisset Ihr ohn Zweifel, daß unnötige Verneuerungen, sonderlich in göttlichen Sachen, sehr gefährlich sein, weil die Herzen und Gewissen ohn Ursach damit bewegt werden, zu welcher Ruhe und Friede doch alles dienen soll und weichen. Weil denn die Brüder und Schwestern (die bei Euch das Euangelion erstlich angefangen) ein ehrbarlich Leben führen und ein ehrliche, züchtige Gemeine haben, darneben das reine Wort treulich lehren und halten, ist mein freundliche Bitte, E. W. wollten nicht gestatten, daß ihnen Unruhe und Erbitterunge um dieser Sache willen widerfahre, daß sie noch geistliche Kleider tragen und alte löbliche Gewohnheit, so nicht wider das Euangelion sind, halten. Denn solche Kloster und Brüderhäuser mir aus der Maßen gefallen. Und wollte Gott, alle Klöster wären also, so wär allen Pfarrherrn, Städten und Landen wohl geholfen und geraten. Versehe mich, E. W. wird sich hierin christlich und ehrbarlich wissen zu halten, angesehn, daß sie weder dem Pfarrherr noch dem Kirchspiel schädlich, sondern fast nützlich und besserlich sind. Hiemit Gott befohlen. Datum Wittenberg, ultima Ianuarii, Anno MDXXXII.

D. Martinus Luther.

An Katharina Luther

[Torgau] 27. Februar 1532

Meiner herzlieben Hausfrauen, Katharin Lutherin, zu eigen Handen.

Gott zum Gruß in Christo! Mein herzliebe Käthe! Ich hoffe, wo Doctor Brück wird Urlaub kriegen, wie er mich vertröstet, so will ich mit ihm kommen morgen oder übermorgen. Bitte Gott, daß er uns frisch und gesund heimbringe! Ich schlafe überaus wohl, etwa 6 oder 7 Stunden aneinander und darnach zwo oder drei Stunden hinnach. Es ist des Biers Schuld, wie ich achte. Aber nüchtern bin ich, gleichwie zu Wittenberg. Doctor Caspar saget, daß unsers gnädigen Herrn Fuß nicht weiter fresse. Aber solche Marter leide kein Dobitzsch noch Gefangener auf der Leiter im Turm von Hans Stockmeister, als Seine Kurfürstl. Gnaden muß leiden von den Wundärzten. Es ist Seine Fürstl. Gnaden so gesund am ganzen Leibe als ein Fischlein, aber der Teufel hat ihm den Fuß gebissen und gestochen. Betet, betet weiter! Ich hoffe, Gott soll uns erhören, wie angefangen ist. Denn D. Caspar hält auch dafür, es müsse Gott hier helfen.

Weil Johannes wegzeucht, so wills die Not und Ehre fodern, daß ich ihn lasse ehrlich von mir kommen. Denn Du weißest, daß er treulich und fleißig gedienet hat und wahrlich dem Evangelio nach sich demütig gehalten und alles getan und gelitten. Darum denke Du, wie oftmal wir haben bösen Buben und undankbaren Schülern gegeben, da es alles verloren gewest ist. So greif Dich nun hier an und laß an einem solchen frommen Gesellen auch nicht mangeln, da Du weißest, daß es wohl angeleget und Gott gefällig ist. Ich weiß wohl, daß wenig da ist; aber ich gäbe ihm gerne 10 Gulden, wenn ich sie hätte. Aber unter 5 Gulden sollt Du ihm nicht geben, weil er nicht gekleidet ist. Was Du drüber kannst geben, das tue, da bitte ich umb. Es möchte zwar der Gemeine Kaste mir zu Ehren einem solchen meinem Diener wohl etwas schenken, angesehen, daß ich meine Diener muß halten auf meine Kost zu ihrer Kirchen Dienst und Nutz; aber wie sie wollen. Laß Du ja nicht feilen, weil ein Becher da ist. Denke, wo Du es kriegest. Gott wird wohl anders geben, das weiß ich. Hiemit Gott befohlen, Amen.

Und sagt dem Pfarrherr von Zwickau, daß er ja wollt ihm gefallen lassen die Herberg und fürlieb nehmen. Wenn ich komme, will ich erzählen, wie Mühlpfort und ich bei dem Riedesel zu Gaste gewest und Mühlpfort mir viel Weisheit erzeiget. Aber ich war nicht trinkerlich nach solchen Trank. Bußt mir den jungen Hansen von meinen wegen und heißet Hänschen, Lenchen und Muhme Lenen für den lieben Fürsten und für mich beten. Ich kann in dieser Stadt, wiewohl itzt Jahrmarkt ist, nichts finden zu kaufen für die Kinder. Wo ich nichts brächte sonderliches, so schaffe mir da etwas Vorrats!

Dienstags nach Reminiszere 1532. D. Martinus Luther.

An Dorothea Jörger

[Wittenberg] 7. März 1532

Der edlen und tugendreichen Frauen Dorothea Jörgerin, Witwe zu Tollet und Kreusbach, meiner besonderen Freundin in Christo.

Gnad und Friede in Christo! Edle, tugendreiche Frau! Ich hab Eure Schrift an mich sampt der Quittenlatwerge, dazu auch meine Käthe die vier ungarischen Gulden in Ihrem Brief empfangen, und bedanken uns beide gegen Euch aufs freundlichst. So hab ich Herr Michael Stiefel das Sein auch zugestellt, des Widerschrift ich alle Stund warte. Das auch Euer Schrift meldet und begehrt, die funfhundert Gulden, so Ihr fürhabt anzulegen an arme Gesellen, so in der Heiligen Schrift studiern etc., hab ich mit Magistro Philippo sampt andern meinen guten Herrn und Freunden fur das beste angesehen, weil es an solch nötig nutzlich Werk soll angelegt werden, daß es auf Zins würde ausgetan, damit es ewig und vielen möcht behilflich sein. Denn man zwo Personen jährlich mit solchen Zinsen ein gute Hülf tun kann, solang es gemerkt wird wohl angelegt sein, welche wir der Universität zu Wittenberg aufzusehen wollten befehlen. Demnach hab ich mit Fleiß geschrieben Herrn Lazaro Spengler, Syndico zu Nürnberg, daß er solch Gulden woll durch treue Händler (wie er wohl zu tun weiß) zu Linz lassen erfragen und zu sich nehmen, lauts Euer Handschrift, die ich ihm mit meiner Schrift (auf Wiederzuschicken) zugefertigt hab, daneben gebeten, daß er förderlich dazu tun wollt, damit es auf dem Rathause zu Nürnberg möcht aufgenommen und verschrieben werden, welchs am allergewissesten wäre, wo nicht, daß ers zu mir schicket und anderswo angelegt würde. So nun Euch diese Meinung gefiele, so wäre die Sach schlecht. Ich will für meine Person dazu tun das beste, so ich immer mag, und bin froh, daß Gott Euer Herz bewegt hat, solch gut Herz in Christo zu bedenken. Denn leider jetzo auch bei uns, da doch Gottes Wort bis zu Überdruß reichlich gepredigt wird, solcher Gnade wenig oder gar nichts scheinet, sondern vielmehr das Widerspiel, daß sie ihre arme Pfarrherr schier erhungern, beide, die vom Adel, Baur, und ist jedermann zu rauben geneigt mehr denn zu helfen. Aber es muß vielleicht das Sprichwort wahr werden: Je mehr Ruhm, je ärger Christen, und das Matth. am XI. Christus sagt, Es werde die Königin aus Saba auftreten am Jüngsten Tag und das Volk verklagen, denn sie vom Ende der Welt etc. Demselben unsern lieben Herrn Jesu Christo befehle ich Euch sampt allen den Euren in seine reiche Gnade, Amen. Dornstags nach Okuli MDXXXII.

Martinus Luther D.

An Valentin Hausmann

[Wittenberg] 24. Juni 1532

Gnad und Fried in Christo, unserm Herrn! Mein lieber Valten, ich hab Euer Beschwerung des Schreckens halben vernommen, aber Ihr sollet darüber nicht sehr sorgen; denn Gott ist wunderbarlich an uns, daß uns allezeit böse und schädlich deucht, das uns doch sehr nützlich ist, ob wirs wohl nicht verstehen. Wer weiß, was vielleicht ärgers wäre aus Euch worden, wo Euch Gott nicht hätte also in die Zucht gefasset und in seiner Furcht erhielte! Darumb sollt Ihr beileib nicht ungeduldig drüber sein, ob Ihr nicht bald so starken Glauben habt. St. Paulus spricht Röm. 14 und 15, daß die Schwachgläubigen nicht verworfen sind. Er ist nicht ein solcher Vater, der kranke und unreine Kinder wegwerfe; er behielte sonst keine. Darumb sollet Ihr also sagen: Lieber Vater, gefällt es dir also, mich zu züchtigen, so will ichs gerne haben; dein Wille geschehe, verleihe mir also Geduld.

Zum andern weiß ich nicht, wie Ihr Euch dagegen stellet; denn Ihr sollet Gott anrufen und beten, sonderlich zur Zeit, wenn Ihr fühlet, daß es kömmet, sollet Ihr niederfallen auf die Knie, gen Himmel rufen, und ob Euch das Gesetz nicht wollt schmecken und deucht Euch umbsonst und zu kalt sein, so laßt darumb nicht abe; tut einen starken Stoß und betet deste stärker, je mehr es Euch verloren sein deucht. Denn Ihr müßt hie lernen kämpfen und nicht stillhalten und zusehen oder leiden, was das Schrecken fürgibt, bis es aufhöre von ihme selber; sonst würde es je länger je stärker. Ihr müßt mit Gewalt beten und dawider rufen, auch mit hellen Worten das Vaterunser schreien. Denn es ist vor allen Dingen in Euer Herz zu fassen, daß Ihr ja nicht zweifelt, es sei vom Teufel; denn Gott will widerstanden haben und darumb solches verhänget, daß er stark Gebet hören und helfen will.

Zum dritten, wenn Ihr ja nicht wohl beten könnet, so lasset Euch etwas aus den Psalmen oder Neuen Testament lesen mit klarer Stimm und höret demselbigen zu. Denn Ihr müßt Euch gewehnen in solcher Zeit, daß Ihr Euch nicht mit dem Unglück zerret nach eigenen Gedanken ohne Gottes Wort, daß Ihr wollet harren, bis es selbs ablasse, sondern gedenkt, daß Ihr das Gebet und Gottes Wort zur selbigen Zeit lauter höret. Wiewohl Ihr auch außer solcher Zeit solchs nicht lassen sollet, wenn Ihr könnet, daß Ihr dawider betet. So wird es (ob Gott will) mit der Zeit besser werden. Denn ohne Gottes Wort ist uns der Feind zu stark; aber beten und Gottes Wort kann er nicht leiden. Hiemit seid Gott befohlen, Amen. Geben am Tage Joannis Baptistä, Anno 1532. Martinus Luther.

An Martin Lodinger

Wittenberg, 27. August 1532

Dem ehrsamen und weisen Martin Lodingern zu Gastein, meinem guten Freund.

Fried in Christo! Mein lieber Freund! Wider Gewalt ist kein Rat. Weil Ihr nun wisset, daß es recht sei, das Sakrament ganz und nicht halb zu empfahen, so möget Ihrs mit gutem Gewissen nicht halb empfahen; ist wegerer, Ihr entbehret sein ganz und gar und behelfet Euch dieweil mit dem Glauben und Begierde zum ganzen Sakrament, welches heißt geistliche Empfahung. Wöllt Ihrs aber je auch leiblich ganz empfahen und Euere Obrigkeit will nicht, so müsset Ihr das Land räumen und anderswo suchen, wie Christus sagt: Fliehet in eine andere Stadt, wo sie Euch in einer verfolgen. Sonst ist hie kein ander Rat. Befehle Euch hiemit in die Genade Christi, Amen. Zu Wittenberg, Dienstags nach St. Bartholomäus 1532.

Doct. Mart. Luther.

An aus Leipzig ausgewiesene Evangelische

[Wittenberg] 4. Oktober 1532

Meinen lieben Herren und Freunden in Christo N. und N., so itzt zu Leipzig umb Christus willen vertrieben werden sollen, sämptlich und sonderlich.

Gnade und Friede in Christo! Sonst ist doch kein Friede, bis der Herr selbs komme und den Feind des Friedes stürze.

Meine lieben Herren und Freunde in Christo! Es hat mir Wolf Bräunlein Euer aller Supplikation, an Euren gnädigen Herren gestellet, gezeigt, welche mir fast wohl gefället und sehe gern, daß Ihr dem Teufel zwo Kerzen anzündet. Denn solchs bringet Euch deste größeren Glimpf und dem storrigen Kopf größern Unglimpf und Unfall.

Wue es nicht sein will bei dem ungelenken Mann, und nicht zu heben ist ein Zeugnis von H. G. Eures redlichen Wandels, so habt Ihr doran mehr dann gnug, daß beide, Gott und die Welt, auch H. G. eigen Leute zeugen, daß Ihr christlich und allein umb Christus willen solchs tut und leidet. Dann es weiß jedermann, daß Euch H. G. umb keiner andern Ursach willen angreifet, sonderlich itzt, weil alle Welt weiß, daß uns Lutherischen der Kaiser Friede gegeben hat; welchs den elenden Kopf betrübet hat. Aber halt fest: Christus hebt an zu regieren und will des Spiels ein Ende machen.

Unter unserm Fürstentumb hats freilich kein Not, daß Euch jemands sollt etwas aufrücken oder im Handel hindern, weil unser gnädiger Herr bleibt bei dem Bekenntnis, so ausgangen ist. Darumb bitt ich, gebt dem tollen Kopf nur gute Wort und vergebt nichts; wie Ihr dann itzt fein tuet in dieser Supplikation. Hilfts, so hilfts; hilfts nicht, so schadets nicht, jo fördert Euch vor Gott. Der wird den Teufel und die Seinen balde finden. Es heißt: Ich bin ein Gott der Elenden und kenne die Hoffärtigen von fern.

Seid getrost, lieben Freunde, es muß sauer vorher gehen, ehr das Lachen kommet. Dulcia non meminit, qui non gustavit amara. Ante gloriam conteritur cor. Gott der Vater stärke Euch durch seinen reichen Geist in Christo Jesu und nicht in H. Georgen. Dann Christus lebet, und H. G. stirbt, das ist gewiß und wird sich bald beweisen, Amen. In die S. Francisci 1532. D. Martinus Luther.

An Hans Löser

[Wittenberg] 29. Januar 1533

Dem gestrengen, ehrenfesten Hans Lösern, Erbmarschalln zu Sachsen, meinem gst. Herren und freundlichen lieben Gevatter.

Gnad und Fried in Christo! Gestrenger, ehrenfester, lieber Herr und Gevatter! Wie ich nächst gebeten, so bitte ich abermals umb unsers Herren Christi willen, Ew. Gestr. wollen sich demütigen, Gott zu Ehren und meinem jungen Sohn, den mir diese Nacht Gott bescheret hat von meiner lieben Käthen, förderlich und hülflich erscheinen, damit er aus der alten Art Adams zur Wiedergeburt Christi durch das heilige Sakrament der Taufe komme und ein Glied der heil. Christenheit werden möchte, ob vielleicht Gott der Herr einen neuen Feind des Papsts oder Türkens an ihm erziehen wollte. Ich wollte ihn gerne umb Vesperzeit lassen taufen, auf daß er nicht länger ein Heide bleibe und ich desto sicherer würde. Ew. Gestr. wolle sich unbeschweret hereinfinden und solch Opfer Gott zu Lob helfen vollbringen. Womit ichs wüßte zu verschulden, bin ich willig und bereit. Hiermit Gott sampt den Eurigen befohlen. Amen. In der Nacht umb 1 Uhr Mittwochs nach S. Pauli, Anno 1533.

Ew. Gestr. williger Diener Martinus Luther.

An Fürst Johann von Anhalt

[Wittenberg] 28. März 1533

Dem durchleuchtigen, hochgebornen Fursten und Herrn, Herrn Johanns, Fürst zu Anhalt, Grafen zu Askanien, Herrn zu Bernburg, meinem gnädigen Herrn.

Gnad und Friede in Christo! Durchleuchtiger, hochgeborner Fürst, gnädiger Herr! Es hat mir Magister Nikolaus Hausmann, E. F. G. Prediger, angezeigt, wie E. F. G. von Herzen dem Evangelio geneigt und doch scheu wird, vielleicht nicht allein aus voriger Gewohnheit, sondern auch durch etlicher großen Fürsten Schreiben und Abfuhren. Nu ists ja die Wahrheit, daß solche zwei Stuck (alte Gewohnheit und gegenwärtige großer Leute Anfechtung) wohl stärker Christen, weder E. F. G. vielleicht sind, heftiglich bewegen. Aber gleichwohl mussen wir ja lernen mit der Zeit (ob wirs schwind und plotzlich nicht tun konnen), daß Christus mehr ist, und Gott der Vater will ihn uber alles gehoret haben. Es mag ein Concilion oder Papst den Heiligen Geist haben und durch sein Eingeben etwas ordenen etc. Aber Christus hat ja auch keinen Teufel (Joh. 8), ich will schweigen, daß er den Heiligen Geist ohn Maß hat (Joh. 1), so doch alle heiligen Apostel, Propheten, Kirche, Concilia mussen des Heiligen Geists nur ein Teil und Erstling haben, Ro. 8; 1., Kor. 12. Wenn nu alle Propheten, Apostel, Kirche, Concilia etwas setzten und Christus daruber oder wider setzte, so sollt ja Christus, als der den Geist ohn Maß hat, ja selbst austeilet, mehr gelten denn seine Heiligen, die ihm so tief ungleich den Heiligen Geist nicht geben, sondern zum Teil empfahen mussen. Darumb bitte ich den Vater aller Barmherzigkeit, er wollte E. F. G. allein das einige Stück lernen lassen und wohl bedenken, daß Christus und sein Wort hoher, großer, mehr und gewisser ist denn hunderttausend heilige Väter, Concilia, Kirchen, Päpste etc. Denn sie heißen in der Schrift alle Sünder und irrige Schaf, Ps. 118. Darumb sei E. F. G. kecke und furchte sich nicht fur der Welt Regenten. Christus ist großer denn alle Teufel, viel mehr auch denn alle Fursten. Demselbigen befehl ich E. F. G. in seine Gnade und Barmherzigkeit, Amen. Freitag nach Lätare 1533.

E. F. G. williger D. Martinus Luther.

An den Rat zu Bremen

Wittenberg, 14. September 1533

Gnad und Fried! Ehrbarn, ehrsamen, weisen, liebe Herren! Ich hab Euer Ordnung durch Euern gesandten Prediger sampt den Unsern empfangen und vernommen, welche uns fast wohlgefället. Christus unser Herr gebe Gnad dazu, daß sie Frucht bringe aufs allervollkommlichste, Amen. Sie haben mich auch gefraget umb die Strafe, so man bisher gewohnet uber die Ubeltäter zu brauchen; darauf ich geantwortet, als ich hiemit schreibe, daß Ihr Euers herkommenden Rechts und Gewohnheit sollet brauchen, es sei Diebe henken oder Mörder köpfen etc. Denn solche Weise und Gerichte wollen wir nicht wenden, ohn daß wir raten, wo die Sachen zu gering sind, dem gestrengen Rechte und Schärfe nicht zuviel folgen; denn es auch zu hart ist, umb einen Ort vom Gülden zu henken, wie oft geschehen, so man wohl anders strafen mag.

Zum letzten bitte ich Euch, dieweil Euch Gott so treue Prediger bescheret, Ihr wollet trachten und denken, daß sie bei Euch bleiben können. Das kann aber nicht sein, wo sie nicht ziemliche Unterhaltung haben. Ihr sehet, wie die Rottengeister sich eindringen, welchen man gnug gibt und geben muß. Ihr habt feine Männer, Gott helfe, daß sie bei Euch bleiben. Hiemit Gott befohlen, Amen. Geben zu Wittenberg, am Sonntage [nach] Nativitatis Mariae, Anno 1533.

Martinus Luther D.

An den Rat zu Kitzingen

[Wittenberg] 20. Januar 1534

Den ehrsamen, fürsichtigen Herrn Bürgermeister und Rat zu Kitzingen, meinen günstigen Herrn und guten Freunden.

G. u. Fried in Christo! Ehrsame, fürsichtige Herrn und Freund! Wie Euer Bitt gewest ist, also habt Ihr ihne, Euern Pfarrer Herrn G. Schmalzing. Aber weil der Weg fern und die Zehrung ihm schwer, bitt ich, wollet ihm förderlich sein, weil er doch in Eurn Dienst zeucht und niemand auf sein eigen Kosten dienen kann noch soll, wie St. Paulus lehret. Mit Kaplänen und sonst wie es zustehet wird er Euch wohl berichten; denn die Personen dünn und seltsam werden. Hiermit Gott befohlen, Amen. 1534 die Fabiani.

Martin Luther D.

An Johann Rühel

[Wittenberg] 25. Januar 1534

Dem achtbaren, hochgelahrten Herrn Johann Rühel, beider Rechte Doctor, meinem günstigen Herrn und lieben Gevatter.

Gnad und Fried in Christo! Achtbar, hochgelahrter, lieber Herr und Gevatter! Magister Philippus will nichts schriftlich dem Herzheimer anzeigen und hat seine Ursachen. Ich achte aber, Euer Früchtlin und Kräutlin zu Halle hat nu ausgeheuchelt und lange genug den Baum auf beiden Achseln getragen, wird nu seiner Nesselart sich fleißigen, das Frömmichen. Darumb ist Herzheimer zu raten, daß er beizeit und mit Ehren ausreiße. Der Teufel gläube dem Schörlinge und Pfaffen mehr, wie Ihr mich doch oft mit ihm betrogen habt. Gott helf mir, ich will der Winkelmesse mehr Volks und Rüstunge nachschicken und den Teufel vollend wohl erzörnen. Es wäre wohl der erste Zorn der beste gewest. Aber Ihr seid einer gewest, der es hat helfen hindern. Nicht mehr, denn hiemit Gott befohlen, Amen. Meine Käthe grüßet Euch freundlich. Grüßet mir Euer Fleisch und Blut! Alles, was ich Herzheimer dienen kann und weiß, habt Ihr mich willig und bereit. 1534, den 25. Januar.

Martinus Luther D.

An Kurfürst Johann Friedrich von Sachsen

[Wittenberg] 11. März 1534

Dem durchleuchtigsten, hochgebornen Fürsten und Herrn, Herrn Johanns Friedrich, Herzogen zu Sachsen, des h. Romischen Reichs Erzmarschalk und Kurfürst, Landgrafen in Thüringen und Markgrafen zu Meißen, meinem gnädigsten Herrn.

Gnad und Friede in Christo! Durchleuchtigster, hochgeborner Furst, gnädigster Herr! Es ist bei mir itzt gewest der Pfarrherr zu Zwickau, Magister Lenhard [Beyer], und mich gebeten, weil etliche gute Herrn zu Hofe, als der Herr von Wildenfels und Doctor Christianus [Beyer], Kanzler etc., ihnen vertrostet, sie wollten treulich helfen bei E.K.F.G. bitten, ob ihm der Häuser eines zu Zwickau der Priester, so verledigt oder verledigt werden, fur sein Weib und Kindlin mocht von E.K.F.G. gegeben werden, weil er doch nichts mehr kann hinter sich lassen, als der zu dieser Zeit nicht kann Schätze sammlen, denn von der Hand in den Mund. Weil er denn so gute Freunde hat zu Hofe, die sich erboten, wo ich an E.K.F.G. fur ihnen schreiben wurde, sie wollten auch gut Zeugnis geben und ihn fordern. So bin ich zuvor wohl an ihm, als der unter mir aufgewachsen und mir bekannt, daß ers wert ist, und solche Häuser doch müssen ausgetan werden. So bitte ich untertäniglich fur ihnen, wo es E.K.F.G. nicht beschwerlich, ihm gnädiglich der Häuser eines zuwenden. Er ist doch ja der besten und frommesten Pfarrherr einer, das weiß ich, so viel muglich ist zu wissen. E.K.F.G. werden sich wohl wissen gnädiglich zu erzeigen. Christus, unser Herr, stärke und weise E.K.F.G. seliglich, Amen. Mittwochens nach Okuli 1534.

E.K.F.G. untertäniger Mart. Luther D.

An Nikolaus Hausmann

[Wittenberg] 21. März 1534

Dem ehrwürdigen Mann in Christo, Herrn Magister Nikolaus Hausmann, dem getreuen Diener des Wortes zu Dessau, seinem geliebten Bruder.

Gnade und Friede in Christo! Deine Ordnung [des Gottesdienstes], mein bester Freund, habe ich gelesen und Magister Forchheim meine Meinung dazu gesagt, nämlich, daß es mir nicht ratsam erscheint, jene zu drucken und öffentlich zu verbreiten. Denn schon lange reut uns, daß unsere Neuordnung gedruckt wurde, weil damit allen anderen ein Beispiel gegeben wurde, die ihrige auch drucken zu lassen. Und so ist nunmehr zum einen die Vielfalt, zum anderen die Anzahl der Zeremonien ins unermeßliche gewachsen, so daß wir in kurzer Zeit die den Meeren und der Wildnis [gleichende Fülle] der papistischen Zeremonien weit übertreffen werden. Vielmehr schlage ich folgendes Verfahren vor, daß Dein Exemplar einbehalten und den Pfarrern schriftlich mit einfachen Worten artikelweise mitgeteilt wird, was und wieviel sie zur Zeit beachten müßten. Wie unter dem Papsttum die (wie man sagt) göttliche Ordnung fortgesetzt wurde, so sollten sich die Zeremonien allmählich durch den Gebrauch und die Sache selbst festigen, ohne Überliefertes und Geschriebenes oder Gedrucktes. Weiterhin ist es notwendig, daß diese in möglichst großer Übereinstimmung mit uns und anderen Nachbarn befolgt werden, damit wir den Papisten und Irrlehrern nicht selbst das Maul öffnen, unsere (wie sie vorgeben) unterschiedlichen Ordnungen anzubellen und zu verleumden. Davon wird M. Georg [Helt] ausführlicher berichten. Ihn mögest Du bitte für entschuldigt halten. Durch meine Schuld antwortet er Dir säumiger, er war ein sehr gewissenhafter Betreuer. Aber durch eine Schwäche des Kopfes, die ich bei diesem Frühlingswetter nicht reizen möchte, werde ich vor dem Frühstück am Schreiben gehindert.

Der Herr Jesus sei mit Dir, und Deinen vortrefflichen Fürsten entbiete ich meine geringen Gebete zum Herrn. Denn ihre reine, aufrichtige und ernsthafte Liebe zu Christus erfreut mich so sehr, daß ich es nicht auszusprechen vermag. Unser so lieblicher Christus bewahre und vermehre ihren Glauben durch den rechten, heiligen und vollbereiten Geist, Amen. Bete für mich und lebe in Christo wohl! 1534. Zur Vigil des Sonntags Judika. D[ein] Martin Luther.

An Dorothea Jörger

Wittenberg, 27. April 1534

Gnad und Fried in Christo! Ehrbare, tugendreiche Frau! Ich füge Euch zu wissen, daß Gott Lob Euer Almosen sehr wohl angeleget ist und viel Armen geholfen hat und noch hilft, daß ich nicht kann zweifeln, Gott, der es Euch zu tun hat eingegeben, der zeige auch an öffentlich, daß ers ihm lasse wohlgefallen als ein liebes Dankopfer, damit Ihr bekennet und preiset die Gnade, so er Euch durch seinen lieben Sohn Jesum Christum erzeiget hat. Gott stärke Euch im festen Glauben und verbring in Euch sein angefangen Werk seliglich, Amen. Ich habs selbst nicht gewußt, hätte es auch nicht geglaubt, daß in dieser geringen Stadt und armen Schule so viel frommer, geschickter Gesellen gewest wären, die durchs Jahr Wasser und Brot gezehret, Frost und Kälte gelitten, auf daß sie in der Heil. Schrift und Gottes Wort möchten studieren, welchen Euer Almosen ein großer Labsal und Erquickung ist worden. Ich habs schon über die Hälft ausgespendet und Schrift und Handzeichen empfangen, daß es redlichen Gesellen und keinen losen Buben worden ist. Solches hab ich Euch nicht wollen verhalten, damit Ihr wissen möget, wie es mit Euerm Gelde gehe und stehe. Dem Andresen habe ichs meisten vor andern gegeben, zumal 10 fl., und denn wieder 10 fl.; und die andern mit 2, 3 und 4 fl., darnach sichs hat mit Rat guter Freunde leiden wollen, und sind alle fröhlich und dankbar. Zum Wahrzeichen schickt man Euch, durch Michel Stiefel bestellet, dieses Büchlein eingebunden, welchem ich, weil er itzt ohne Pfarr hat müssen sein, 10 fl. gegeben, und er Euch sehr läßt grüßen. Christus mit Euch und allen den Euern, Amen. Montag nach Jubilate 1534.

Martinus Luther D.

An Fürst Joachim von Anhalt

Wittenberg, 23. Mai 1534

Gnade und Friede in Christo! Durchleuchtiger Fürst, g. Herr! Mir hat Magister Nikolaus Hausmann angezeigt, wie E. F. G. etwas schwach gewest, aber doch nu Gott Lob wiederumb zupaß worden. Mir fället aber oftmals ein, wie E. F. G. ganzer Stamm fast ein eingezogen, still, löblich Wesen geführet, daß ich zuweilen denke, es möcht auch wohl die Melancholia und schwere Gemüte oft Ursach sein zu solchen Schwachheiten. Darumb wollt ich E. F. G. als einen jungen Mann lieber vermahnen, immer fröhlich zu sein, zu reiten, jagen und ander guter Gesellschaft sich fleißigen, die sich göttlich und ehrlich mit E. F. G. freuen können. Denn es ist doch ja die Einsamkeit oder Schwermut allen Menschen eitel Gift und Tod, sonderlich einem jungen Menschen. So hat auch Gott geboten, daß man solle fröhlich fur ihm sein und will kein trauriges Opfer haben, wie das im Mose oft geschrieben stehet und Ecclesiastes 12: Freu dich, Jüngling, in deiner Jugend und laß dein Herz guter Ding sein! Es gläubt niemand, was Schaden es tut, einem jungen Menschen Freude wehren und zur Einsamkeit oder Schwermut weisen.

E. F. G. haben den Magister Nicolaum Hausmann und andere mehr, mit denen seien sie fröhlich; denn Freude und guter Mut (in Ehren und Züchten) ist die beste Erzenei eins jungen Menschen, ja aller Menschen. Ich, der ich mein Leben mit Trauren und Saursehen habe zubracht, suche itzund und nehme Freude an, wo ich kann. Ist doch itzt gottlob so viel Erkenntnis, daß wir mit gutem Gewissen können fröhlich sein und mit Danksagung seiner Gaben brauchen, dazu er sie geschaffen und Wohlgefallen dran hat.

Habe ichs nicht troffen und hiemit E. F. G. Unrecht getan, wollen E. F. G. mir den Feil verzeihen gnädiglich. Denn ich furwahr denke, E. F. G. möchte zu blöde sein, fröhlich sich halten, als wäre es Sünde; wie mir oft geschehen und noch wohl zuweilen geschieht. Wahr ists, Freude in Sünden ist der Teufel, aber Freude mit guten, frommen Leuten in Gottesfurcht, Zucht und Ehren, ob gleich ein Wort oder Zötlin zuviel ist, gefället Gott wohl.

E. F. G. sein nur immer fröhlich, beide, inwendig in Christo selbs und auswendig in seinen Gaben und Gütern. Er wills so haben, ist drumb da und gibt darumb uns seine Güter, sie zu gebrauchen, daß wir sollen fröhlich sein und ihn loben, lieben und danken immer und ewiglich.

Schwermut und Melancholia wird das Alter und andere Sache selbs wohl uberflüssig bringen. Christus sorget fur uns und will uns nicht lassen. Dem befehl ich E. F. G. ewiglich, Amen. Am Pfingstabend zu Wittenberg, im 1534.
E. F. G. williger D. Martinus Luther.

An den Rat zu Regensburg

[Wittenberg] 30. Juni 1534

Gnade und Friede in Christo! Ehrbarn, fürsichtigen, lieben Herrn! Es dunkt mich wohl selbs frembd gnug, daß ich an E. F. zu schreiben mich unterwinde. Es haben aber so viel guter Leute mich vermocht, daß ichs nicht hab konnen lassen. Bitte gar fleißig, wollets mir zugut halten und gonstiglich vernehmen. E. F. sehen und erfahren täglich (wie wir auch leider), wie der bose Feind allenthalben seine Rotten, Wiedertäufer oder (wie Christus sagt) falsche Propheten und falsche Lehrer erweckt und viel Land und Leute in Jammer und Not fuhret (Gott wollte Euer Stadt dafur behuten). Ich kann und will auch nicht bitten, daß E. F. sollten unser Lehre und Weise annehmen. Aber da bitte ich umb, daß E. F. ein ernst Auge darauf haben wollten, daß nicht Rottengeister in Euer Stadt wurzeln; denn es darf Aufsehens, wahrlich und abermal wahrlich, der Teufel ist zornig und listig uber alle Maße, daß kein Aufsehens zuviel ist. Er hat in zwei Jahren oder dreien Städte erschlichen mit Rottengeister, der ich sicherer bin gewest, denn ich Eur Stadt bin. E. F. fleißige, der Prediger zu bekommen, so das Euangelion oder Heilige Schrift mit Stille und Ruge lehren, so werden sie nicht irren, und Gott wird Gnade dazu geben. Unser Konfession zu Augsburg ist gut dazu und so rein, daß auch unser Feinde sie mussen loben und Kai. Mt. aufs Concilium unverdampt geschoben hat, welchs ja ein Zeichen ist, daß sie recht sei. Aber solchs schreibe ich, daß E. F. das Euangelion fordern bei Euch wohl konnen, ob unser und unser Konfession und Lehre als Lutherischen Namens geschwiegen wurde, sondern aus dem Text der Schrift den Leuten furgepredigt, daß sie lernen, es sei Christus und seiner Propheten und Apostel selbs Lehre und unter derselben Namen (ohn aller Menschen Namen) geruhmet wurde, wie sie sich denn also finden läßt in den Evangeliis und

Episteln S. Pauli. Aber ich kann nicht mehr, denn daß ich bitte den Vater aller Gnade und Barmherzigkeit, wollte Euch den Geist seiner Gnaden geben, ernstlich zu trachten nach dem Wort seiner Wahrheit, und auch dazu helfen. Zu solchem Gebet bewegt mich die Sorge, so mir machen (wie obgesagt) solch fährliche Zeit und der große Zorn des Teufels, dagegen wir alle zu sicher schlafen und etliche bereit verschlafen haben. Gott helf ihnen wieder zurecht, Amen. Hiemit Gott befohlen, der Euch ein selig, friedlich Regiment gebe und erhalte, Amen. Dienstags nach Petri Pauli 1534.

E. F. williger Martinus Luther D.

An Katharina Luther

[Dessau] 29. Juli 1534

Meinem freundlichen, lieben Herrn, Frau Katherin von Bora, D. Lutherin zu Wittenberg.

G. u. Fried in Christo! Lieber Herr Käthe! Ich weiß Dir nichts zu schreiben, weil M. Philipps sampt den andern selbs heimkommen. Ich muß länger hie bleiben umb des frommen Fursten willen. Du magst denken, wie lange ich hie bleiben werde oder wie Du mich los machest. Ich halt, Magister Franciscus wird mich wieder los machen, wie ich ihn los gemacht habe, doch nicht so balde.

Gestern hatte ich ein bosen Trunk gefasset. Da müßt ich singen: Trink ich nicht wohl, das ist mir leid, und täts so rechte gerne. Und gedacht, wie gut Wein und Bier hab ich daheime, dazu eine schone Frauen oder (sollt ich sagen) Herren. Und Du tätest wohl, daß Du mir heruber schicktest den ganzen Keller voll meins Weins und eine Pfloschen Deines Biers, so erst Du kannst, sonst komme ich fur dem neuen Bier nicht wieder. Hiemit Gott befohlen sampt unser Jungeren und allem Gesinde, Amen. Mittwochens nach Jakobi 1534.

Dein Liebchen Mart. Luther D.

An Johann Agricola

[Wittenberg] 7. September 1534

Gnade und Friede! Du hast uns einen Gefallen getan, mein lieber Agricola, daß Du uns den Brief des Cochläus geschickt hast. Obgleich wir genau wissen, weil wir aus dem Geiste heraus urteilen, daß diese vom Satan besessen sind und immer solches und noch vieles mehr erdenken und im Schilde führen, ist es dennoch trefflich, daß sie sich durch ihre eigene Aussage verraten. Wir werden diesen Brief mit Randbemerkungen veröffentlichen, weil er nicht durch List zu uns gekommen, wie seinerzeit mein Brief von Herzog Georg, sondern durch das Wehen des Windes zu uns gelangt ist. Vor Hunger kann ich nur wenig schreiben. Grüße alle Unsrigen, vor allem Deine Elsa mit dem Kindlein, sowohl von mir als auch von meiner Käthe, die mit dem vierten Söhnlein, wie ich glaube, schwanger geht. 1534. Die Vigil zu Nativitatis Mariä. D[ein] Martin Luther.

An Landgraf Philipp von Hessen

Wittenberg, 17. Oktober 1534

Dem durchleuchtigen, hochgebornen Fursten und Herrn, Herrn Philippsen, Landgrafen zu Hessen, Grafen zu Katzenelnbogen, Dietz und Ziegenhain etc., meinem gnädigen Herrn.

Gnad und Friede Gottes in Christo! Durchlauchtiger, hochgeborner Furste! Ich habe E. F. G. Schrift entpfangen, darinne E. F. G. begehren, ich solle die Sachen des Sakraments halben in christlich und treus Bedenken nehmen, domit ein beständig Einigkeit mocht werden zwischen uns und den oberländischen Predigern etc. Nun wissen E. F. G. ja wohl, daß ich freilich auch allzeit uffs hochst begehret, Einigkeit zu haben, weil mir vordrießlich (und dem Reich Christi schädlich) gnug ist der ubermachte Trotz der Papisten, so durch solich Uneinigkeit also gestärkt, daß er ane das längst wohl wäre demutiger worden. Wenn nun E. F. G. bei Herr M. Bucer und den Seinen erlangen, wes sie doch hierinne gesinnet wären, zu tun und zu geben ader nicht, wollt ich doch ja auch, was ich immer fur mein Gewissen räumen mocht, gerne mich finden lassen. Lieber Gott, ich komme schwerlich zu den Sachen, die nicht ich, sondern andere angefangen, und mich dunkt, daß unter ihnen selbs, den oberländischen Predigern, wenig sind, die auch dem Bucero folgen und hernach vielleicht wider beide sollten schreien. Mein Herz ist nicht liebers denn eine beständige Einigkeit, wue es aber sollt im Grund gebrechlich und ungewiß sein, so ist doch der Bau feilschlachnis und vorlorn. Was E. F. G. hierinne helfen und raten kann, bitte ich umb Gottes Willen, wollen vorfahren. Kann ich etwas tun wider die Morder und Bluthunde, die Papisten, die doch nit konnen noch wollen aufhoren, sie haben den Christum vorstoret oder selbs dornieder liegen, so feilets ja nicht und soll nit feilen an meinem armen Gebet, Tun, Leiden, Reden und Schreiben. Christus unser Herre stärke E. F. G. zu tun sein Willen zu Gnaden seiner Kirchen, zum Zorn uber die Papisten. Amen, Amen. Datum Wittenb[erg], Sonnabend nach Galli Anno Domini M. D. XXXIIII. E. F. G. williger M. Luther D.

An Hans Kohlhase

[Wittenberg] 8. Dezember 1534

Gnad und Fried in Christo! Mein guter Freund! Es ist mir furwahr Euer Unfall leid gewesen, und noch, das weiß Gott; und wäre wohl zuerst besser gewesen, die Rache nicht furzunehmen, dieweil dieselbe ohne Beschwerung des Gewissens nicht furgenommen werden mag, weil sie ein selbs eigen Rache ist, welche von Gott verboten ist, Deut. 32; Röm. 12: Die Rach ist mein, spricht der Herr, ich will vergelten etc., und nicht anders sein kann. Denn wer sich darein begibt, der muß sich in die Schanz geben, viel wider Gott und Menschen zu tun, welchs ein christlich Gewissen nicht kann billigen.

Und ist ja wahr, daß Euch Euer Schaden und infamia billig wehe tun soll und schuldig seid, dieselbige zu retten und erhalten, aber nicht mit Sunden oder Unrecht. Quod iustum est, iuste persequeris, sagt Moses; Unrecht wird durch ander Unrecht nicht zurechtbracht. Nu ist Selbsrichter sein und Selbsrichten gewißlich unrecht, und Gottes Zorn läßt es nicht ungestraft. Was Ihr mit Recht ausführen moget, da tut Ihr wohl. Könnt Ihr das Recht nicht erlangen, so ist kein ander Rat da, denn Unrecht leiden. Und Gott, der Euch also läßt Unrecht leiden, hat wohl Ursach zu Euch. Er meinet es auch nicht ubel noch böse mit Euch, kann auch solchs wohl redlich wieder erstatten in einem andern, und seid drumb unverlassen.

Und was wollt Ihr tun, wenn er wohl anders wollt strafen, an Weib, Kind, Leib und Leben? Hie musset Ihr dennoch, so Ihr ein Christ sein wollt, sagen: Mein lieber Herr Gott, ich habs wohl verdienet, du bist gerecht und tust nur allzuwenig nach meinen Sunden. Und was ist unser aller Leiden gegen seins Sohns unsers Herrn Christi Leiden?

Demnach, so Ihr meines Rats begehret (wie Ihr schreibet), so rate ich, nehmet Friede an, wo er Euch werden kann, und leidet lieber an Gut und Ehre Schaden, denn daß Ihr Euch weiter sollt begeben in solch Fürnehmen, darin Ihr müsset aller der Sünden und Büberei auf Euch nehmen, so Euch dienen würden zur Fehde; die sind doch nicht fromm und meinen Euch mit keinen Treuen, suchen ihren Nutz. Zuletzt werden sie Euch selbs verraten, so habt Ihr denn wohl gefischet. Malet Ihr ja nicht den Teufel uber die Tür und bittet ihn nicht zu Gevattern, er kömmet dennoch wohl; denn solche Gesellen sind des Teufels Gesindlin, nehmen auch gemeiniglich ihr Ende nach ihren Werken.

Aber Euch ist zu bedenken, wie schwerlich Euer Gewissen ertragen will, so Ihr wissentlich sollet soviel Leute verderben, da Ihr kein Recht zu habet. Setzt Ihr Euch zufrieden, Gott zu Ehren, und lasset Euch Euern Schaden von Gott zugefüget sein und verbeißets umb seinetwillen, so werdet Ihr sehen, er wird wiederumb Euch segenen und Euer Erbeit reichlich belohnen, daß Euch lieb sei Euer Geduld, so Ihr getragen habt. Dazu helfe Euch Christus unser Herr, Lehrer und Exempel aller Geduld und Helfer in Not, Amen. Dienstag nach Nicolai 1534.

An Fürst Joachim von Anhalt

[Wittenberg] 17. Dezember 1534

Dem durchleuchtigen, hochgebornen Fursten und Herrn, Herrn Joachim, Furst zu Anhalt, Grafe zu Askanien und Herrn zu Bernburg, meinem gnädigen Herrn.

Gnad und Friede in Christo! Durchleuchtiger, hochgeborner Furst, gnädiger[!]! Es hat mir der allmächtige Gott von meiner lieben Käthen diese Stunde eine junge Tochter bescheret. Nu ich denn zuvor E. F. G. verheißen, zu bitten umb das christlich Ampt geistlicher Vaterschaft, demnach bitte ich umb Christus willen, E. F. G. wollten der Demut nicht beschweren und dem armen Heiden von seiner sundlichen todlichen Geburt zur neuen heiligen und seligen Wiedergeburt helfen und geistlicher Vater sein durch das heilige Bad der Taufe. Und weil es itzt kalt und fur E. F. G. Leib ungeschickt Wetter, will ich E. F. G. eigen Person gern verschonet sehen und E. F. G. heimgeben, ob Sie einen an Ihre Statt von Dessau oder von hinnen verordne. M. Philippus und M. Franciscus [Burkhard] ist nicht einheimisch.

Was E. F. G. gefället, werden Sie sich wohl wissen zu halten. Das wird Gott vergelten, und womit ichs wußte untertäniglich zu verdienen, bin ich schuldig und pflichtig. Morgens wollt ichs gern lassen täufen. Christus sei mit E. F. G. seliglich, Amen. Dornstags nach Luciä 1534.

E. F. G. williger Martinus Luther D.

An Kurfürst Johann Friedrich von Sachsen

[Wittenberg] 23. Dezember 1534

Dem durchleuchtigsten, hochgebornen Fursten und Herrn, Herrn Johanns Friedrich, Herzogen zu Sachsen und Kurfürsten etc., Landgrafen in Thüringen und Markgrafen zu Meißen, meinem gnädigsten Herrn.

Gnad und Friede in Christo etc.! Durchleuchtigster, hochgeborner Furst, gnädigster Herr! Ich hab E.K.F.G. Schrift sampt den Schriften H. Hansen zu Sachsen etc. empfangen und untertäniglich gelesen. Darauf ich E.K.F.G. eingelegter Zettel mein Antwort uberschicke. Bedanke daneben E.K.F.G. gnädigs Verschaffen meiner Parteken etc. Ich hoffe auch, Jesus Christus werde E.K.F.G. eingeben, sich nicht zu weit begeben mit Verheißungen gegen H. Georgen. Denn er ist, wie H. Friedrich sagt: Mein Vetter ist ein grober Mann, der ihm an keiner Antwort gnugen läßt, und mit solchen Kopfen allzeit der erste Zorn der beste ist. Sie lassen doch nicht ab. Hiemit Gott befohlen, Amen. Mittwochens nach S. Thomas 1534.

E.K.F.G. untertäniger Mart. Luther D.

Durchleuchtigster, hochgeborner Furst, gnädigster Herr! E.K.F.G. sind nach Gottes Gnad und Fried mein arm Gebet und schuldiger Dienst untertäniglich zuvor! Ich hab E.K.F.G. Schrift mit eingeschlossener Copey einer Schrift Herzog Hansen zu Sachsen etc. empfangen und darin fast wohl vernommen, wie hochgenannter Fürst mich gegen E.K.F.G. verklagt, als sollt ich S.F.G. Vater H. Georgen und dem Bischof zu Mainz mit erzähleten in der Schrift Worten zuwider geredt haben, wie das denn die Copey in die Länge vermeldet. Darauf E.K.F.G. von mir begehrn des alles Bericht und aus was Ursachen ich solchs getan etc.

Wo soll ich hin, gnädigster Herr? Lieb wäre mirs gewesen, daß hochgenannter Furst mich selbs hätte umb solche Rede lassen einen geringern dann den Kurfursten ansprechen oder anschreiben. Ich sehe E.K.F.G. nicht gern in solchen Sachen dienen. Denn es mich auch nicht ein wenig beschweren muß, daß solche hohe Fursten mich armen Mann gegen meinen Landsfursten, dem ich geschworen und diene, aus solchen fliegenden Reden ohn Siegel und Briefe, dazu ohn Zeugen, so grob und ungeschickt sollen angeben, dazu noch verklagen. Aber es soll vielleicht so sein, daß H. George und die Seinen mussen funf Zippel am Sack haben.

Demnach ist mein untertänige Bitte, E.K.F.G. wollten mein gnädiglich verschonen und keinen Bericht von mir begehren in solcher Sachen, nicht meinethalben, sondern H. Georgen halben. Denn ich mocht solch grobe ungeschickte Schrift H. Hans zu grob verantworten. Soll ichs aber tun und E. K. F. G. haben wollen, so will ichs weidlich und redlich tun und auf solche Schrift rechte Antwort geben. E. K. F. G. wissen, was ungewaschen grobe Stucke wir alle zumal vor dem Grimmaschen Tage haben mussen verdauen, so unter H. Georgen Namen und Wappen ausgangen. Ich hab sie vergeben, doch nicht vergessen. Wollt auch wahrlich, daß H. George die alten Wunden nicht aufrisse.

Ich halt, E. K. F. G. konnte nichts Bessers tun, denn ließe einen Befehl ausgehen, daß man in H. Georgen Landen sollte predigen, schreien und zu Leipzig getrost Bucher drucken zur Schmach dem Kurfursten zu Sachsen und daruber verbieten, daß man im Kurfurstentum nicht mußte mucken. Daran täten E. K. F. G. wohl gefallen nicht allein den Feinden, sondern auch vielleicht Amptleuten und Edlen, die von E. K. F. G. Gut leben.

Aber, gnädigster Herr und Furst, das ist die Summa: H. Hans, H. Georg, Bischof zu Mainz kann ich nicht zu Doctorn leiden, daß sie mich sollten lehren, wie ich reden solle. Denn ich weiß, daß sie es nicht konnen. Sind sie aber so trefflich und gar uberaus gelehret, so sitze ich hie zu Wittenberg und will ihrer Kunst gewarten. Und E. K. F. G. sei ja strenge und hart wider mich. Mein Recht will ich leiden, wo ich mich nicht verantworte. Soviel will ich diesmal E. K. F. G. zu untertänigen Bericht geben. Dem Bischof zu Hall will ich selber mit offentlicher Schrift (so mich Gott leben läßt) auch recht berichten, wenn ich schon keine Absolution sollte verdienen. Denn Christus wird sich nicht so leicht schrecken lassen, als die Heilige Kreatur Sanctiss. Leonis sich dunken läßt.

E. K. F. G. untertäniger Mart. Luth. D.

An Barbara Lißkirchen

[Wittenberg] 7. März 1535

Der ehrbarn, tugendsamen Frauen Barbara Lißkirchnerin zu Freiberg, meiner gonstigen, guten Freundin.

G. u. Fried in Christo! Ehrbare, tugendsame Fraue! Es hat mich Eur lieber Bruder, Hieronymus Weller, angezeigt, wie Ihr begierig des heiligen Sakrament beider Gestalt und bedenkt, obs muge in geheim zu Hause empfangen werden. Nu wiewohl auch im Papsttum solcher Brauch gewest, daß man Portatel in Häusern gehabt fur eigen Messe etc. Aber doch umbs Exempels und ander Ursachen willen will und kann ichs nicht raten, denn mit der Weile mocht es jederman so wollen brauchen, daß damit die gemeine Kirche und Versammlung verlassen und wust wurde, so es doch ein offentlich und gemein Bekenntnis soll sein. Könnt Ihrs sonst (wo es zu tun sein will) etwa holen und wollets wogen, weil Eur Gewissen das gern haben wollt und gewiß ist, so mugt Ihrs tun im Namen Gottes, dem ich Euch befehl mit meinem armen Gebet. 1535, Dominica Laetare.

Martinus Luther D.

An Anton Lauterbach

[Wittenberg] 27. Juni 1535

Dem wirdigen Herrn Antonio Lauterbach, zu Leisnig Prediger, meinem gunstigen guten Freunde und lieben Gevattern.

Gratiam et pacem in Christo. Ach, mein lieber Antoni, was soll ich den guten Leuten von Mittweida schreiben zu Trost, weil mein Schreiben denen, von Leipzig verjagt, mehr Schaden getan hat denn gefrommet. Es mocht denen von Mittweida auch so gehen, wo meine Schrift auskäme, wie es leichtlich geschehen ist umb solche gemeine Schrift. Tröstet Ihr sie mundlich auch aus meiner Begier, das beste so Ihr könnet! Es ist mir leid der unschuldigen Leute Elende und Marter. Mein lieber Herr Jesus Christus, umb des willen sie leiden, der tröste und stärke sie zu seinen Ehren und ihrer Seligkeit. Denn sie ja Christum bekennen, und ihr Leiden ein gewiß Zeugnus ist ihrer Seligkeit und der Tyrannen Verdammnus, wie St. Paulus sagt. Obs wohl wehe tut Fleisch und Blut, so ists doch soviel leichter, soviel gewisser, wir gläuben und hoffen, daß wir zu jenem Leben berufen sind, darüber wir solche Marter leiden und mitleiden. Ihr sehet, was der Pfaff zu Halle tut. Gott hat ihm den rechten Geist, den er und seinesgleichen haben sollen, gegeben; darauf frohlich zu hoffen ist, Gott wolle mit ihnen eilen und des Spiels ein Ende machen, Amen. Saget den guten Leuten mein armes Pater noster und treulichs herzlichs Mitleiden! Aber doch, daß Ihr diese Schrift nicht lasset gemein werden, damit die guten Herzen nicht zu großer und ander mehr mit ihnen in Beschwerung kommen. Meinethalben läge mir nichts daran, wann ich gleich noch ärger von H. G. schriebe; denn er sollt ja schier wissen, daß ich nach seinem tollen Kopfe nichts frage und ihm zu Recht allzeit gesessen und gewärtig bin. Hiemit Gott befohlen, Amen. Sonntags nach Ioannis Baptistae 1535.

An den Bürgermeister und den Rat zu Augsburg

[Wittenberg] 20. Juli 1535

Den ehrbarn, fursichtigen Herrn Burgermeister und Rat der kaiserlichen Stadt Augsburg, meinen gonstigen Herrn und lieben Freunden.

Gnad und Friede in Christo! Ehrbarn, fursichtigen, lieben Herrn! Ich hab Eur F. Kredenzbrief und darauf Doctor Gereons und Caspar Hubers Werbung empfangen, bin auch solcher guter Botschaft herzlich erfreuet. Gott, der Vater alles Trostes, Friedens und Einigkeit, sei gelobt in Ewigkeit und vollbringe solchs sein feines Werk zum seligen Ende bis auf jenen Tag, Amen. Und E.F. sollen sich trostlich zu uns allen versehen in Christo, daß wir hinfurt an uns keinen Mangel wollen sein lassen, sondern mit allem Willen und Vermugen solche liebe Einigkeit zu stärken und zu erhalten, weil wir (gottlob) merken, daß es bei den Euren rechter Ernst und uns damit ein schwerer Stein vom Herzen, nämlich der Argwohn und Mißtrau genommen, der auch nicht soll (ob Gott will) wieder draufkommen. Weiter wird E.F. Doctor Gereon wohl anzeigen, als dem wir unser ganzes Herz offenbart haben.

Wir haben auch fleißig umb Doctor Urbanum Rhegium geschrieben und hätten ihn gern Euch wieder heimgestellet, aber es ist nicht zu erheben gewest bei dem frommen Fürsten, wollen aber nicht unterlassen, uns umbzutun nach einem geschickten Mann, E.F. zuzufertigen. Denn E.F. und ganzer christlichen Gemeine und Stadt zu dienen, wollen wir willig erfunden werden in Christo, unserm Herrn und lieben Heiland, dem ich hiemit E.F. und ganze Stadt befehle, Amen. Dienstags nach Margarete 1535.

Martinus Luther D.

An Kurfürst Johann Friedrich von Sachsen

[Torgau?] 17. August 1535

Dem durchleuchtigsten, hochgebornen Fursten und Herrn, Herrn Johanns Friedrich, Herzogen zu Sachsen und Kurfurst, des H.R. Reichs Erzmarschalk, Landgrafen in Thüringen und Markgrafen zu Meißen, meinem gnädigsten Herrn.

G. u. Friede mit meinem Pater noster! Durchleuchtigster, hochgeborner Furst, gnädigster Herr! Ich bitte ganz untertäniglich und aufs hohest, E.K.F.G. wollten Magistro Philippo im Namen Gottes erläuben, in Frankreich zu ziehen. Zu solcher Bitte bewegen mich der ehrlichen, frommen Leute klägliche Schrift, so dem Feuer kaum entgangen sind und auf

M. Philipps Zukunft den Konig mit allem Fleiß dahin bracht, daß des Mordens und Brennens ein End worden ist. Sollt nu den guten Leuten ihr Trost feilen, mochten die Bluthunde Ursachen gewinnen, die Sachen mehr zu verbittern und mit Brennen und Würgen weiterfahren, daß ich acht, M. Philipps kann fast nicht wohl mit gutem Gewissen sie in solchen Noten lassen und sie ihres herzlichen, notigen Trosts berauben, an was Argwohns der Konig selbs und die Seinen schopfen wurden, vielleicht auch von uns allen, weil er auf M. Philipps Zusage so gnädiglich selbs schreibt und Botschaft schickt. E. K. F. G. wollten es auf Gottes Gnade die drei Monat M. Philipps wogen lassen. Wer weiß, was Gott tun will, welches Gedanken sind ja allzeit hoher und besser, denn die unsern. So wäre mirs auch fur meine Person leid, daß soviel frommer Herzen (die M. Philipps kläglich rufen und gewißlich sein warten) sollten betrubt werden, auch vielleicht viel andere bose Gedanken von uns fassen. Bitte derhalben noch einmal, E. K. F. G. wollten solche Bitte M. Philipps gnädiglich erhoren und nicht abschlahen. Unser Gebet ist ohn das E. K. F. G. für Gott täglich erboten, dazu auch in fleißigem Werk, derselbige stärke und leite E. K. F. G. mit seinem heiligen Geist zu seinem gnädigen guten Willen, Amen. Dienstags nach Assumpt[ionis Mariae] 1535. E. K. F. G. untertäniger Mart. Luther D.

An Gregor Brück

[Wittenberg, 12. September 1535]

G[nad] und Friede in Christo! Achtbar, hochgelahrter, lieber Herr und Gevatter! Es kompt Doctor Antonius Anglicus, Legatus a suo rege, und begehrt, wie Ihr wisset, von meinem gnädigsten Herrn Verhore, die da gnädig, doch heimlich oder enge sei, als ich nicht sorge, wo E. A. dazu forderlich sich beweiset, so wird sichs mein gnädigster Herr nicht beschweren, sonderlich weil sein K. F. G. den Mann zuvor wohl kennet, und viel anderer Gestalt kompt denn die französische Botschaft etc.

Nu auch der Konig sich erbeut, das Evangelium anzunehmen und in unser Fursten Bundnis sich zu begeben und unser Apologia in seinem Konigreich zu gehen lassen, dunkt mich, wo S. K. Maj. wurde ehrlich drein genommen, sollt es die Papisten beide, mit Concilio und allem Fuhrnehmen, irre machen. Denn weil solchs alles von uns ungesucht sich selbs also schickt, so mag Gott wohl etwas furhaben, besser und hoher, denn wir verstehen. Und wo er uns also wollt gnädiglich grußen, ist uns drauf zu sehen, daß wir ihn auch nicht ungedankt lassen furuber gehen. Fronte capillata post est occasio calva. Qui negligit occasionem (sagt Bonaventura), hunc rursus negliget occasio.

Der koniglichen Ehe halben steht schon die suspensio da, daß der ander Legat kunftig mit uns Theologen davon handlen soll, welchs man ihm nicht versagen kann. Das gehet die Fursten nichts an. Und ich wollt selbs gerne horen, was sie doch fur Grund hätten, weil sie der Sachen so gewiß sein wollen.

Magister Philippum wollt ich fast gern sehen in England selbs reisen oder gesandt werden, denn er hats vorhin zugesagt und ist darauf mit dem Konige so weit gehandelt, daß es so fern bracht ist. Und sollt er abermal gehemmet werden, wollt ihm sein Glimpf zu hoch beschweret werden und wurde zuletzt solch Festhalten Unwillen und vielleicht einen Aalschwanz gebären. Kunnts nicht itzt geschehen, daß doch nach m. gn. Herrn Wiederkunft geschehe. Er hat viel getan und gearbeitet, wie wir alle wissen. Sollt man denn auch wiederumb nichts ihm gut lassen sein oder ihn ein wenig tragen, das wäre allzu strenge, und seine Verdienst mit Traurigkeit belohnet. Sind doch alle Juristen und Medici frei und ziehen zu frembden Herrn, wenn sie wollen. Solchs schreibe ich, daß der gute Mensch nicht mit bosen Gedanken sich zu uberladen gedrungen werde.

E. A. werden wohl das Beste hierin tun. Hiemit Gott befohlen, Amen.

An Gabriel Zwilling

Wittenberg, 30. September 1535

Gnad und Fried in Christo! Mein lieber Magister Gabriel! Es ist mir leid, daß Euer Torgauer sich so undankbar gegen das Evangelium stellen und sich unterstehen, aus eigener Durst Euch, Pfarrherr und Kapellan, zu Knechten zu machen, aufs Rathaus zu fodern ihres Gefallens. Wer hat sie gelehrt, solchen Gewalt, der ihn nicht gebuhrt, zu sich zu rauben? Sind dies die Fruchte ihres Glaubens? Wohlan, weil sie so vergessen sind worden und vom Glauben gefallen, sollt Ihr wiederumb nichts tun, was sie haben wollen. Denn wir haben sie mit großer Muhe und Arbeit von des Papsts unträglicher Tyrannei erlöset und streiten noch ohn Unterlaß fur ihre Freiheit, und sie fahren zu und wollen uns mit Fußen treten und den Papst stärken und uns schmähen. So sei ihr Vornehmen verflucht, Amen. Tuts doch kein ander Stadt ohn etliche von Adel. Wollen sie aber einen Pfarrherrn zum Knecht haben, den mussen sie bestellen, ihme Nahrung, Behausung und alle Notdurft schaffen. Ihr habt nichts von ihnen, so lassen sie Euch auch keine burgerliche Nahrung, und seid ihn nichts vereidet noch verpflicht, und Ihr sollt gleichwohl, wie ein ander Burger, und wohl mehr gefangen sein. Ich will darzu tun, daß sie die Wahl eines Pfarrherrs sollen wieder verlieren. Denn es gebuhrt alles dem Fursten, der soll einen Storch geben, der den groben Fröschen auf den Kopf hacke. Können sie nicht leiden, die unvernunftigen Gesellen, daß sie alle Kirchendienst umbsonst haben und ohn einiges Zutun vom Papst frei worden sind? Und Halle, Leipzig, Dresden etc. gäben wohl groß Geld darumb und trügen solche Prediger gerne auf den Händen. Ich muß kommen und der Farchmutter auf der Kanzel die Borsten krauen. So bleibet Ihr nu vom Rathause und menget nicht beide Regiment ineinander und lasset sie es auch nicht mengen; denn es mochte dem gemeinen Mann ärgerlich und dem Fursten unleidlich sein, wo ers erfuhre, daß man seine Diener, so Lehen und alles von ihm haben, frembden Herren zu Knechten machen. Sind sie grob, stolz und unvernunftig worden, und sie Gott umb ihres Unglaubens willen blind macht, so mussen wir nicht ihn folgen noch bewilligen. Hiermit Gott befohlen, Amen. Martinus Luther.

Diese Schrift ist gegeben zu Wittenberg, den nächsten Tag nach Michaelis, zwischen 6 und 7 Uhr vormittag Anno 1535, und hat Doctor Luther gesagt, diese Schrift mag man Fürsten und Herren weisen.

An die Geistlichen zu Ulm

Wittenberg, 5. Oktober 1535

Den verehrungswürdigen Männern in Christus, den Vorstehern der Kirche zu Ulm, seinen teuren Brüdern im Herrn.

Gnade und Friede in Christo. Euren Brief an mich, liebe Herren, habe ich zusammen mit dem der Augsburger und Straßburger sehr dankbar und mit großer Freude aufgenommen. Ich nehme nicht nur gern die Einigkeit im Geiste mit Euch an, sondern danke Euch auch, daß Ihr durch Euer Schreiben in mir die große Zuversicht geweckt habt, daß diese unsere Konkordie aufrichtig und ehrlich sein wird. Fahrt nur fort in Christo, wie Ihr angefangen habt, durch treue Arbeit und wache Sorge diese Sache bei den Eurigen zu betreiben und nicht davon abzulassen. Und Ihr sollt nicht daran zweifeln, daß ich mit Gottes Hilfe alles, was auch immer möglich ist, tun und erdulden werde. Ich werde nicht zulassen, so wahr mich Christus liebt, daß bei mir etwas vergeblich erhofft werde. Wie sehr wünsche ich vor meinem Tod (der nicht fern ist, wie ich glaube und hoffe) von Herzen diese unsere Konkordie, nach so langem Streit und unserer fehlenden Einigkeit in Christo. So wie Ihr es nun auf Christi Veranlassung begonnen habt, möget Ihr es auch unter seiner Führung vollenden, damit wir alle mit der geistlichen Freude in dem einen Glauben, der einen Hoffnung und der einen Liebe erfüllt werden. Daß ein Konvent einzuberufen sei, darüber habe ich den Herren zu Augsburg und Straßburg geschrieben, sie werden mit Euch verhandeln, wenn es notwendig erscheint. Mit diesen werdet Ihr auch Eure Absicht zu gegebener Zeit kundtun. Christus, unser Licht und unser Heil, erleuchte und erlöse uns zu seinem Ruhm, Amen. Zu Wittenberg, am 5. Oktober 1535.

Eurer Martin Luther in dem Herrn.

An Agnes Lauterbach

[Wittenberg] 25. Oktober 1535

Der ehrbarn, tugendsamen Frauen Agnes Lauterbachin zu Leisnig, Predigern, meiner guten Freundin und Gevattern.

Gnade und Friede im Herrn! Mein liebe Gevatter! Herr Antonius hat mir angezeigt, daß Du Dich fast bekümmert umb den Sohn, den Dir Gott gegeben und so bald wieder genommen hat. Aber was wollen wir draus machen? Wir müssen also lernen, Gottes Willen erkennen, daß er allein gut und heilig sei; obs gleich unserm Willen viel anders deucht, welcher ein irriger, vorgänglicher Dunkel ist.

So hast Du ja nu oft gelesen und gehöret, daß Gottes Werk verborgen sind und unter dem Kreuz alle Gnade verdeckt liegt, bis auf die Zeit der Offenbarung, da wir es sehen werden und mit Freuden ernten, daß wir itzt mit Weinen säen, wie David sagt Psalm 126: Euntes ibant et flebant, mittentes semina pretiosa.

Darumb, so mache Deines Traurens ein Maße! Gott lebt noch und hat mehr, denn er je vergab; der tröste Dich in Christo, seinem lieben Sohn, Amen. Die Crispini 1535. Mart. Luther.

An Kurfürst Johann Friedrich von Sachsen

[Wittenberg] 11. Januar 1536

Dem durchleuchtigsten, hochgebornen Fursten und Herrn, Herrn Johanns Friedrich, Herzogen zu Sachsen, des H. Ro. Reichs Erzmarschalk und Kurfursten, Landgrafen in Thüringen und Markgrafen zu Meißen, meinem gnädigsten Herrn.

G. und Friede in Christo Jesu und mein arm pater noster! Durchleuchtigster, hochgeborner Furst, gnädigster Herr! Ew.[!] K. F. G. Schrift hab ich untertäniglich verstanden. Erstlich Magister Philippus halben, ob der sollt von E. K. F. G. anher zu fodern sein, mit der englischen Botschaft neben uns andern von des Koniges Sachen zu unterreden. Darauf ist mein untertänigs Bedenken, daß Magister Philipps (wo er nicht fur sich selbs der Sachen sich äußern will) auch dabei sein sollt, weil E. K. F. G. vor dem Zug in Österreich dem Doctor Antonio zugeschrieben, daß er uns Theologen sollt zusammen fordern, sobald die andere Botschaft käme, es wäre allhie oder (so der ander Legat die Pestilenz scheuen wurde) gen Torgau.

Und das E. K. F. G. anzeigt, daß sie zu Schmalkalden wohl vernommen haben M. Philippus Meinung, so weiß ich doch nicht, wie das zugangen oder ob sie daran benuget, stelle dasselbe wiederumb E. K. F. G. zu bedenken, denn ich wollt nicht gern, daß sie den Glimpf und Geschrei wider uns sollten davon bringen, als wären sie veracht, weil ohn das allhie sich das Gestirne so läppisch gegen sie stellet, daß ich mich schier hoch muß verwundern, und ist doch des hohen Ruhmes und Preisens kein Maße, wie herrlich sie von E. K. F. G. bis daher gehalten sind etc.

Zwar meinethalben kann ich M. Philippus wohl gonnen, so er solcher Sachen verschonet wird, weil ich doch in der Verdacht bin, ich werde dies Bad müssen ausgießen, und sei dabei niemand oder jedermann, so wirds doch fast (acht ich) ein groß Teil an mir liegen. Aber Magister Philipps Glimpf wollt ich nicht gern hierin versehen haben.

Zum andern, daß mich E. K. F. G. so treulich vermahnen, gut acht auf die Sache zu haben etc., danke ich E. K. F. G. aus ganzem Herzen. Aber weil sie auf E. K. F. G. Zuschreiben uber unser selbs vorigem Erbieten fußen, muß ich sehen und horen, was sie bringen. Denn E. K. F. G. (in Vertrauen und geheim anzuzeigen) sollen wohl erfahren, daß ich mich nicht werde lassen stecken in solch Gewissen, daß die Konigin und junge Konigin sampt dem ganzen Konigreich incesti und incestae offentlich geurteilt werden sollten, wie sie rühmen, daß solchs zuvor der Papst und eilf Universitäten getan. Ich will mich in ihr Incesterei nicht vertiefen, und kunnt ich auch nichts mehr denn wie eine Gans Gag dazu sagen. Aber ich halt, mein voriger Sentenz soll auch bleiben, ohn daß ich sonst nicht will mich unfreundlich gegen sie in dem oder andern Stucken erzeigen, auf daß sie nicht dächten, wir Deutschen wären Stein und Holz etc. Solchs rede ich nicht uber Tische, wie sie denn auch innehalten bis auf den Stich etc. Sonst müßten alle Stallebuben diese Sache zuvor auf der Gassen und allenthalben rechtfertigen. Solchs wollten E.K.F.G. zur untertänigen Antwort gnädiglich vernehmen. Hiemit Gott befohlen, und dank auch E.K.F.G. untertäniglich für das geschenkt Wildbret etc. Dienstags nach Epiphaniae 1536.

E.K.F.G. untertäniger Martinus Luther D.

An Martin Bucer

[Wittenberg] 25. März 1536

Dem ehrwürdigen Mann in Christo, D. Martin Bucer, dem treuen Diener Christi, seinem geliebten Bruder.

Gnade und Friede in Christo. Ich kann nur wenig schreiben, mein lieber Bucer, weil ich seit 14 Tagen mit unerträglichen Schmerzen an der linken Hüfte darniedergelegen habe. Kaum komme ich jetzt zur Ruhe. Über unseren Konvent denke ich so: Unser Fürst hat uns als Ort Eisenach an der Grenze zu Hessen benannt, 28 Meilen von Wittenberg entfernt, wo Justus Menius Superintendent ist. Als Zeitpunkt erschiene mir der 4. Sonntag nach Ostern geeignet. Berate daher die Sache mit den Deinen und gib mir Nachricht. Wenn Euch nun der 3. oder ein anderer Sonntag besser gefallen sollte, wird es für uns nicht beschwerlich sein, diesem zuzustimmen. Sorge Du nur dafür, daß Brenz, Schnepf und andere, von denen Ihr meint, daß sie anwesend sein müßten, durch Euch den Tag erfahren. Ich zeige es Osiander und den anderen Nürnbergern an, sonst niemandem in Oberdeutschland, das überlasse ich natürlich Dir. Leb wohl in Christo und bete für mich. Am Tage Mariä Verkündigung 1536.

D[ein] Martin Luther.

An Anton Rudolf

[Wittenberg] 12. Mai 1536

Gottes Gnad und Fried! Ehrbar, fursichtiger, guter Freund! Es hat sich allhie Euer Sohn Niklaus an ein fromm Kind durch ehrliche Liebe gehänget, damit er möchte aus der fährlichen Brunst der Jugend kommen und sich nach göttlicher Ordnung halten. Nun klagt er, daß Ihr Euch in diesem Fall sollet hart und steif gegen ihm erzeigen, so Ihr doch billiger, als der Vater, solltet ihm zu solchen Ehren förderlich sein, sonderlich weil er als ein gehorsam Kind hierin Euren väterlichen Willen so demütiglich suchet und bittet, wie Ihrs ohn Zweifel zu der Zeit von Euern Vater auch begehrt hättet. So stehet es nun, Gott Lob! in der Welt also, daß der ehliche Stand in Ehren gehalten, und wer sonst studieren will und förder zu kommen gedenkt, darumb ungehindert ist. Bitte derhalben für Euern Sohn (wiewohl ich billiger sollt gebeten werden), Ihr wollet Euch väterlicher erzeigen, wie Ihr schuldig seid und nicht Ursach geben Euerm Sohn, fährlicher Weise zu leben wider sein Gewissen. Gott wirds und kanns alles anders schaffen denn wir sorgen und denken, wie er allezeit getan, noch immer tut und tun wird. Hiermit Gott befohlen, Amen. Freitags nach Jubilate 1536.

Martinus Luther D.

An den Bürgermeister und den Rat von Straßburg

[Wittenberg] 29. Mai 1536

Den ehrbarn, fürsichtigen Herren Bürgermeister und Rat der Stadt Straßburg, meinen gonstigen Herrn und Freunden.

Gnad und Friede in Christo. Ehrbarn, fürsichtigen, lieben Herrn! Was wir allhie mit Gottes Gnaden angericht haben, werden Herr Capito, Doctor, und M. Bucer E. F. wohl anzeigen. Weil denn Gott der Vater Euch furnämlich gegeben, solche Einigkeit zu fordern, bitte ich denselben unsern lieben Vater durch Christum unsern Heiland, er wolle sein angefangen Gnade in Euch barmherziglich vollbringen, zu seinem Lob und unser aller Seligkeit, Amen. Und wenn solch unser angefangen Einigkeit den Euern und allen Predigern gefällig sein wird, wolltet Ihr dasselbe schriftlich mit der Zeit anher zu erkennen geben, wie wir hinwider unsern Gefallen Euch auch wollen zu wissen tun, damit wirs im Druck mugen offentlich lassen ausgehen. Denn es soll (ob Gott will) an mir nichts mangeln, soviel mir muglich ist, was ich tun und leiden soll zu einer rechten, gründlichen, beständigen, Einigkeit. So hat uns die Erfahrung fast wohl gelehret, was Uneinigkeit der Kirchen frommet, leider! Christus, unser Friede und Trost, sei mit Euch allen bis ans Ende, Amen. Montags nach Exaudi 36. Martinus Luther D.

An den Bürgermeister und den Rat zu Zwickau

[Wittenberg] 27. September 1536

Den ehrbarn, fursichtigen Burgermeister und Rat zu Zwickau, meinen gunstigen Herrn und guten Freunden.

G. u. Friede etc.! Ehrbarn, fürsichtigen, lieben Herrn und guten Freunde! Ich habs gerne gelesen, daß Ihr zu Zwickau so fromm worden seid, will auch dem Pfarrherr aufs schierst ich kann schreiben und bitten, daß er sich auch recht halte. Daß ich aber so leichtlich einem Teil bei Euch gegläubt habe oder noch gläuben würde, sollt Ihr mich (ob Gott will) billig nicht verdenken. Denn ich bin von dem Stern zu Zwickau wohl gebrannt und kenne seine Glänzen und Einfluß ein wenig. Darumb kann der Argwohn Euch leichtlich angeben mit großem Schein der vorigen Geschichten, wiewohl mir dennoch alle Prediger je und je, das Volklin und Gemeine, auch das mehrer Teil des Rats fast gelobt, daß ich den ganzen Himmel zu Zwickau voll guter Stern achte, ohn daß der großen Planeten zuweilen etzliche wunderlich sind, die seltsam Konstellation zu richten und den Himmel mit den anderen Sternen irre machen, welchs Exempel darnach auch in andere Städte wollte und noch will einreißen. Mein Herz ist je das, man solle die zwei Regiment, weltlich und geistlich, oder Rathaus und Kirchen, nicht mengen, sonst frisset eins das ander und kommen beide umb, wie es unter dem Papsttum geschehen ist, als S. Paulus sagt: Beißt und fresset ihr euch unterander, so sehet zu, daß ihr euch selbs nicht beide umbringet. Ich meine es auch gut, ob Gott will, darumb wollet mir mein Schreiben zugut halten. Hiemit Gott befohlen, Amen. Mittwochens nach S. Mauritii 1536. Martinus Luther D.

An Herzog Heinrich V. von Mecklenburg

[Wittenberg] 18. November 1536

Dem durchleuchtigen, hochgebornen Fursten und Herrn, Herrn Heinrich, Herzogen zu Mecklenburg etc. und der Lande Herren, meinem gnädigen Herrn.

G. und F. in Christo! Durchleuchtiger, hochgeborner Furst, gnädiger Herr! Es hat mich Matthäus Roloff, E. F. G. Land Kind aus Quassow, gebeten, an E. F. G. zu schreiben, daß, nach[!] er allhie eine Zeitlang im Studio gestanden und loblich angefangen und wohl zugenommen, daß ganze Hoffnung da ist, er werde ein geschickter, nutzlicher Mann in E. F. G. Landen zu gebrauchen werden, E. F. G. wollten ihn etlich Jahr lang etwa mit einem verledigten Lehen oder Stipendium gnädiglich erhalten. Denn ohn das kann er sich länger hie nicht behelfen und mußte also vom Studio aus Armut lassen, welchs schade wäre, weil er so fern kommen ist. So wissen E. F. G. ohn das selbs, wie hoch vonnoten sei, daß man Leute erziehe, die zu Kirchenampten tuglich sind, darauf denn vorzeiten die Konige und Fursten so groß gewandt und viel gestift haben. Ist demnach mein demutige Bitte, E. F. G. wollten genannten Matthäus in gnädigem Befehl haben, denn er sich erbeut, in E. F. G. Landen (wo man sein bedarf) wiederumb zu dienen, E. F. G. werden sich hierin wohl wissen christlich und gnädiglich zu erzeigen. Hiemit Gott befohlen, Amen. Sonnabends nach S. Martini 1536.

E. F. G. williger Martinus Luther D.

An König Christian III. von Dänemark

[Wittenberg] 2. Dezember 1536

Dem großmächtigen, durchleuchtigsten, hochgebornen Fursten und Herrn, Herrn Christian, erwählten Konige zu Dänemark und Norwegen etc., Herzogen zu Schleswig und Holstein etc., meinem gnädigsten Herrn.

Gnad und Friede in Christo, unserm Herrn und Heiland, auch mein arm pater noster! Großmächtiger, durchleuchtigister, hochgeborner Furst, gnädigster Herr Konig etc.! Ich hab E. K. M. Schrift fast gerne vernommen, und mir wohlgefallen, daß E. K. M. die Bischofe (so doch nicht konnen aufhoren, Gotts Wort zu verfolgen und weltlich Regiment zu verwirren) ausgerottet haben, will auch solchs, wo ich kann, zum besten helfen deuten und verantworten. Bitte aber auch demutiglich, E.K.M. wollten von den geistlichen Gutern, so unter die Kronen gelegt, so viel absondern, damit die Kirchen dennocht auch wohl und ziemlich versorget werden mügen. Denn, wo sie zertrennet und zurissen werden, womit wollt man die Prediger erhalten? Solchs vermahne ich (vielleicht unnotiglich) E.K.M., welche werden ohn das sich wohl und christlich hierin wissen zu halten, des ich keinen Zweifel trage. Ohn daß mich unser Leute Exempel solchs zu melden bewegt, unter welchen viel sind, die gar gern alles zu sich rissen, und wo uns Gott nicht solchen frommen Landsfursten hätte gegeben, der es so gar mit allem Ernst und Treuen meinet und druber hielte, so wurden viel Pfarren wuste liegen. Ob nu der Satan auch etliche in E.K.M. Landen wurde erregen, so helfe Gott E.K.M. zu bedenken der Kirchen Not, das ist des gottlichen Worts und aller, die beide, itzt und künftig, dadurch sollen lernen selig werden und dem ewigen Tode entrinnen. Denn an Gottes Wort liegt es alles. Christus, unser lieber Herr, sei mit E.K.M. hie und ewiglich, Amen. Sonnabends nach S. Andreastag 1536. E.K.Mt. williger Martinus Luther D.

An den Bürgermeister und den Rat der Stadt Isny

[Wittenberg] 26. Dezember 1536

Gnad und Fried in Christo! Ehrbarn, fursichtigen, lieben Herrn und Freunde! Die abgeschrieben Zettel, latinisch und deutsch, so Ihr habt mir itzt zugeschrieben, Euch von andern Städten zugeschickt, des Handels halben, so zwischen uns hie zu Wittenberg vom Sakrament gestellet ist, muß ich bekennen, daß alles sei also ergangen und geschehen. Aber daß Ihr in Eurem Briefe unter andern Worten auch das anziehet, daß Ihr bericht sollt sein, als hätte ich mich mit ihnen, den oberländischen Predigern, verglichen, so etwas noch widerspännig, solches verstehe ich nicht, was die damit gemeinet haben, die Euch solchs angeben. Zudem auch ist eines seltsam, daß Ihr schreibet, wie Ihr keinem Teil zugetan gewest seid etc.

Wie dem allen, so füge ich Euer Begierde nach zu wissen, ob etliche würden bei Euch oder umb Euch rühmen oder furgeben, daß ich von meiner vorigen, wider der Zwingler Meinung gewichen sei, den bittet, daß er solches Rühmens wolle schweigen, damit die angefangen Concordi nicht verhindert und vielleicht ein ärger Discordi draus werde. Denn ich wohl leiden kann, daß sich rühme hoher Kunst, Geists und Heiligkeit, wer da will, nicht allein uber mich, sondern auch uber St. Paulum, ohn daß er mich nicht mit sich soll in seinen

Ruhm ziehen, oder von mir sagen, er stehe noch, ich sei gewichen. Ich hoffe aber gleichwohl, daß etliche unter ihnen die Concordi von Herzen und mit Ernst meinen. Gott mag die andern auch herzubringen nach seinem Willen, wenns Zeit sein wird. Solchs müßt Ihr mir gläuben, und ich (mit Gottes Hülfe) nicht anders reden noch tun werde. Hiemit Gott befohlen, Amen. An St. Stephans Tage in Weihnachten, Anno 1537.

Martinus Luther D.

An Kurfürst Johann Friedrich von Sachsen

[Wittenberg] 3. Januar 1537

Dem durchleuchtigisten, hochgebornen Fursten und Herrn, Herrn Johanns Friedrich, Herzogen zu Sachsen, des Hei. Ro. Reichs Erzmarschalk und Kurfursten, Landgrafen in Thüringen und Markgrafen zu Meißen, meinem gnädigsten Herrn.

Gnad und Friede in Christo und mein arm pater noster etc.! Durchleuchtigster, hochgeborner Furst, gnädigster Herr! Auf E. K. F. G. Schrift und Befehle hab ich auf den Tag Innocentium oder den nähesten darnach anher erfordert Herr Niklas Amsdorf, M. Eisleben und M. Spalatin, welche darauf anherkommen (denn Herr Just und Friedrich sind uns zu weit gelegen).

Diesen hab ich furgelegt die Artikel, so ich selbs gestellet (nach E. K. F. G. Befehl) und mit ihnen druber gehandelt etliche Tage, meiner Schwachheit halben, so drein gefallen, als ich acht, durch den Satan, sonst hätte ich gehoffet, uber einen Tag nicht darin zu handeln. Und wie dieselbigen von ihnen bekennet und bestätiget mit ihrer unterschrieben Hand, schick ich hiemit bei unserm lieben Mitbruder und guten Frund M. Georgen Spalatinen, E. K. F. G. zu uberantworten, wie sie alle mir befohlen und mich gebeten, solchs zu tun. Bitte daneben ganz untertäniglich, auch unser aller halben, weil etliche uns mit Verdacht und Reden dafur halten, als wollten wir Pfaffen (wie sie es nennen) Euch Fursten und Herrn mit Landen und Leuten in Gefahr setzen mit unserm halsstarrigen Furnehmen etc., E. K. F. G. wollten uns ja gnädiglich des verwissen. Denn wo es sollt andern geringern, schweige denn E. K. F. G. selbs sampt andern Herrn, Landen und Leuten, fährlich sein, wollten wirs gar viel lieber allein auf uns nehmen. Darumb werden E. K. F. G. wohl wissen, wie weit und fern sie solche Artikel wollen annehmen. Denn wir hiemit niemand anders, sondern uns allein damit beladen wollen haben, jedermann frei gelassen, wer sich selbs damit auch beladen oder nicht beladen will. E.K.F.G. sei hiemit dem lieben Gott befohlen. Mittwochens nach dem Neuen Jahr 1537.

E.K.F.G. untertäniger Martinus Luther.

An Johann Luther

[Wittenberg] 27. Januar 1537 [?]

Gnade und Frieden im Herrn! Bisher haben mir, mein liebster Sohn, Deine Studien und die Briefe, die Du mir geschickt hast, sehr gefallen. Wenn Du so fortfährst, bereitest Du nicht nur mir Freude, Deinem Vater, der Dich liebt, sondern nützt auch Dir sehr, auf daß es nicht so aussieht, als ob Du aus der Art geschlagen bist. Daher führe mit Fleiß weiter, was Du begonnen hast. Denn Gott, der geboten hat, daß die Kinder den Eltern gehorchen sollen, hat auch den gehorsamen Kindern Segen verheißen. Trachte danach, daß Du allein auf diesen Segen achtest, damit Du Dich nicht durch irgendwelche schlechten Beispiele verführen läßt. Denn derselbe Gott hat den ungehorsamen Kindern auch einen Fluch angedroht. Fürchte also Gott, der segnet und flucht und der, obwohl er seine Zusagen und Drohungen, die Bösen zu verderben, aufschiebt, sie dennoch schnell genug zum Heil der Guten erfüllt. Fürchte also Gott und gehorche Deinen Eltern, die gewiß nur das Beste für Dich wollen, und meide schimpfliche und ehrlose Gespräche. Deine Mutter grüßt Dich von Herzen, ebenso Muhme Lehne, zugleich Deine Schwestern und Brüder, die auch alle den glücklichen Fortgang und das Ende Deines Studiums erwarten. Die Mutter trägt Dir Grüße auf für Deinen Lehrer und dessen Frau. Wenn sie mit Dir zu dieser Fastnacht oder den fröhlichen Feiertagen hier sein wollen, ist es möglich, während ich dann abwesend bin. Muhme Lene wünscht es sehr. Lebe wohl, mein Sohn, lerne und befolge die Ermahnungen guter Menschen. Der Herr sei mit Dir. Sonnabend nach Conversio Pauli 1537.

M. Luther, Dein Vater im Fleisch und im Geist.

An Jakob Meyer

[Schmalkalden] 17. Februar 1537

Dem ehrbaren, fürsichtigen Herren Jakob Meyer, Bürgermeister der Stadt Basel, meinem lieben Herren und großgünstigen Freund.

Gnad und Fried in Christo! Ehrbar, fürsichtiger, lieber Herr und Freund! Ich habe Euere Schrift samt anderen, auch der Eidgenossen beigesandte Schrift, alles empfangen und vernommen, habe auch fast fröhlich und gern Euern Fleiß und Ernst, das Evangelium Christi zu fordern, vermerkt. Gott der Allmächtige gebe hinfort mehr und weiter Gnade, damit wir allesamt in rechter lauter Einigkeit und gewisser einträchtiger Lehre und Meinung zusammenstimmen, wie S. Paulus sagt, daß wir alle sollen mit einerlei Herzen und einerlei Mund preisen Gott den Vater unsers Herrn Jesu Christi, dazu einander vergeben und vertragen, wie Gott der Vater uns vergibt und verträgt in Christo Jesu. Nun ist es nicht Wunder, nachdem wir im Fleische noch leben, daß vielleicht beides, bei den Unsern sowohl als bei den Eueren, welche Argwohn möchten haften, sintemal wir über dieser Sachen nicht scherzs- oder schimpfsweise, sondern mit Ernst aneinander gesetzt und getroffen haben, als die über keinem Spiel noch leichtfertiger Sachen zu tun und uneins gewest sind, daß hierinnen Not sein wird, neben christlicher Liebe Pflicht, der Streiche und Schmerzen zu vergessen und soviel desto ernstlicher wiederumb zur Einigkeit zu trachten, es sei mit Geduld, Sänfte, gutem Gespräch und womit es sein kann und geschehen mag, sonderlichen aber mit herzlichem Gebet zu Gott, dem lieben Vater, der aller Einigkeit, Trosts und Liebe Vater ist. Derhalben ich wiederum aufs herzlichste bitte, wollet bei den Eurigen treulich anhalten und helfen, daß sie allesamt wollten helfen, die Sachen stillen, glimpfen und zum Besten fodern. Es soll an uns auch nicht mangeln, und wir tun auch weidlich dazu, lassen uns nicht bewegen allerlei Schrift und Rede, und ist auf unser Kanzel und unter dem Volk alles gar still; allein, daß die Euren nicht die ruhende Vögel scheuchen, sondern auch zum Friede mit uns treulich helfen. Die Sache wird sich nicht in uns schicken, sondern wir müssen uns in der Sache schicken: So wird Gott, der solches anfähet, auch dabei sein und gnädiglich vollführen. Hiemit Gott befohlen, Amen. Grüßet mir Herr Joachim Vadian und D. Wolf Capito. Ich habe itzt nicht können allen schreiben, denn ich heute den ganzen Tag an dem leidigen Calculo liege, ein unnützer Mensch. Sonnabends nach Valentini 1537.

Martinus Luther D.

An Katharina Luther

[Tambach] 27. Februar 1537

Gnad und Friede in Christo! Du magst dieweile sondere Pferde mieten zu Deiner Notdurft, liebe Käthe, denn mein gnädiger Herr wird Deine Pferde behalten und mit dem M. Philipp heimschicken. Denn ich selber gestern von Schmalkalden aufgebrochen auf m. g. H. eigenen Wagen daher fuhr. Ist die Ursach, ich bin nicht uber drei Tage hie gesund gewest, und ist bis auf diese Nacht vom ersten Sonntag an kein Tröpflin Wasser von mir kommen, hab nie geruget noch geschlafen, kein Trinken noch Essen behalten mögen. Summa, ich bin tot gewest und hab Dich mit den Kindlein Gott befohlen und meinem gnädigen Herrn, als würde ich Euch in dieser Sterblichkeit nimmermehr sehen; hat mich Euer sehr erbarmet, aber ich hatte mich dem Grabe beschieden. Nu hat man so hart gebeten fur mich zu Gott, daß vieler Leute Tränen vermocht haben, daß mir Gott diese Nacht der Blasen Gang hat geöffnet, und in zwo Stunden wohl ein Stübigen von mir gangen ist, und mich dünket, ich sei wieder von Neuen geboren.

Darumb danke Gott und laß die lieben Kindlin mit Muhmen Lenen dem rechten Vater danken; denn Ihr hättet diesen Vater gewißlich verloren. Der fromme Fürst hat lassen laufen, reiten, holen und mit allem Vermögen sein höhestes versucht, ob mir möcht geholfen werden; aber es hat nicht wollt sein. Deine Kunst hilft mich auch nicht mit dem Mist. Gott hat Wunder an mir getan diese Nacht und tuts noch durch frommer Leute Furbitt.

Solches schreib ich Dir darumb, denn ich halte, daß mein gnädigster Herr habe dem Landvogt befohlen, Dich mir entgegenzuschicken, da ich ja unterwegen stürbe, daß Du zuvor mit mir reden oder mich sehen möchtest, welchs nu nicht not ist, und magst wohl daheim bleiben, weil mir Gott so reichlich geholfen hat, daß ich mich versehe, fröhlich zu Dir zu kommen. Heut liegen wir zu Gotha. Ich habe sonst viermal geschrieben, wundert mich, daß nichts zu Euch kommen ist. Dienstags nach Reminiszere 1537.

Martinus Luther.

An Johann Schreiner

[Wittenberg] 9. Juli 1537

Dem wirdigen Herrn Magistro Johann Schreiner, Pfarrherrn zu Grimma und Superattendenten, meinem günstigen in Christo Freunde.

Gratiam et pacem in Christo! Mein lieber Magister und Pfarrherr! Sagt doch, wo es Magister Spalatinus nicht tun will, den Edelleuten und wer sie sind, daß man nicht kann Pfarrherrn malen, wie sie gerne wollten; und sollten Gott danken, daß sie das reine Wort aus einem Buch möchten buchstaben hören, weil vor Zeiten unter dem Papst sie eitel Teufel-Förze und Dreck haben hören müssen und bezahlen teur gnug. Wer kann den Edelleuten eitel Doctor Martinos und M. Philippos auf solchen Betteldienst schaffen? Wollen sie eitel Sankt Augustinos und Sankt Ambrosios haben, die mügen sie ihnen selbs schaffen. Wenn ein Pfarrherr seinem Herrn Christo gnugsam und treu ist, sollt billig ein Edelmann, der etwas merklichs Geringers ist denn Christus, auch zufrieden sein. Muß doch ein Fürst in seinem weltlichen Regiment zufrieden sein, daß er im ganzen seinen Adel drei Werkstück findet und mit den andern Füllsteinen Geduld haben muß. Sie wollens alles erlesen haben, aber selbs nicht erlesen sein, noch sein mügen.

Solche Sachen sollt Ihr in Eurem Kreis selbs ausrichten, denn wir ohne das uberschütt, keine Ruge noch Friede haben fur den Sachen aus allen Landen. Laßt diesen Brief kommen fur Fürsten und Herrn, oder wo man will, mir liegt nichts dran. Feria 2 post Kiliani 1537.

Martinus Luther.

An Wolfgang Capito

[Wittenberg] 9. Juli 1537

Dem hochberühmten Mann, Herrn Wolfgang Capito, Doctor der Theologie, dem treuen Diener der Kirche zu Straßburg, seinem in Christo geliebten Bruder.

Gnade und Friede in Christo! Durch diese Franzosen, die mir von Dir, mein lieber Capito, empfohlen worden waren, wollte ich Dir einen Brief mitschicken. Vielleicht werden sie selbst erzählen, was sie gesehen und gehört haben. Was die Verteilung meiner Schriften auf die einzelnen Bände betrifft, so bin ich um so langsamer und unentschlossener, weil ich, durch einen saturnischen Hunger gereizt, immer mehr wünsche, daß diese alle verschlungen wären. Ich halte nämlich keines der Bücher für mir angemessen, unter Umständen das über den geknechteten Willen und den Katechismus. Dennoch habe ich die Aufgabe D. Caspar Cruciger übertragen, wenn doch etwas getan werden muß.

Meine Vorahnung sagte mir bald, daß Euch diese Sache

viel Mühe bereiten wird. Zugleich aber bat ich, daß unser Christus nicht zulassen möchte, daß Ihr Euch vergeblich abmüht. Den Augsburgischen Teufel haben mir auch andere genug ausgemalt, aber wir wollen den erwarten, der sein Werk begonnen hat. Dieser wird zu seiner Zeit kommen und nicht verweilen. Deshalb laßt uns nicht verzweifeln. Denn von Dir und Bucer bin ich überzeugt, daß Ihr redlich und aufrichtig handelt. Und nicht nur das, sondern ich freue mich auch, daß alle, die Eurer gedenken, dasselbe von Euch meinen, sei es nun, daß sie mir schreiben oder mit mir sprechen.

Meine Katharina dankt Dir für den goldenen Ring. Ich habe sie kaum je verdrießlicher gesehen als da, wo sie merkte, daß jener entweder gestohlen oder durch ihre eigene Nachlässigkeit (was mir unwahrscheinlich ist, obwohl ich es ihr immerfort vorhalte) verlorengegangen war, weil ich ihr doch versichert hatte, daß dieses Geschenk ihr als ein glückliches Vorzeichen und als Vorbedeutung geschickt worden sei und jetzt gleichsam gewiß gemacht hätte, daß Eure Kirche mit der unseren in angenehmer Eintracht lebe. Der Verlust betrübt die Frau daher besonders. Dieses schreibe ich, damit Du weißt, daß unser Herz in der Hoffnung auf Eintracht vollkommen aufrichtig ist. Die Sache selbst möge Christus vollenden, Amen. Aber das eine füge ich noch hinzu: Schicke meiner Frau nichts mehr, damit Du nicht das Leid verdoppelst, denn für uns beide ist Christus genug.

Grüße fleißig alle die Euren und die Unsern und lasse sie das Beste von uns denken, so wie wir auch von Euch. Der Herr Jesus sei das Siegel dieses Willens. Ihm sei Ruhm in Ewigkeit, samt dem Vater und dem Heiligen Geist, Amen.

9. Juli 1537. Dein Martin Luther.

An die Städte Zürich, Bern, Basel, Schaffhausen, St. Gallen, Mühlhausen und Biel

[Wittenberg] 1. Dezember 1537

Den ehrbarn, fursichtigen Herrn, Burgermeistern, Schultheißen, Meiern und Burgern der Eidgenossen Städten sämptlich, Zürich, Bern, Basel, Schaffhausen, St. Gallen, Mühlhausen und Biel mein besondern gonstigen Herrn und guten Freunden.

Gnad und Friede in Christo, unserm Herrn und Heiland! Ehrbare, fursichtige, lieben Herrn und Freunde! Ich hab nu mehr denn zu lang verzogen, auf Euer Schrift, gen Schmalkalden an mich getan, zu antworten. Solchs Verzugs wollt ich mich wohl gern entschuldigen, hoffe aber, es sei nicht not, dieweil ich acht, E. E. selbs wohl wissen, wieviel mir täglich auf dem Hals liegt, der ich itzt nu schwach und alt bin, also, daß ich itzt mit Gewalt hab müssen mich abstehlen von den Leuten und Geschäften, damit ich diese Schrift einmal fertigen mocht.

Ich hab nu zwar wiederumb E. E. Schrift gelesen und bin erstlich des hochlich erfreuet, daß ich vernommen, wie, hintangesetzt aller vorigen Schärf und Verdacht, so wir mit Euern Predigern gehabt, Euer ganzer großer Ernst sei, die Concordia anzunehmen und zu fördern beschlossen seid. Der Gott und Vater aller Einigkeit und Lieb wollt selbs solch gut angefangen Werk gnädiglich vollführen, wie geschrieben stehet: Wenn Gott gefället eins Manns Weg, so bekehret er auch seinen Feind zum Frieden. Nu ists wohl wahr und kann auch nicht anders sein, daß solche große Zwietracht nicht kann so leicht und bald wieder ganz ohne Ritz und Narben geheilet werden. Denn es werden, beide, bei Euch und uns, etliche sein, welchen solche Concordia nicht gefällig, sondern verdächtig sein wird. Aber so wir zu beiden Teilen, die wirs mit Ernst meinen, werden fleißig anhalten, wird der liebe Vater und Gott wohl sein Gnade geben, daß es bei den andern mit der Zeit auch zu Tod blut und das trübe Wasser sich wiederumb setzt.

Ist derhalben mein freundlich Bitte, E. E. wollten dazu tun und mit Ernst verschaffen, daß bei Euch und den Euren die Schreier, so wider uns und die Concordia plaudern, sich ihres Schreiens enthalten und das Volk einfältiglich lehren, daruber diese Sachen der Concordien lassen befohlen sein denen, die darzu berufen und tüchtig sein, dieselbigen nicht hindern. Gleichwie auch wir allhie, beide, in Schriften und Predigten, uns ganz still halten und mäßigen wider die Euren zu schreiben, damit wir auch nicht Ursach seien, die Concordia zu hindern, welche wir ja von Herzen gern sehen, und Gott gelobet des Fechtens und Schreiens bisher gnug gewest, wo es hätte sollen etwas ausrichten.

Und zuvor will ich ja ganz demütiglich gebeten haben: Wollet Euch zu mir versehen, als einem, der es ja auch mit Herzen meinet, und was zur Forderung der Concordia dienet, soviel mir immer müglich, an mir nicht mangeln soll; das weiß Gott, den ich zu Zeugen auf meine Seele nehme. Denn die Zwietracht weder mir noch jemands geholfen, sondern vielen Schaden getan hat, daß freilich nichts Nützlichs noch Guts darinnen zu hoffen gewest, auch noch ist.

Und damit ich auf Euer Artikel komm, so weiß ich keinen Mangel an dem ersten, von dem mundlichen Wort; denn wir auch nicht anders lehren. Denn der Heilig Geist muß wirken inwendig in Herzen der Zuhörer, und das äußerliche Wort allein nichts ausrichtet. Sonst, wo es das äußerliche Wort allein sollt tun, würden alle gläubig, die es hören; welchs doch nicht geschicht, wie die Erfahrung uberzeuget. Und St. Paulus spricht Rom. 10 [,16]: Haben sie es nicht gehöret? Aber sie gläuben nicht alle dem Evangelio; doch, daß wohl das mundlich Euangelion Gottes Wort und Gottes Kraft heiße zur Seligkeit allen, die dran gläuben, Rom. 1, als durch welchs Gott ruft und zeucht, welche er will, durch seinen Heiligen Geist. Und was hierin in Schriften von Euch oder von mir gegeneinander mocht nicht deutlich ganz verstanden werden (denn wir nicht konnen einerlei Weise nach unser Sprach brauchen), so wird D. Capito und M. Bucerus wohl deutlich und klärlich hierin zu mitteln und alles aufs beste zu verklären wissen; wie ich mich des darin gänzlich zu ihnen versehe, daß sie es mit allem Fleiß und Treuen tun werden, als ich bis daher nicht anders gespüret habe.

Desgleichen der Tauf halben, im andern Artikel, spür ich auch kein Ungleichheit. Denn gleichwie itzt vom mündlichen Wort geredt ist, so halten wir auch, daß Wasser und Wort (welchs das furnehmest in der Tauf), ohn den Heiligen Geist inwendig nichts schaffe äußerlich, doch solche Tauf Gottes äußerlich Zeichen, ja Gezeug und Werk sei, dadurch Gott in uns wirke, damit es nicht ein lauter Menschenzeichen oder Losung sei.

Der dritte Artikel, vom Sakrament des Leibs und Bluts Christi: Haben wir auch noch nie gelehret, lehren auch noch nicht, daß Christus vom Himmel oder von der rechten Hand Gottes hienieder- und auffahre, noch sichtbarlich, noch unsichtbarlich; bleiben fest bei dem Artikel des Glaubens: Aufgefahren gen Himmel, sitzend zur Rechten Gottes, zukunftig etc., und lassens göttlicher Allmächtigkeit befohlen sein, wie sein Leib und Blut im Brot und Abendmahl uns gegeben werde, wo man aus seinem Befehl zusammenkompt und sein Einsatzung gehalten wird. Wir denken da keiner Auffahrt noch Niederfahrt, die da sollt geschehen, sonderlich bleiben schlechts und einfältiglich bei seinen Worten: Das ist mein Leib, das ist mein Blut. Doch, wie droben gesagt, wo wir hierin einander nicht gänzlich verständen, so sei das itzt das beste, daß wir gegenander freundlich sein und immer das beste zueinander versehen, bis das glum und trüb Wasser sich setze.

So kann auch D. Capito und M. Bucerus hierin allen wohl zuraten, wo wir nur die Herzen zusammensetzen und allen Unwillen fahren lassen, damit dem Heiligen Geist Raum gegeben, weiter die Liebe und freundliche Concordia vollkommen zu machen. Wie wir denn unsers Teils, sonderlich mein Person halben, allen Unwillen von Herzen fahren lassen und Euch mit Treu und Lieb meinen. Denn wenn wir schon, so es mit Ernst treiben, das höhest tun, durfen dennoch große Gottes Hulfe und Rat, weil der Satan, uns und der Concordia feind, wohl wird die Seinen zu finden wissen, die Bäume und Felsen in den Weg werfen werden, daß nicht not ist, daß auch wir Hader anheben und verdächtig aufeinander seien, sondern nur die Herzen und Hand einander reichen, gleich und fest halten, damit es nicht hernach ärger werde denn zuvor.

Von dem Bann oder Schlussel weiß ich mich nicht zu erinnern, ob jemands zwischen uns steht oder Zwietracht gewest ist. Vielleicht ist es in diesem Stück bei Euch baß gefasset denn bei uns und wird sich, wo es sonst vollkommen alles wird sein, zur Concordia hierin nicht stoßen noch säumen, ob Gott will, Amen.

Solchs will ich diesmal auf E. E. Schrift aufs kurzst geantwort haben. Bitte, wollt es ja fur gut annehmen. Denn in meinem Kopf stecken täglich viel Händel, schweige Gedanken, daß ich nicht kann ein jeglich so handeln und reden, als ob ich nichts, denn eins oder zwei, zu tun hätte. Hiemit befehl ich E. E. allesampt allen den Euren dem Vater aller Barmherzigkeit und Trosts. Der verleihe uns zu beiden Teilen sein Heiligen Geist, der unser Herz zusammenschmelze in christlicher Lieb und Anschlägen, allen Schaum und Rost menschlicher und teuflischer Bosheit und Verdacht ausfege, zu Lob und Ehr seinem heiligen Namen und zur Seligkeit vieler Seelen, zuwider dem Teufel und Papst sampt allen seinen Anhängern, Amen. 1. Dezemb. 1537.

Martinus Luther D.

An die böhmisch-mährischen Brüder in Leitomischl

Wittenberg, 7. Dezember 1537 [?]

Den ehrbaren und frommen Männern, den Brüdern in Leitomischl, den in Christo Geliebten.

Gnad und Friede im Herrn! Längst, vortreffliche Männer, hätte ich an Euch geschrieben, aber ich bin so mit Arbeiten überhäuft, so von Krankheiten gequält, daß ich mehrmals meine Pflichten unerfüllt lassen mußte und noch lassen muß. Dazu treffen sich sehr selten sichere Boten. Eure Apologie konnte ich keinem Drucker in die Hände bringen, sie schützen in diesen schwierigen Zeiten die Gefahren großer Verluste vor, denn gute Bücher kommen wegen der Menge schlechter in Mißachtung. Das Büchermachen hat kein Ende, und so wie die schlechte Münze die gute vertreibt, so die schlechten Bücher die guten. Deshalb sende ich Euch Eure Bücher zurück, denn ich kann ihren Druck nicht besorgen, weil die Drucker so viele Schwierigkeiten machen. Denn wie ich Eurem Boten erklärt habe, ich für meine Person finde an der Apologie Gefallen. Dies erkläre ich offen, ja ich setze noch hinzu, daß Ihr mehr tuet und leidet, als das Evangelium verlanget. Es ziemt sich indes, Gott um das Gedeihen der Kirche und das Wachsen seines Ruhmes zu bitten. Gehabt Euch wohl in seinem Schutze.

Gegeben in Wittenberg in der Vigilie des heiligen Evangelisten Markus 1538.

An Herzog Albrecht von Preußen

Wittenberg, 6. Mai 1538

Dem durchleuchtigen, hochgebornen Fursten und Herrn, Herrn Albrecht, Markgrafen zu Brandenburg, in Preußen, Stettin, Pommern etc., Herzogen, Burggrafen zu Nürnberg etc., meinem gnädigen Herrn.

Gnad und Friede in Christo und mein arm Vaterunser! Durchleuchtiger, hochgeborner Furst, gnädiger Herr! Es hat mich vermocht, an E. F. G. zu schreiben, Hans von Bora, mein Schwager, so zuvor E. F. G. auf der Memel Diener gewest. Nachdem er sich heraußen lange hat lassen aufhalten seins Gutlins halben, daß ers auch hat mussen selbs beziehen und sich verehlichen, bis ers zu sich bracht, dennoch indes noch nie sich begeben E. F. G. Dienst, sondern allzeit E. F. G. mit hohem Lob gedacht und gewunscht, derselben immer willig und gern zu dienen. Bittet derhalben, E. F. G. wollten solchen Verzug, den er hat aus Not, sein und seiner Bruder Gütlin zu bekräftigen, müssen tun, in keinem ungnädigem Willen verstehen noch als einen undankbaren oder unwilligen, E. F. G. zu dienen, erkennen. Denn das kann ich mit Wahrheit zeugen, daß er allezeit E. F. G. sehr und hoch geruhmet und fur einen lieben Herren gehalten fur andern allen.

Wo nu E. F. G. (nachdem er fur sein Kindlin das Gutlin und armes Erbdächlin und Häuslin beschickt, auch wohl bestellen kann) seines Diensts wollten weiter gebrauchen, erbeut er sich, E. F. G. mit allen Treuen und Fleiß zu dienen, und begehrt, E. F. G. wollten sein gnädiger Furst und Herre sein. Darauf ist auch mein demutige Bitte, E. F. G. wollten ihn gnädiglich befohlen haben und ihm forderlich erscheinen. Das ist Gott als ein gut Werk gefällig. So will ich, soviel ich armer Christ vermag, gegen Gott mit meinem armen Gebet E. F. G. (wie ich ohn das tu und zu tun schuldig bin) gern helfen andern Christen befehlen.

Neue Zeitung vom Türken acht ich, E. F. G. sollen mehr wissen denn wir. Der Konig hat kein Gluck. Der Kaiser ist zuruck in Hispanien. Etliche meinen, er sei zornig, daß der Papst das Concilium so schändlich aufzeucht, verzeucht, scheucht und fleucht. Es sind doch ja nichts denn romische Schälke und Buben. Aber Gott hat angefangen, sie heimzusuchen, der will und wird nicht nachlassen, sondern druckt fort und macht sie je länger je mehr zu Narren in ihrer Klugheit.

Mit den Schweizern, so bisher mit uns des Sakraments halben uneins gewest, ists auf guter Bahn, Gott helfe forder. Denn Basel, Straßburg, Augsburg und Bern sampt andern mehr sich sehr fein zu uns stellen. So nehmen wirs auch freundlich an, daß ich hoffe, Gott wolle des Ärgernis ein Ende machen, nicht umb unser willen, die wirs nicht verdienen, sondern umb seines Namens willen und dem Greuel zu Rom zu Verdrieß. Denn dieselben sind solcher neuen Zeitung hart erschrocken und furchten sich, darumb sie auch das Concilium so jämmerlich scheuen.

Hiemit dem lieben Gott befohlen, Amen. Montags nach Philippi et Jakobi 1538. E. F. G. williger Martinus Luther.

An Graf Philipp III. von Nassau-Weilburg

[Wittenberg] 1. Juli 1538

Dem wohlgebornen Herrn, Herrn Philipps, Grafen zu Nassau und Saarbrücken, meinem gnädigen Herrn.

Gnad und Friede in Christo und mein arm pater noster! Wohlgeborner, gnädiger Herr! Als mir E. G. geschrieben, umb einen geschickten Prädikanten zuzuschicken, bin ich von Herzen geneigt, hab mich auch umbgesehen, das beste ich vermocht. Denn es auch hie bei uns mangelt, daß wir aus den Dörfern müssen heben und Städte besetzen. Doch hab ich mit einem gehandelt, der sich unter unsers G. H. Furstentum aus dem gottlosen Stift zu Halle getan, aber mit Weib und Kindlin indes beraten. Er ist von Steinach der Lande Art, daß ich acht, er sollt daselbs hin tuchtig sein. Denn der Geschicklichkeit halt ich ihn so, daß ich gedacht, wo in unser Kirchen ein Kaplan abginge, an solch Ampt zu fodern. Weil ich nu diesmals keinen andern weiß, will ich denselben E. G. angezeigt haben. Und hab mit ihm davon geredt. So erbeutet er sich meins Rats willig etc. Wo nu E. G. sein ehlichen Stand in E. G. Landen nicht hindert, so mugen wir weiter E. G. schreiben, damit ich ihn hab aus E. G. Befehl zu fodern und treiben. Ich hoffe, er solle E. G. gefallen. Ich bitte aber, daß die Kirchen, da er hin soll, ihm wollte Zehrung schicken oder, wo ers hie aufborgen mußte, dort wieder erstatten. Denn solche Reise ist seinem Armut zu schwer. E. G. zu dienen bin ich willig. Hiemit Gott befohlen, Amen. Des ersten Julii 1538.

E. G. williger Martinus Luther D.

An Herzog Albrecht von Preußen

[Wittenberg] 15. August 1538

Dem durchleuchtigen, hochgebornen Fursten und Herrn, Herrn Albrecht, Markgrafen zu Brandenburg, in Preußen, Stettin, Pommern etc., Herzogen etc., meinem gnädigen Herrn.

G. u. Friede in Christo! Daß sich E. F. G. (gnädiger Herr) so hart annehmen des Zettels wider den Bischof zu Mainz ausgangen und so herzlich bitten etc., kann ich E. F. G. als den Blutsfreund nicht verdenken, sondern tun billig und wohl dran. Aber ich hoffe, wenn E. F. G. meine Ursachen lesen werden, sollen sie selbs nicht viel Guts von dem Bischof denken noch sagen mugen. Denn wie er sich auch zu Zerbst hat finden lassen in der Handlung mit dem Kurfursten zu Sachsen, konnen E. F. G. von den andern Fursten des loblichen Hauses zu Brandenburg erfahren, welche sehr ubel zufrieden uber ihn gewest, und einer gesagt: Ah, daß er nicht Furst zu Brandenburg wäre etc. Wie soll man aber tun? Er ubermachts mit Bosheit und Schalkheit, das jedermann mißfallen muß. Es ist nie kein Geschlecht so hoch und edel gewest, es ist zuweilen ein ungeraten Kind draus kommen, und je edler, je ehe. Was sind Buben aus dem Stamm David kommen? Aus den erwählten Aposteln kam Judas, aus den Engeln der Teufel, aus den heiligen Bischofen die Ketzer. Und wo kommen Huren und Buben her denn aus frommen Eltern etc.? Es ist kein Schande, Buben in einem Geschlecht haben, sondern ehrlich, daß man sie nicht lobe noch verteidinge.

Darumb bitte ich demutiglich, E. F. G. wollten den verzweifelten Pfaffen lassen Gottes Gericht befohlen sein. Er wills so haben. Ich will ihm kein Unrecht tun oder will ihm hie zurecht mich finden lassen etc. Mit dem Sakrament stehets gottlob auf guter Bahn, hoffe in Kurz ein frohlich Concordia endlich zu erlangen. Hiemit dem lieben Gott befohlen, Amen. Die Assumptionis Mariae 1538. E. F. G. williger Martinus Luther D.

An Herzogin Elisabeth von Braunschweig-Lüneburg

[Wittenberg] 4. September 1538

Der durchleuchtigen, hochgebornen Furstin und Frauen, Frauen Elisabeth, geborne Markgräfin zu Brandenburg etc., Herzogin zu Braunschweig und Lüneburg, meiner gnädigen Frauen.

G. u. Friede in Christo! Durchleuchtige, hochgeborne Furstin, gnädige Frau! Ich und mein liebe Käthe danken E. F. G. für die Käse. Und ist uns das Geschenke deshalben sehr lieb, wenns auch viel geringer wäre, daß E. F. G. von Gottes Gnaden so ernstlich erzeigen geneigt zu seinem heiligen Wort. Und bitten, daß der Vater aller Barmherzigkeit durch seinen lieben Sohn, unsern Herrn, E. F. G. mit seinem Heiligen Geist reichlich begabe und erhalte bis auf jenen Tag unser endlichen Erlosung. Befehlen uns hiemit E. F. G. als willige Diener, Amen. Ich schicke hiemit E. F. G. Pflanzen von Maulbeerbäumen und Feigenbäumen, soviel ich der itzt gehabt. Sonst hab ich nichts Seltsams. Mittewochen nach Egidii 1538.

E. F. G. williger Martinus Luther.

An Fürst Georg von Anhalt

[Wittenberg] 26. Oktober 1538

Dem durchleuchtigen, hochgebornen Fürsten und Herrn Georgen, zu Magdeburg Tumpropst, Fursten zu Anhalt, Grafen zu Askanien, Herrn zu Bernburg, meinem gnädigen Herrn.

G. u. Friede in Christo! Durchleuchtiger, hochgeborner Furst, gnädiger Herr! Des Wilhelm Rink halben hab ich nicht anders gewußt, denn ich hätte E. F. G. geantwortet in der nähesten Schrift. Ich weiß ja furwahr, daß ichs im Sinn hatte, da ich schreib, wie mirs auch aus der Feder gefallen ist. Denn mein Häupt und Herz ist voller Gedanken. So ist das Alter nu da und, durch Erbeit auch geschwächt, vergessen worden. Bitt derhalben, E. F. G. wollen mit mir alten vergessen Mann Geduld halben [!]. Denn ich auch wohl ohn E. F. G. Furbitt von mir selbs Wilhelm Rink gern zu Willen bin, wo ich immer künnte, als meinem besondern guten Freunde, dazu einem rechten Christen, da ich ihn fur halte. Darumb fug ich E. F. G. zu wissen, daß mein gnädigster Herr auch uber Tisch mein Bitte gnädiglich angenommen und in die Kanzlei befohlen, daß S. K. F. G. wollen Wilhelm Rink Sachen mit in die Handlung nehmen etc. umb E. F. G. Namen willen etc.

Daß E. F. G. hernach begehrt von Herzog Georgen und seiner Prälaten Handel zu Leipzig, wie M. Hausmann soll geschrieben haben, hätt ich längst E. F. G. geschrieben. So gehet mirs also, daß oft auch anderer guter Freunde Schrift und Question furkommen, darnach ist niemand, ders fordert, oft auch die Boten nicht harren noch anregen, ich aber nicht kann jedermann zu aller Stunde bereit sein, wie auch kein geringer und großer Ampt tun kann. So bleiben mir denn die Antwort liegen und verwesen. Darumb schick ich nu hiemit die Schrift, so mir vertrauet sind. E. F. G. werden sie mir wohl wissen wieder zu schicken. Ich hab mit E. F. G. mündlich geredt, wie herzlich gern ich wollt, daß die Bistumb und großen Kloster mochten zur Kirchen Unterhaltung bleiben, damit Deutschland nicht ein böhmische Confusio wurde. Denn E. F. G. sehen in dieser Schrift wohl, wo Herzog Georgen Gedanken hin stehen. Und wird freilich nach seinem Tod viel ärger werden. Der leidige Mann, Kardinal zu Halle, kunnte hierin viel Guts tun und helfen. Aber der Teufel reitet ihn, daß er nach der armen Kirchen und Nachkommen nichts fraget. Wohlan, Gott helfe! Wo nicht, so wird des Kardinals von Schönberg Wort Wahrheit werden, da er gesagt: Wir wollen itzt nicht tun, weil wir können; hernach wird man Deutschland nicht so wieder bringen, wie wir meinen. Ich zwar bin des Papstes Erzfeind, aber doch wollt ich die Stift und

Kloster gern sehen zu rechtem Brauch kommen, erstlich der Kirchen, darnach, was ubrig wäre, zu gemeinem weltlichen Nutz (wie billig). Primum quaerite regnum Dei etc. Siehe da, bin ich Prediger worden? Aber darumb, gnädiger Furst und Herr, weil E.F.G. begehren etliche Person zur Seelsorge und wir selbs Mangel haben allenthalben, ist mir solch Geschwätz eingefallen, daß itzt fast niemand hilft Personen erziehen, ohn was mein gnädigster Herr der Kurfurst tut, welchs doch nicht weit reichen kann, obwohl S.K.F.G. weidlich der Klosterguter dazu gebraucht. Darumb bitte ich, E.F.G. wollten auch helfen raten und tun, was muglich ist, wie ich mich des ganz trostlich zu E.F.G. versehe. Indes will ich mich umbsehen, wo ich die zwo Personen von E.F.G. Begehren aufbringe. Hiemit dem lieben Gott befohlen, der sei selber Bischof, wie er auch ist, seiner lieben Braut und Kirchen, ohn daß wir mit mussen auch bitten und helfen, wie S. Paulus sagt: Cooperatores sumus, sicut Agricola est Cooperator dei in frumento creando, Sed instrumentalis et mediatus. E.F.G. halte mir mein Geschwätz zugute. Sabbatho post Undecim Virginum, si vera est historia, 1538.

E.F.G. williger Martinus Luther.

An Landgraf Philipp von Hessen

[Wittenberg] 20. November 1538

Dem durchleuchtigen, hochgebornen Fursten und Herrn, Herrn Philipps, Landgrafen zu Hessen, Grafen zu Katzenelnbogen, Ziegenhain, Dietz und Nidda, meinem gnädigen Herrn.

G. u. Friede in Christo und mein arm pater noster! Durchleuchtiger, hochgeborner Furst, gnädiger Herr! Ich [hab] E.F.G. Kredenz und Schrift empfangen und D. Bucers Wort vernommen. Und wie ich acht, daß E.F.G. wohl bedacht, wie man mit den Wiedertäufern zu handeln sei [!], doch auch gern mehr Leuten Bedenken hätten, dem ist nicht allein mein Bedenken, sondern auch demutiges Bitten, E.F.G. wollten sie ernstlich des Lands verweisen, denn es ist gleichwohl des Teufels Samen, und haben wohl zum ersten etwas schon Scheins neben mit dem Bosen fur, doch weil es der lichte Teufel ist, wird zuletzt das Ende zu Münster draus. E.F.G. haben sich auch des nicht zu beschweren, daß sie vertrieben anderswo Schaden tun mugen. Denn anderswo haben sie nicht viel mehr Raum, und ob sie es hätten, sollen sie zusehen, so des Orts das Regiment und Kirchen haben. Denn ob ich sorgen mocht, der Wolf, so in meinem Stall wurget, mocht in andern Ställen mehr würgen, kann ich ihn darumb unverjagt nicht lassen. Ein jeglicher hute seines Stalles. Weiter werdens E. F. G. baß wissen zu bedenken, denn ich schreiben kann. So wird D. Bucer E. F. G. auch weiter, wo es not ist, mein Meinung anzeigen. Der Vater unsers lieben Herrn Jesu Christi leite und behute E. F. G. sampt allen unsern Häuflin durch seinen Heiligen Geist in reichlichen Gaben, Amen. Mittwochens S. Elisabeth 1538.

E. F. G. williger Martinus Luther.

An Hans von Taubenheim

[Wittenberg] 10. Januar 1539

Dem gestrengen, festen Hansen von Taubenheim, Rentmeister, meinem günstigen und freundlichen lieben Herrn und Gevattern.

Gnade und Fried in Christo! Gestrenger, fester, lieber Herr, freundlicher, lieber Gevatter! Es ist mir kund worden, wie unser lieber Herr Gott abermal sein Ruten uber Euch hat gehen lassen und Euer liebe Hausfrau zu sich selbs genommen. Solch Euer Traurigkeit und Schmerzen ist mir wahrlich von Herzen leid.

Denn ich weiß, daß Euch viel anders zu Sinn ist weder den losen Leuten, so ihrer Weiber Tod gerne sehen, und acht mich dafür, daß ich Euch wohl kenne, als der ja Christo nicht feind ist, sondern sein Wort und Reich liebet, auch aller Untugend und Unehr von Herzen gram ist, wie ich wohl erfahren. In Summa, ich halt Euch für einen frommen Mann, daran ich nicht feile, wie Ihr wiederumb auch mich für fromm haltet. Gott gebe, daß Ihr nicht feilet. Denn mit mir ists ein anders, als der in großen Sachen stecket, und derhalb, wo Gott Hand abzüge, fährlicher (wie dieses Standes Unfall ist) sündigen müßte.

Weil mir solchs von Euch bewußt, daß Ihr nicht Gottes Feind seid, so kann er wiederumb Euer Feind nicht sein, als der Euch zuvor gegeben, daß nicht Ihr sein Feind seid, und Euch also viel ehe geliebet, denn Ihr ihn geliebet habt, wie es mit uns allen auch gehet.

Darumb lasset Euch das Rütlein des lieben Vaters also schmerzen, daß Ihr Euch seines gnädigen väterlichen Willens gegen Euch viel höher tröstet und im Kampf des Schmerzens lasset den Friede Gottes, der uber alle Vernunft und Sinne schwebet, den Triumph halten, wenngleich das Fleisch schlucket und mucket. Wie ich mich versehe, daß Ihr auch ohn mein Tröstunge, durch Gottes Wort berichtet, selbs wisset, wie göttlicher Friede nicht in den fünf Sinnen oder Vernunft, sondern weit darüber in Glauben schweben soll

Unser lieber Herr Jesus Christus sei mit Euch, denn ich bin Euch ja, das weiß Gott, hoffe auch, daß Ihr daran nicht zweifelt, günstig und habe Euch mit Ernst lieb, ob ich wohl nichts bin und auch nu schier nirgend zu taug. So muß doch Christus ein solch arm rüstrig Werkzeug haben und mich in seinem Reich dulden hinter der Tür, und helfe Gott, daß ichs wert sei und bleibe.

Ich bitte auch, wollet Euch unsern Schosser, meinen lieben Gevatter, lassen befohlen sein, und ob er bedürfte Euer Gunst und Förderung, Euch freundlich erzeigen, denn ich hab ihn bis daher nicht anders gespüret, denn der ganz rechtschaffen sei. Aber Neid und Haß tut auch wohl Gott Unrecht und kreuziget ihm seinen Sohn. Die Welt ist nicht allein des Teufels, sondern der Teufel selber. Der Landvogt ist uns allzeit allen Gefahr gewest unter guten Worten. Aber komme ich mit ihme zu werken, so soll ers auch hören, wiewohl man sagt hie, er sollte abekommen. Das sei wahr oder nicht, so kanns auch zuletzt nicht also stehen noch gehen. Hiemit Gott befohlen. Freitag nach Trium regum, 1539.

Mein Käthe läßt Euch herzlich grüßen und weinet bitterlich uber Euerm Unfall und sagt, wenn Euch Gott nit so lieb hätt oder wäret ein Papist, so wurde er Euch solch Ungluck nit lassen geschehen. Er plagt die Seinen zu dieser Zeit, sparets den andern zu jener Welt, wie S. Petrus schreibt.

Martinus Luther D.

An Hieronymus Krapp

[Wittenberg] 3. Februar 1539

Ad d. Hiero. Krappen Consulem.

Lieber Herr Burgermeister, nachdem des Mißbrauchs auf dem Kirchhof je länger je mehr wird, daß jedermann drauf legt, furet, stellet und machet seins Gefallens, damit gleichwohl der lieben Toten (so in Christo leben und getauft sind und auf dem Kirchhofe der Auferstehung gewarten, als in ihrem Bettlin rugend und schlafend, wie Jesaja sagt) nicht viel mehr geachtet wird, denn als legen sie auf einem Schindeleich oder nicht weit vom Galgen, ist mein Bitte, wollet schaffen, daß da solcher ubriger Mißbrauch aufgeräumet werde und den Toten ein wenig großer Eher und Ruge vergonnet werde. Denn wir kunnen sie nicht alle weg ausgraben, damit wir kunnten weichen solchem Mißbrauch, sonst wollten wirs wohl tun. Sonst siehets, als halten wir nichts von den Toten noch Auferstehung der Toten. Die Bräupfannen, wie vor von alters her, mugen wir drauf wohl leiden umb Sicherheit willen. Des andern wird gar zuviel, daß auch die Zimmerleute keine Predigt achten, ja hauen und poltern mit ihrem Zeug, daß kein Wort sollt gehoret werden, denken, es sei notiger und billiger, eins Zimmermanns Beil zu horen, weder Gottes Wort etc. 3. feb. 39. anno. M. L.

An Gabriel Zwilling

[Wittenberg] 10. Februar 1539

Dem ehrwürdigen Mann in Christo, M. Gabriel Zwilling, dem treuen Bischof der Kirche zu Torgau, seinem geliebten Bruder.

Gnade und Friede in Christo! Johann Milde bat mich, mein lieber Gabriel, für ihn zu sprechen, wenn er irgendwie durch Deine Hilfe dem Pfarrer in Neiden nachfolgen könnte. Lange genug ist er durch die bäuerliche Arbeit und die Bosheit der Bauern gequält worden. Bei so großer Tücke der Bauern ist die Landarbeit für die Pfarrer schwierig. Man sagt ihm nach, daß er einstmals einen Hang zum Trinken gehabt habe, aber, wie Du weißt, konnte der Mangel ihm das [gar] nicht täglich erlauben. Ich hoffe, daß er sich bessert. Wenn es daher möglich ist und sein kann, laß ihn Dir empfohlen sein, ob er vielleicht [dann] Muße haben kann zum Lesen und Beten.

Von dem Kasten und Siedeln heißt mich mein Herr Kätha also schreiben, daß sie wundert, wie ein Kaste so teuer als vier fl. sollte sein. Denn es sollt ein reinlich Kaste sein fur leinen Geräte drein zu legen, da nicht Eisen durchgeschlagen das leinen Geräte eisenmalicht machte. Denn einen Schatzkasten haben wir bereit und ist uns wohl tausendmal zu weit zu unserm Schatz. Darumb beschreibt uns den Kasten, mit Holz, Form, Eisen, wie er sei. Denn Ihr habt mir einen geschenkt, wie Ihr wisset, wenn derselb nicht so bose wurmstichig Holz hätte, daß eitel Wurmmehl im Kasten, so wäre er gut gnug zu leinen Geräte. Ist dieser auch also oder gleich ein wenig besser, so wäre er recht. Sonst mag sie hie einen lassen machen. Hiemit Gott befohlen. Ich hätte wohl mehr zu tun gehabt, denn vom Kasten zu schreiben, wo Herr Johann Milde mich nicht in das Papier gefuhrt hätte. Fer. 2 post Appoloniae 1539. Martin Luther.

An Philipp Melanchthon

[Wittenberg] 2. *März* 1539

Dem hochberühmten Mann, Herrn Philipp Melanchthon, dem treuen und aufrechten Diener Christi, seinem geliebten Bruder im Herrn.

Gnade und Friede in Christo! Heute habe ich Deinen Brief und den des Myconius erhalten, mein lieber Philipp, und mit Freude vernommen, daß die Einigkeit der Unsrigen beständig ist. Wir beten für Euch, daß der Herr Euch gegen die Pläne des Satans den Geist des Rates und des Verstandes gebe. Die Furcht vor einer Sinnesänderung Eurerseits ist groß. Und wir vermuteten wegen Eures langen Schweigens, daß Ihr allzu wütend seid.

Die Gegner des Gesetzes haben auch in Saalfeld angefangen zu wüten. Der Rat bat mich um Vermittlung, und ich werde veranlassen, daß die sich Streitenden, Aquila und der Diakon, hierher kommen. Die Sache habe ich Justus Menius übergeben. M. Heinrich Hamm ist bei Markgraf Johann nicht untätig, ein glühender Schüler jener uns [bekannten] Eidechse, der geprahlt hat: Ich meine, die zu Wittenberg haben einen Lector kriegt, der sie wird die Dialecticam lehren. Sieh nur die Lust zu schaden bei so heiligen Evangelisten! Christus möge den Satan unter unseren Füßen zertreten, Amen.

Κόλαξ erlebte wieder einen Triumph, dadurch, daß ein reicher Müller gefangen und weggeführt wurde. Weil wir die Sache zu spät erfahren haben, sind wir mutig auf das unseren Mauern benachbarte Feld hinausgestürmt und haben mit einigen Schüssen die Wolken und die Sterne sehr in Schrekken versetzt, wie es dem gemalten Christophorus oder dem hölzernen Georg geziemt. Der Feind wird in der Mark mit deutlicher Feindseligkeit [gegen uns] unterstützt. Unser Schirlenz und Schott haben ihn in Brandenburg gesehen. Der Rat selbst hat uns ermahnt, Kohlhase sei in der Stadt. Wenn sie aber märkisch sein wollen, werden sie sagen: Wir haben nur gescherzt, gleichsam um Euch zu erschrecken. Dennoch haben wir inzwischen hier befohlen, Holz in die Stadt zu schaffen (Bäume vermutlich), damit Κόλαξ aus ihnen nicht nachts eine Brücke über die kleinen Graben errichtet. Wir sind eitel Nachahmer Hektors und Achills. Wir fürchten niemand, auch wenn wir allein und ohne Feinde sind. Ich glaube indessen, was Mezentius geschrieben hat. Denn es ist sicher, daß er durch unser Grimma und selbst über den Markt zur Mittagszeit mit offenem Gesicht, so daß ihn viele erkannt haben, mit vierzehn Pferden nach Dresden geritten oder von Dresden gekommen ist. Als dieses unseren hölzernen Georgs angezeigt wurde, sollen sie geantwortet haben, sie hätten es wohl verhindern können, wenn sie es gewußt hätten. Und irgendein Großer aus Dresden hatte in Grimma gesagt, er wundere sich, daß unser Fürst einen so schnöden Spott dieses Mezentius dulden würde. Aber der Satan scheint uns von innen und von außen mit Treulosigkeit zu plagen. Der Adel will Fürst sein und die Fürsten unterdrücken, damit alles in hellem Aufruhr ist.

Aber angenehm und schön ist, was ich Dir über Deine Tochter Hanna schreiben kann. Sie hat eine zweite Tochter geboren, ohne über ihre Schwangerschaft zu wissen, bis die Entbindung kurz bevorstand. Wir haben alle mit Freude und Dank gegenüber Gott darüber herzhaft gelacht. Daß in Deinem Haus alles wohlbehalten ist, erfährst Du aus dem Brief Deiner Magdalena. Mit diesen und anderen so grenzenlosen Wohltaten Gottes werden wir getröstet für so viele unwürdige Beschimpfungen und das Wüten des Teufels und der Menschen. Lebe wohl in Christo und grüße D. Pontanus und Sturm. Halb krank habe ich heute wieder begonnen, in der Genesis [Vorlesung zu halten]. Zu sehr ist die Theologie verwaist und erkaltet, wenn Du und Pomeranus nicht da sind und ich krank bin. D. Justus [Jonas] ist von seiner Reise noch nicht nach Hause zurück. Zur Zeit ist D. Caspar [Cruciger] der einzige Theologe. Am 2. März 1539.

D[ein] Martin Luther.

An Kurfürst Johann Friedrich von Sachsen

[Wittenberg] 9. April 1539

Gnade und Friede in Christo und mein arm Vaterunser! Durchlauchtigster, hochgeborner F., g. Herr! Es ist hier zu Lande eine plötzliche Teurung und unversehener Hunger eingefallen, daß es Wunder ist, daß wir gezwungen werden, E.C.F.G. als Herren und Vater des Landes anrufen umb Hülf und Rat. Was vor Vorrat allhier zu Wittenberg sei, wissen E.C.F.G. ohne Zweifel zu rechnen. Jetzo muß Wittenberg die Städtlein Kemberg und Schmiedeberg mit gebacknen Brote speisen, daß der Rat mir saget, es gehe mehr Brots hinaus aufs Land, denn hier in der Stadt verspeiset wird. Noch halten etliche, daß solche Teurung nicht so gar aus Mangel als aus Geiz und Bosheit der reichen Junkern komme, und ist des Redens mancherlei und seltsam, darein ich nichts sagen kann. Wohl sagt man, daß N.N. habe sich lassen hören, er wolle kein Körnlein verkaufen, bis ein Scheffel gelte 1 alte Schock oder 1 Gulden, dazu soll das Korn aus dem Land geschafft und verführet sein. Doch tut die Elbe auch hierzu viel, daß man nicht mahlen noch backen kann, weil die Schloßmühle muß vor Wasser stille stehen. Es ist eine kleine Anfechtung, die doch groß wird werden, wo E.C.F.G. nicht hierinnen Hülfe und Rat schaffet. Darumb bitten wir alle, E.C.F.G. wollten sich gnädiglich erzeigen, nicht allein mit gegenwärtiger Hülfe zur Not, sondern auch mit Regiment, daß die vom Adel nicht also das Korn hinfort alleine zu sich kaufen und wegführen und damit so unverschämt wuchern, zum Verderb E.C.F.G. Land und Leuten. Sind sie doch ohn das reich gnug, daß nicht not ist, armer Leute Leben durch Hunger zu nehmen, um ihres Geizes willen. E.C.F.G. werden wohl weiter und fürstlich hierzu wissen zu raten. Hiemit dem lieben Herrn Christo befohlen, Amen. Mittwochs in Ostern, Anno 1539.

An den Rat von Bartfeld

[Wittenberg] 17. April 1539

Gnad und Fried in Christo! Ehrsame und weise und lieben Herrn und Freunde! Auf Euer Schrift nur [?] längst an mich getan, ist dies mein gute Meinung, weil es in Eurer Gewalt nicht steht, die Kirchendiener zu zwingen oder mit Gewalt zu begehren, Euch oder den Euern beider Gestalt des Sakraments zu reichen, so sollt Ihr sie auch nicht zwingen, solches zu reichen, sondern laßt die Obrigkeit sündigen, wie sie will, nachdem Ihr es nicht wehren könnt, und dann denk ein jeglicher bei sich selbst, will ers sonst nehmen oder geben, ohn Euer Heißen oder Zwingen, damit ers auf seine Fahr tut und sich selbst verantworte. Darnach hab ich vernommen, wie Ihr Euer Stadt Kind Leonhard Stöckel anheim gefordert habt, und er auch ganz willens ist zu kommen, darin ich auch geraten, als der ich hoffe, er solle Euch nützlich sein und Euer Stadt nun mehr geachtet soll werden weder frembde Land Nutz. Doch weil itzt M. Philippus nicht anheim ist, so freundlich schreibet und bittet er, Ihr sollet verziehen bis auf seine Zukunft, die nur über 10 Tag nicht kann noch bleiben, und ich nicht weiß, was ihm daran gelegen, hab ich auch zu solchem Verzug geraten. Bitte derohalben, Ihr wollet solche kurze Zeit Geduld haben, denn ich will auch daran sein, daß er darnach flugs zu Euch heimkomme. Hiemit Gott befohlen, Amen. Donnerstag nach Quasimodogeniti 1539. Mart. Luther.

An König Gustav I. Wasa von Schweden

[Wittenberg] 18. April 1539

Dem allerdurchlauchtigsten und löblichsten Herrn, Herrn Gustav, dem König der Schweden und Goten, seinem allergnädigsten Herrn.

Gnade und Friede in Christo! Allerdurchlauchtigster Herr und gnädigster König! Magister Nikolaus aus Schweden, Euer Majestät treuer und gewissenhafter Gesandter, hat mir berichtet, daß er den Befehl habe, einen guten Lehrer für die Unterweisung des königlichen Sohnes Eurer Majestät ausfindig zu machen. Das habe ich mit nicht geringem Vergnügen vernommen, da ich sehe, daß Euer Majestät Eifer für die Frömmigkeit und die Wissenschaften von Gott verliehen worden ist, für die übrigen freilich ein leuchtendes Vorbild. Denn was ist ehrenhafter und schließlich auch nötiger für Könige, als daß sie selbst entweder von Natur aus begabter als die übrigen sind oder daß sie durch Ausbildung wohl unterrichtet worden sind, damit sie nicht immer mit fremden Augen sehen oder den Urteilen anderer vertrauen müssen? Christus, der sein Werk in Eurer königlichen Majestät begonnen hat, möge es wachsen lassen und vollenden, so daß im ganzen Reich, besonders an den Domkirchen, Schulen für die Erziehung der Jugend zum Dienst in den Pfarrgemeinden verordnet und eingerichtet werden. Denn das ist die höchste und größte Pflicht der Könige, daß sie über die weltliche Verwaltung hinaus auch der christlichen Frömmigkeit geneigt sind. Mit diesem Ruhm werden Eure Majestät, hochlöblicher König, ganz besonders vor den übrigen gepriesen. Und wir bitten den Herrn, daß er durch seinen Geist das Herz Eurer Majestät lenke. Zu diesen und anderen Aufgaben besitzt Eure Majestät, Gott sei Dank, genügend geeignete Werkzeuge, unter den Auswärtigen auch den schon zum Lehrer für den königlichen Sohn berufenen Georg Norman, der von M. Nikolaus endlich gefunden und von mir auch gebeten worden ist, in den Dienst Eurer Majestät zu treten. Er ist ein Mann mit makelloser Lebensführung, bescheiden, aufrichtig und gelehrt, ein geeigneter und dem königlichen Sohn durchaus würdiger Lehrer, den ich Eurer Majestät besonders empfehle. Als Reisegefährten nimmt er Michael Agricola mit, ein Sohn und Landsmann aus Eurem Schweden, freilich noch jung an Jahren, aber ausgezeichnet durch Gelehrsamkeit, Verstand und Sitten, der im Reich Eurer Majestät sehr viel Gutes schaffen könnte. Auch diesen empfehle ich Eurer Majestät als einen trefflichen Mann. Ich bitte Christus, der sie durch Eure Majestät beruft und verordnet, daß er selbst durch diese viel Frucht bewirke. Nun möge der Vater der Barmherzigkeit selbst alle Pläne und Taten Eurer Königlichen Majestät durch seinen Heiligen Geist reichlich segnen. Freitag nach Quasimodogeniti 1539.

Eurer Königl. Majestät ergebener Martin Luther.

An Herzog Albrecht von Preußen

[Wittenberg] 23. Juni 1539

Dem durchleuchtigen, hochgebornen Fursten und Herrn, Herrn Albrecht, Markgrafen zu Brandenburg, in Preußen, zu Stettin, Pommern etc., Herzogen, Fursten zu Rügen, meinem gnädigen Herrn.

G. u. Fr. in Christo! Durchleuchtiger, hochgeborner Furst, gnädiger Herr! Wiewohl ich nichts sonderlichs E. F. G. zu schreiben wußte, weil aber E. F. G.

so gar gnädiglich durch Ihren Gesandten mich haben lassen grußen und nach meiner Gesundheit fragen, auch begehrt zuvor mehrmals, wo ich kunnte, E. F. G. zu schreiben, so hab ich hiemit diesem Dankbrief wollen schreiben, damit ich nicht so gar groblich E. F. G. gnädiger Gonst Verächter mocht gescholten werden, und bedanke mich gegen E. F. G. aufs allerdemutigest solches gnädigen Willens. Neue Zeitung wissen wir nichts, ohn daß Gott ein sonderlich Werk getan hat mit Herzog Georgen Tod, denn er hats im Sinn gehabt, daß Gott hat müssen wehren, oder Deutschland wäre in allen Jammer kommen. Nu aber hat Gott Friede gegeben und dem bosen Menschen sein teuflich Furnehmen gelegt, wiewohl der zu Mainz und andere Bischofe mehr sich nicht'dran kehren, an solch greulich, schrecklich Exempel, fahren fort und wollen zugrundegehen, da hilft kein Flehen noch Leiden. Ferdinandus und die Bayern fahen erst recht an, das Euangelion zu verfolgen. Sonst stehets in Deutschland friedlich, und ist teuer gewest, aber alles Getreide und Obst stehet wohl und reich, Gott Lob, der uns auch helfe und gebe, fromm und dankbar zu werden. Hiemit dem lieben Gott befohlen, Amen. An S. Johanns Abend, des Täufers, 1539.

E. F. G. williger Martinus Luther D.

An Kurfürst Johann Friedrich von Sachsen

[Wittenberg] 8. Juli 1539

Dem durchleuchtigsten, hochgebornen Fursten und Herrn, Herrn Johanns Friedrich, Herzogen zu Sachsen, des H. Ro. Reichs Erzmarschalk und Kurfursten, Landgrafen in Thüringen, Markgrafen zu Meißen und Burggrafen zu Magdeburg, meinem gnädigsten Herren.

G. u. F. in Christo und mein arm pater noster! Durchleuchtigster, hochgeborner Furst, gnädigster Herr! Es hat der bose Bube, Wolrab, zu Leipzig, der bis daher alle die Schmachbucher wider uns gedruckt und mit allem Fleiß vertrieben hat, furgenommen, unser deutsche Biblia nachzudrucken und den Unsern das Brot aus dem Maul zu nehmen. Nu wissen E. K. F. G., wie unbillig das ist, daß der Bube soll der Unsern Erbeit und Unkost brauchen zu seinem Nutz und der Unsern Schaden. Damit geschehe, daß er mit seiner Bosheit verdienen wurde, daß ihm unser Erbeit fur seine ungebußete Buberei, Schmach und Lästerung noch zum besten dienen mußte. Ist derhalben mein untertänige Bitte, E. K. F. G. wollten helfen, daß solch groß Ubel des Wolraben nicht so hoch mußte seiner Bosheit genießen und E. K. F. G.

Untertanen ihrer Kost und Fahr nicht so schwerlich entgelten. Ohn was noch mich verdreußt, daß der Lästerer und Schmachdrucker meiner sauren Erbeit so mißbrauchen, vielleicht dazu auch spotten soll. Denn was er mit seinem Druck gegen Gott und uns verdienet habe, will ich Gott befehlen. So wärs auch nicht unbillig, ob die Drucker zu Leipzig, so bisher lange gnug mit ihren Schmähbuchern sich gereichert, auch eine Zeitlang sich enthalten müßten, mit unsern Buchern sich noch mehr zu reichern und die Unsern zu verderben. Denn es gut ist zu rechen, weil die Märkte alle zu Leipzig, daß sie ehe tausend Exemplar vertreiben konnen, denn die Unsern hundert. E.K.F.G. werden hierin wohl wissen, furstlichen Rat zu finden. Hiemit dem lieben Gott befohlen. Am Tage Kiliani 1539.

E.K.F.G. untertäniger Martinus Luther.

An Herzog Heinrich von Sachsen

Wittenberg, 25. Juli 1539

Dem durchleuchtigen, hochgebornen Fursten und Herrn, Herrn Heinrich, Herzogen zu Sachsen, Landgrafen in Thüringen und Markgrafen zu Meißen, meinem gnädigen Herrn.

Gottes Gnad durch unsern Herrn Jesum Christum zuvor! Durchleuchter, hochgeborner gnädiger Furst und Herr! Wiewohl ich nicht zweifel, E.F.G. sind selb zum hohisten geneigt, zu Gottes Lob die Kirchen nach Notdurft zu bestellen und zu versorgen, wie solches Gott den Potentaten und Regenten furnehmlich befohlen, so kann ich doch wohl abnehmen, daß solch groß Werk viel Verhinderung haben wird, derhalben ich verursacht, E.F.G. treuer und christlicher Meinung mit dieser untertänigen Schrift zu ersuchen und zu bitten, daß E.F.G. die angefangen Visitatio gnädiglich wolle in allen Punkten laut der Instruktion fortgehen und vollziehen lassen, welche denn, wie ich bericht' bin, mit guter Maß und etwas gelinder gestellet, denn die Instructio der Visitation, die vor dieser Zeit in m. g. H. des Kurfursten etc. Kirchen geschehen. Und wollen E.F.G. hierin als ein loblicher christlicher Furst betrachten, wie hoch und merklich am Anfang dieser Kirchen Bestellung gelegen, darauf itzt männiglich ein groß Uffsehen hat und wird der Landschaft und allen Frommen ein großer Trost sein, so sie merken werden, daß man gute beständige Ordnung furnimmet, und wird solcher Ernst den Widersachern ihren Trotz kleiner machen.

So fordert die Sach an Ihr selb, daß man die Kirchen jetzt und im Anfang fleißig bestellen muß, denn ich weiß, daß viel Pfarren ledig stehen, viel mit untuchtigen Personen beladen sind, viel auch an Einkommen Mangel haben. So nu die Visitatores nicht der Instruktion Folg tun in diesen gemeinen und notigen Punkten, so würde folgen, daß viel Pfarren ganz nicht bestellet wurden, daß auch Ungleichheit der Lahr aus Mangel tuchtiger Personen furfallen. Daraus bei dem armen Volk viel Verwirrung und bei den Widersachern ein Frohlocken kommen wurde. Und daß etlich meinen, es sei gnug, daß man im Anfang allein die Mißbräuch abschaffe, und sei nicht not, weiter zu erkunden, wilche Personen da sind und wie sie zu versorgen. Das ist viel anders, denn im Anfang ist zum hohisten vonnoten, soviel moglich mit großem Ernst zu arbeiten, daß man tuchtige Personen habe, guten Grund der Lahr zu legen und rechten Glauben und Einträchtigkeit zu pflanzen.

So kann auch kein beständig Ordnung gemacht werden, so die Personen nicht Versorgung haben.

Dieweil denn E. F. G. wissen, daß dieses der hohist Gottesdienst ist, der sonderlich den Fursten und Potentaten befohlen, das Evangelium furdern und die Kirchen bestellen, so wollen E. F. G. die Visitatores der Instructio lassen nachkommen und gnädiglich drob halten. Es kann sich auch mit Billigkeit niemand beschweren, so von andern Stiftungen den Pfarrern Hilf oder Zulag verordnet wird, denn alle gottlich und menschliche Recht lehren und befehlen, daß man davon furnehmlich den Pfarren und Schulen Hilf tun soll. Wie Paulus spricht: Qui servit altari, vivat de altari, und ist die arme Kirch nicht schuldig, ihre Verfolger in Stiften und Klostern zu ernähren.

Unser Herr Christus verheißet reiche Belohnung allen denjenigen, so den Dienern christlicher Lahr Hulf und Furderung erzeigen, da er spricht: Wer einen Trunk Wasser gibet dem Geringsten umb der Lahr willen, der wird wahrlich darumb Belohnung empfahen. So wissen E. F. G., wie Ezechias mit herrlichem Sieg gezieret ist, der zu seinen Zeiten rechte Lahr wiederumb ufrichte und den Leuten Unterhaltung schaffet, daß sie der Lahr warten kunnten, wie der Text spricht 2. Paralip. 31: Ut possent vacare legi domini. Also ist nicht Zweifel, Gott wird E. F. G. erhalten, schutzen und gnädiglich segen, und werden ihn darumb fur E. F. G. alle fromme Christen bitten und anrufen, und dieweil Gott solche Gebet befohlen, so ist es ohne Zweifel kräftig und wird erhöret. Darumb bitt ich auch, unser Herr Christus wolle E. F. G. an Leib und Seel stärken und bewahren. Datum Wittenberg, am Tag Jakobi 1539. E. F. G. untertäniger Martinus Luther.

An Anton Lauterbach

[Wittenberg] 26. November 1539

Dem ehrwürdigen Mann, Herrn Magister Anton Lauterbach, dem treuen Bischof der Kirche zu Pirna, seinem Bruder im Herrn.

Gnade und Friede! Was Du, mein lieber Anton, wegen der Krankenkommunion fragst, hierüber glaubte ich, seiest Du durch die Ordnung unserer [Wittenberger] Kirche, in der Du so lange tätig gewesen bist, hinreichend unterwiesen. Ich aber meine und wünsche, daß die Privatkommunion ohne Einschränkung überall abgeschafft wird, aber das Volk soll in der Predigt belehrt werden, daß die Leute drei- oder viermal im Jahr das Abendmahl empfangen und dann durch das Wort gestärkt, wo nur immer im Fall des Todes, [selig] entschlafen. Denn jene Privatkommunion wird schließlich eine unerträgliche und unmögliche Last sein, vornehmlich in der Pestzeit. Und es ist nicht recht, die Kirche so mit den heiligen Handlungen zum Knecht zu machen, besonders bei denen, die diese so lange verachten und später bei jedem Ereignis die Kirche für sich als Dienerin haben wollen, der sie selbst niemals gedient haben. Aber weil das noch nicht geordnet ist, magst Du so handeln, wie Du es kannst. Inzwischen reiche nur den Kranken das Abendmahl, wenn Du es nicht so halten willst, wie Du es hier gemacht hast. Dennoch mußt Du deutlich machen, daß Du dieses nur zur Zeit [ihrer Krankheit] tust, und daß es nicht immer so bei ihnen sein wird, denn man wird in dieser Sache irgendwie eine allgemeine Ordnung treffen müssen.

Die gehauene Haustür will Käthe so weit haben, als dies Maß ist. Die Länge oder Höhe werden die Meister selbs wissen zu rechnen. Der andern Tür darf sie keine. Wollets bestellen, das Beste Ihr künnt. Hiemit Gott befohlen, Amen. Mittwoch nach Katharinae 1539.

D[ein] Martin Luther.

An Georg Buchholzer

[Wittenberg] 4. Dezember 1539

Dem wirdigen Herrn, Georgio Buchholzer, Propsten zu Berlin, meinem Bruder in Christo.

Gnad und Fried durch Christum! Lieber Herr Propst, ich muß kurz sein mit Schreiben umb meines Häupts Schwachheit halben. Unser aller Bedenken auf die Kirchenordnung Euers Churfürsten, des Markgrafen, meines gnädigsten Herrn, werdet Ihr in den Briefen gnugsam vernehmen. Was aber betrifft, daß Ihr Euch beschweret, die Chorkappe oder Chorrock in der Prozession in der Bet- oder Kreuzwochen und am Tage Marci zu tragen, und den Circuitum mit einem reinen Responsorio umb den Kirchhof des Sonntags und auf das Osterfest mit dem Salve festa dies, ohn Umbtragen des Sakraments zu halten, darauf ist dies mein Rat: Wenn Euch Euer Herr, der Markgraf und Churfürst etc., will lassen das Evangelium Jesu Christi lauter, klar und rein predigen ohn menschlichen Zusatz, und die beide Sakrament, der Taufe und des Leibs und Bluts Jesu Christi, nach seiner Einsetzung reichen und geben, und wollen fallen lassen die Anrufung der Heiligen, daß sie nicht Nothelfer, Mittler noch Fürbitter sein und das Sakrament in der Prozession nicht umbtragen, und lassen fallen die täglichen Messen, auch die Vigilien und Seelmessen der Toten, und nicht lassen weihen Wasser, Salz und Kraut und singen reine Responsoria und Gesänge lateinisch und deutsch im Circuitu oder Prozession, so gehet in Gottes Namen mit herumb und tragt ein silbern oder gülden Kreuz und Chorkappe oder Chorrock von Sammet, Seiden oder Leinwand, und hat Euer Herr, der Churfürst, an einer Chorkappe oder Chorrock nicht genug, die Ihr anziehet, so ziehet der 3 an, wie Aaron der Hohepriester 3 Röcke ubereinander anzog, die herrlich und schön waren, daher man die Kirchenkleider im Papsttum Ornata genannt, haben auch ihre Churfürstliche G. nicht genug an einem Circuitu oder Prozession, daß Ihr umbher gehet, klingt und singet, so gehet siebenmal mit herumb, wie Josua mit den Kindern von Israel umb Jericho, gingen, machten ein Feldgeschrei und bliesen Posaunen. Und hat Euer Herr der Markgrafe, ja Lust darzu, mögen Ihre Churfürstliche Gnaden vorhee springen und tanzen mit Harfen, Pauken, Zimbeln und Schellen. Wit David vor der Lade des Herren tat, da die in die Stadt Jerusalem gebracht ward, bin damit sehr wohl zufrieden, denn solche Stück, wenn nur Abusus davon bleibet, geben oder nehmen dem Evangelio gar nichts, doch das nur nicht eine Not zur Seligkeit und das Gewissen damit zu verbinden, daraus gemacht werde. Und künnt ichs mit dem Papst und Papisten so weit bringen, wie wollt ich Gott danken und so fröhlich sein, und wenn mir der Papst diese Stück frei ließe gehen und predigen, und hieße mich (mit Verlaub) eine Bruch umbhängen, ich wollts ihm zu Gefallen tragen.

Was aber antrifft die Elevation des Sakraments in der Messe, weil solche Ceremonia auch frei ist und dem christlichen Glauben hieraus keine Gefahr erstehen kann, wo nicht ander Zusatz geschicht, möget Ihrs in Gottes Namen aufheben, wie lang mans haben will.

Daß wir aber das Aufheben hie zu Wittenberg abgetan, haben wir Ursach gnug gehabt, die vielleicht Ihr zu Berlin nicht habt. Wir wollens auch nicht wieder aufrichten, wo nicht andere sonderliche Not fürfallen, daß wirs tun müssen, denn es ist ein frei Ding und menschlicher Andacht Ordnung und nicht Gottes Gebot, denn Gottes Gebot ist allein nötig, das ander ist frei.

Weitern Bericht werden Euch die Gesandten Euers Herrn wohl sagen. Gott und der Vater Jesu Christi, seines Sohns, des Ampt Ihr treibet, der wolle Euch treulich durch seinen Geist beistehen und helfen, daß sein Name geheiliget werde, sein Reich zukomm und sein Wille geschehe, darumb bitt ich täglich in meinem Pater noster, Amen. Vale et confortare in Domino, quia virtus in infirmitate perficitur. Datum Donnerstag nach Andreae, Anno 1539.

Martinus Luther, Doctor.

An Landgraf Philipp von Hessen

[Wittenberg] 10. April 1540

Dem durchleuchtigen, hochgebornen Fursten und Herrn, Herrn Philipps, Landgrafen zu Hessen, Grafen zu Katzenelnbogen, Ziegenhain, Dietz und Nidda, meinem gnädigen Herrn.

G. u. F.! Durchleuchtiger, hochgeborner Furst, gnädiger Herr! Ich hab E. F. G. Schrift empfangen, darin ich merke, daß E. F. G. guter Dinge sei uber unserm gegebenen Ratschlag, den wir gern heimlich sehen halten. Es hat mir aber M. Philipps noch nichts davon, das E. F. G. anzeigen, geschrieben. Wirds aber wohl tun oder mundlich sagen. Wir wolltens aber gern darumb heimlich lassen sein umb des Exempels willen, wilchem hernach jedermann, auch zuletzt die groben Baurn folgen wollten, vielleicht ebenso groß oder großer Ursachen, sie wären ja oder nicht, furwenden, dadurch wir denn gar viel zu schaffen mochten kriegen. Derhalben sich E. F. G. wollten hierin halten nicht allein der Heimlichkeit, sondern auch der Besserung, wie sie sich hierein verheißen haben. Unser lieber Herr sei mit E. F. G. in allen Gnaden, Amen. Sonnabends nach Quasimodogeniti 1540.

E. F. G. williger Martinus Luther.

An Graf Albrecht VII. von Mansfeld

[Wittenberg] 24. Mai 1540

Dem edelen und wohlgebornen Herrn, Herrn Albrechten, Grafen und Herrn zu Mansfeld, meinem gnädigen Herrn.

Gnade und Friede in Christo! Gnädiger Herr! Ich habe lange nicht umb etwas gebeten, ich muß auch einmal kommen, daß die Straße der Vorbitte nicht zugar mit Gras vorwachse, aber ich bitte auch ganz untertäniglich, E. G. wollten mich auch erhoren, damit ich nicht abgeschreckt nicht wieder kommen tuer und in Argwahn falle, als sei mir E. G. ungnädig, so ich mich nicht schuldig weiß, daß ich verdienet habe, und ist das: Ich war nun einmal zu Hofe, da ich nicht gerne pflege zu sein, ward unter andern gesaget, wie E. G. mit den Huttenmeistern der Schärfe handelten und waren große Leute, die E. G. nichts Boses gunnten, und zu Wahrzeichen (wie ich dann zuvor E. G. auch einmal geschrieben) weissagen wollten, als wurde endlich die Grafschaft des Segens gottlicher Gnade beraubt werden, trieben darauf viel Rede und Ursachen, daß ichs abermals nicht habe konnen E. G. unangezeigt lassen. Da fraget ich, wie es dann mit meiner Freundschaft ginge, ward mir geantwortet meiner Schwäger, der Mackrodt halben, daß sie gewißlich daruber mußten zu Bettler werden. Das wollt Gott nicht (sprach ich), haben sie doch nicht anderst dann Erbfeuer, ich will furwahr m. g. Herrn darvon schreiben, dann meine Schwäger haben mir nichts darvon geschrieben, ohn daß ich sie etwa hie einmal frohliches Scherzens Schlacktreiber fur Schlackherrn hieß. Darauf sie lachten und sprachen, mit der Zeit mochts wohl vielleicht nicht fern feilen, und zogen so weg. Solche Wort fielen mir nun zu Hof ein. Derhalben bitte ich, gnädiger Herr, E. G. wollten mir auch einmal eine Bitte gestatten und den guten Mackrodten oder ihren Erben ein gnädiger Herr sein und sie gnädiglich befohlen haben, angesehen, daß E. G. sonsten ein großer reicher Herr mit guter Leute Armut nichts gewinnen kann (sondern vielmehr mochten sie Gottes Ungnade auf sich laden, bei welchem es gar gering ist, Reiche arm und Arme reich zu machen). Ich bitte nicht umb Recht (darvon ich in dieser Sachen nichts weiß noch wissen will), sondern umb Gnade und Gunste. Denn E. G. werden Gottes Gnaden und Gunste auch bedorfen, wie sich des E. G. wohl selbst besser wissen zu berichten. Denn suchen wir unser Recht zu gestrenge an unserm Nächsten und lassen nicht Gnade scheinen, so wird wahrlich Gott sein Recht gegen uns auch suchen und die Gnade finster lassen werden. Ich hoffe, E. G. werden hieraus nicht anders verstehen, dann daß ich E. G. als meinen lieben Landsherren liebhabe und mit herzlichen Treuen meine. Darumb ich auch nicht leiden kann, etwas unglimpflich von E. G. gesaget zu horen, viel weniger kanns mein Gewissen leiden, daß ich in Sorgen sollt stehen, als mochte Gott mit E. G. zürnen, und ich hätts nicht beizeit angezeigt. Bitt hierauf ein gnädige Antwort. Hiemit Gott befohlen, Amen. Montag nach Trinitatis 1540.

E. G. williger Martinus Luther.

An Katharina Luther

Weimar, 2. Juli 1540

Meiner herzlieben Käthe, Doctorin Lutherin etc., Frauen, auf dem neuen Saumarkt zu Handen.

G. u. F.! Liebe Jungfrau Käthe, gnädige Fraue von Zülsdorf (und wie E. G. mehr heißt)! Ich fuge Euch und Eur G. untertäniglich zu wissen, daß mirs hie wohl gehet. Ich fresse wie ein Böhme und saufe wie ein Deutscher, das sei Gott gedankt, Amen. Das kompt daher, M. Philipps ist wahrlich tot gewest und recht wie Lazarus vom Tod auferstanden. Gott der liebe Vater horet unser Gebet, das sehen und greifen wir, ohn daß wirs dennoch nicht gläuben, da sage niemand Amen zu unserm schändlichen Unglauben. Ich habe dem D. Pommer, Pfarrherr, geschrieben, wie der Grafe zu Schwarzburg einen Pfarrherr gen Greußen bittet. Da magst Du auch als eine kluge Fraue und Doctorin mit M. Georg Major und M. Ambrosio helfen zu raten, welcher unter den dreien sich wolle bereden lassen, die ich dem Pommer angezeigt. Es ist nicht ein schlechte Pfarr. Doch seid Ihr klug und machts besser.

Hie zu Arnstadt hat der Pfarrer von einem Maidlin einen Teuflen recht christlicher Weise ausgetrieben, davon wir sagen wollen, wills Gott, der noch lebt, und sollts dem Teufel leid sein.

Ich hab der Kinder Briefe, auch des Baccalarien (der kein Kind ist) (Mariische auch nicht) kriegt, aber von E. Gnade hab ich nichts kriegt. Werdet itzt auf die vierte Schrift, ob Gott will, einmal auch antworten mit Eur gnädigen Hand.

Ich schicke hie mit M. Paul [Eber] den silbern Apfel, den mir m. g. H. geschenkt hat, den magst Du, wie ich zuvor geredt habe, unter die Kinder teilen und fragen, wieviel sie Kirschen und Äpfel dafur nehmen wollen, die bezahle in bar über und behalt Du denn den Stiel davon etc.

Sage unsern lieben Kostgängern, sonderlich Doctor Severo oder Schiefer mein freundlich Herz und guten Willen, und daß sie helfen zusehen in allen Sachen der Kirchen, Schulen, Haus und wo es not sein will, auch M. Georgen Major und M. Ambrosio, daß sie Dir zu Hause trostlich seien. Wills Gott, so wollen wir bis Sonntag auf sein von Weimar gen Eisenach zu ziehen und Philipps mit. Hiemit Gott befohlen. Sage Lycaoni nostro, daß er die Maulbeer nicht versäume. Er verschlafe sie denn, das wird er nicht tun, er versehe es denn. Und den Wein soll er auch zur Zeit abziehen. Seid fröhlich alle und betet, Amen. Weimar, die visitationis, 1540.

Martinus Luther, Dein Herzliebchen.

An Katharina Luther

[Eisenach] 10. Juli 1540

Frauen Katherin Lutherin zu Wittenberg etc., meiner lieben Hausfrauen etc.

G. u. F.! Liebe Jungfer Käthe! Ich schicke Dir hie mit dem Fuhrmann Doctor Bleikards etc. A 42 Taler, den Sold, auf Michaelis künftig verfallen, dazu die 40 fl. Georgen Schnellen auf Rechnung, der magst Du brauchen, bis wir kommen. Wir haben zu Hofe nicht einen Pfennig klein Münze mugen haben, so wenig als Ihr zu Wittenberg habt. Dem Georgen Schnellen aus H. Georgen Land von Weißensee ist das kleine Geld kommen. Ich halt aber, es seien nu kommen oder werden bald kommen 1000 fl. an Groschlin von m. g. Herrn zur Wechsel etc. Denn es ist ja so befohlen. Es wäre aber gut, daß die Leute anfingen selbs die Märker zu meiden, wie die Schottenpfennige, denn sie tun ja zu großen Schaden diesem Furstentum, weil einer nicht 5 Pfennig wert ist, und mugen die Länge nicht gelitten werden, ohn Verderben m. g. Herrn, auch seiner Lande und Leute, wie wir sehen werden, wills Gott. Du magst versuchen bei Hans von Taubenheim zu Torgau, ob er Dir fur die Taler kleine Munze konnte oder wollt wechseln. Nichts Neues, denn daß auch hie in diesen Landen der Teufel auch tobet mit schrecklichen Exempeln seiner Bosheit und die Leute treibet, Mordbrand, Eigenmord etc., werden auch flugs darüber gefangen und gerichtet. Damit uns Gott vermahnet zu gläuben, zu fürchten und zu beten, denn es ist Gottes Strafe uber die Undankbarkeit und Verachtung seines lieben Worts. Magister Philipps kompt wieder zum Leben aus dem Grabe, siehet noch kränklich, aber doch

leberlich, scherzt und lacht wieder mit uns und isset und trinkt wie zuvor mit uber Tische. Gott sei Lob! Und danket Ihr auch mit uns dem lieben Vater im Himmel, der die Toten aufweckt und allein alle Gnade und Guts gibt, gebenedeiet in Ewigkeit, Amen. Betet aber mit Fleiß, wie Ihr schuldig seid, fur unsern Herrn Christum, das ist fur uns alle, die an ihn gläuben wider den Schwarm der Teufel, so itzt zu Hagenau toben und sich auflehnen wider den Herrn und seinen Gesalbeten, und wollen ihre Bande zureißen, wie der ander Psalm spricht: Auf daß sie Gott im Himmel spotte, auch zuletzt zuschmettere, wie eins Topfers Gefäße, Amen. Was aber daselbs geschicht, wissen wir noch nicht, ohn daß man achtet, sie werden uns heißen: Tu das und das etc., oder wir wollen Euch fressen. Denn sie habens bose im Sinn. Sage auch D. Schiefer, daß ich nichts mehr von Ferdinando halte. Er gehet dahin zugrunde. Doch hab ich Sorge, wie ich oft geweissagt, der Papst mocht den Türken uber uns fuhren, da Ferdinandus nicht fast wehren wurde, wie er etwa auch seltsam Wort gesagt soll haben und die Werk ebenteurlich sehen. Denn der Papst singet schon bereit: Flectere [si] nequeo superos, acheronta movebo. Kann er den Kaiser nicht uber uns treiben, so wird ers mit dem Türken versuchen. Er will Christo nicht weichen, so schlahe auch Christus drein, beide, in Türken, Papst und Teufel, und beweise, daß er der rechte einige Herr sei, vom Vater zur Rechten gesetzt, Amen. Amsdorf ist auch noch hie bei uns. Hiemit Gott befohlen, Amen.
Sonnabends nach Kiliani 1540. Mart. Luther.

Das Lohn und Trankgeld wirst Du dem Fuhrmann Wolf wohl wissen zu geben. Ich denke, wie Du die Fenster im neuen Dache machen lassest, denn ich habs vergessen, da ich wegzog. Es sollten nur zwei gegen dem Collegio sein zwischen beiden Feurmäuren, und oben im First keines gegen dem Collegio und drei kleine mit aufgerichten Ziegelstein gegen der Kuchen. Auf dem Gange in die finster Kammer sollten durch die zwei gestickten Felder die Hälfte hoch gekleibet (daß man unter hin gehen konnte) und das Licht zum Dach hereinfallen. Aber ich hoffe, es sei versäumet.

An Katharina Luther

[Eisenach] 16. Juli 1540

Meiner gnädigen Jungfer Katherin Lutherin von Bora und Zülsdorf zu Wittenberg, meinem Liebchen.

G. u. F.! Mein liebe Jungfer und Frau Käthe! Eur Gnade sollen wissen, daß wir hie (gottlob) frisch und gesund sind, fressen wie die Böhmen (doch nicht sehr), saufen wie die Deutschen (doch nicht viel), sind aber frohlich, denn unser gnädiger Herr von Magdeburg, Bischof Amsdorf, ist unser Tischgenosse. Mehr neue Zeitung wissen wir nicht, denn daß D. Caspar [Cruciger], Mecum und Menius haben sich unterwegen lassen wohl pflegen und sind von Hagenau gen Straßburg spazieren gezogen, Hans von Jena zu Dienst und Ehren. M. Philipps ist wiederumb fein worden. Gott Lob. Sage meinem lieben D. Schiefer, daß sein Konig Ferdinand ein Geschrei will kriegen, als wolle er den Türken zu Gevatter bitten uber die evangelischen Fursten, hoffe nicht, daß wahr sei. Sonst wäre es zu grob. Schreibe mir auch einmal, ob Du alles krieget hast, das ich Dir gesandt, als neulich 90 fl. bei Wolf Fuhrmann etc. Hiemit Gott befohlen, Amen. Und laß die Kinder beten. Es ist allhie solche Hitze und Durre, daß unsäglich und unerträglich [ist Tag] und Nacht. Komm, [lieber jungster] Tag, Amen. Freitags nach Margarethen, 1540. Der Bischof von Magdeburg läßt Dich freundlich grüßen.

Dein Liebchen Martin Luther.

An Katharina Luther

[Eisenach] 26. Juli 1540

Der reichen Frauen zu Zülsdorf, Frauen Doctorin Katherin Lutherin, zu Wittenberg leiblich wohnhaftig, und zu Zülsdorf geistlich wandlend, meinem Liebchen, zu Handen. Abwesend dem D. Pomeran, Pfarrherr, zu brechen und zu lesen.

... wollten schaffen, daß wir einen guten Trunk Biers bei Euch finden. Denn, ob Gott will, morgen, Dienstags, wollen wir auf sein, gegen Wittenberg zu. Es ist mit dem Reichstage zu Hagenau ein Dreck, ist Muhe und Erbeit verloren und Unkost vergeblich. Doch wo wir nichts mehr ausgericht, so haben wir doch M. Philipps wieder aus der Hellen geholet und wieder aus dem Grabe frohlich heimbringen wollen, ob Gott will und mit seiner Gnaden,

Amen. Es ist der Teufel heraußen selber mit neuen bosen Teufeln besessen, brennet und tut Schaden, das schrecklich ist.

Meinem g. Herrn ist im Thüringer Wald mehr denn tausend Acker Holz abgebrannt und brennet noch, dazu sind heute Zeitung, daß der Wald bei Werdau auch angangen sei. Und an viel Orten mehr, hilft kein Löschen. Das will teuer Holz machen. Betet und lasset beten wider den leidigen Satan, der uns sucht nicht allein an Seele und Leib, sondern auch an Gut und Ehre, aufs allerheftigst. Christus unser Herr welle vom Himmel kommen und auch ein Feurlin den Teufel und seinen Gesellen aufblasen, daß er nicht löschen kunnte, Amen.

Ich bin nicht gewiß gewest, ob Dich diese Briefe zu Wittenberg oder zu Zülsdorf würden finden. Sonst wollt ich geschrieben haben von mehr Dingen. Hiemit Gott befohlen, Amen. Gruße unser Kinder, Kostgänger und alle. Montags nach Jakobi 1540. Dein Liebchen M. Luther D.

An den Rat zu Riga

[Wittenberg] 26. August 1540

Den ehrbarn, fursichtigen Herrn Burgermeister und Ratmanne der Stadt Riga in Livland, meinem gonstigen guten Freunden.

G. u. F.! Ehrbarn, fursichtigen, lieben Herrn! Es hat mich M. Engelbertus auf Anzeige Eur Schrift gebeten umb ein Zeugnis. Demnach, soviel ich seiner Schrift gesehen, ist er erstlich der christlichen reinen Lehre wohl bericht, dazu allen Sekten feind, daß ich ihn hierin unstraflich und heilsam halte. Zum andern ist er sonst auch fromm und ehrlichs Wesens bei uns erkannt. Zum dritten auch gelahrt gnug in den Sprachen. Aber wie er sich mundlich zu uben mit Predigen und Lehren geschickt, weiß ich nicht, denn ich ihn nicht gehoret, acht auch, daß Ihr bei uns selbs besser solchs [wisset], als der bei Euch sich eine Zeitlang geubt hat, wie er bericht. Befehl denselben M. Engelbertum in Eure Gonst und freundlichen Willen. Hiemit Gott befohlen, Amen. Dornstags nach Bartholomei 1540. Martinus Luther D.

An Kurfürst Joachim II. von Brandenburg

[Wittenberg, 21. ?] Februar 1541

An meinen gnädigsten Herrn, den Churfursten zu Brandenburg, Joachim etc.

Gnad und Friede in Christo! Durchleuchtigster, hochgeborner Furst, gnädigster Herr! Ich habe die Schrift mit Fleiß uberlesen, und auf E. F. G. Begehren sage ich dies mein Bedenken dazu, daß es diese Leute, wer sie auch sind, sehre gut meinen. Aber es sind unmugliche Furschläge, die der Papst, Kardinal, Bischof, Tumherrn nunmehr nicht konnen annehmen. Denn wer will sie zwingen, weil der Papst will ungezwungen und uber alles sein, es heißе neue oder alte Canones. Sie wurden oder kunnten eher unser Reformation leiden weder diese der alten Canonen und Concilien, wie der Bischof zu Mainz selbs gesagt von Herzog Georgen zu Sachsen vorgestellter Reformation, welche eben auf dieser Reformation Schlag gemacht war: Furwahr, gnädigster Herr, es ist vergebens, daß man solche Mittel und Vergleichung furnimmt. Man kann fur den Papst und seinen Anhang nindert fort. Man muß Gott lassen machen mit ihm, wie er angefangen hat, denn es ist aller einträchtige Meinung, sie wollen gar nichts nachlassen, sondern bleiben und erhalten, wie sie sind und was sie haben. Zudem sind viel Stuck drinnen, die wir bei den Unsern nicht erheben werden, noch konnen. Das beste ist, wo man fromme gelehrte Leute nehme und ließ urteilen, was und wo Gottes Wort wäre, gewiß, das ließe man zuvor und das erste bleiben. Wenn nu das geschehn, so wäre Gottes Reich und seine Gerechtigkeit am ersten gesucht, das andere schobe man auf, bis Gottes Wort eingewurzelt, alsdann kunnte man von dem auch unterschiedlich handeln. Sonst, wo mans beide zugleich furnimmt und menget, wird eins das andere hindern. Solchs ist mein Bedenken. Hiemit dem lieben Gott befohlen, Amen. Montags nach Valentini 1541. E. K. F. G. williger Martinus Luther.

An Philipp Melanchthon

[Wittenberg, 7. Mai] 1541

Gnade und Friede! Ich will Deinem Brief zuvorkommen, der zu mir unterwegs sein und, wie ich hoffe, nächstens oder vielmehr jede Stunde eintreffen wird, und Dir voraussagen, was sich in Regensburg zuträgt: Natürlich bist Du zum Kaiser gerufen worden, und er hat Dir gesagt, Du mögest das, was dem Frieden dient, im Kolloquium bedenken. Du hast lateinisch geantwortet, Du würdest tun, was Du könntest, aber Du seiest einer so großen Last nicht gewachsen. Eck aber hat in der üblichen Weise geschrien und gelärmt: Allergnädigster Kaiser! Ich wills verteidigen, daß unser Teil recht hab und der Papst Caput ecclesiae sei. Da hast Du die Geschichte, die sich bei Euch zugetragen hat. Dem letzten Brief Caspar [Crucigers] an M. Georg habe ich entnommen, daß Ihr am nächsten Tag zusammenkommen werdet. Daß Mezentius verachtet wird, freut mich. Hier rühmt man die Geschichte, daß bei Buda 5000 Türken gefallen seien. An Neuigkeiten habe ich nichts, was ich Dir schreiben könnte. Alles verläuft so in gewohnter Weise. Allmählich beginne ich wieder zu hören, wenn auch das mit den Ohren Gehörte mir noch tot scheint. Das Sausen im Kopf und der Eiter aus den Ohren beunruhigen mich. Aber ich leide an Entzündungen, bin voller Schleim und huste oft, und so wird es bleiben. Meine Käthe grüßt Dich ehrerbietig. Grüße alle Unsrigen. 1541.

D[ein] Martin Luther.

An Fürst Georg von Anhalt

[Wittenberg] 25. Mai 1541

Dem durchleuchtigen, hochgebornen Fursten und Herrn, Herrn Georgen, Furst zu Anhalt, Tumpropst zu Magdeburg, Grafen zu Askanien, Herrn zu Bernburg, meinem gnädigen Herrn.

G. u. F.! Durchleuchtiger, hochgeborner Furst, gnädiger Herr. Es ist zuviel, daß mir E. F. G. die silberne Kanne geschenkt haben, denn mir armen Bettler solche Pracht nicht anstehet. Aber weil es E. F. G. so wohl gefallen tut, bedanke ich mich aufs hohest E. F. G. gnädiges Willen gegen mir.

Auch hat mir E. F. G. Diener Jakob angezeigt des Artikels halben, so zu Regensburg gehandelt de transsubstantiatione, meine Meinung E. F. G. anzugeben.

Ich achte wohl, daß des Teufels Spiel dahin gehe, wo wir dem Papst ein Stucke einräumen, daß er darnach alles wolle haben. Nun ist die transsubstantio sein, wie in seinem Dekretal stehet, ich aber bis daher, weil es der Wiclif erstlich angestochen, nichts geacht habe, es sei oder nicht. Aber wenn sie drauf dringen wollten, einen Artikel des Glaubens draus zu machen, ists in keinen Wege zu leiden. Denn was nicht in der Schrift klärlich stehet, dazu auch nicht Not zu halten, sondern lauter philosophiae ratio und Menschen Dunkel sind, das muß man nicht lassen als notig und der Schrift gleich fur Artikel setzen. Denn das hieße Gott versucht.

Eadem dicenda sunt de Circumlatione et reservatione in ciborio. Nam adoratio in sumendo per sese accidit, dum genibus flexis verum corpus et verus sanguis sumitur etiam sine disputatione. Aber wie gesagt, mit dem Artikel hoffen sie uns zu vorunglimpfen oder unter den Papst zu zwingen. Deus autem, qui cepit opus suum, perficiet et confundet consilia. Hiemit dem lieben Gotte befohlen, Amen. Die Urbani 1541.

E. F. G. williger Mart. Luther.

An Kurfürst Johann Friedrich von Sachsen

[Wittenberg] 4. August 1541

Dem durchleuchtigsten, hochgebornen Fursten und Herrn, Herrn Johanns Friedrich, Herzogen zu Sachsen, des H. R. Reichs Erzmarschall und Kurfursten, Landgrafen in Thüringen, Markgrafen zu Meißen und Burggrafen zu Magdeburg, meinem gnädigsten Herrn.

G. u. F.! Durchleuchtigster, hochgeborner Furst, gnädigster Herr! Was E. K. F. G. mir geschrieben von dem Buch, so itzt im Druck ist, hab ich untertäniglich wohl verstanden. Und ist nicht mein Meinung gewest, daß es ohn eine gute, und als ich bedacht, ohn eine ungewaschene Vorrede sollt ausgehen, fast auf den Schlag. Ob die Meister des Buchs ihrs Dunkels die Sache gut gemeinet hätten, so ist doch der Teufel allda so giftig bose gewest, der sie geritten, daß kein schädlicher Schrift sint des Anfangs unsers Evangelii wider uns gestellet und furgenommen. Und Gott sonderlich und wunderlich auf dem Reichstage das verschafft, daß die Papisten nicht haben angenommen. Doch weil M. Philipp auf der Heimfahrt ist, soll so lange still gestanden werden. Denn aus seinem und D. Caspar [Crucigers] Rat ists furgenommen zu drucken, auch der Drucker auf Vertrostung meiner Vorrede solchs angenommen. Und wiewohl ich bedacht bis daher gewest, kein Scholia dabei zu machen, will ichs doch (so Gott mich leben läßt) nu fort mit Scholien spicken, wie es der Teufel verdienet hat, soviel ich immer kann.

Hiemit dem lieben Gotte befohlen, Amen. Dornstags nach Vincula Petri 1541.

E. K. F. G. untertäniger Martinus Luther.

An Katharina Luther

[Wittenberg] 18. September 1541

Meiner lieben Hausfrauen, Käthe Luthern von Bora, zu Handen.

G. u. F.! Liebe Käthe! Ich lasse hiemit Urban zu Dir laufen, auf daß Du nicht erschrecken sollt, ob ein Geschrei vom Türken zu Dir kommen wurde. Und mich wundert, daß Du so gar nichts herschreibest oder empeutest, so Du wohl weißt, daß wir hie nicht ohn Sorge sind fur Euch, weil Mainz, Heinz und viel vom Adel in Meißen uns sehr feind sind. Verkäufe und bestelle, was Du kannst, und komme heim. Denn als michs ansiehet, so wills Dreck regen. Und unsere Sünde will Gott heimsuchen durch seines Zorns Ruten. Hiemit Gott befohlen, Amen. Sonntags nach Lamperti 1541.

M. Luther.

An Anton Lauterbach

[Wittenberg] 25. September 1541

Dem vorzüglichen Mann, Herrn Magister Anton Lauterbach, dem Bischof der Kirche zu Pirna und getreuen Inspektor der Meißnischen Kirchen, seinem geliebten Bruder.

Gnade und Friede! So oft habe ich, mein lieber Anton, sowohl befohlen als auch gewollt, daß Dir die Maße für den Ausbau des Bades mitgeteilt würden. Aber da wir nur herumgehört haben und uns nicht selbst darum gekümmert haben, ob jemand zu Euch dorthin aufbricht, und niemand drängte, ist es immer vergessen worden. Jetzt wird beiliegend hier der Umriß geschickt. Du wirst in Deiner Freundlichkeit dafür sorgen, so wie Du es von Dir aus versprochen hast. Denn wir wollen Dich ungern belästigen.

Mit Freude habe ich gehört, daß Deine Tyrannen allmählich gebändigt werden. Auch wir hoffen auf bessere Tage. Für Pistoris, den alten Kanzler, besteht gute Hoffnung. Denn man sagt, zu Regensburg habe er aufrichtig und redlich gehandelt und durchaus Vernunft angenommen. Schließlich habe er gesagt und bekannt, daß er in dieser einen Sache befangen gewesen sei, weil er nicht verstanden habe, daß Christus der ewige Hohepriester sei, sondern [angenommen habe], daß Petrus nachgefolgt sei, der Papst dem Petrus und dem Papst der nächste Papst. Wenn er das beginnt einzusehen, wird er in Kürze mehr erkennen, Amen.

Du hast, wie ich sehe, vom Türken all das Traurige gehört und schreibst richtig, daß wir bei uns genug unerträgliche Türken dulden: Heinze, Mainzer, Wucherer, Niphleiden. Sonst haben wir nichts Neues. Bete Du auch für uns, so wie wir für Euch. Grüße Deine Agnes und Elisabeth. Meine Herrin grüßt Dich auch. Lebe wohl im Herrn! Am Sonntag nach Matthäi 1541. Martin Luther.

Mensura balnei soll sein fünfthalb Elln hoch und acht Ellen weit und acht Elln lang, gerade ins Gevierete.

An König Gustav I. Wasa von Schweden

[Wittenberg] 4. Oktober 1541

Dem großmächtigsten, durchleuchtigsten Fursten und Herren, in Schweden, Goten etc. König, meinem gnädigsten Herrn.

G. u. F. und mein arm pr. nr.! Großmächtigster, gnädigster Herr König! Wiewohl ich nicht sonderliches hatte, E. K. Mt. zu schreiben, doch weil gegenwärtiger Johann Wedde mein Schrift an E. K. Mt. begehrt, hab ich nicht wissen ihm zu wegern, und bitte, E. K. Mt. wollte genannten Johannes gnädiglich Ihr lassen befohlen sein.

Neue Zeitung seind mehr und größer bei uns, denn man schreiben kann. Der Türk liegt an mehreren [Orten] in Ungarn mit großer Macht und [hat] zu Ofen bei 16000 unsers Volk erschlagen. Alles das kostliche Geschütz Maximiliani Ihm [!] Österreich mit viel hundert Tonnen Pulvers verloren und groß Gut. Man achtet, es sei der Pfaffen und hohen Häupter Verräterei. Gott erbarms und helfe uns und vergebe uns unsere Sünde! E. K. Mt. täten ein gut Werk und ließen in den Kirchen für das arme verlassen deutsche Land bitten. Wir haben kein Häupt, der Kaiser ist von Regensburg in Italia gezogen, Ferdinandus, der das Spiel angericht, hat sich verkrochen. So sind die Heinzen Mordbrenner mitten unter uns. Sitzen also zum Ziel dem mächtigen Feinde auf bloßer Gottes Gnaden. Gott gebe, daß Christus komme mit dem jüngsten Tag und machte solcher großen Bosheit und teuflischen Wesen ein Ende, Amen. Ich befehl E. K. Mt. die Kirchen und Schulen.

Gott der Allmächtige bewahre und leite E.K.Mt. zu seinem Lob und Ehre, zu Friede und Wohlfahrt des Landes, Amen. Dienstags nach Michaelis 1541. E.K.Mt. williger Martinus Luther D.

An Friedrich und Bonaventura Cotta

[Wittenberg] 10. November 1541

Den ehrbarn, fursichtigen Friedrich und Bonaventurae Cotten, Vettern, zu Eisenach Burgern, meinen gonstig guten Freunden.

G. u. F.! Ehrbarn, fursichtigen guten Freunde. Heinrich Cotta, Eur Bruder und Vetter, so bei mir ist, hat mich zu Rat genommen, ob es ihm nutzlich wäre, daß er in Frankreich zoge, daselbst auch die iura horet und Leute besehe, wie viel andere vom Adel und auch sonst Gesellen tun, welchs ich mir gefallen habe lassen und dunkt mich gut. Nuwohl er sein selbs mächtig, hat ers doch ohn Eur Vorwissen nicht wollen tun und mich gebeten, des gegen Euch ein guter Verfuger sein. Ist demnach mein Bitte, wollet solch sein Furnehmen Euch gefallen und dazu forderlich Euch hierin finden lassen. Denn ich ihm auch nicht gern raten wollte, so ich wußte, daß ihm schädlich oder fährlich sein mochte. Und ist solchen Gesellen gut, daß sie die mores hominum besehen, wie der Poet sagt: Und ein ungewandert Kind etc. Werdet Euch hierin wohl wissen freundlich zu erzeigen. Hiemit Gotte befohlen, Amen. Vigilia Martini 1541. Mart. Luther D.

An Friedrich von der Grüne

[Wittenberg, Ende 1541?]

Zu Handen dem Zeugmeister zu Wittenberg N. von Grunen.

Mein lieber Zeugmeister! Ihr wisset, daß Euch verboten ist von m. g. Herrn, daß Ihr nicht sollet mir zu nahe oder zum Schaden bauen. So habe ich m.g. H. zu Dienst gewilligt, das Untergemach zu verschutten. Nu fahret Ihr zu aus eigener Turst und Frevel und beschuttet mir auch das Mittelgemach bis an das Gegitter, welchs Euch ohn Zweifel der Teufel befohlen hat, weil es uber m. g. Herrn Befehl und meine Bewilligung geschicht, daraus jedermann spuret und offentlich schreiet, daß Euch nicht umb den Bau, sondern umb das Haus zu tun gewest, mich davon zu dringen und kurfurstliche Briefe und Siegel in Dreck zu treten.

Demnach ist mein Wille (denn Euch als meinen und Gottes, vielleicht auch meins g. Herrn heimlichen Feind nicht will bitten), Ihr wollet bald nach dieser Schrift (damit Ihr nicht unverwarnet seid), denselbigen Schutt vom andern Gemach wiederumb wegfuhren, denn ich will denselbigen nicht da leiden, da habt Euch nach zu richten.

Desgleichen will ich mein Brautor, das Ihr mir zu Verdrieß mit Steinen gern verderbet hättet, wieder von Euch gebessert haben, auch von Euch versichert sein, daß mir der Schutt die Maur am Garten nicht einstoße, auch die Erdmaur am hintern neuen Hause, die nicht lange stehen wird, versaubern, daß sie mir dasselbige Haus nicht einwerfe.

Werdet Ihr solchs nicht tun, und ich doch weiß, daß m. g. Herr nicht einen Heller mir zu Schaden willens, sondern viel lieber druber mehr Vorteils tät, so wills ichs von Euch als von einem gottlosen Knecht nicht nehmen lassen, was mir ein christlicher Furst gegeben, versieglet und verbriefet hat. Oder will solchs alles m. g. H. anzeigen und erfahren zum wenigsten, ob Ihr der neugeborne Mann seid, der einem loblichen christlichen Kurfursten zu Sachsen seine Siegel müge hineindrucken, da Ihr vom Adel dere Siegel drucket, die Euch Briefe und Siegel nicht halten.

Denn des sollt Ihr gewiß sein, daß ich zu Eurem verfluchten Bau, damit Ihr meinem g. Herrn seinen Beutel räumet, nicht ein Haar breit mehr räumen will. Will schweigen, was Ihr mir fur große Herrn uber den Hals gezogen habt, die Deichknechte, die mir die Fenster auswerfen und Mutwillens genug uben. Solchs will ich Euch nicht Schuld geben und denken, daß Ihrs nicht wehren kunnt, und solltet auch unschuldig bei mir sein, wiewohl es dennoch verdrießlich ist zu leiden.

Hiemit Gott befohlen, der Euch bekehre und anderst mache. Denn so sollt Ihrs nicht hinausfuhren oder gar kurzlich im Abgrund der Hellen sein. Das wollt ich Euch nicht gerne gonnen, sonst hätte ich solch Schreiben an Euch lassen anstehen. Aber damit ich entschuldigt sei fur Gott und Ihr Eur Sunde und Bosheit selber tragen musset, sollet Ihr hiemit verwarnet sein. Sind viel und großer Tyrann und Teufel gewest, denn Ihr und der Schosser seid, sie sind aber alle dahin und haben die Sonne am Himmel lassen mussen.

Martinus Luther D.

An die Fürsten Johann, Georg und Joachim von Anhalt

[Wittenberg] 11. Januar 1542

Den durchleuchtigen, hochgebornen Fursten und Herrn, Herrn Johanns, Georgen, Tumpropst zu Magdeburg, und Joachim Gebrudere, Fursten zu Anhalt, Grafen zu Askanien und Herrn zu Bernburg, meinen gnädigen Herrn.

G. u. F. in Christo! Durchleuchtigen, hochgebornen Fursten, gnädige Herrn! Wiewohl ich E. F. G. ganz ungerne beschwere, so zwingets doch die Sache und Notdurft. Und ist die, daß ich E. F. G. ganz demutiglich bitte, Sie wollen mich, sofern es müglich und tulich ist, etwa mit Wildbret begaben. Denn ich einer Hausjungfrauen, meiner Freundin, soll zun Ehren helfen in den heiligen gottlichen Stand der Ehe. Und ist hie wenig zu bekommen, denn die Menge und viel mehr die Ampter und Hofelager haben schier alles aufgefressen, daß weder Hühner noch ander Fleisch wohl zu bekommen, daß, wo es feilet, ich mit Wursten und Kaldaunen muß nachfüllen. Ich hab auch E. F. G. noch nicht gedankt fur das Schwein, mir geschenkt, danke aber itzt schriftlich, der ich zuvor mündlich und herzlich gedankt habe. Denn ich vielfältig spure, daß E. F. G. einen großen gnädigen Willen gegen mich Unwirdigen tragen. Und wäre dieselbige Sau nach dem Verlobnis kommen, so hätte sie mussen auf die Hochzeit gespart sein, damit ich E. F. G. diesmal hätte ungeschwert gelassen. E. F. G. wollten mir mein Geilen gnädiglich zugut halten. Der Hochzeittag soll sein Montag nach S. Pauli Bekehrung oder am XXX. Januarii. Hiemit dem lieben Gott befohlen, Amen. Dat. Mittewoch post Erhardi 1542.

E. F. G. williger Martinus Luther D.

An Herzog Moritz von Sachsen

[Wittenberg, 13. März 1542?]

Gnade und Friede in Christo! Durchlauchtiger, hochgeborner Furst und gnädiger Herr. Ich beschwere E. F. G. ganz ungerne mit meinem Schreiben, sonderlich itzt, do sonst im Regiment Unlust gnug vorfallet. Aber Not ist Not. E. F. G. wissen vielleicht wohl, wie E. F. G. Vater seliger, Herzog Heinrich, mußte sich als der Landesfurst zwischen Grafen Albrechten von Mansfeld und Wilhelm Reinecken einlegen und Schutzherr sein. Dann ich das mit großem Leid meines Herzens muß schreiben, daß sich gemeldter Graf, den ich sonderlich lieb bishero gehabt und vor einen gnädigen Herren gehalten, so geschwind und hart gegen seinen Untertanen erzeiget, daß sie mußten klagen und schreien, deren einer ist auch dieser guter Mann, Barthol Drachstedt, Burger zue Eisleben, der bittet, und ich neben ihme, untertäniglichen, E. F. G. wollten ihnen gnädiglichen befohlen haben und als der Landesfurst gegen Graf Albrechten vorschreiben, daß er gnädiger und sanfter mit solchen frommen und getreuen Untertanen wollte handeln, dann es ist ja der Adel und weltlich Herrschaft von Gott gesetzet, die Frommen zu schutzen und Bösen zu strafen, Röm. 13. Sollts nu dahin kommen, daß die Herrschaften Tyrannen wollten sein und mit den Leuten, als wären sie Hunde und Saue, umbgehen, wie sich etzliche anlassen, so wäre es ein schrecklich Zeichen göttliches Zorns uber den Adel, also die er bereithan beraubet nit alleine des christlichen Verstandes (der uns lernet, alle frommen Christen ehren, und untereinander, als die mit dem Blut Christi geadelt seind zum ewigen Reich, dargegen dieses Zeitliche ein lauter Nichts ist, mit diesem weltlichen elenden Reich), sondern auch des naturlichen Verstandes, daß sie nicht gedenken, wie alle Menschen in gleichen Unadel, das ist: in sonderm Stande und Taten geboren und hier kein Unterschied, und sie doch, als wären sie fur Gott besser (das doch nicht wahr ist), sich zieren, als hätte sie Gott alleine Menschen geschaffen und mußten alleine sein, daß mir oft diese schwere Gedanken einfallen: Wo der Adel so fort will fahren, so ists geschehen umb Deutschland, und wären dann bald ärger dann die Spaniolen und Türken. Aber das Bad wird ausgehen uber sie. Bitte derhalben abermal E. F. G., als der noch ein junger Furst ist und Gottes Wort und Werk beizeit lernen kann, wollten sich ja wohl vorsehen vor solchen geizigen und tyrannischen Ratschlägen und sonderlichen diese meine Bitte mir gnädiglich zugute halten. Ich will m. gn. Herrn, Grafen Albrechten, auch schreiben. Es gerate, wie Gott will, ists Ungnade, so ist Gott desto gnädiger, uf den ich baue und demselben E. F. G. mit rechtem Gebete und Treuen befehle, Amen. Datum, den 13. Martii, Ao. etc. 41.

Martinus Lutherus.

An Kurfürst Johann Friedrich von Sachsen

[Wittenberg] 26. März 1542

Dem durchleuchtigsten, hochgebornen Fursten und Herrn, Herrn Johanns Friedrich, Herzogen zu Sachsen, des H. Ro. Reichs Erzmarschall und Kurfursten, Landgrafen in Thüringen, Markgrafen zu Meißen und Burggrafen zu Magdeburg, meinem gnädigsten Herrn.

G. u. F. in Christo und mein arm Pater noster! Durchleuchtigster, hochgeborner Furst, gnädigster Herr! Ich muß einmal das Kerbholz losschneiden, denn ich lange nicht E.K.F.G. geantwortet habe. Erstlich danke ich untertäniglich E.K.F.G. fur das Urteil, so E.K.F.G. haben lassen gehen zwischen meiner Käthen und denen von Kieritzsch, denn es gefällt uns das Urteil wohl und hätten in der Gute (wo es jenem Teil geliebt) wohl mehr umb Friede und guter Nachbarschaft willen eingeräumet.

Zum andern danke ich auch fur den Wein, wiewohl das ein ubrig Geschenk ist.

Zum dritten haben mir die Herrn Rektor und Universität angezeigt, wie E.K.F.G. befohlen, die Schätzung meiner Häuser und Guter nicht sollen von mir fordern, doch die Schätzung anschlahen. Des danke ich auch untertäniglich, aber ich muß E.K.F.G. meine Gedanken anzeigen und bitten, dieselbige gnädiglich zu vernehmen.

Das große Klosterhaus, wenn ich gleich sollt, so kunnt ichs nicht verschätzen, denn ich allwege dran verzweifelt, daß nach meinem Tod sollte mein Käthe oder Kinder bestreiten, so ichs bei meinem Leben mit Dachung, Glas und Eisen etc. schwerlich erhalte, so doch das dritte Teil nicht ausgebauet ist. Und das beste dran ist, daß E.K.F.G. lauts der Verschreibung den Vorkauf dran haben. So hore ich auch und kanns leichtlich gläuben, wo die Zeit sollt so fortfahren, mochts geschehen, daß man das Haus und Collegium müßte vollschutten zur Wehre. Darumb ich zuvor bedacht, meiner Käthen und Kindlin den nähesten Raum dran, Bruns Haus, gekauft umb 400 und 20 fl., dasselbige zu bauen, aber nichts dran bezahlet, ohn 120 fl., die ich schuldig bin, ohn daß die Tage Zeit, als in X Jahren zu bezahlen, mich bewogen hat. Davon ich auch schwerlich kann Schätzung geben, weil ichs nichts genieße und eitel Schuld ist.

Aber dafur will ich untertäniglich gebeten haben, daß E.K.F.G. wollten die ander Guter von mir verschätzt annehmen, nämlich den Garten für 500 fl., die Hufe mit dem Garten fur 90 fl. und ein kleins Gärtlin fur 20 fl. Und ist die Ursache, daß ich gern wollt mit sein in dem Heer wider den Türken mit meinem armen Pfennige, neben andern, die es williglich geben – denn der Unwilligen ist sonst gnug –, dazu daß ich ein Exempel wäre und die scheelen Augen nicht zu sehr neiden mußten, weil Doct. Martinus auch mußte geben, – und wer weiß, ob unser, der Willigen Pfennig, mocht Gotte baß gefallen, mit der armen Witwen, die mit ihrem Scherflin mehr einlegt, denn die Reichen, weder der unwilligen Gulden –, und ich gern unter denen sein wollte, die auch mit leiblicher Tat dem Türken Schaden tun oder von ihm Schaden leiden wurden. Denn wo ich nicht zu alt und schwach, wohl personlich mocht unter dem Haufen sein. Doch mein Gebet mit der Kirchen Gebet längest zu Felde gelegen, darumb daß ich sorge, unser Deutschen werden zu vermessen sein und, zuvor ungebußet, den Feind verachten, der nicht zu verachten ist, als der alle Teufel in der Helle bei sich hat. Und wo Gott nicht versuhnet bei uns sein wird mit seinen Engeln, ich wenig Hoffnung habe auf unser Macht oder Rustung etc.

Zuletzt hab ich Herr Julius Pflugs Schrift gelesen, wiewohl ichs zu langsam kriegt, doch am Ende etwas hineingeflickt. Ist aber gar schlecht Ding, daß er uns mit dem geistlichen Recht angreift, des sie selbs nicht mit einem Finger anruhren. Und wo sie es halten sollten, freilich alle mußten abtreten von ihren Ständen, Papst zuvor, alle Bischofe, Tumherren, als durch ihr eigen Recht verdampt und entsetzt, wie sie horen sollen, wenn sie wiederkommen.

Hiemit dem lieben Gotte befohlen, Amen. Und bitte, E.K.F.G. wollten mirs gnädiglich zugut halten solch verzogen Antwort, denn ich itzt in einer Erbeit stecke, den Mahmet deutsch ein wenig zu malen, daß ich dafur nicht viel denken noch sorgen kann auf etwas anders. Sonntags Judika 1542.

E.K.F.G. untertäniger Martinus Luther D.

An Kurfürst Johann Friedrich von Sachsen

[Wittenberg] 9. April 1542

Dem durchleuchtigsten, hochgebornen Fursten und Herrn Johanns Friedrich, Herzogen zu Sachsen, des H. R. Reichs Erzmarschall und Kurfursten, Landgrafen in Thüringen, Markgrafen zu Meißen und Burggrafen zu Magdeburg, meinem gnädigsten Herrn.

G. u. F.! Durchleuchtiger, hochgeborner Furst, g. Herr! Es hat mein gn. Herr, der Landgraf, eilende Boten zu uns geschickt, der uns aus dem Schlaf umb eilf geweckt und begehrt, daß wir E.K.F.G. aufs hohist bitten wollen, daß Sie nicht zu hart und steif sein wollten und sonderlich den Durchzug oder Paß einräumen wollten. Mit der Steur und anderm mochts einen Weg finden. Darauf wir geantwortet, wir wollten solchs aufs fleißigst tun, daneben S.F.G. wiederumb gebeten, bei m. g. Herzog Moritzen zu handeln, damit E.K.F.G. Schutz nicht geschwächt wurde, und wiewohl wir der weltlichen Recht, sonderlich dieses Falls, nichts wußten, so achten wirs dennoch dafur, daß H. Moritz Unrecht tät mit solchem verderblichen blutronstigem Furnehmen sein Recht selbs zu setzen, ehe denn solch Dunkel und disputierlich Recht hell und klar wurde. Denn weil es disputiert wird, so ists nicht hell, und wird weiter eine disputatio die andere für und fur bringen. Demnach bitten wir, was E.K.F.G. je muglich zu tun ist, wollten Gott zu Ehren und solchen Jammer zu verkommen, sich sanft und gutig finden lassen, Gott wird E.K.F.G. dafur wohl wieder zu ehren wissen. Man muß zuweilen einem tollen Hunde den Fuß aus dem Wege rucken und dem Teufel zwo Kerzen anstecken oder dem Cerbero (wie die Poeten sagen) einen Brei ins Maul werfen. Zwar den Paß hat zu Erfurt der zu Mainz, aber mit Maßen, ohn Schaden dem Landsfursten in seinem Schutz. Ich hab Doctor Brucken des Landgrafen Brief zugestellet hierbei, so sie E.K.F.G. sehen wollten. Am Ostertage früh 1542.

E.K.F.G. untertäniger Mart. Luther.

An Gregor Brück

[Wittenberg] 12. April 1542

Dem achtbarn, hochgelahrten Herrn Gregor Brück, der Rechten Doctor, kurfl. zu Sachsen Kanzler etc., meinem gonstigen Herrn und lieben Gevattern.

G.u.F.! Ich hab Eur Schrift und Bericht alle empfangen, mein lieber Herr und Gevatter, und danke Euch dafur ganz fleißig. Gott sei gelobet, daß sich die Sache auf m. g. H. Seiten dermaßen hellt, kann nu deste frohlicher beten. Denn wie Ihr wisset, wie ich nicht furwitzig bin zu forschen der Fursten und hoher Stände Gelegenheit, derhalben zweifeln muß, was Rechts oder Unrechts zwischen ihnen schwebe. So hat man uns hie die Ohren wohl und voll zerbleuet, als hätte m. g. Herr nicht guten Grund, derhalben ich meinen Trotz und Trost hab mussen setzen auf die Notwehre und erbotens Recht. Aber nu geschehe und gehe, was Gott will, der wird unser Gebet nicht verachten, das weiß ich, und Gott wird die Bosewichter in Meißen finden, wie er H. Georgen funden hat. Wie gar tief stickt derselb verdampt Mensch in ihrem Blut und Fleisch! Ich hab dem Landgrafen gestern frühe einen scharfen Brief geschrieben wider den torichten Bluthund H. Moritz, wiewohl ich acht, er wisse selbs nicht, wozu sie seiner unwitzigen Jugend brauchen, aber damit nicht entschuldigt ist, weil er viel ein großern Dank schuldig ist diesem Teil, denn er immer mehr vergnügen kann, als der wohl ungeborn, schweig denn ein solcher Furst worden wäre, wo H. Friedrich und H. Hans seliger nicht hätten seinem Vater beigestanden wider H. Georgens Kainsche brudermordische Bosheit. O wie soll im Himmel fur allen Engeln des H. Moritzen solche Undankbarkeit stinken und einen schrecklichen Zorn uber seinen

Kopf erregen! Gott sei Lob, daß wir wirdig sind, umb guts Willen Boses zu empfahen, und daß nicht wir, sondern andere uns undankbar erfinden werden. Denn das ist ein edler und teurer Schatz fur Gotte. Wohlan, Gott stärke, troste und erhalte m. g. Herrn sampt Euch allen in seiner Gnaden und gutem Gewissen und gebe den gleisnerschen Meißnischen Bluthunden auf ihren Kopf, was solche Kain und Absalom, Judas und Herodes verdienen, Amen. Und bald Amen zu Lob seinem Namen, welchen H. Moritz mit diesem scheußlichen Ärgernis aufs hohest schändet, und dem Teufel und allen Gottesfeinden ein solch lästerliche Freudenlied singet. Mittwochen in Ostern früh 1542. E. A. williger Mart. Luther.

An Margarethe Cellarius

[Wittenberg] 8. Mai 1542

Gnade und Friede in Christo! Ehrbare, tugendsame, liebe Frau! Ich habe leider erfahren, wie Gott, der liebe Vater, Euch, ja uns auch, mit einer Ruten gestäupet und den lieben Mann, M. Johannem Cellarium, Euren Hausherren, von Euch und uns genommen. Daran uns allen Wehe geschehen, ob er wohl in guter, seliger Ruge ist.

Aber lasset Euch das tröften, daß Euer Leid das größte nicht ist unter Menschenkindern, der viel sind, die hundertmal ärgers müssen leiden und vertragen. Und ob unser aller Leiden auf Erden auf einem Haufen läge, so wäre es doch nichts gegen dem, so Gottes Sohn für uns und umb unser Seligkeit willen unschuldiglich gelitten hat. Denn es ist kein Tod gegen dem Tod unsers Herrn und Heilands Christi zu rechen, durch welches Tod wir alle vom ewigen Tod errettet sind.

Also tröstet Euch in dem Herrn, der für Euch und uns alle gestorben, uns vielmal besser ist, denn wir, unsere Männer, Weiber, Kinder und alles ist. Denn wir sind doch sein, wir sterben oder leben, darben oder haben, und wie es gehet. Sind wir aber sein, so ist er auch unser mit allem, was er ist und hat, Amen. Demselbigen hiemit [in] Gnaden befohlen. Meine Käthe entbeut Euch in Gott Trost und Gnade. Montags nach Kantate 1542.

An Fürst Georg von Anhalt

[Wittenberg] 26. Juni 1542

Dem durchleuchtigen, hochgebornen Fursten und Herrn, Herrn Georgen, Tumpropst zu Magdeburg, Fursten zu Anhalt, Grafen zu Askanien, Herrn zu Bernburg, meinem gnädigen Herrn.

Gnad und Friede im Herrn! Durchleuchtiger, hochgeborner Furst, gnädiger Herr! Es hat mir mein lieber Herr und Freund D. Augustin angezeigt, wie E. F. G. bewogen sollen sein, daß wir allhie das Sakrament aufzuheben nachlassen etc. Wiewohl ichs fur mich nicht getan, sondern Doctor Pommer, so hab ich doch nicht darumb wollen streiten. Und ist mir bisher gleichviel gewest, ob mans aufhebe, wie bei uns, oder liegenlasse, wie in Magdeburg und fast in allem Sachsenlande, zudem, daß ich gesehen, wie mit Unwillen es unser Diakon aufgehoben nicht uber den Mund. Derhalben auch der Pommer langst damit ist umbgegangen und nicht neulich darauf geraten. So mügen sich E. F. G. des trosten, des ich mich troste, daß die Zeremonien nicht Artikel des Glaubens sind. Und doch mehr und großer Wesen allzeit in der Kirchen angericht, weder das Wort und die Sakrament, und der Pobel leicht drauf gerät, ein frei Ding daraus zu machen. Darumb ich nicht anders hierin tu, denn wo Zeremonien stehen, so stehe ich mit, (wo sie nicht gottlos sind), wo sie fallen, so falle ich mit. Denn wir auch ohn das, wann der Hostien oder Wein zu wenig konsekriert und mehr konsekriert muß, daß wir dieselbigen zum andern Mal nicht aufheben, wie im Papsttum auch gehalten ward, im Fall, daß man anderweit konsekrieren mußte. Und sonderlich die Partikel, so fur das Volk konsekriert, wurden nicht aufgehoben, und doch dasselbig Sakrament waren. Und ob sie jemand wollte noch itzt auch aufheben, wollt ich nichts darnach fragen. Es nimpt und gibt dem Sakrament nichts. Und kommt vielleicht einmal die Zeit, die Ursachen mit sich bringt aufzuheben, so ists uns frei und ohn Fahr, daß mans wiederumb aufhebe. Denn die Zeremonien sind uns unterworfen und nicht wir den Zeremonien, ohn wo es die Liebe fodert, der wir unterworfen sind. E. F. G. werden dies und anders wohl besser bedenken, denn ich schreiben kann. Hiemit dem lieben Gotte befohlen. Amen. Montag nach S. Johannes 1542.

E. F. G. williger Martinus Luther D.

An Georg Spalatin

[Wittenberg] 13. Juli 1542

Dem hochberühmten und rechtschaffenen Mann, Herrn Magister Georg Spalatin, dem Superintendenten der Kirchen in Meißen, seinem im Herrn geliebten Bruder.

Gnade und Friede! Obwohl ich, mein lieber Spalatin, dafür, was in diesem Leben die Erhaltung des Lebens und des Bauches betrifft, soweit es mich angeht, nur wenig (wie Paulus) sorge, bin ich dennoch als Ehemann, wie derselbe Paulus sagt, meinen Hausgenossen ein Schuldner. Wer diesen gegenüber die nötige Sorge vernachlässigt, verleugnet den Glauben und ist schlechter als ein Heide. Daher bitte ich Dich, daß Du mir in dieser Sache einen Gefallen tust, den Du auch von mir wünschen und mit Recht und Billigkeit fordern könntest, nämlich, daß ich in bezug auf das Geschenk des Fürsten (das ich hochschätze) nicht getäuscht, hintergangen oder betrogen werde. Du kennst die Sitten dieser Harpyien, die leicht ausfindig machen, was ihnen nützlich ist, während die Liebe zum Nächsten vernachlässigt wird. Dazu kommt, daß in diesem Gebiet die Stämme, die ich erlangt habe, nicht leicht zu haben sind, und jene wollen vielleicht diesen Vorteil auf meine Kosten ausnutzen. Es sei, wie es sei, ich will, daß die Stämme, von denen Du mir in Deinem letzten Brief berichtet hast, daß sie fehlten, mir aufgehoben werden, seien es nun Tannen oder Eichen, das heißt, daß sie anstatt der verkauften unangetastet und unversehrt bleiben sollen, bis ich sie anfordern werde. Über die Espen, oder damit ich mich in den Bezeichnungen nicht irre, die Espen will meine Käthe selbs fuhren. Denn sie muß ein Scheunlin bauen.

Das ander von vier Brett Bäumen verstehen wir nicht, denn sie hat gebeten, von den Bäumen, so sie zuvor hat fällen und häuen lassen, solche Brett zu schneiden. Wo dieselben verkauft, wie käme sie dazu, daß sie sollt andere lassen hauen und von Hofe aufbringen. Es mußten die tun, so sie erkauft, und mir solche Bäume ohn meinen Schaden wieder schaffen, sonst siehets einer Praktiken gleich, daß man mich will umb das Holz bringen, welchs ich werde lassen gelangen an meinen gnädigsten Herrn. Denn ich will, wie Eur Brief auch zeuget, mein Holz, so mir der fromm Furst geschenkt und des Orts seltsam zu bekommen, ganz und vollig haben und mir wissentlich nichts lassen nehmen.

Dem Herrn von Einsiedel sollt Ihr ja sehr freundlich danken, und wills (wo ich kann) verdienen. Aber wie soll er Brett lassen schneiden, so er kein Holz hat, das mein ist? Denn das verkaufte ist mein gewest. Nu soll ichs aufs neu käufen und von Hofe ausbringen. Wenn will das geschehen? Also komm ich umb mein Holz, das mir der Furst gegeben. Aber es soll nicht geschwiegen werden noch ihnen zugut kommen. Lebe wohl in dem Herrn! Eilig und sehr beschäftigt. 1542, am St. Margarethentag.

D[ein] Martin Luther D.

An Kurfürst Johann Friedrich von Sachsen

[Wittenberg] 19. August 1542

Dem durchleuchtigsten, hochgebornen Fursten und Herrn, Herrn Johanns Friedrich, Herzogen zu Sachsen, des H. Ro. Reichs Erzmarschall und Kurfursten, Landgrafen in Thüringen, Markgrafen zu Meißen und Burggrafen zu Magdeburg, meinem gnädigsten Herrn.

G. u. Friede in Christo und mein arm pater noster! Durchleuchtigster, hochgeborner Furst, gnädigster Herr! Wir haben am vergangen Montags allhie E. K. F. G. Schrift von frohlichen neuen Zeitungen empfangen, die so groß sind, daß jedermann, wie E. K. F. G. selbs auch zeugen, muß sagen und auch sagt, wie der Psalter oft singet: Das hat Gott getan. Der hat solchen bosen Teufel durch seinen Finger (der dem Gottlosen das Gewissen ruhret) ausgetrieben, doch dazu gebraucht unser fleischlich schwach Gezeug und Rüstung. Derselbige Gott verleihe auch allen andern unsers Bundnis Ständen, daß sie nicht sich erheben, stolz und trotzig werden aus solchem Sieg, so gnädiglich verliehen, sondern sampt uns erkennen, daß Gott (unangesehen unser Unwirdigkeit und Sunde) den gottlosen Papisten und Lästerern seinen Zorn offenbart, ob sie sich bessern wollten, will oder kann anders solch Dräuen den verstockten Pharao bewegen, ehe denn er im Roten Meer gar versenkt ersäuft.

Aber das ist noch der beste Sieg uber allen Sieg, daß E. K. F. G. mit dem Land und Leuten so gnädiglich handeln und handeln lassen. Das wird allererst die Pfaffen und Papisten erschrecken und mehr, denn alle Buchsen tun, daß sie horen werden solche Gnade den Untertanen erzeigt. Denn solch Geschrei wird alle ihre eigen Untertanen recht rege machen, also daß sie fur denselben sich furchten und nirgend sicher sein mussen. Wie herzlich gonn ich das dem verzweifelten bosen Wurm zu Mainz, der des Unglücks alles bisher Meister gewest. Ich wollt, er bekehret sich recht; wo nicht, so fahre er hin mit Judas und Kaiphas, da er hingehoret.

Unser lieber Herr Gott bestätige E. K. F. G. und alle Stände in diesem Sieg, da sie die armen Leute (wie angefangen) durch gnädige Handlung an sich behalten, damit sie E. K. F. G. und unsern Ständen willig und gonstig geneigt bleiben. Amen. Denn so sagen auch die Heiden: Es ist beständiger, ein Regiment mit Gonst denn mit Gewalt erhalten.

Wir sind hie von Herzen frohlich und loben Gott, bitten auch mit Ernst fur E. K. F. G. und andere Stände, wie mir nicht zweifelt, daß E. K. F. G. uns gläube. Weiter wird Doctor Pommer, unser Pfarrherr, wohl wissen zu sagen, wo es not ist. Hiemit dem lieben Gott befohlen, Amen. Sonnabends nach Agapiti 1542.

E. K. F. G. untertäniger Martinus Luther D.

An Marcus Crodel

[Wittenberg] 26. August 1542

Dem rechtschaffenen Mann, Marcus Crodel, dem treuen und frommen Erzieher der Torgauer Jugend, seinem Teuren im Herrn.

Gnade und Friede! So wie zwischen Dir und mir verabredet worden ist, mein lieber Marcus, schicke ich Dir meinen Sohn Johann, damit Du ihn zu den Knaben hinzunimmst, die in Grammatik und Musik ausgebildet werden sollen. Zugleich achte auf seine Sitten und bessere sie, denn zu Dir habe ich ein besonders großes Vertrauen im Herrn. Die Kosten werde ich Dir reichlich zurückerstatten, und Du wirst mir anzeigen, welche Fortschritte er in der Zwischenzeit gemacht hat und wie weit man es mit ihm bringen kann. Ich habe den Knaben Florian hinzugesellt, besonders deshalb, weil ich sehe, daß diese Knaben das Beispiel einer größeren Schar von Knaben nötig haben. Diese Form scheint mir mehr auszurichten als eine abgesonderte private Erziehung. Diesen aber behandle härter, und wenn Du ihn bei einem Bürger unterbringen kannst, tu es, wenn nicht, dann schicke ihn zurück.

Gott schenke einen guten Anfang. Wenn ich bei diesem Sohn Erfolg sehe, dann wirst Du zu meinen Lebzeiten auch die beiden anderen erhalten. Denn meine Überlegung dabei ist, daß es nächst Dir keine Schulmeister geben wird, die Dir an Gewissenhaftigkeit gleichkommen, zumal in der Grammatik und in der Strenge der Sitten. Deshalb ist die Lebensspanne zu nutzen, denn die Zeit enteilt mit schnellem Schritt, und viel schneller gehen die gewissenhaften Lehrer dahin. Lebe wohl im Herrn und sage Johann Walther, daß ich für sein Heil bete und daß er sich meines Sohnes in der Musik annehmen möge. Ich bringe zwar Theologen hervor, würde aber auch gern Grammatiker und Musiker hervorbringen. Wiederum lebe wohl und grüße auch Gabriel [Zwilling] mit den Seinen. Zum dritten Mal und in Ewigkeit lebe wohl! Sabbat nach Bartholomäus 1542. D[ein] Martin Luther.

An Marcus Crodel

[Wittenberg] 28. August 1542

Optimo viro Marco Crodelo, Torgensis iuventutis institutori pio et fideli, suo in domino amico charissimo.

Gnad und Fried! Lieber Marce! Ich will der erste Kläger sein über den Buben Florian, so ich mit Hansen geschicket habe, und bitte, wollet ihm zum bene veneris drei Tage nacheinander ja des Tages einen guten fetten Schilling lassen geben ohn alle Barmherzigkeit. Er meinet, er sei der Rut entlaufen, aber sie soll ihn empfahen. Den ersten darumb, daß er auf den Wege meinem Paulo das Messer oder Sassen freventlich genommen hat.

Den andern darumb, daß er gelogen und gesaget, ich habs ihm geschenket, und daß der Schilling umb der Lügen willen bis auf das Blut gut sei.

Den dritten, daß er mir also ohn mein Wissen und Willen das Messer entragen und gestohlen hat. Dieser Schilling soll der beste sein. Oder schickt mir den Buben wieder her, und Hans nehme das Messer zu sich und bewahre es. Wäre der Lecker noch hier, ich wollte ihm lügen und stehlen lernen. Er hat es vor nicht getan. Hiemit Gott befohlen. Amen. Montags nach Bartholomäi 1542. Martinus Luther.

An Marcus Crodel

[Wittenberg, 16.?] September 1542

Gnad und Friede, mein lieber Marcus Crodel! Ich bitte Dich, meinem Sohn Johann zu verheimlichen, was ich Dir schreibe: Meine Tochter Magdalena liegt fast in den letzten Zügen und wird binnen kurzem zu dem wahren Vater im Himmel gehen, wenn Gott es nicht anders beschlossen hat. Sie selbst sehnt sich so, ihren Bruder zu sehen, daß ich mich genötigt sah, einen Wagen zu schicken. Sie haben einander sehr liebgehabt. Vielleicht kann sie sich durch seine Ankunft wieder erholen. Ich tue, was ich kann, damit mich nicht später das Gewissen plagt, etwas versäumt zu haben. Befiehl ihm also ohne Angabe des Grundes, in diesem Wagen hierher zu eilen. Er wird bald zurückkehren, wenn sie entweder im Herrn entschlafen ist oder sich wieder erholt hat. Lebe wohl im Herrn! Sage ihm, was ihm anvertraut werden muß, sei geheim. Alles übrige ist wohlauf. 16. September 1542.

D[ein] Martin Luther.

An Justus Jonas

[Wittenberg] 6. November 1542

An Doctor Jonas zu Halle.

Gnad und Fried im Herrn! Mein lieber Herr Doctor! Ihr wisset, daß ein Spottzettel von Heiligtumb des Kardinals mein ist. Solchs wissen die Drucker, die Universität, die Stadt, daß es ganz unverborgen und nicht heimlich ist. So wird es die Braut zu Mainz selbst wohl wissen, dann ich habs also gemacht, daß ich hab wollen vormerkt sein, und wer es lieset, so jemands meine Feder und Gedanken gesehen, muß sagen: Das ist der Luther. Und weiß, daß die Braut selbst sagen wird ader [gesagt] hat: Das ist der Bub Luther, sonderlich im Herzen, welchs mir wohl bewußt, sonst woe ichs hätte wollen heimlich haben, wollte ich meine Feder und Gedanken baß vorborgen haben.

So ist auch die Braut bei mir nicht in dem Ansehn, daß ich mich fur seiner (wiewohl teufelischen Kunst) forchte.

Und abs gleich ein Famoslibell wäre, als nicht sein kann, so will ich solch Recht, Fug und Macht haben wider den Kardinal, Papst, Teufel und allen ihren Haufen, und soll dannost nicht ein Famoslibell heißen. Ader haben die Eselisten, Juristen wollt ich sagen, ihre Jura also studiert, daß sie noch nicht wissen, was subiectum und finis sei Iuris civilis? Sall ich sie es lehren, werde ich desto weniger Geld nehmen und sie gar ungewaschen lehren.

Wie ist doch die schone Moritzburg so plutzlich zum Eselstall wurden! Wohlan, lustet sie zu pfeifen, so lustet mich zu tanzen, und will mit der Braut zu Mainz (so ich lebe) noch einen Reihen umbherspringen, der sall guet sein zur Letzte. Ich habe noch etliche süße niedliche Buslein, die ich ihr gerne geben wollte auf ihr rosenrote Mäulchen. Darzu helfe Jurist, Jurisperdit und Eselit und weme es Gott bescheret hat. Lasset sie den Frischmut sieden, braten, was gilts, ab ich sie (so ich lebe) nicht wieder braten werde, daß sie wundschen sollen, sie hätten solchen Zettel nicht gesehen, woe sie anderst ehrenwert sein wollen. Dann ichs nicht gesinnet bin, von dem vorzweifelten Gottsfeinde und Lästerer zu Mainz zu schweigen zu seinem vorzweifelten Mutwillen, den er fur und fur wider das Blut Christi treibet. Aber lasset gehen und kommen, wie sie wollen. Ich will sie lehren, wie ich Macht und Recht habe, auch Famoslibell (woe es muglich) wider den Kardinal zu schreiben, unangesehen sein und aller Jurisperditen und Jurisconsulten Zorn und Ungnade, denn sie sollen unter deme שבלימיני ·|· sede a dextris meis, und nicht doruber sitzen, mit Ehren nicht.

Diesen Brief laß ich Euch frei, mir leidt nichts doran, sie lesen ihn ader nicht, sie der Teufel, nos filii lucis, non tenebrarum, sicut illi, wiewohl ich leiden mochte, sie ließen mich alten Mann zufrieden. Woe nicht, so mogen sie es getrost wagen. Ich will (ob Gott will) mich daheim finden lassen. Valete. Sexta Novembris Anno Domini 1542.

Martinus Luther Doctor.

An Nikolaus von Amsdorf

[Wittenberg] 23. November 1542

Gnade und Friede in der Geduld und in der Liebe Christi! Soviel wenigstens an mir liegt, dringe ich darauf, lasse ich nicht davon ab und bin bei unserem Hof bald lästig, daß bei Dir ein Konsistorium und eine theologische Lectur errichtet werden. Dein Konsisterium ist für die Kirchen dringend erforderlich, auch daß es an einem geeigneten Ort eingerichtet wird. Bisher verhinderten es aber Kriege und Kriegsgefahr. Man versprach, so zu handeln, oder man ist bereits dabei. Gott fördere es mit seinem Segen und hindere den Satan, der Widerstand leistet, Amen.

Es heißt, das Konzil gehe weiter, aber so verworren und verachtenswert, daß es aussieht, als ob sein Ende voller Spott sein wird. Eine Zusammenkunft unserer Seite findet in Schweinfurt statt, um über die Stärke des Widerstandes gegen die Türken zu beraten, die wir in diesem Sommer durch unsere außerordentliche Schande so hochmütig und zu Verächtern der Unseren gemacht haben. Wenn Gott nicht für uns durch seine Engel kämpfen wird, werden wir für sie zum Gespött werden. Unsere Sünden und unsere mangelnde Bereitschaft zur Buße für alle Verbrechen helfen dabei kräftig mit. Gott erbarme sich unser. Zu anderer Zeit mehr. Der Bote ist in Eile. Meine Käthe, die immer wieder in Erinnerung an unsere Tochter in Tränen ausbricht, grüßt Dich ehrerbietig. Wir sollten uns freuen, daß sie im Reich des Lebens ist. Wenn wir doch auch, zusammen mit ihr, in Frieden abgeschieden wären! Lebe wohl im Herrn! Donnerstag nach Elisabeth 1542. D[ein] Martin Luther.

An Johann Luther

[Wittenberg] 27. Dezember 1542

Johann Luther zu Torgau, seinem geliebten Sohn.

Gnade und Friede in dem Herrn! Mein lieber Sohn Johannes, Deine Mutter und ich sind mit dem ganzen Haus wohlauf. Du aber sieh zu, daß Du diese Trauer männlich überwindest, damit Du Deiner Mutter, welche auch sonst leicht zu Sorgen und Ängsten neigt, nicht noch Schmerz und Sorge hinzufügst. Gehorche Gott, der Dir durch uns gebietet, Dich dort ausbilden zu lassen, und leicht wirst Du diese Schwäche vergessen. Die Mutter kann nicht schreiben, und sie hält es auch nicht für nötig. Sie sagt, daß sie alles, was sie Dir gesagt habe (wenn es Dir vielleicht übel ginge, dann solltest Du zurückkommen), nur in bezug auf eine Krankheit gemeint habe, daß Du diese, wenn sie Dich ereilt, uns sofort mitteilst. Im übrigen wünscht sie, daß Du diese Trauer ablegst, daß Du fröhlich und ruhig studierst. Hiermit lebe wohl im Herrn. Am Tage Johannis des Evangelisten 1542.

Dein Vater Martin Luther.

An den Hauptmann und an den Rat zu Breslau

[Wittenberg, 16. April 1543]

Den gestrengen, ehrnfesten, ehrbarn, fursichtigen Herrn Häuptmann und Rat der Stadt Breslau, meinen gonstigen lieben Herrn und Freunden.

Gnad und Friede im Herrn! Gestrenger, ehrnfester, ehrbare, fursichtigen lieben Herrn und Freunde! Es hat mich Magister Johann Kraft zu dieser Schrift vermocht an Ew. G. und E. Nachdem er von Euch XX fl. zur Steur in seinem Studio nu bei sechs Jahrn empfangen mit solcher Pflicht, daß er nicht ohn Eur Urlaub sich anderswohin begeben solle, sondern Eur Stadt dienen sollt, des er sich sehr bedankt und billig erkennet. Nu er aber mit solchem Stipendio sehr wohl zugenommen und ein feiner, gelehrter Mann ist worden, der nu weiter greifen soll in die hohere Fakultät, ich aber, wo seine Complexion nicht zu schwach zum Predigen wäre, gar ungern wollt außer der Theologia sehen, denn er ist der Schrift sehr wohl verständig, sittig und zuchtig, der mir ein trefflicher Mann der Kirchen sein sollt, derhalben ich ihm zu der Medicina geraten. Nu konnt Ihr, lieben Herrn, selbs denken, daß mit XX fl. nichts kann furgenommen werden in den hohen Fakultäten. Ist demnach mein gutlich Bitte, E. G. und E. wollen ihm das Stipendium bessern. Wo das zu schwer ist, doch die Pflicht ihm erlassen, daß er sich mit anderm Tun oder Schulen Dienst dieweil begrafen mug, bis er hoher kommen müge. Solch mein Bitten wollet mir zugut halten und derselben M. Kraft trostlich genießen lassen, weil solche Wohltat so sehr wohl angelegt ist und doch sonst so groß Gut in aller Welt ubel angelegt wird. E. G. und E. werden sich wohl christlich und gonstiglich zu erzeigen wissen. Hiemit dem lieben Gott befohlen, Amen. Montags nach Jubilate 1543. Martinus Luther D.

An Herzog Albrecht von Preußen

[Wittenberg] 7. Mai 1543

G. u. F.! Durchleuchtiger, hochgeborner Furst, gnädiger Herr! Ich hab mit M. Christophero geredt, wie E. F. G. mir geschrieben. Gibt er mir diese Antwort: Es habe ihm Magister Philipps geraten, in welsche Land zu ziehen. Nu ist M. Philipps itzt nicht einheimisch, sondern bei dem Bischofe zu Köln, das Euangelion zu pflanzen. Denn die zwene Bischofe, Köln und Münster, haben (gottlob) das Euangelion ernstlich angenommen, wie hart sich auch die Tumherrn dawider sperren. So gehets auch stark in dem Herzogtum zu Braunschweig, ohn daß bei uns viel bose und wenig frumm werden, wie man spricht: Je näher Rom, je ärger Christen. Und Jerusalem, die heilige Stadt, muß alle Zeit das ärgeste tun, wie die Propheten sagen. Doch hat sich M. Christophorus erboten, nach seiner Wiederkunft mit allen Willen seinem Vaterland zu dienen. Hälts dafür, daß die Schule mit andern Magistern wohl gnug zu dieser Zeit bestellet sei. Neue Zeitung weiß ich nicht viel. Der Reichstag zu Nürnberg ist zergangen ohn alle Gnade und Einigkeit. Konig Ferdinand ist zornig. Sind nie ärger und toller gewest, denn itzund, wollen den Türken uber uns lassen ziehen. Im Niederland soll ein Anstand sein zwischen den Burgundern und Herzogen von Jülich. Was fur Unlust ein französischer Herr, von Guise gnannt, hat angericht bei Metz, habe ich befohlen M. Christoffels Vater, E. F. G. anzuzeigen. Es ist mir Faulen, Schwachen zuviel zu schreiben. Hiemit dem lieben Gotte befohlen, Amen. Montags nach Ascensionis 1543. E. F. G. williger Martinus Luther D.

An Christoph Froschauer

[Wittenberg] 31. August 1543

Dem ehrbarn, fursichtigen Christophen Froschauer, zu Zürich Drucker, meinem gunstigen guten Freunde.

Gnade und Friede im Herrn! Ehrbar, fursichtiger, guter Freund! Ich hab die Bibel, so Ihr habt mir durch Eure Buchfuhrer zugeschickt und geschankt, empfangen, und Euerthalben weiß ichs Euch guten Dank. Aber weil es eine Erbeit ist Eurer Prediger, mit welchen ich, nach die Kirchen Gottes, keine Gemeinschaft haben kann, ist mirs leid, daß sie so fast sollen umbsonsten erbeiten und doch darzu vorloren sein. Sie seind gnugsam verwarnet, daß sie sollten von ihrem Irrtumb abstehen und die arme Leute nicht so jämmerlich mit sich zur Hellen fuhren. Aber do hilft keine Vermahnung, mussen sie fahren lassen. Darumb durft Ihr mir nicht mehr schicken oder schenken, was sie machen oder arbeiten. Ich will des Verdammnis und lästerlicher Lehre mich nicht teilhaftig, sondern unschuldig wissen, wider sie beten und lehren bis an mein Ende. Gott bekehre doch etliche und helfe der armen Kirchen, daß sie solcher falschen verfuhrischen Prediger einmal loswerden, Amen.

Wiewohl sie des alles lachen, aber einmal weinen werden, wann sie Zwinglis Gericht, dem sie folgen, auch finden wirdet. Gott behüte Euch und alle unschuldige Herzen fur ihrem Gift, Amen. Freitags nach Augustini 1543.

Martinus Luther D. eigne Hand.

An Christoph Jörger

[Wittenberg] 31. Dezember 1543 [?]

Gnade und Friede im Herrn! Gestrenger, ehrnfester, lieber Herr und Freund! Aus Euer Schrift, an Magister Georg Major und mich getan, hab ich vernommen, wie Euch fast sehr beschwert, daß Ihr als ein Regent zu Wien sollet mit zum Opfer und allerlei Päpstlerei gehen und Euch als ein rechter Papist stellen in äußerlichen Gebärden und doch im Herzen viel anders und dawider gesinnet sich fuhlen, sonderlich weil durch solch Exempel jenes Teil gestärkt und dies Teil geärgert oder geschwächt, darauf Ihr von mir Trost begehrt.

Erstlich, weil Euer Gewissen sich hierin beschweret findet, so könnt Ihr keinen bessern Ratmeister noch Doctor finden, denn eben solch Euer eigen Gewissen. Warumb wollt Ihr also leben, daß Euch ohn Unterlaß Euer Gewissen soll beißen und strafen, auch kein Ruhe lassen? Wäre doch das die rechte, wie mans vorzeiten hieß, Vorburg der Hellen.

Darumb, wo Euer Gewissen hierin unruhig oder ungewiß ist, da suchet, wo ihr könnt, daß Ihr aus solcher Unruh (welche strebt wider den Glauben, der ein sicher fest Gewissen machen soll) je länger, je mehr Euch wickeln mügt, und daheimen wie bisher in dem Eurigen bei dem Wort bleiben. Dann, daß Ihr sollt mit den andern offentlichen in Prozession, Opfern und dergleichen Euch begeben, so Euer Gewissen dawider murret, nachdem Ihr die Wahrheit erkennt, so wird solchs eben soviel als die Wahrheit verleugnet heißen. Wie Paulus zun Römern am XIV. sagt: Wer wider sein Gewissen tut, der ist verdampt, oder wie seine Wort lauten: Was nicht aus dem Glauben gehet, das ist Sünde.

Solches und des mehr, acht ich, werdet Ihr aus der Schrift und andern Büchern, welche das Gewissen wohl lehren und halten, gnugsam verstanden haben. Euer König ist nicht Gottes Diener in solchen Sachen, darumb, ob ihm gleich jedermann schuldig ist, im Zeitlichen zu gehorchen, so kann man ihm doch in geistlichen Sachen (die ewigs Leben antreffen) nicht gehorsam sein, als der nicht kann ewiges Leben geben und keinen Befehl, sondern eitel Verbot hat von Gott, sich des geistlichen ewigen Lebens zu unterstehen und zu meistern in seinem Regiment, sonder soll selbs Schuler und Untertan sein

Gottes Wort, wie alle Kreatur etc. Hiemit dem lieben Gott befohlen, Amen. Montags nach dem Christtage, M. D. XXXXIII.

D. Martinus Luther.

An Johann Göritz

[Wittenberg] 29. Januar 1544

Gnad und Friede, mein lieber Herr Richter und guter Freund! Ich werd bericht, wie bei Euch ein Gast zu Leipzig sei, der sich nennet Rosina von Truchseß, eine solche unverschämte Lügnerin, der ich auch nicht gleich gesehen. Denn sie mit solchem Namen auch erstlich zu mir kam, als eine arme Nonne von solchem hohen Geschlecht. Da ich aber darnach fragen ließ, fand sichs, daß sie mich belogen hatte. Darauf ich sie fürnahm und forschete, wer sie wäre, also bekannt sie mir, sie wäre eins Bürgers Tochter zu Münnerstadt in Franken, welcher in der Bauren Aufruhr geköpft, und sie also in die Irre als ein arm Kind kommen wäre, bat sie, ich wollt ihrs umb Gottes Willen vergeben und mich ihrer erbarmen. Darauf ich ihr gebot, sie sollt sich forthin solcher Lügen mit dem Namen Truchseß enthalten. Aber indem ich sicher bin, weiß ich nicht anders, denn sie tat also, da richtet sie hinter mir allerlei Büberei und Hurerei aus, auch in meinem Hause, bescheußt alle Leute mit dem Namen Truchseß, daß ich, nachdem ichs erfahren habe, da sie wegkommen, nicht anders denken kann, denn sie sei mir zugefügt von den Papisten als eine Erzhure, verzweifelter Balg und Lügensack, der mir im Keller, Küchen, Kammern allen Schaden getan, und doch niemand schuldig sein könnte. Wer weiß, was sie mehr im Sinn gehabt, denn ich sie bei mir in meinen Kammern und bei meinen Kindern in großem Vertrauen gehabt. Zuletzt hat sie etliche an sich gezogen und von dem einen schwanger worden und meine Magd gebeten, sie sollt ihr auf den Leib springen, die Frucht zu töten. Ist mir also durch meiner Käthen Barmherzigkeit entkommen, sonst sollt sie mir keinen Menschen mehr betrogen haben, die Elbe hätte denn nicht Wasser gehabt. Demnach ist meine Bitt an Euch, wollet solche Truchsessin im Augen haben und Euch lassen befohlen sein und fragen lassen, woher sie sei. Endlich, wo es nicht anders sein kann, den verfluchten Hurenbalg, verlogne diebische Schälkin, dem Evangelio zu Ehren und mir auch zu Dienst nicht bei Euch leiden, damit auch die Euren für ihrer teuflischen Büberei, Dieberei, Trügerei sicher sein. Ich sorge fast, wo man sie sollt recht fragen, sie würde mehr denn einen Tod verdienet haben, soviel Zeugen finden sich nach ihrem Abschied. Solches will ich Euch guter Meinung angezeiget haben, auf daß mirs nicht auf meinem Gewissen liegen bliebe, wo ich geschwiegen hätte, Euch solchen verdammten Lügen-, Huren-, diebischen Balg anzuzeigen und Euch zu warnen. Tut Ihr nun, was und wie Ihr wisset, ich bin entschuldiget. Hiemit Gott befohlen, Amen. Dienstag nach Pauli Conversionem 1544.

An Kurfürstin Sibylle von Sachsen

[Wittenberg] 30. März 1544

Der Durchleuchtigsten, hochgebornen Fürstin und Frauen, Frauen Sibylla, gebornen Herzogin zu Jülich, Cleve etc., Herzogin zu Sachsen, Kurfurstin, Landgräfin in Thüringen, Markgräfin zu Meißen und Burggräfin zu Magdeburg, meiner gnädigsten Frauen.

G. u. F. im Herrn! Durchleuchtigste, hochgeborne Furstin, gnädigste Frau! Ich habe E.K.F.G. Brief empfangen und bedanke mich ganz untertäniglich gegen E.K.F.G., daß Sie so sorgfältiglich und fleißig fragen nach meiner Gesundheit und wie mirs gehe mit Weib und Kindern, auch mir alles Gutes wundschen. Es gehet uns gottlob wohl und besser, denn wirs verdienen fur Gott. Daß ich aber am Häupt zuweilen untuchtig bin, ist nicht wunder, das Alter ist da, welchs an ihm selbs alt und kalt und ungestalt, krank und schwach ist. Der Krug gehet solange zu Wasser, bis er einmal zubricht. Ich habe lange gnug gelebt, Gott beschere mir ein selig Stundlin, darin der faule, unnütze Madensack unter die Erden komme zu seinem Volk und den Würmern zuteile werde. Acht auch wohl, ich habe das beste gesehen, das ich hab auf Erden sollen sehen, denn es läßt sich an, als wolle es bose werden. Gott helfe den Seinen, Amen.

Daß auch E.K.F.G. anzeigen, wie es Ihr langweilig sei, weil unser gn. Herr, E.K.F.G. Gemahl, abwesend sind, kann ich wohl gläuben. Aber weil es die Not fodert und solch Abwesen umb Nutz und Gut der Christenheit und deutscher Nation geschicht, mussen wirs mit Geduld tragen nach dem gottlichen Willen. Wenn der Teufel kunnte Frieden halten, so hätten wir auch mehr Friedens und weniger zu tun, sonderlich soviel Unlusts zu leiden. Aber wie dem allen, so haben wir das Vorteil, daß wir das liebe Gotteswort haben, welchs uns in diesem Leben trostet und erhält und jenes Leben der Seligkeit zusagt und bringet. So haben wir auch das Gebet, welchs wir wissen (wie E.K.F.G. auch schreiben), daß es Gotte gefället und erhort wird zu seiner Zeit. Solche zwei unaussprechliche Kleinod kann der Teufel, Türke, Papst und die Seinen nicht haben, und sind in dem viel ärmer und elender, denn kein Betteler auf Erden. Des mugen wir uns rühmen und trosten gewißlich. Dafur wir auch sollen danken Gott, dem Vater aller Barmherzigkeit, in Christo Jesu seinem lieben Sohn, unserm Herrn, daß er uns solchen teuren, seligen Schatz geschenkt und zu solchem Kleinod berufen hat uns Unwirdigen durch seine reiche Gnade, daß wir dagegen nicht allein billig und gerne das zeitliche Bose sehen und dulden sollen, sondern auch uns der blinden elenden Welt, sonderlich solcher hohen großen Häupter in der Welt, erbarmen mussen, daß sie solcher Gnaden beraubt und noch nicht wert sind zu haben. Gott erleuchte sie einmal, daß sie es mit uns auch sehen, erkennen und begehren, Amen.

Mein Käthe läßt E.K.F.G. ihr armes Vaterunser bieten mit aller Untertänigkeit und dankt sehr, daß E.K.F.G. so gnädiglich ihrer gedenken. Hiemit dem lieben Gotte befohlen, Amen. Judika 1544.

E.K.F.G. untertäniger Martinus Luther D.

An Johann Honterus

[Wittenberg] 11. Mai 1544

Dem in Christo ehrwürdigen Mann, Herrn Johann Honterus, dem Evangelisten des Herrn zu Kronstadt in Ungarn, seinem im Herrn geliebten Bruder.

Gnade und Friede! Du schreibst, mein lieber Honterus, daß Du mir geschrieben hast, aber nicht weißt, ob der Brief in diesen gefährlichen Zeiten mir übergeben worden ist. Wisse aber, daß er mir überreicht worden ist zusammen mit dem Goldgulden, der das Bildnis des Theodosius zeigt, und der mir, wie Du schriebst, von Eurem Vogt oder Richter zum Andenken an ihn verehrt worden ist. Danke ihm bitte in meinem Namen. Übrigens preise ich Gott, den Vater des Lichts, von dem alles Gute kommt, über die sich allmählich verbessernde Lage Eurer Kirche und Eures Glaubens und bitte, daß er Euch wachsen lasse und Euch mit allerlei geistigen Gütern segne, Amen. Der Biß der Schlange wird Euch auch erreichen, denn so steht es geschrieben, so war es von Anfang an, und so wird es bis zum Ende sein, daß wir Feindschaft setzen zwischen dem Samen der Schlange und dem der Frau. Anders verhält sich und kann sich die wahre Kirche Gottes nicht verhalten. Unser Trost aber ist, daß der Sieg immer dem gehört, welcher demjenigen, der sticht, den Kopf zertritt, wie es geschrieben steht: Er wird selbst dein Haupt zertreten. Deshalb handelst und denkst Du zu Recht, daß ihr wachsam sein müßt gegen die äußeren Feinde und gegen die Löwen in der Nähe und zu Hause. Dies sind die Zähne der Schlange und zwar die der Backen, wie der Prophet im Psalm 58 sagt. Aber ich bin ein sehr beschäftigter, bereits alter und schwacher Mann, der ich mir zwar Ruhe wünsche, eine wohlverdiente, wie ich glaube, aber dieser Wunsch hat kaum Erfolg. Wenn ich also kürzer schreibe oder nicht früher geantwortet habe, so mögest Du es mir verzeihen. Der Herr sei mit Dir und mit all den Euren. Amen. Am Sonntag Kantate 1544.

M. Philipp hält sich in Thüringen auf.

An Nikolaus von Amsdorf

[Wittenberg] 23. Juni 1544

Dem ehrwürdigen Vater in Christo, Herrn Nikolaus, dem wahren Bischof der wahren Kirche zu Naumburg, seinem im Herrn zu verehrenden Oberen.

Gnade und Friede im Herrn! Mein lieber, ehrwürdiger Bischof in Christo, die Kölner Reformation habe ich weder gesehen noch gelesen, wenn ich sie auch habe loben hören. Ich habe M. Philipp gefragt, der sagte, sie sei so beschaffen, daß in allen Kirchen der wahre Sinn und Gebrauch des Wortes und der Sakramente gelehrt werde, während alle Mißbräuche abgeschafft seien. Die Stifte aber und die Klöster sollten in ihrem jetzigen Zustand unangetastet bleiben. Wenn es sich so verhält, könnte es geduldet werden, bis Gott es anders geben wird. Denn diese Räuberei, ja Raubsucht der Fürsten, Adligen und Stadtobrigkeiten ist widerwärtig und abscheulich. Ihr Beispiel wird zu großer Vernichtung, aber auch zu Verwüstung der Pfarren und Schulen führen. Sie wollens alles haben, und das auch dazu, das die Furſten haben. Das Ende hingegen kommt etc. Mündlich und in Kürze mehr. Denn der Fürst schreibt, daß er bald hier sein wird. In Arnstadt, das uns befreundet ist, findet ein Ständetag statt, um das Fürstentum (das will ich Dir insgeheim gesagt haben) in die Hände des Kaisers zurückzugeben. Diese Übergabe wünsche ich, weil es unserem Fürsten so beschwerlich ist und so große Kosten bereitet etc. Dieser Ständetag soll in drei Tagen beendet sein. Inzwischen lebe wohl in Christo!

Die Geschenke, die Du mir und meinen Kindern geschickt hast, haben wir empfangen. Aber ich bitte Dich, wenn Du etwas übrig hast, dann wende es Deinen Neffen und ihrer Mutter zu, der frommen Frau, an die ich nicht ohne Seufzen denken kann wegen des Unglücks mit ihrem Mann. Sooft ich aber seine Kinder sehe, erinnere ich mich etc. Du wirst es sicher tun, wenn Du ihr etwas helfen kannst, zugleich mußt Du es auch. Schließlich bist Du ein armer Bischof, während Du ein reicher Pfarrer gewesen bist. Oft denke ich an jenen Ausspruch des Papstes Alexander V., der gesagt hat: Ich war ein reicher Bischof, später ein armer Kardinal, jetzt bin ich ein bettelarmer Papst. So scheint es auch Dir zu gehen. Aber so hat es der gewollt, der für uns arm geworden und sogar gestorben ist: Ihm haben wir in Armut das ganze Leben und im Tode zu dienen, gemäß seinem guten, wohlgefälligen und vollkommenen Willen. Ihm sei Ehre in alle Ewigkeit. Am Abend St. Johannis 1544. Dein Martin Luther D.

An Fürst Johann von Anhalt

[Wittenberg] 27. August 1544

Dem durchleuchtigen, hochgebornen Fursten und Herrn, Herrn Johanns, Fursten zu Anhalt, Grafen zu Askanien, Herrn zu Bernburg, meinem gnädigen Herrn.

G. u. F. im Herrn! Durchleuchter, hochgeborner Furst, gn. H.! Von Herzen gern wollt ich auf E. F. G. Begier kommen. Ich bin aber itzt heim, kommen von Zeitz, so müde des Fahrens, daß ich nicht gehen noch stehen kann, schier auch Sitzens uberdrussig, daran ich spüre mein Alter und meins Leibes Sinken und Senken hinunter unter der Erden. Gott helfe balde mit Gnaden. Derhalben ich muß still sein und rugen, bis es mit mir anders werde, es sei zum Leben oder zum Sterben, wie Gott will. Unser lieber Herr Jesus Christus gebe, daß m. g. H., Furst George, einen reichen Geist kriege zu regiern sein Bistum. Denn da ist viel zu tun, und ist von den vorigen Bischofen das Stift ubel versorget. Wohlan, ders angefangen hat, wird es vollenden, Amen.

Hiemit dem lieben Gotte befohlen, Amen. Mittewochens nach Bartholomei 1544. E. F. G. williger Martinus Luther D.

An Georg Hösel

Wittenberg, 13. Dezember 1544

Ad Georgium Hoselum, scribam in fodinis metallicis montis Mariae.

Gottes Gnade und Trost durch seinen eingebornen Sohn Jesum Christum, unsern Heiland, zuvor! Ehrbarer, günstiger, weiser Herr! Wiewohl ich Euch nicht gerne diese traurige Botschaft zu erkennen gebe, daß Euer lieber Sohn Hieronymus aus dieser Welt in Gottes Willen verschieden ist, so fordert es doch die Notdurft, solches Euch anzuzeigen, und will Euch dabei gebeten haben, Ihr wollet Euch als ein christlicher Mann betrachten, daß unser Heiland Christus gesagt: Es ist der Wille des himmlischen Vaters nicht, daß einer aus diesen Kleinen verderbe. Dieweil dann Christus klar spricht, daß diese Jugend, so in Gottes Erkenntnis und Kirchen ist, sei Gott gefällig und solle nicht verloren sein, sagt dabei ein Zeichen, daß ihre Engel allezeit Gottes Angesicht sehen, sollet Ihr nicht zweifeln, es sei bei unserm Heiland Christo und bei allen Seligen in Freuden. Ich bin auch ein Vater und habe meiner Kinder etliche sterben sehen, auch ander größer Elend, denn der Tod ist, gesehen und weiß, daß solche Sachen wehe tun. Wir sollen aber dem Schmerzen widerstehen und uns mit Erkenntnis der ewigen Seligkeit trösten. Gott will, daß wir unsere Kinder liebhaben und daß wir trauren, wann sie von uns genommen werden hinweg, doch soll die Traurigkeit mäßig und nicht zu heftig sein, sondern der Glaube der ewigen Seligkeit soll Trost in uns wirken. Von Euers Sohns Krankheit wisset, daß er an einem Fieber gelegen, daran etliche mehr eine Zeitlang gestorben, und doch bei Eurem Sohn guter Fleiß geschehen durch die Arzte, wie uns neulich ein wohlgeschickter Knabe von Lüneburg und ein Straßburger also gestorben. Der ewige Vater unsers Heilands Jesu Christi wolle Euch helfen trösten und stärken zu aller Zeit. Datum Wittenberg, den 13. Dez., Anno 1544. Martin Luther.

An Kurfürst Johann Friedrich von Sachsen

[Wittenberg] 20. März 1545

Dem durchleuchtigsten, hochgebornen Fürsten und Herrn Johanns Friedrich, Herzog zu Sachsen, des H. R. Reichs Erzmarschall und Kurfürsten, Landgrafen in Thüringen, Markgrafen zu Meißen und Burggrafen zu Magdeburg, meinem gnädigsten Herrn.

G. u. F. im Herrn und mein arme Dienste zuvor! Durchleuchtigster, hochgeborner Fürst, gnädigster Herr! Ich hab verzogen, zu antworten in der von Altenburg Sachen, aus Ursachen. Aber die fürnehmst ist, daß M. Andres alle Tage wartet von Amberg Schrift und Antwort, daß er wüßte, woran er wäre. Welchen ich gern an M. Spalatin Statt hätte gesehen. Nu ist er schon seiner Zusage nach verbunden, und sind die von Amberg hier und holen ihnen. Wir haben gottlob wohl Vorrat in jungen Theologen. Aber wir müssen soviel in fremde Länder haben, daß, wo einer reif ist, viel Hände nach ihm fragen, daß wir so plötzlich nicht können alle Stund geben, wer und was er haben will. Sind doch etliche schon in der Türkei, auch hin und wieder in Ungarn unser Schülern, daselbst itzt Pfarrherr und Prediger. So ziehen auch die Städte sehr wenig Schüler, meinen, wir haben hier der Fülle und ubrig, die man ihnen schicken solle. Demnach haben M. Philipp und ich uns umbgesehen und bedacht, ob nicht M. Augustinus zu Colditz zu rufen wäre. Aber man sagt uns, er solle schwach sein. So mechte man denen zu Jessen auch dahin brauchen, denn er auch daselbst weg gedenkt. Zuletzt sind wir bedacht auf den Schulmeister zu Altenburg, der ist gelehrt und alt genug, auch fast geübt in Kirchensachen, dazu bekannt zu Altenburg, und ist allezeit so gewest, daß die Schulmeister die besten Pfarrherr geben haben. Sonderlich, wenn sie so lange haben sich geübt in Schulen Regiment. Denselben geben wir E. K. F. G. an zu wählen und verschaffen, was E. K. F. G. gefället. Mehr und anders wissen wir diesmal nicht, bis die anderen reif werden. Ich weiß nicht, was dort zu Leipzig oder Erfurt wächst. Wittenberg vermag doch ja nicht aller Welt Pfarrherr geben. Und sie tut für eine Kirche und mehr, denn itzt Rom und Papsttum tun. Sollte anders tun heißen, was der Teufel tut. Hiemit dem lieben Gotte befohlen, Amen. XX. Martii 1545.

E. K. F. G. williger und untertäniger Martinus Luther D.

An Landgraf Philipp von Hessen

[Wittenberg] 21. März 1545

G. u. F. im Herrn! Durchleuchtiger, hochgeborner Furst! Ich schicke hiemit E. F. G. wieder die welsche Freude uber meinem Tode. Es ist ein armer barmherziger Scheißpfaff, der da gerne wollte guet tun und hat doch nichts im Bauche. Mein Büchlein wider das teufelische Papsttum wird bis Dornstag ausgehen, daran wird man sehen, ob ich tot oder lebendig sei. Gott unser lieber Herr sei mit E. F. G. barmherziglich, Amen. Sonnabends nach Lätare. E. F. G. williger Martinus Luther.

Ich will das welsch und deutsch sämptlich lassen drucken. Denn es sonst keiner Antwort wert. Will allein zeugen, daß ichs gelesen habe.

An Kurfürst Johann Friedrich von Sachsen

[Wittenberg] 27. März 1545

G. u. F. im Herrn und mein arm pr. nr., Amen. Durchleuchtigster, hochgeborner Furst, gnädigster Herr! Es hat mir die gute alte Matron Margarethe von Staupitz diesen eingelegten Brief zugeschickt, darin E. K. F. G. vernehmen werden, was ihr als einer verlassen, alten Witwen widerfähret. Nu sie mich denn so hoch ermahnet, durch Doctor Staupitz, welchen ich rühmen muß (wo ich nicht ein verdampter, undankbar päpstlicher Esel sein will), daß er erstlich mein Vater in dieser Lehre gewest ist und in Christo geborn hat. Derhalben ich mich schuldig erkenne, allen denen zu dienen, welchen ers von mir fodern wurde, wo er itzt hie lebete. So ist mein ganz untertänigste Bitte, E. K. F. G. wollten Ihr diese gute Matron lassen befohlen sein umb des Doctor Staupitz und meiner Vorbitt willen. Unfreundlich ists, daß ihr Blutfreunde (wie sie klagt) sollten so mit ihr fahren, so man doch armen Witwen sollte wohl mehr Forderung denn Hinderung tun. E. K. F. G. werden sich wohl wissen gnädiglich zu erzeigen. Hiemit dem lieben Gotte befohlen, Amen. 27. Martii, da unser Herr Christus auferstanden ist, nach der Sonnen Lauf 1545. E. K. F. G. untertäniger Martinus Luther D.

An Herzog Albrecht von Preußen

[Wittenberg] 2. Mai 1545

G. u. F. im Herrn! Durchleuchtiger, hochgeborner, gnädiger Herr! Es hat mich gegenwärtiger Christoph Albert von Kunheim umb diese Schrift an E. F. G. ersucht und ermahnet, wiewohl ich nicht sonderlich zu schreiben hatte. Doch ließ ich mir diese Sache genugsam sein, daß er begehrt E. F. G. von mir befohlen zu sein und mein Zeugnis bringen mocht, zudem, daß ich weiß, E. F. G. meine Schrift wohl kann gnädiger Geduld leiden. Neues wissen [wir] nichts. Einer sagt, der Türke komme, der sagt, er bleibt außen. Aber gewiß ists, daß sich weder Kaiser noch Konig noch Fursten rusten. Der Kaiser hebt an, das Euangelion heftig zu verfolgen im Niederland. Gott wend es, Amen. Der Bischof zu Köln steht noch feste von Gottes Gnaden. So hat Pfalzgraf Friedrich, Kurfurst, das Euangelion angenommen mit seiner Kurfürstin, diese Ostern das Sakrament beider Gestalt offentlich genommen und bekannt. Gott sei Lob und Ehre und stärke sie, Amen. Der Romische Greuel äffet noch immer fort den Kaiser und Reich mit seinem Concilio, welchs er von der Mitfasten bis auf Michaelis verschoben, hat sich auch horen lassen in Ferrara, es sei noch fern dahin. Das ist freilich einmal das wahre Wort, so aus dem Lugenmaul gehet. Denn sie konnen kein Concilium leiden in Ewigkeit. Hiemit dem lieben Gotte befohlen, Amen. Befehl auch E. F. G. diesen Kunheim, denn er ein fein Gesell, sich allhie sehr wohl gehalten. Secunda Maii 1545.

E. F. G. williger Martinus Luther D.

An den Rat zu Halle

[Wittenberg] 7. Mai 1545

Gnade und Friede im Herrn! Ehrbare und vorsichtige, liebe Herrn und gute Freunde! Ich habe mich mit meinem lieben Herrn und Freunde D. Jonas allerlei, sonderlich von Kirchensachen beredt, und von ihme ganz fröhlich vernommen, wie Eure Kirche zu Halle fast zugenommen und wohl stehe im Segen des Heiligen Geistes, daß sich das Volk sehr wohlhält und die Lehrer untereinander ein Herz und einen Mund haben, auch der ganze Rat dem Evangelio geneigt.

Der barmherzige Gott und Vater aller Freuden und Einigkeit wollte solchen seinen gnädigen Segen bei Euch mehren und erhalten und sein angefangen Werk in Euch vollbringen bis auf jenen Tag. Es ist eine große

Gnad und Kleinod, wo eine Stadt einträchtiglich singen kann den Psalm: Ecce, quam bonum et quam iucundum, habitare fratres in unum. Denn ich täglich wohl erfahre leider, wie seltsam solche Gabe in den Städten und auf dem Lande sei. Derhalben ichs nicht hab lassen können, Euch solche meine Freude anzuzeigen und auch zu bitten und zu vermahnen, wie St. Paulus die zu Thessalonich, daß Ihr so fortfahret, und wie sein Wort lautet, ut abundetis magis und immer stärker werdet. Dann wir wissen, daß uns der Satan feind ist und solches Gottes Werk in uns nicht leiden kann, sondern schleicht umbher und sucht, wen er verschlingen möge, wie S. Petrus sagt. Darumb ists wohl not, wacker zu sein und zu beten, daß wir nicht von ihm übereilet werden. Denn uns ist nicht unbewußt, was er im Sinne hat, so hat er bei Euch noch großen Raum, als auf der Moritzburg und zu Aschaffenburg, neben andern, also, daß er auch itzt zwei Nonnen hat eingesegnet oder eingeflucht (Gott wolle die Seelen wieder erlösen, Amen), daran er sich beweiset, was er gerne mehr täte.

Darauf hab ich meinen lieben Herrn Doctor Jonas fleißig gebeten, daß er die Kirche, Rat, Prediger und Schule ja desto fleißiger also beisammenhalte, auf daß Ihr mit ernstem, einträchtigem, starken Gebet und Glauben dem Teufel widerstehen möget, ob er was weiteres fürnehmen würde, als er freilich ohne Unterlaß gedenket, wie ich denn weiß, daß Doctor Jonas solches neben Euch bisher treulich getan hat und fürder tun wird.

Befehle auch hiemit die Prediger, Kirchendiener und Schulen in Eure christliche Liebe, sonderlich Doctor Jonas, welchen Ihr wisset, daß wir ihn ungerne von uns ließen und ich vor mich noch selbst gerne ihn umb mich wissen wollte. Sie seind teuer, solche treue, reine, feine Prediger, das erfahren wir täglich. Gott achtet sie selbst teuer, wie er spricht: wenig sind der Arbeiter, und St. Paulus: Hie findet sichs, wer treu erfunden werde. Daher befiehlet er auch, sie in zwiefältiger Ehren zu haben und zu erkennen, daß sie Gottes große, sonderliche Geschenk seind, damit er die Welt verehret zur ewigen Seligkeit, als Ps. 68 singet: dedit bona hominibus. Nicht viel geringer Gabe ists, da Euch Gott ein solch Herz dazu gegeben hat, daß Ihr sie berufen, lieb und wert habt und im Herren ehret. An vielen Orten werden sie sehr unwert gehalten und verursacht, sich hinwegzuwenden, darzu auch gedrungen, zu fliehen. Darnach sehen sie dann allzu spat, was sie gehabt haben, nach dem Sprüchwort: Ich weiß wohl, was ich hab; ich weiß aber nicht, was ich kriege. Denn ändern ist leichte, bessern aber ist mißlich. Der Vater unsers lieben Herrn Jesu Christi stärke Euch wider alle Bosheit des Satans und behüte Euch vor alle seinen listigen Anlauf, gebe Euch auch einmal zeitlich Gemach und Friede von dem bösen tückischen Fleisch und Blut, Amen, Amen. Datum Donnerstags nach Johannis Latin., Anno 1545.

E.E. williger Martinus Luther D.

An Katharina Luther

[Zeitz] 28. Juli 1545

Meiner freundlichen lieben Hausfrau Katharina Luther von Bora, Predigerin, Brauerin, Gärtnerin und was sie mehr sein kann.

G. u. F.! Liebe Käthe, wie unser Reise ist gangen, wird Dir Hans alles wohl sagen, wiewohl ich noch nicht gewiß bin, ob er bei mir bleiben solle, so werdens doch D. Caspar Cruciger und Ferdinandus wohl sagen. Ernst von Schönfeld hat uns zu Löbnitz schon gehalten, noch viel schoner Heinz Scherl zu Leipzig. Ich wollts gerne so machen, daß ich nicht durft wieder gen Wittenberg kommen. Mein Herz ist erkaltet, daß ich nicht gern mehr da bin, wollt auch, daß Du verkauftest Garten und Hufe, Haus und Hof. So wollt ich m. gn. Herrn das große Haus wieder schenken, und wäre Dein Bestes, daß Du Dich gen Zülsdorf setzest, weil ich noch lebe, und kunnte Dir mit dem Solde wohl helfen, das Gutlin zu bessern. Denn ich hoff, m. gn. Herr soll mir den Sold folgen lassen zum wenigsten ein Jahr meins letzten Lebens. Nach meinem Tode werden Dich die vier Element zu Wittenberg doch nicht wohl leiden. Darumb wäre es besser bei meinem Leben getan, was denn zu tuen sein will. Vielleicht wird Wittenberg, wie sichs anläßt mit seinem Regiment nicht St. Veits Tanz noch St. Johanns Tanz, sondern den Bettlertanz oder Belzebubs Tanz kriegen, wie sie angefangen, die Frauen und Jungfrauen zu bloßen hinten und vorn, und niemand ist, der da strafe oder wehre, und wird Gottes Wort dazu gespottet. Nur weg und aus dieser Sodoma. Ist Lecks Bachscheiße, unser ander Rosina, und Deceptor noch nicht eingesetzt, so hilf, was Du kannst, daß der Bosewicht sich bescheißen musse. Ich hab auf dem Lande mehr gehort, denn ich zu Wittenberg erfahre. Darumb ich der Stadt mude bin und nicht wiederkommen will, da mir Gott zu helfe.

Ubermorgen werde ich gen Merseburg fahren, denn Furst George hat mich sehr drumb lassen bitten, will also umbherschweifen und ehe das Bettelbrot essen, ehe ich mein arm, alte letzte Tage mit dem unordigen Wesen zu Wittenberg martern und verunrugigen will, mit Unlust meiner sauren, teuren Erbeit. Magst solchs (wo Du willt) Doctor Pommer und M. Philipps wissen lassen, und ob D. Pommer wollt hiemit Wittenberg von meinen wegen gesegenen. Denn ich kann des Zorns und Unlusts nicht länger leiden. Hiemit Gott befohlen. Amen. Dienstag, Knoblochstag 1545.

Martinus Luther D.

An die Grafen Philipp und Johann Georg von Mansfeld

Mansfeld, 7. Oktober 1545

Den wohlgebornen Herren, Edlen, Herrn Philipps und Johanns Georgen, Gebrudern, Grafen und Herren zu Mansfeld, meinen gnädigen und lieben Landsherren.

Gnad und Fried im Herren und mein arm Pater noster. Edle, wohlgeborne gnädige Herren. Ich bin, wiewohl alt und schwach, anher gen Mansfeld kommen, um dem täglichen großen Geschrei von der Uneinigkeit unter Euch Herrn und Grafen bewegt. Denn, nachdem ich auch ein Mansfeldisch Kind bin, hab ich solch meines lieben Vaterlands und der Herrschaft Unfall und gefährlichen Zustand nicht konnen ertragen. Dieser Hoffenung, daß ich nicht Richter sein wolle, als ich auch nicht kann noch soll, sondern mit Predigen, Vermahnen und Bitten, soviel mir möglich wäre, E. G. helfen zu vereinigen. Daran das Gedeihen liegt der ganzen Herrschaft, wie E. G. selbs allzu wohl sehen und fuhlen, auch der Stand Eur aller Seligkeit noch viel mehr not ist.

Nu hat der Braunschweigisch Unlust solchs verhindert, daß E. G. nicht haben anheimisch sein konnen und mein Bitten und Vermahnen horen. Aber gleichwohl hab ich nicht gar abgelassen und soviel zubereitet, daß mein g. Herr, Graf Albrecht, sich gnädiglich und willig hat finden lassen und erboten. Desgleichen auch E. G. Mutter und beiderseits Herrschaften, beide, Herren und Fräulin, herzlich bewegt und begierig erfahren habe zur Einigkeit. Demnach, weil ich diesmal nicht habe länger hie verziehen konnen, hab ich diese Schrift an E. G. hinter mir gelassen, mit großer Zuversicht, wie auch E. G. Mutter und Bruder, m. G. Herr, Graf Hans Albrecht, fast wohl getrostet haben, es werde an E. G. auch keinen Mangel haben. Demnach ist mein herzlich Bitte umb Christus willen, auch umb Eur G. selbs und der ganzen Landschaft willen, E. G. wollten sampt m. G. Herrn, Graf Albrecht, alls dazu tun, die Gebrechen fur sich nehmen und schlichten, denn Ihr selbs wäret hierin die besten Mitteler. Und als Nutz oder Not sein wollt, daß ich auch hierin zu gebrauchen sein soll, will ich, sofern mein Leib und Leben reicht, aufs allerwilligst mich erboten haben. Denn so taug doch solcher Unlust in Grund nicht, gar solcher schoner Herrschaft, die von Gott so reichlich begabt ist, nicht allein an Gutern, sondern auch an feinen, vernunftigen, geschickten Personen, als da sind beide, Herrn und Fräulin, und das noch allergroßeste ist, mit dem reinen Gotteswort und rechten Kirchen trefflich gezieret und geehret, daß ich mit großem Schmerzen sehen muß den mutwilligen Teufel sich in dem feinen Paradies Gottes tummeln und drehen. Gott steure ihm, es ist hohe Zeit, Amen.

Zum andern, weil es nu beschlossen ist, daß E. G. das Huttenwerk zu sich selbs genommen, des die Huttemeister, soviel ich hore, wohl zufrieden sind, so ist zu bitten, daß Gott seinen Segen dazu gebe, und E. G. mogen auch selbs wohl beten und beten lassen, daß es wohl gerate. Denn in allerlei Sachen und Händel sind die Änderung fährlich. Leicht ists, etwas ändern, aber bessern ist mißlich, und geschicht das mehrer Mal, wie dem Hunde mit dem Stuck Fleisch im Wasser. Doch weil es ist nicht nach meinem Rat geschehen, ists meinem Gewissen keine Beschwerung.

Allein bitte ich untertäniglich, E. G. wollten diese Zettel der Huttemeister gnädiglich vernehmen. Denn mir ist gesagt, E. G. wollten den Handel dergestalt zu sich nehmen, daß sich die Schulde, so im Handel stecken, von sich schieben und allein den Vorrat zu sich nehmen, damit sie mußten auch ihre Nahrung mit einbrocken und Bettler werden. Und sollen Wort gefallen sein, daß sie sich wohl gereichert hätten am Huttenwerk, darumb sie müßten auch wiedergeben etc.

Gnädige Herren, hiervor behute Gott E. G., denn das wäre unchristlich und unmenschlich. Denn res transit cum onere. Die Schuld ist mit dem Vorrat gemacht und ist herauszuschmelzen. Haben sie etwa ihre Nahrung sonst vom Handel bekommen, das ist ihr verdieneter Lohn, und habens nicht gestohlen noch geraubet, sondern mit offentlichem Bewußt und Willen der Herrschaft gutlich und ehrlich gewonnen. Demnach bitte ich abermal, E. G. wollten sich hierin gnädiglich erzeigen, auch umb E. G. selbs willen, welche mit solchem Furnehmen den Segen Gottes von sich mit Gewalt treiben wurden.

Es haben wohl mein Bruder und Vettern, die Kaufmänner (welche die ärmesten und geringsten im Vermugen sind) begehret, daß man sie noch zwei Jahr lasse schmelzen und die Schulde ablegen. Aber weil ich mich des und anders nicht verstehe, befehle und stelle ichs in E. G. gnädiges Bedenken. Aber fur allen Dingen, daß ja E. G. lasse mit Gnaden davonkommen und ihre gnädige Herrn bleiben, wie sie bitten. Hiemit dem lieben Gotte befohlen, der verleihe E. G. nicht allein den reichen Segen, sondern daß Sie denselben mit Gnaden und wollten noch reichlicher verdienen und erhalten, Amen.

Gegeben zu Mansfeld im Tal, Mittewochen nach Franzisci 1545.

E. G. williges Land Kind Martinus Luther D.

An Justus Jonas

[Wittenberg] 26. Oktober 1545

Dem hochberühmten Mann, Justus Jonas, Doctor der Theologie, dem Bischof der Kirche zu Halle, seinem zu verehrenden Oberen.

Gnade und Friede! Zu anderer Zeit mehr, jetzt nur wenige Worte. Mein lieber Jonas, welch fröhlichen und wunderbaren Sieg hat uns Gott, der unsere Gebete erhört, geschenkt! Oh, laßt uns glauben, laßt uns beten! Der ist wahrhaftig, der uns die Verheißung gibt. Es ist eine unaussprechliche und unglaubliche Sache, die in so kurzer Zeit, so plötzlich entschieden worden ist. Wie traurig sind die, auch viele vom Adel, die sich des Sieges ihres Mezentius so sicher waren! O Gott, bewahre uns diese Freude, ja diesen deinen Ruhm! Über die Sache und die Zeit berichten alle dasselbe wie Du, aber über den Verlauf und die anderen Umstände gibt es verschiedene Gerüchte. Binnen kurzem erwarten wir einen Brief von unserem Hof. Denn der Herr Pontanus schrieb am Mittwoch, an dem der Kampf geführt worden ist, nur, daß die Unsern in Schlachtreihe stehen und voll Eifer sind und daß der Angriff am Dienstag sein würde, was dann [erst] am Mittwochen geschah. Der Ritter Bernhard von Mila berichtet, daß Mezentius mit seinem Sohn, die Herren von Rietberg und von Wrisberg mit weiteren Adligen nach der Zapfenburg bei Kassel in Gewahrsam gebracht worden seien. Die Hakenbuchsen habens getan und den Reisigen Zeug Heinzen auseinandergetrieben. Die Soldaten aber haben sich bald zerstreut. Das Übrige werden wir erfahren. Lebe wohl und danke unserem Gott, er sei gelobt in Ewigkeit, Amen. Montag nach Crispini 1545.

D[ein] Martin Luther D.

An Kurfürst Johann Friedrich von Sachsen

[Wittenberg] 8. November 1545

Dem durchleuchtigsten, hochgebornen Fursten und Herren, Herrn Johanns Friedrich, Herzogen zu Sachsen, des H. Ro. Reichs Erzmarschall und Kurfursten, Landgrafen in Thüringen, Markgrafen zu Meißen und Burggrafen zu Magdeburg, meinem gnädigsten Herrn.

G. u. F. und mein arm pr. nr.! Durchleuchtigster, hochgeborner Furst, gnädigster Herr! Ich habe heute früh von E. K. F. G. das reich Geschenk, nämlich ein halb Fuder Suptitzer, ein halb Fuder Gornberger, vier Eimer Jenaischs Weins, dazu ein Schock Karpfen und drei Zentner Hecht, schone Fisch, [empfangen]. Es ist auf einmal zuviel, wäre gnug an der Stuck einem gewest. Wohlan, ich dank E. K. F. G. aufs untertänigst. Unser Herr Gott wirds E. K. F. G. wieder erstatten. So weiß ich alle die Gnade, so mir E. K. F. G. täglich und so reichlich erzeigen, nicht zu verdienen. Mit meinem armen [Gebet] will ich tun, was ich kann. Hiemit dem lieben Gotte befohlen, Amen. Sonntags nach Leonhardi 1545. E. K. F. G. untertäniger Martinus Luther D.

An Katharina Luther

Halle, 25. Januar 1546

Meiner freundlichen lieben Käthen Lutherin, Bräuerin und Richterin auf dem Saumarkte zu Wittenberg, zu Handen.

G. u. F. im Herrn! Liebe Kätha! Wir sind heute umb acht aus Halle gefahren, aber sind nicht gen Eisleben kommen, sondern umb neune wieder gen Halle eingezogen. Denn es begegnet uns eine große Wiedertäuferin mit Wasserwogen und großen Eisschollen und dräuet uns mit der Wiedertaufe und hat das Land bedeckt. So können wir auch nicht zurücke für der Mulde zu Bitterfeld und müssen allhie zu Halle zwischen den Wassern gefangen liegen, nicht daß uns danach dürstet zu trinken. Wir nehmen dafür gut Torgisch Bier und guten Rheinischen Wein, damit laben und trösten wir uns dieweil, ob die Saale heute wollte auszörnen, denn weil die Leute und Fährmeister selbs kleinmütig waren, haben wir uns nicht wollen ins Wasser geben und Gott versuchen. Denn der Teufel ist uns gram und wohnet im Wasser. Es ist besser verwahret als beklaget, und ohn Not ist, daß wir eine Narrenfreude dem Papst sampt seinen Schupen machen sollten. Ich hätte nicht gemeinet, daß die Saal ein solch Bad machen könnte, daß sie über die Steine weg und alles so rumpeln sollt. Itzt nicht mehr. Betet fur uns und seid fromm. Ich halte, wärest Du hier, so hättest Du uns auch geraten, es so zu tun, damit Du siehest, daß wir auch einmal Deinem Rat folgen. Hiemit Gott befohlen. Amen. An S. Paulus Bekehrungstag, da wir auch uns von der Saale gen Halle kehreten. 1546. Martinus Luther D.

An Fürst Georg von Anhalt

Eisleben, 29. Januar 1546

Dem hochehrwürdigen Vater und Herrn in Christo, Herrn Georg, dem hochwürdigsten Bischof der Kirche zu Merseburg, dem durchlauchtigsten Fürsten von Anhalt, dem edlen Grafen zu Askanien und erlauchten Herrn zu Bernburg, seinem Ehre verdienenden Herrn.

G. u. F. in dem Herrn! Durchlauchtigster Fürst, den an M. Philipp und an mich gerichteten Brief habe ich erhalten. Aber Krankheit hielt M. Philipp zu Hause zurück. Hier bin ich allein mit D. Justus Jonas. Ich erinnere mich recht wohl des gegebenen und noch nicht eingelösten Versprechens, aber mir stehen Wagen und Reiter nicht zur Verfügung. Die Mansfelder Grafen haben mich mit einer stattlichen Reiterschar empfangen und geleitet. Mit diesen muß ich auf dem von den Grafen bestimmten Weg kommen und zurückkehren. Ich werde mir dennoch Mühe geben, im Frühjahr endlich mein Versprechen einzulösen. Ich hoffe, daß dann alles sicherer sein wird. Daher möge Deine Hoheit diesen Hinderungsgrund gutheißen.

Neues habe ich nicht. Denn ich glaube, daß Deine Hoheit gehört haben, daß das Konzil vom Papst eröffnet worden ist (wie sie sagen), das heißt, begonnen hat. Aber die Halbzeit wird mühsam sein und ein Ende überhaupt nicht. Dennoch quälen die römischen Sirenen das Volk so, wie es der Sitte und dem Stil, der Natur und der schon früher eingewurzelten Nichtsnutzigkeit in diesem Babylon entspricht. Der Herr erhebe sich und zerstreue seine Feinde, Amen, Amen, Amen. In ihm, dem ich mich in frommen Gebeten anvertraue, möge es Deiner Hoheit wohlergehen. An den 4. Kalenden des Februar, aus Eisleben 1546.

Deiner Hoheit williger Martin Luther D.

An Katharina Luther

[Eisleben] 1. Februar 1546

Meiner herzlieben Hausfrauen, Katherin Lutherin, Doctorin, Zülsdorferin, Säumarkterin, und was sie mehr sein kann.

G. u. F. in Christo und meine alte, arme Liebe und, wie E. G. weiß, unkräftige zuvorn. Liebe Käthe. Ich bin ja schwach gewesen auf dem Weg hart vor Eisleben, das war meine Schuld. Aber wenn Du wärest dagewest, so hättest Du gesagt, es wäre der Juden oder ihres Gottes Schuld gewest. Denn wir mußten durch ein Dorf hart vor Eisleben, da viel Juden innen wohnen, vielleicht haben sie mich so hart angeblasen. So sind hie in der Stadt Eisleben itzt diese Stund uber funfzig Juden wohnhaftig. Und wahr ists, do ich bei dem Dorf fuhr, ging mir ein solcher kalter Wind hinten zum Wagen ein auf meinen Kopf durchs Barett, als wollt mirs das Hirn zu Eis machen. Solchs mag mir zum Schwindel etwas geholfen haben. Aber itzt bin ich, gottlob, wohl geschickt, ausgenommen, daß die schonen Frauen mich so hart anfechten, daß ich weder Sorge noch Furcht habe für aller Unkeuschheit.

Wenn die Häuptsachen geschlichtet wären, so muß ich mich dran legen, die Juden zu vertreiben. Graf Albrecht ist ihnen feind und hat sie schon preisgeben. Aber niemand tuet ihnen noch ichts. Wills Gott, ich will auf der Kanzel Graf Albrechten helfen und sie auch preisgeben. Ich trinke Naumburgisch Bier, fast des Schmacks, den Du von Mansfeld mir etwa hast gelobet. Es gefället mir wohl, macht mir des Morgens wohl 3 Stühl in dreien Stunden. Deine Sohnchen sind gen Mansfeld gefahren ehegestern, weil sie Hans von Jena so demutiglich gebeten hatte, weiß nicht, was sie da machen, wenns kalt wäre, mochten sie helfen frieren. Nu es warm ist, konnten sie wohl anders tun oder leiden, wie es ihnen gefället. Hiemit Gott befohlen samt allem Hause und gruße alle Tischgesellen. Vigilia purificationis 1546.

M. Luth. Dein altes Liebichen.

An Katharina Luther

[Eisleben] 6. Februar 1546

Der tiefgelehreten Frauen Katherin Lutherin, meiner gnädigen Hausfrauen zu Wittenberg.

Gnad und Fried! Liebe Käthe! Wir sitzen hie und lassen uns martern und wären wohl gern davon, aber es kann noch nicht sein (als mich dünkt) in acht

Tagen. M. Philipps magst Du sagen, daß er seine Postill korrigiere, denn er hat nicht verstanden, warumb der Herr im Evangelio die Reichtumb Dornen nennet. Hie ist die Schule, da man solchs verstehen lernet. Aber mir grauet, daß allwege in der Schrift den Dornen das Feuer gedrauet wird, darumb ich deste großer Geduld habe, ob ich mit Gottes Hulfe mochte etwas Guts ausrichten. Deine Sohnchen sind noch zu Mansfeld. Sonst haben zu fressen und saufen gnug und hätten gute Tage, wenn der verdreußliche Handel tät. Mich dunkt, der Teufel spotte unser, Gott wollt ihn wieder spotten, Amen. Bittet fur uns. Der Bote eilete sehr. An S. Dorotheentag 1546.

Martinus Luther D.

An Katharina Luther

[Eisleben] 7. Februar 1546

Meiner lieben Hausfrauen Katherin Lutherin, Doctorin, Säumarkterin zu Wittenberg, meiner gnädigen Frauen zu Handen und Fußen.

G. u. F. im Herrn! Liese Du, liebe Käthe, den Johannem und den kleinen Katechismum, davon Du zudem mal sagtest: Es ist doch alles in dem Buch von mir gesagt. Denn Du willt sorgen fur Deinen Gott grade, als wäre er nicht allmächtig, der da kunnte zehen Doctor Martinus schaffen, wo der einige alte ersoffe in der Saal oder im Ofenloch oder auf Wolfes Vogelherd. Laß mich zufrieden mit Deiner Sorge. Ich hab einen bessern Sorger, denn Du und alle Engel sind, der liegt in der Krippen und hänget an einer Jungfrauen Zitzen, aber sitzet gleichwohl zur rechten Hand Gottes des allmächtigen Vaters. Darumb sei zufrieden, Amen.

Ich denke, daß die Helle und ganze Welt musse itzt ledig sein von allen Teufeln, die vielleicht alle umb meinen willen hie zu Eisleben zusammenkommen sind, so fest und hart stehet die Sache. So sind auch hie Juden, bei funfzig in einem Hause, wie ich Dir zuvor geschrieben. Itzt sagt man, daß zu Rißdorf, hart vor Eisleben gelegen, daselbs ich krank war im Einfahren, sollen aus- und einreiten und gehen bei vierhundert Juden. Graf Albrecht, der alle Grenze umb Eisleben her hat, der hat die Juden, so auf seinem Eigentum ergriffen, preisgegeben, noch will ihnen niemands nichts tun. Die Gräfin zu Mansfeld, Witwe von Solms, wird geachtet als der Juden Schutzerin. Ich weiß nicht, obs wahr sei. Aber ich hab mich heute lassen horen, wo mans merken wollte, was meine Meinung sei, groblich gnug, wenns sonst helfen sollt. Betet, betet, betet, und helft uns, daß wirs gut machen, denn ich heute im Willen hatte, den Wagen zu schmieren in ira mea. Aber der Jammer, so mir furfiel meines Vaterlandes, hat mich gehalten. Ich bin nu auch ein Jurist worden, aber es wird ihnen nicht gedeihen, es wäre besser, sie ließen mich einen Theologen bleiben, komm ich unter sie. So ich leben soll, ich mocht ein Poltergeist werden, der ihren Stolz durch Gottes Gnade kämmen mochte. Sie stellen sich, als wären sie Gott. Davon mochten sie wohl und billig beizeit abtreten, ehe denn ihre Gottheit zur Teufelheit würde, wie Luziber geschach, der doch im Himmel fur Hoffart nicht bleiben kunnte. Wohlan, Gottes Wille geschehe.

Du sollt M. Philipps diesen Brief lesen lassen, denn ich nicht Zeit hatte, ihm zu schreiben, damit Du Dich trosten kannst, daß ich Dich gern lieb hätte, wenn ich konnte, wie Du weißest, und er gegen seine Frauen vielleicht auch weiß und alles wohl verstehet.

Wir leben hie wohl, und der Rat schenkt mir zu jeglicher Mahlzeit ein halbstubigen Reinfall, der ist sehr gut. Zuweilen trink ichs mit meinen Gesellen, so ist der Landwein hie gut und Naumburgisch Bier sehr gut, ohn daß mich dunkt, es mache mir die Brust voll phlegmate mit seinem Pech. Der Teufel hat uns das Bier in aller Welt mit Pech verderbet, und bei Euch den Wein mit Schwefel. Aber hie ist der Wein rein, ohn was des Lands Art gibt.

Und wisse, daß alle Briefe, die Du geschrieben hast, sind anher kommen, und heute sind die kommen, so Du am nähesten Freitag geschrieben hast mit M. Philipps Briefen, damit Du nicht irrest. Am Sonntag nach Dorothean Tag 1546. Dein Liebichen Martinus Luther D.

An Katharina Luther

[Eisleben] 10. Februar 1546

Der h[eiligen] sorgfältigen Fr[auen], Frauen Kat[herin] Luth[erin], Doctorin, Zülsd[orferin] zu Wit[tenberg], meiner g[nädigen] lieben Hausfrauen.

G. u F. in Christo! Allerheiligeste Frau Doctorin! Wir danken Euch ganz freundlich fur Euer große Sorge, dafur Ihr nicht schlafen kunnt, denn seit der Zeit Ihr fur uns gesorget habt, wollt uns das Feur verzehret haben in unser Herberge, hart fur meiner Stubentur, und gestern, ohn Zweifel aus Kraft Euer Sorge, hätte uns schier ein Stein auf den Kopf gefallen und zuquetscht, wie in einer Mausefalle, denn es in unserm heimlichen Gemache wohl zwen Tage uber unserm Kopf rieselt Kalk und Leimen, bis wir Leute dazu nahmen, die den Stein anruhreten mit zweien Fingern, da fiel er herab, so groß als ein lang Küssen und einer großen Hand breit, der hatte im Sinne Euer heiligen Sorge zu danken, wo die lieben Engel nicht gehutet hätten. Ich sorge, wo Du nicht aufhörest zu sorgen, es mocht uns zuletzt die Erden verschlingen und alle Element verfolgen. Lehrest Du also den Catechismum und Glauben? Bete Du und lasse Gott sorgen, Dir ist nichts befohlen, fur mich oder Dich zu sorgen. Es heißt: Wirf Dein Anliegen auf den Herrn, der sorget fur dich, Ps. 55 und viel mehr Orten.

Wir sind gottlob frisch und gesund, ohn daß uns die Sachen Unlust machen und daß Jonas wollt gern ein bosen Schenkel haben, daß er sich an einem Laden ohn Gefahr gestoßen hat. So gar groß ist der Neid in Leuten, daß er mir nicht will gonnen, allein ein bose Schenkel zu haben. Hiemit Gott befohlen. Wir wollten nu fort, gern los sein und heimfahren, wenns Gott wollt, Amen. Am Tag Scholasticae 1546.

Euer Heiligkeit williger Diener M. L.

An Katharina Luther

Eisleben, 14. Februar 1546

Meiner freundlichen lieben Hausf[rauen], Frauen Katherin Lutherin von Bora zu Wit[tenberg], zu Handen.

G. u. F. im Herrn! Liebe Kät[he]! Wir hoffen, diese Wochen wieder heimzukommen, ob Gott will. Gott hat große Gnade hie erzeigt, denn die Herrn durch ihre Räte fast alles verglichen haben bis auf zwen Artikel oder drei, unter welchen ist, daß die zwen Bruder, G[raf] Gebhart und G[raf] Alb[recht], wiederumb Bruder werden, welchs ich heute soll furnehmen. Ich will sie zu mir zu Gast bitten, daß sie auch miteinander reden, denn sie bis daher stumm gewest und mit Schriften sich hart verbittert haben. Sonst sind die jungen Herrn frohlich, fahren zusammen mit den Narrenglöcklin auf Schlitten und die Fräulin auch und bringen einander Mummenschanz und sind guter Ding, auch G[raf] Gebharts Sohn. Also muß man greifen, daß Gott ist Exauditor precum.

Ich schicke Dir Forellen, so mir die Gräfin Albrechts geschenkt hat, die ist von Herzen froh uber der Einigkeit.

Deine Sohnchen sind noch zu Mansfeld, Jakob Luther will sie wohl versorgen. Wir haben hie zu essen und trinken [vollauf] als die Herrn, und man wartet unser gar schon und allzuschon, daß wir Euer wohl vergessen mochten zu Wit[tenberg]. So ficht mich der Stein, [gottlob], auch nicht an. Aber D. Jonas Bein wäre schier quad worden, so hats Locher gewonnen auf dem

Schienbein. Aber Gott wird auch helfen. Solchs alles magst Du M. Philipps anzeigen, D. Po[mmer] und D. Cruciger.

Hie ist das Geruchte herkommen, daß D. Martinus sei weggefuhrt, wie man zu Leipzig und Magdeburg redet. Solchs erdichten die Naseweisen, Deine Landsleute. Etliche sagen, der Kaiser sei 30 Meil Wegs von hinnen bei Soest in Westfalen, etliche, daß der Franzose Knechte annehme, der Landgraf auch. Aber laß sagen und singen, wir wollen warten, was Gott tun wird. Hiemit Gott befohlen, Amen. Zu Eisleben, am Sonntag Valentini 1546. M. Luther D.

An Philipp Melanchthon

[Eisleben] 14. Februar 1546

Philipp Melanchthon, seinem hochwürdigen Bruder in Christo.

Gnad und Friede! Heute habe ich den mir sehr willkommenen Brief des Fürsten erhalten, der mich nach Hause ruft, mein lieber Philipp, und ich beschleunige meine Abreise. Mit diesen Dingen bin ich mehr als gesättigt. Dennoch sorge bitte dafür, daß mir wenigstens ein Bote entgegenkommt, wenn ich unterwegs sein werde. Er soll ein wenig von dem Ätzmittel mitbringen, das meinen Schenkel offenzuhalten pflegt. Denn die Wunde, die in Wittenberg geöffnet worden ist, ist fast ganz zugeheilt. Du weißt, wie gefährlich das ist. Und hier hat man nichts an derartigem Ätzmittel. Meine Käthe weiß, an welcher Stelle in meinem Stübchen dieses so nötige Mittel liegt.

Papst Paul III. ist am 3. Januar gestorben und begraben worden. Das wird als sicher hierher geschrieben, und es wird wahr sein. Der Bischof von Köln rief in einem Brief Graf Albrecht zu einer Zusammenkunft der Grafen nach Nordhausen zum 1. März, um dort mit ihnen über Dinge zu verhandeln, welche die Grafen betreffen. Denn er meint, daß die Grafen durch N. aus dem Kölner Bistum ausgeschlossen werden. Das weitere nach Gottes Willen in Kürze mündlich. Denn ich will mich hier losreißen. Lebe wohl im Herrn. 14. Februar 1546. D[ein] Martin Luther.

ANHANG

Zu dieser Ausgabe

Die umfangreiche Korrespondenz Martin Luthers ermöglicht in ihrer thematischen Vielfalt, ihrer inhaltlichen Dichte und sprachlichen Ausdrucksstärke einen unmittelbaren Zugang zur Persönlichkeit des Reformators, und gleichzeitig gewährt sie als Dokument der Reformationsgeschichte vertiefende und weiterführende Einblicke in den Charakter und den Verlauf des von der Reformation Luthers entscheidend geprägten historischen Prozesses. Sprachbarrieren, in erster Linie durch die zahlreichen in Latein abgefaßten Schreiben, vor allem jedoch das Fehlen von Briefausgaben neueren Datums sind einige Gründe dafür, daß Luthers Briefe im allgemeinen Geschichtsbewußtsein unserer Zeit noch längst nicht die gebührende Wertschätzung erfahren. Diesem Mangel abzuhelfen versteht sich die vorliegende Ausgabe als einen ersten Ansatz. Sie verfolgt das Ziel, in den ihr vom Umfang her gesetzten Grenzen ein möglichst vielseitiges Bild von der Persönlichkeit Luthers zu vermitteln, das den Reichtum menschlicher Beziehungen, der sich im brieflich geführten Gespräch offenbart, ebenso dokumentiert wie das in den Schreiben Luthers zutage tretende Wechselspiel unterschiedlicher revolutionärer und oppositioneller Strömungen der Zeit. Außer Briefen, die wichtige biographische Fakten und Stationen des beruflichen Werdegangs widerspiegeln, wurden auch solche Zeugnisse aufgenommen, die zur Entwicklung seiner neuen Lehre und ihrer praktischen Umsetzung oder zur Entstehung wichtiger Schriften Luthers Stellung nehmen. Schreiben, die Aussagen zu den die Reformation prägenden Auseinandersetzungen mit Freunden oder Gegnern enthalten, stehen neben einer ganzen Reihe brieflicher Äußerungen, die an bekannte oder weniger bekannte Adressaten aus den unterschiedlichsten Ständen gerichtet sind, denen sich Luther als tröstender Seelsorger, Ratgeber oder auch als Anwalt ihrer ganz materiellen Nöte zuwendet. Sichtbar wird auch die Rolle Wittenbergs als Zentrum der reformatorischen Bewegung, von dem aus in alle Richtungen des deutschen Reiches und in Einzelfällen auch über diesen Raum hinaus Verbindungen geknüpft wurden, und deutlich wird ebenfalls – dies vor allem in den Schreiben an seine Landesherren Friedrich den Weisen, Johann den Beständigen und Johann Friedrich den Großmütigen – Luthers Selbstverständnis als Theologe und kurfürstlicher Untertan, aber auch sein Selbstbewußtsein als Reformator. Andererseits offenbart sich in seinen Meinungsäußerungen zu außen-, innen- und kirchenpolitischen Ereignissen, daß er in dem vorhandenen Spannungsfeld zwischen theologischem und politischem Handeln auf subjektive wie objektive Grenzen stoßen mußte.

Das Bemühen um die Vielfalt von Themen, Adressaten und eine möglichst umfassende Darstellung von Zeit- und Sachbezügen, das den unterschiedlichen Leseinteressen entgegenzukommen versucht, mußte mit der Notwendigkeit in Einklang gebracht werden, die gesamte Wirkenszeit Luthers einigermaßen ausgewogen zu belegen. Das hieß insbesondere, auch im Vergleich zu älteren Briefauswahlbänden, die späteren Lebensjahre Luthers gebührend zu berücksichtigen, um ein möglichst geschlossenes Bild bieten zu können. Das machte aber auch, gemessen am Gesamtbestand der überlieferten Korrespondenz, hinsichtlich der Briefempfänger eine gewisse Verschiebung der Proportionen unvermeidlich.

Von den ungefähr 2850 erhaltenen Briefen Luthers konnten für den vorliegenden Band 288 Briefe, also ziemlich genau der zehnte Teil, ausgewählt werden. Zur Charakterisierung der Person Luthers unentbehrlich und gewiß von allgemeinem Interesse sind seine Briefe an die nächsten Angehörigen, besonders die einundzwanzig Briefe an seine Ehefrau Katharina; sie wurden deshalb vollständig aufgenommen. Während vergleichsweise viele Briefe an Personen aus dem Bereich des staatlichen Lebens und der politischen Verantwortung Aufnahme fanden, mußten die im Verhältnis dazu weitaus zahlreicheren Schreiben an theologische Partner oder Mitarbeiter oft unberücksichtigt bleiben, einmal aus den schon erwähnten sachlichen Gründen, zum anderen aber auch, weil diese Briefe, die überwiegend Aussagen zu theologischen Problemen enthalten, oft nur in Verbindung mit den Schriften und Predigten Luthers verständlich wären.

Textgrundlage dieser chronologisch aufgebauten Auswahl ist die ›Weimarer Lutherausgabe. Kritische Gesamtausgabe. Briefwechsel, 16 Bde, Weimar 1930 ff. (WABr)‹. Eine Ausnahme bildet der Brief vom 21. August 1524 an die Stadt Mühlhausen, der dem 15. Band der Abteilung Schriften in der Weimarer Ausgabe (WA, Bd. 1 ff., Weimar 1883 ff.) entnommen wurde. Während die lateinischen Briefe in deutscher Übersetzung wiedergegeben werden, beschränkt sich die Modernisierung der frühneuhochdeutschen Texte auf Rechtschreibung und Zeichensetzung; Laut- und Formenstand der Zeit blieben gewahrt. Für die Schreibung der Namen von Personen und Orten, die heute geltenden Regeln folgt, diente das Register in WABr 15 als Richtschnur. Ergänzungen des Herausgebers sind durch eckige Klammern gekennzeichnet. Für die in den Texten erwähnten Schriften Luthers oder beim Hinweis auf Briefe, die in dieser Auswahl nicht enthalten sind, verweisen die *Anmerkungen* auf die WA oder die WABr. Am Beginn des *Personenregisters* werden die wichtigsten vor allem bei der Anrede von Personen verwendeten Abkürzungen aufgelöst. Die Namen der in den Briefen nur indirekt erwähnten Personen tauchen zunächst im Anmerkungsteil auf. Angaben und Erläuterungen zu den Personen gibt dagegen nur das Personenregister. Heute nicht mehr verwendete oder in ihrer Bedeutung gewandelte Wörter werden in den *Worterklärungen* übersetzt. Um einen raschen Überblick über die in diese Auswahl aufgenommenen Briefe zu ermöglichen, gibt das *Verzeichnis der Briefe* nach dem Namen des Empfängers Band und Briefnummer nach WABr an.

7 *Braun:* Der Brief an ihn ist der mit Sicherheit erste uns erhaltene Brief Luthers. Vom Humanismus beeinflußt, hatte Johann Braun in Eisenach einen Kreis von Schülern um sich gesammelt, zu denen auch Luther gehörte. – *Erstlingsgaben:* Luthers erste Messe. Da dieser auf die Anwesenheit seines Vaters Wert legte, bestimmte der Konvent des Augustinerklosters erst nachdem feststand, daß Hans Luther aus Mansfeld nach Erfurt kommen konnte, den 2. Mai (Kantate) als Tag für die Primiz.

8 *Konrad:* Konrad Hutter. – *Schalbeschen Kollegium:* vermutlich ein Kreis von Männern vor allem aus der Familie Schalbe, die das Patronat über das Franziskanerkloster unterhalb der Wartburg ausübten. Luther wohnte in Eisenach bei Heinrich Schalbe.

9 *Prior:* Andreas Lohr. – *Pater Vicarius:* Johann von Staupitz. – *Pater Prior:* Wenzeslaus Link.

10 *Eisenacher:* Jodokus Trutfetter. Gemeint sind seine ›Summulae totius logicae, quod opus maius appellitare libuit...‹, Erfurt 1501. – *Pater Vicarius:* Johann von Staupitz.

11 *Du, Herr Jesus, ... Sünde:* Vgl. 2. Kor. 5, 21.

12 *Nehmt ... angenommen hat:* Röm. 15, 7. – *Empfindet ... entäußert:* Vgl. Phil. 2, 5–7. – *Pfund ... vergraben:* Vgl. Matth. 25, 18. – *Mitknechten ... schuldet:* Vgl. Matth. 18, 28. – *eine Rose ... wandelst:* Vgl. Hohelied Salomos 2, 2.

13 *meiner Reise:* Luthers Visitationsreise als Distriktsvikar des Augustinerordens. – *Corydon:* Bauer in Vergils ›Bucolica‹ 2, 56. – *Gänsen zu schnattern:* Vergil, ›Bucolica‹ 9, 36.

14 *›De viris illustribus‹:* In dieser 392 entstandenen ältesten christlichen Literaturgeschichte stellte Hieronymus, be-

ginnend mit Petrus bis zu seinen eigenen Schriften, Leben und Werk von 135 Schriftstellern dar. – *predigen:* Vgl. Luthers Predigt zu diesem Anlaß in: WA 1, 79–81. – ›*Catalogus*‹: der von Petrus de Natalibus verfaßte ›Catalogus sanctorum et gestarum eorum...‹ (Erstausgabe 1493), eine 1369–1372 entstandene Sammlung von Heiligenlegenden. – ›*Legenda aurea*‹: Legendensammlung des Dominikaners Jacobus de Voragine, populäres christliches Erbauungsbuch des Mittelalters. – *Ausgabe des Erasmus:* Dessen neunbändige Hieronymus-Ausgabe erschien im Sommer 1516 in Basel. – *die Gerechtigkeit ... eigenen Gerechtigkeit:* Vgl. Röm. 10, 3.

15 *Pelagianer:* Anhänger des aus Britannien oder Irland stammenden Mönchs Pelagius, die sowohl die Erbsünde als auch die Notwendigkeit der Gnade Christi für das Vermeiden von Sünden und die Übung der zum Heile führenden Tugenden ablehnten. – ›*De spiritu et littera*‹... ›*Contra Iulianum*‹: Mit ›De spiritu...‹ (Geist und Buchstabe) und ›De peccatorum...‹ (Von der Sünden Lohn und Vergebung) eröffnete Augustin 412 die Auseinandersetzung mit den Pelagianern, 421 folgte ›Contra duas...‹ (Gegen die beiden Briefe der Pelagianer). Gegen einen ihrer Wortführer, den Bischof Julianus, richtete sich ›Contra Iulianum‹ (422). – *Denn ... handeln:* Vgl. Aristoteles, Nikomachische Ethik II, 1–7. – *Abel:* Vgl. 1. Mos. 4, 4.

16 *Pater Vicarius:* Johann von Staupitz. – *Psalmen:* ›Die sieben Bußpsalmen mit deutscher Auslegung‹, 1517. WA 1, 154–220.

17 *lese ich unseren Erasmus:* vermutlich die 1516 erschienene Hieronymus-Ausgabe. – *Lesemeister:* Georg Leyser.

18 *Ablaßprediger:* Luthers Kritik richtete sich im besonderen gegen die Predigtweise des für die Kirchenprovinz Sachsen als Generalsubkommissar eingesetzten Dominikanermönchs Johannes Tetzel und seine Begleiter, die u. a. auch im naheliegenden Jüterbog den Jubelablaß anpriesen. – *So glauben ... erwerben würden:* Vgl. These 32 der 95 Thesen, WA 1, 234. – *die Seelen ... Kasten gelegt:* Vgl. These 27, WA 1, 234. – *diese Gnadenwirkungen ... geschändet hätte:* Vgl.

These 71, WA 1, 236. – *den Menschen … befreiten:* Vgl. These 21, WA 1, 234.

19 *es entsteht … ablegen zu müssen:* Vgl. These 80, WA 1, 237. – *Der Apostel … zu arbeiten:* Phil. 2, 12. – *der Gerechte … gerettet werden:* 1. Petr. 4, 18. – *Der Weg … eng:* Matth. 7, 14. – *er hebt … auferlegt wurde:* Vgl. These 5, WA 1, 233. – *die Werke … der Ablaß:* Vgl. These 43, WA 1, 235. – *Ihr seihet … Kamele:* Matth. 23, 24. – *Instruktion:* ›Instructio summaria pro sub(com)missarijs: penitentiarijs (et) confessoribus…‹; sie trug das erzbischöfliche Wappen auf dem Titel.

20 *Seelen- oder Beichtbriefe:* Die Käufer erhielten das Recht, einen Beichtvater frei zu wählen, der sie u. a. auch in sonst dem Papst vorbehaltenen Fällen lossprechen konnte. – *Streitsätze:* ›Disputatio pro declaratione virtutis indulgentiarum‹, die 95 Thesen zum Ablaßwesen, WA 1, 229–238.

21 *Hirsfelder:* Bernhard von Hirschfeld. – *Prior:* Johann Lang. – *Beichtvater:* Jakob Vogt. – *Schätzung:* neue Steuer, Getränkezehnt.

23 *Sie werden … sein:* Joh. 6, 45.

24 ›*De spiritu … Pelagianorum*‹: Vgl. Anm. zu S. 15 ›*De spiritu et littera*‹ … ›*Contra Iulianum*‹. – ›*De vocatione*…‹ (Von der Berufung aller Völker): um 450 entstandene anonyme Schrift. – ›*Apologia*…‹: Sie erschien 1517 in Löwen als Antwort auf den Kommentar des Faber Stapulensis zu den Paulusbriefen (›Commentarii in Pauli epistolas‹, ^{2}1515), in denen er sich besonders um die Auslegung von Hebr. 2, 7 bemüht hatte. – *Eleutherius:* griech., frei, Befreiter. Luther verwendet diese Bezeichnung als Ausdruck eines neuen Verständnisses von sich selbst und seiner Aufgabe nach dem 31. Oktober 1517 bis zum Sommer 1518 bei Briefunterschriften an einige seiner Freunde. – *Thesen:* die 95 Thesen zum Ablaßwesen. Vgl. Anm. zu S. 20 *Streitsätze.*

25 ›*Resolutiones*‹: ›Resolutiones disputationum de indulgentiarum virtute‹, 1518; WA 1, 522–628; ausführliche Erläuterungen zu den 95 Thesen. – *Bischof von Brandenburg:* Hieronymus Scultetus.

26 *Büchlein von der Liebe:* Johann von Staupitz, ›Ein seligs neues Jahr. Von der Liebe Gottes‹, Leipzig 1518. – *Wir wollen ... zeige:* Röm. 3, 8. – *Theologie Taulers und seines Buches:* Im Herbst 1516 erwähnte Luther zum ersten Mal in einem Brief sein Interesse für Tauler, von dem er später bekannte, daß er durch ihn viel über Gott, Christus und den Menschen gelernt habe. 1518 gab Luther die Tauler irrtümlich zugeschriebene ›Deutsche Theologie‹ vollständig heraus. – *Christian:* Christian Döring. – *Nicht weil ... erbarmt:* Röm. 9, 16.

27 *Prüft ... behaltet:* 1. Thess. 5, 21.

28 *Unser Fürst:* Friedrich III. – *Kaiserliche Majestät:* Maximilian I. – *Papst:* Leo X. – *lernäischen See:* im Peloponnes; Herkules tötete dort die vielköpfige lernäische Schlange. – *Gott ... schaffen:* Vgl. 1. Kor. 10, 13. – *Dialog ... antworte ich:* ›Ad dialogum Silvestri Prieriatis de potestate papae responsio‹ (Antwort auf den die Machtfülle des Papstes betreffenden Dialog des Silvester Prierias), 1518; WA 1, 644–686.

29 *Herostratus:* Um berühmt zu werden, steckte er den Tempel der Diana in Ephesus in Brand. – *Finsternis Ägyptens:* Vgl. 2. Mose 10, 21–23. – *Ich will ... herrschen:* Jes. 3, 4.

30 *Bruder:* Leonhard Beyer. – *Kardinal:* Cajetan. – *Appellation:* ›Appellatio M. Lutheri a Caietano ad Papam‹, 1518; WA 2, 27–33. – *weitere Appellation:* ›Appellatio F. M. Luther ad concilium‹, 1518; WA 2, 34–40. – *Pariser:* Die Pariser Universität lehnte das zwischen Papst Leo X. und König Franz I. 1516 abgeschlossene Konkordat über die Besetzung geistlicher Stellen ab und appellierte 1518 an ein künftiges Konzil. Luther beabsichtigte, sich mit seiner Appellation hier anzuschließen.

31 *Meine Antworten ... zur Veröffentlichung:* Ursprünglich beabsichtigte Luther, seine Appellation an den Papst zusammen mit einer Darstellung des Verhörs in Augsburg zu veröffentlichen, doch es kam lediglich zu einer von ihm nicht gebilligten Baseler Ausgabe (1518). – *Breve:* Schreiben Leos X. vom 23. August 1518, in dem er ein Verhör Luthers durch Cajetan fordert. Falls Luther nicht widerriefe,

sollte er bis auf weiteren Befehl aus Rom in Haft genommen werden. – *Pater Licentiatus:* Johann Frosch.

32 *Acta:* ›Acta Fratris M. Lutheri Augustiniani apud Legatum Apostolicum Augustae‹, 1518; WA 2, 1–26. Die ›Acta Augustana‹ enthält einen zusammenfassenden Bericht über Luthers Verhör durch Kardinal Cajetan. – *jener Doctor:* Johann Rühel. – *Prior aus Eisleben:* Kaspar Güttel. – *künftiges Konzil:* Vgl. Anm. zu S. 30 *weitere Appellation.* – *lernäischen Schlangen:* Vgl. Anm. zu. S. 28 *lernäischen See.*

33 *den Mund ... geredet haben:* Vgl. Ps. 63, 12. – *Behemoth:* Vgl. Hiob 40, 15.

34 *Rette mich ... weniger geworden:* Ps. 12, 2.

35 *lästerliche Prediget:* Tetzels Ablaßpredigt. – *Zettel:* Ende Februar 1519 erschien Luthers ›Unterricht auf etliche Artikel, die ihm von seinen Abgönnern aufgelegt und zugemessen werden‹; WA 2, 66–73. – *Erzbischof zu Salzburg:* wahrscheinlich Matthäus Lang.

36 *Herr Carol:* Karl von Miltitz. – *Disputation zu Leipzig:* Sie fand vom 27. 6. bis zum 15. 7. 1519 statt. Luther leugnete den Primat des Papstes und die Unfehlbarkeit allgemeiner Konzilien.

38 ›*Enchiridion*‹: ›Enchiridion militis Christiani‹ (Handbüchlein des christlichen Streiters); Luther bezieht sich auf die Neuausgabe (Herbst 1518) dieses Buches, das Erasmus als Anleitung zu wahrhaft christlichem Leben verstanden wissen wollte. – *allen alles ... zu tun:* Vgl. 1. Kor. 9, 22.

39 *Einmal mußt ... werden:* Vgl. 1. Kor. 9, 22. – *Psalter:* ›Operationes in psalmos‹ (Auslegung der Psalmen). Die Psalmen 1–5 erschienen 1519 mit Widmung an Kurfürst Friedrich. – *Apostel:* Luthers 1519 entstandener Kommentar zum Galaterbrief des Apostels Paulus, ›In epistolam Pauli ad Galatas M. Lutheri commentarius‹; WA 2, 436–618.

40 *Licentiat der Theologie:* Johann Herholt.

41 *Bruder Georg:* Georg Hoch. – *Verteidigungsschrift:* Falls die Erfurter sich für Eck entschieden hätten, plante Luther, sich in einer deutschen und einer lateinischen Schrift zur Leipziger Disputation zu verteidigen. – *Emser hat ... hervorgebracht:* Luther spielt auf Emsers ›A venatione Luteriana

Aegocerotis assertio‹ (Behauptung aus der Lutherischen Jagd auf den Steinbock) an. Emsers Wappen enthielt einen Bock. – *Rubeus:* Er verfaßte u. a. ›Ein neu Buchlein von d(er) lobliche(n) Disputation...‹, Leipzig 1519.

42 *Sermones:* vermutlich ›Ein Sermon von der Bereitung zum Sterben‹, 1519; WA 2, 680–697. – *von Leipzig oder Merseburg:* Die Leipziger Universität hatte gegen Luther Stellung bezogen; in Merseburg war Adolf von Anhalt, ein Gegner Luthers, Bischof.

43 *Witwe:* Walpurga Landmann in Wittenberg; sie erhielt Luthers Unterstützung in ihrem Rechtsstreit mit dem Allerheiligenstift. – ›*Modus inquirendorum*...‹: eine gegen Silvester Prierias und Jakob von Hochstraten gerichtete Satire in der Art der ›Dunkelmännerbriefe‹ (1515/17). – ›*Schutzrede*‹: eine von Lazarus Spengler verfaßte Schrift zur Verteidigung Luthers. – *deutsche Schrift:* ›Verklärung [Erklärung] D. M. Luthers etlicher Artikel in seinem Sermon von dem heiligen Sakrament‹, 1520; WA 6, 154–169. – *meine Herkunft:* Anspielung auf Gerüchte, daß Luther böhmischer Herkunft sei und daher hussitisches Gedankengut verbreite.

44 *Unterweisung:* Vermutlich ›Eine kurze Unterweisung, wie man beichten soll‹ (WA 2, 57–65), die Luther 1519 auf Spalatins Wunsch abgefaßt hatte und die er 1520 zur ›Confitendi ratio‹ (Anweisung zum Beichten) umarbeitete; WA 6, 154–169. – *Meßpriester:* möglicherweise Jakob Gropp. – *Schossers* (Steuereinnehmer): Matthes Wolff. – ›*Canonici indocti*‹ (Ungelehrte Domherren): eine von Oekolampad verfaßte Streitschrift. – *Wenzeslaus:* Wenzeslaus Link. – *deutsche Verteidigungsschrift:* vermutlich die Schrift Spenglers. Vgl. Anm. zu S. 43 ›*Schutzrede*‹.

45 *Mänade:* Mänaden, griech., Rasende; Dienerinnen des Gottes Dionysos (lat. Bacchus). – *Buch:* Ecks ›Contra Martini Luder obtusum propugnatorem Andream Rodolphi Bodenstein Carlstadium...‹, Ingolstadt 1519 (Gegen den stumpf gewordenen Verteidiger M. Luthers A. R. Bodenstein aus Karlstadt). – ἄγεται ... σοφιστῶν: griech., er wird getrieben und fortgerissen von den Sophisten. – *Antwort*

auf das Meißner Verbot: Bischof Johann VII. hatte am 24. Januar 1520 befohlen, Luthers ›Sermon von dem hochwürdigen Sakrament...‹, 1519 (WA 2, 738–758), einzuziehen. Wie Herzog Georg befürchtete er, die in dieser Schrift enthaltene Befürwortung des Laienkelches könnte im hussitischen Sinne wirken. Luther reagierte darauf mit seiner ›Antwort auf die Zettel, so unter des Officials zu Stolpen Siegel ausgegangen‹, 1520; WA 6, 135–141.

46 *Sentenzen:* Die vier Bücher Melanchthons zu den Sentenzen des Petrus Lombardus sind eine systematisch angelegte Zusammenfassung des theologischen Wissens seiner Zeit. – *Stolpener:* Johann VII., zu dessen Stiftsgebiet Stolpen gehörte, und seine Anhänger. Vgl. Anm. zu S. 45 *Antwort auf das Meißner Verbot.* – *Briefe:* Am 4. Februar 1520 richtete Luther Briefe, deren Reinschrift von Johann Schwertfeger angefertigt wurde, an Kardinal Albrecht von Mainz und Bischof Adolf von Merseburg. – *Nürnberger:* wahrscheinlich die Schrift Spenglers; vgl. Anm. zu S. 43 ›*Schutzrede*‹. – ›*Canonici indocti*‹*:* Vgl. Anm. zu S. 44 ›*Canonici indocti*‹. – *Doctor aus Calbe:* Gregor Kopp. – *Wolfgang:* Wolfgang Stählin.

47 *Schenkung Konstantins:* Für seine Heilung vom Aussatz soll Kaiser Konstantin Papst Silvester angeblich Rom, Italien und die westlichen Provinzen des Römischen Reiches zum Geschenk gemacht haben. Zu dieser Fälschung kam es wahrscheinlich im 9. Jahrhundert, um das päpstliche Vormachtstreben zu untermauern. Die entsprechende Urkunde wurde in die mittelalterliche kirchliche Dekretalensammlung aufgenommen. – *Dekretalen:* päpstliche Gesetze und Entscheidungen; Teil des Corpus Iuris Canonici, einer Zusammenstellung von Kirchenrechtssammlungen des Mittelalters. – *Antiochus zu Herodes:* nicht zu ermitteln.

48 ›*Confitendi ratio*‹*:* Vgl. Anm. zu. S. 44 *Unterweisung.* – ›*Sermon von den guten Werken*‹*:* 1520 erschienen; WA 6, 196–276. – *seinem Sohn:* Johann Friedrich. – *seiner Gemahlin:* Margarethe von Anhalt. – *Antwort:* Die im Herbst 1518 bei Froben in Basel erschienene Auswahl von Lutherschriften veranlaßte die Löwener Theologen, eine Liste von Irr-

tümern aufzustellen und sie der Kölner Theologischen Fakultät zur Prüfung zu übersenden. Am 30.8.1519 verurteilten die Kölner eine Reihe von Aussagen Luthers; die feierliche Verdammung durch die Löwener erfolgte am 7.11.1519. Die entsprechenden Dokumente, die ersten offiziellen dieser Art, veröffentlichte Luther zusammen mit einem abfälligen Kommentar am 26.3.1520 unter dem Titel ›Condemnatio doctrinalis librorum M. Lutheri per... Lovanienses et Colonienses facta... Responsio Lutheriana ad eandem damnationem‹; WA 6, 170–195. – *Pfarrer zu Lochau:* Jakob Gropp.

49 *Honorius Imperator:* römische Münze. – *Bischof:* Johann V. Turzo. – *Sermon:* ›Ein Sermon von dem Neuen Testament, das ist von der heiligen Messe‹, 1520; WA 6, 349–378.

50 *Lonicer:* Er beendete seine Schrift ›Contra Romanistam Fratrem Augustinam Alvelden...‹, die er in Luthers Auftrag verfaßt hatte. – *Büchlein des Feldkirch:* Johann Bernhardis 1520 anonym erschienene ›Confutatio ... libelli F. Augustini Alveld...‹, in der er Luther gegen Angriffe des Leipziger Franziskaners Alveld verteidigt. – *deutsche Schrift:* ›Von dem Papsttum zu Rom wider den hochberühmten Romanisten zu Leipzig‹; 1520, WA 6, 277 bis 324.

52 *Büchlein:* ›An den christlichen Adel deutscher Nation von des christlichen Standes Besserung‹, 1520; WA 6, 381 bis 469. – *Vorbild des Elia:* Vgl. Luk. 1, 17. Luther sah sich in der Rolle des Elia und Melanchthon in der des Elisa. Vgl. 1. Kön. 19, 19–21. – *Israel ... verwirren:* Vgl. 1. Kön. 18, 17f. – *Menschen der Sünde ... gedeihen:* Vgl. 2. Thess. 2, 3.

53 *römische Bulle:* die Bannandrohungsbulle ›Exurge Domine‹, mit der Leo X. am 15. Juni 1520 41 Lehrsätze Luthers verurteilte.

54 *Vertraut nicht ... Rettung:* Ps. 146, 3. – *Lichtenburg:* das Antoniterhaus in Lichtenburg (Prettin, Kr. Jessen). – *Präzeptors:* Wolfgang Reißenbusch, der bemüht war, sich aus den Verhandlungen zwischen Luther und Miltitz herauszuhalten. – *Appellation:* Am 17. November 1520 erneuerte Luther seine Appellation von 1518. Vgl. Anm.

zu S. 30 *Appellation.* – *Bischofs zu Merseburg:* Adolf von Anhalt.

55 *Dekret ... Extravaganten:* Diese Schriften bilden das Corpus Iuris Canonici. Vgl. Anm. zu S. 47 *Dekretalen.* – *jüngste Bulle:* Vgl. Anm. zu S. 53 *römische Bulle.* – *Summa Angelica:* ›Summa de casibus conscientiae‹ des Angelus Carletus aus Chiavasso, zeitgenössisches Nachschlagewerk für die Verwaltung des Bußsakramentes. – *Chrysopassus:* 1514 von Eck veröffentlichtes Werk über die Prädestinationslehre. – *Eilenburger Prediger:* Georg Kunzelt.

56 *an den Boten aufgerieben:* Luther vermutete, daß die Boten die Briefe ungeschickt verwahrt hatten. – ›*Assertio ... Übersetzung:* ›Grund und Ursach aller Artikel D. M. Luthers, so durch römische Bulle unrechtlich verdammt sind‹, 1521; WA 7, 299–457. – *Der Herr ... Rat:* Vgl. Jes. 9, 5. – *Durch das Wort ... überwunden:* Vgl. 1. Joh. 5, 4. – *Antichrist ... zerrieben werden:* Vgl. Dan. 8, 25. – *Karls:* Karl V. – *Markgrafen zu Brandenburg:* Joachim I.

57 *Prior:* Konrad Helt. – *jüngere Fürst:* Johann Friedrich. – *Auslegungen:* ›Enarrationes epistolarum et evangeliorum quas postillas vocant‹, 1521; WA 7, 458–537; lateinische Predigten zu den Texten der Adventssonntage. – *Römischer Kaiserlicher ... Majestät:* Karl V.

58 *Erbieten ... im Druck:* Ende August 1520 verfaßter Brief Luthers an Karl V., in dem er seine Unschuld beteuert, seine Bereitschaft zum Frieden erklärt und um kaiserlichen Schutz bittet. WA 6, 474–483.

59 ›*Assertio*‹: Vgl. Anm. zu S. 56 ›*Assertio ... Übersetzung.*‹ – *Emser ... Gift:* ›Wider das unchristliche Buch Martin Luthers, Augustiners, an den teutschen Adel ausgangen, Vorlegung...‹, 1521. – *antworten:* ›Auf das überchristlich, übergeistlich und überkünstlich Buch Bock Emsers zu Leipzig Antwort...‹, 1521; WA 7, 614–688. – *Psalter in Basel:* Luther konnte den Nachdruck der ›Operationes in Psalmos‹, der mit den Psalmen 1–13 im März 1521 erschien, nicht verhindern.

60 *Bischof zu Merseburg:* Adolf von Anhalt. – *alten Schossers:* Anton Niemeck. – ›*Unterricht der Beichtkinder*‹: ›Unterricht

der Beichtkinder über die verbotenen Bücher‹, 1521; WA 7, 284–298. Ratschläge für die sich in Gewissensnot befindenden Leser der seit 1520 verbotenen Lutherschriften. – *Buch Emsers:* Vgl Anm. zu S. 59 *Emser ... Gift.*

61 *Hieronymus:* Hieronymus Rudelauf.

62 ›*Magnifikat*‹: den Lobgesang der Maria, Luk. 1, 46–55, auslegendes Erbauungsbüchlein, 1521; WA 7, 538–604. – *Mandat:* kaiserliches Mandat vom 10. März 1521, das die Auslieferung aller Lutherschriften an die Obrigkeit verlangte, weil diese von der päpstlichen Bulle verdammt worden waren. – *Bruder:* möglicherweise Georg Cuspinian.

63 *lieben Weib:* Barbara Cranach. – *Juden ... singen:* Anspielung auf das ›Kreuzige ihn‹ der Juden gegenüber Pilatus, Mark. 15, 13. Nach Luthers Meinung werden auch sie sich bekehren und über Jesu Auferstehung jubeln. – *Ein wenig... ihr mich:* Joh. 16, 16. – *Christian und sein Weib:* Christian und Barbara Döring. – *Feldkirch:* Johann Dölsch.

64 *Warum willst ... haben:* Ps. 89, 48. – *daß ich mich ... Volkes beweine:* Vgl. Jer. 8, 23. – *Es gibt keinen ... Gott hält:* Jes. 64, 6. – *sich ... entgegenstellt:* Hes. 22, 30. – *Wir wollen ... tragen:* Vgl. Gal. 6, 2. – *grausamen Edikt:* die von Karl V. am 8. Mai 1521 gegen Luther erlassene Reichsacht (Wormser Edikt).

65 *Roboam zu Dresden:* Herzog Georg wird mit dem israelitischen König Rehabeam verglichen, der sich aus Hochmut ins Verderben stürzte. Vgl. 1. Kön. 12, 12–14. – *Kaiser:* Karl V. – *dänischen König:* Christian II. – *Wann wird ... zugrunde gehen:* Ps. 41, 6. – *anderen Nachbarn:* Joachim I. – *Kardinal von Salzburg:* Matthäus Lang. – *zur Braut nach Innsbruck:* Ferdinand I. heiratete 1521 in Linz, nicht in Innsbruck, Anna von Böhmen. – *Deinem Fleisch:* Melanchthons Frau, Katharina.

66 *Büchlein Oekolampads:* ›Quod non sit onerosa Christianis confessio paradoxon‹, Augsburg 1521; eine den rechten Gebrauch der Beichte betreffende Abhandlung, Oekolampads erste antipäpstliche Schrift. – ›*Magnifikat*‹: Vgl. Anm. zu S. 62 ›*Magnifikat*‹. – *Büchlein über die Beichte:* ›Von der Beichte, ob die der Papst Macht habe zu gebieten‹,

1521; WA 8, 129–185. – *21. Psalm:* vermutlich eine Verwechslung mit ›Deutsche Auslegung des 67. (Vulgata) Psalmes‹, 1521; WA 8, 1–35. – *Postille:* Vgl. Anm. zu S. 57 *Auslegungen.* – *kleinen Postille:* vermutlich ein Manuskript Luthers zur Vorbereitung der deutschen Ausgabe der Adventspostille von 1522. – *Epistel text zum Weihnachtsfest:* Predigt über Titus 2, 11–15 zum 24. Dezember; WA 10 I 1, 18–58, in der Weihnachtspostille 1522 gedruckt.

67 *Herr dieses Ortes:* Hans von Berlepsch. – *Edikt:* Wormser Edikt. Vgl. Anm. zu S. 64 *grausamen Edikt.* – *Brief:* Luther hatte am 28. April 1521 an die Kurfürsten, Fürsten und andere Stände des Reiches geschrieben, für das Geleit gedankt und sein Verhalten in Worms gerechtfertigt. WA Br 2, 310–318. – *D. Schifer:* Wilhelm de Croy. – *jüngeren Fürsten:* Johann Friedrich. – *Insel Patmos:* In Anlehnung an Offb. 1, 9 betrachtete Luther die Wartburg als sein Patmos. – *Henricus Nesicus:* von Luther während des Wartburgaufenthaltes verwendetes Pseudonym. Henricus im Sinne von Besitzer und Lenker, Nesicus, von griech. nesikos, Inselbewohner. – *die deutsche:* die Graf Albrecht VII. von Mansfeld gewidmete Vorrede zur ›Wartburg- oder Weihnachtspostille‹; 1522, WA 10 I 1, 1–8. – *die lateinische:* Luther widmete diese Vorrede seinem Vater, der seinerzeit über den Entschluß des Sohnes, Mönch zu werden, sehr aufgebracht war. – ›*De votis monasticis*‹ (Die Mönchsgelübde): Vor dem Hintergrund der zunehmenden Zahl von Klosteraustritten setzt sich Luther in dieser Schrift kritisch mit den bei der Aufnahme in den Orden abzulegenden Verpflichtungserklärungen auseinander.

68 *Rest der Postille:* Texte zu den vier Adventssonntagen, 1522 als ›Adventspostille‹ erschienen, WA 10 I 2, IX–208. – *Beth-Awen:* (hebr., Haus der Schlechtigkeit): Bezeichnung Luthers für das Wittenberger Allerheiligenstift, das er nach Hos. 4, 15; 5, 8; 10, 5 wegen des Widerstandes gegen reformatorische Veränderungen als Ort des Unglaubens und des falschen Gottesdienstes ansah. – *Zwikkauer Propheten:* Bezeichnung Luthers für eine Gruppe radikal-reformatorisch gesinnter Handwerker aus Zwickau, die

aus prophetischem Geist neben einer Reformation der Kirche auch eine Änderung der gesellschaftlichen Verhältnisse anstrebten. Ihre Wortführer, Nikolaus Storch, Thomas Drechsler und Markus Stübner, waren im Dezember 1521 nach Wittenberg gekommen und unterstützten die sich um Karlstadt bildende radikale Bewegung. – *Eilenburgern:* Von Wittenberg kommend, hatte Gabriel Zwilling das Kirchenwesen in Eilenburg reformiert und zu Neujahr 1522 in der Schloßkapelle das Abendmahl nach evangelischem Ritus in Brot und Wein ausgeteilt.

69 *Brandschwänze:* Den Sachverhalt von Jes. 7, 4 übertrug Luther auf die Zwickauer Propheten Nikolaus Storch und Markus Stübner. – *Herzog Georg handelt:* Er hatte sich über die kirchlichen Neuerungen in Wittenberg bei Kurfürst Friedrich und beim Reichsregiment in Nürnberg beschwert. – *des Bischofs:* Albrecht von Brandenburg. – *Fabricius:* Fabricius Capito. – *Zusage als Bürge:* Vermutlich hatte Luther um eine lateinische Bibel gebeten und sich für deren Überbringung auf die Wartburg verbürgt. – *nach Heiligtum ... bewerben:* Kurfürst Friedrich bemühte sich, für die Schloßkirche in Wittenberg möglichst viele Reliquien zu erwerben.

70 *Annas und Kaiphas:* Hannas, der erste von den Römern eingesetzte Hohepriester der Juden (6–15), war trotz Absetzung von großem Einfluß, Jesus wurde zuerst zu ihm geführt. Kaiphas, nach Joh. 18, 13 sein Schwiegersohn, jüdischer Hohepriester (18–36), der Jesus dem Pilatus auslieferte. – *Exhibeamus ... etc.:* Wir wollen uns erweisen in Aufruhr usw. – *aufs Allerbest meine:* Kurfürst Friedrich hatte Luther gebeten, nicht nach Wittenberg zurückzukehren, weil er ihn dann nicht schützen könne.

71 *das Evangelium ... Jesum Christum:* Vgl. Gal. 1, 12.

72 *Herzliebster Vater:* Vgl. Röm. 8, 15; Gal. 4, 6.

73 *gläubte ... sehen:* Vgl. Joh. 11, 40. – *Geleitsmann:* Michael von der Straßen.

74 *Evangelist:* Kurfürst Friedrich berief Georg Spalatin 1522 zum Hofprediger. – *Wort der Kraft:* Vgl. Röm. 1, 16;

1. Kor. 1, 18. – *Du schon ... herrschst:* Vgl. 1. Kor. 4, 8. – *Satan niederzutreten:* Vgl. Röm. 16, 20. Vermutlich ist Karlstadt gemeint. – *Engel ... verwandelt hat:* Vgl. 2. Kor. 11, 14.

75 ›*Omnia ... expediunt*‹: Alles ist mir erlaubt, aber nicht alles nützt mir. 1. Kor. 10, 23.

76 *Herzog Karl:* Karl I. von Münsterberg-Öls. – ›*Von beider Gestalt des Sakraments zu nehmen*‹: 1522 entstanden. WA 10 II, 1–41.

77 *Gabriel:* Gabriel Zwilling wurde von Kurfürst Friedrich abgelehnt, im September 1522 trat Wenzeslaus Link an seine Stelle.

78 *Schosser:* Gregor Burger. – *zu den Nullbrüdern:* Die Nullbrüder oder Brüder vom gemeinsamen Leben waren eine vor allem im 14. und 15. Jahrhundert in Deutschland und den Niederlanden wirkende gelübdefreie Vereinigung von Priestern und Laien, die sich um Seelsorge, praktische Arbeit und Schülermission verdient gemacht haben. Sie unterhielten in Magdeburg keine Schule. Luther wohnte 1497/1498 bei ihnen, als er eine der Magdeburger Schulen, wahrscheinlich die Domschule, besuchte. Das Wohnen schloß Erziehung und Beaufsichtigung ein, was Luther mit dem ›in die Schule gehen‹ gemeint haben kann. – *geduldig sein:* Vgl. Luk. 8, 15. – *dreimal nachgezogen:* das Verhör vor Cajetan in Augsburg 1518, die Verhandlungen mit Miltitz 1519 und der Besuch des Wormser Reichstages 1521.

79 *Evangelium unter der Bank lag:* Es war verborgen und wurde verachtet. – *Nürnberger Priors:* Wolfgang Volprecht.

80 *Abt geworden:* Johann von Staupitz war zum Abt des Salzburger Benediktinerklosters gewählt worden. – *Christus gelehrt:* Vgl. Matth. 13, 41. – *ohne unser Zutun:* Vgl. Dan. 8, 25.

81 *Jakob:* Jakob Propst. – *gegen den König von England:* Der Angriff Heinrichs VIII. auf Luthers ›De captivitate Babylonica‹ (Von der babylonischen Gefangenschaft der Kirche), 1521, zwang Luther 1522 zu seiner bisher gröbsten Entgegnung ›Contra Henricum regem Angliae‹ (›Ant-

wort auf König Heinrichs von England Buch‹), WA 10 II, 175–262).

82 *vermessenen König:* Heinrich VIII. – *Er richtet ... hochmütig sind:* Luk. 1, 51. – *Propheten:* Vgl. Anm. zu S. 68 *Zwickauer Propheten.* – *D. Gerhard:* Doctor Gerhard Westerburg.

83 *anderen Braut:* Bugenhagen heiratete am 13. Oktober 1522. – *Schutzschrift des Gallus:* Gallus Korn hatte 1522 das Nürnberger Dominikanerkloster verlassen und diesen Schritt in einer Schrift verteidigt, die Luther herausgab und in Wittenberg drucken ließ. – *Buch:* unbekannte reformatorische Schrift Johann von Schwarzenbergs. – *mein Buchlin:* ›Sermon von den guten Werken‹, 1520; WA 6, 196 bis 276. – *Wenig müssen ... gezeigt wird:* Vgl. Matth. 7, 14; Luk. 13, 24. – *Von weltlichen Schwert:* ›Von weltlicher Oberkeit, wie weit man ihr Gehorsam schuldig sei‹, 1523; WA 11, 229–281.

84 *Epistel:* ›Epistel oder Unterricht von den Heiligen an die Kirche zu Erfurt‹, 1522; WA 10 II, 159–168. – *Pfarrherr von Kronach:* Johann Grau. – *Herrn von Bamberg:* Bischof Weigand von Redwitz.

85 *S. Petrus lehrt:* 1. Petr. 2, 13; 17. – *solch Freiheit:* Steuerfreiheit für Geistliche.

86 *unsere Väter:* Johann Westermann und Gottschalk Gropp. – *Versprechen:* Spalatin hatte für den Doktorschmaus Wildbret zugesagt. – *Heiligtums des Amasja:* Vgl. Amos 7, 10–17; gemeint ist das Allerheiligenstift in Wittenberg. Vgl. auch Anm. zu S. 68 *Beth-Awen.*

87 *Gemeinen Kastens:* eine allgemeine Kirchen- und Armenkasse, die im Zusammenhang mit der reformatorischen Neuordnung des kirchlichen Finanzwesens in den Städten errichtet wurde. – *zwei Stück:* ›Daß eine christliche Versammlung oder Gemein Recht und Macht habe, alle Lehre zu urteilen ...‹, 1523; WA 11, 401–416; und ›Von Ordnung Gottesdiensts in der Gemeinde‹, 1523; WA 12, 31–37. – *der Propst:* Justus Jonas. – *unser Prior:* Eberhard Brisger. – *Deiner Hochzeit:* Wenzeslaus Link heiratete am 15. April 1523 Margarethe Schweizer.

88 *zwei von Zeschau:* Margaretha und Veronika von Zeschau. –

eine von Staupitz: Magdalena von Staupitz. – *sein Vetter:* Erasmus oder Hans Koppe. – *Katharina:* wahrscheinlich Veronika von Zeschau.

89 *Kapernaiten:* Bewohner von Kapernaum, im Sinne von Matth. 11, 20; 23 nennt Luther die geizigen Wittenberger so. – *Paulus nach ... dienen:* Vgl. 2. Kor. 11, 7–9.

90 *Ro. Kais. Majt. Statthalter:* das Reichsregiment zu Nürnberg, ein ›kaiserlicher Statthalterrat‹, der von 1521–1531 tätig war, um die Politik Karls V. durchzusetzen. – *Reichstag zu Nürnberg* (1523): Im Reichstagsabschied vom 9. Februar war die Einberufung eines Nationalkonzils für 1524 und die Abstellung der Beschwerden der deutschen Nation gegen die römische Kurie gefordert worden. Karl V. verbot das Konzil. – *Papst:* Hadrian VI. – *Nuntium:* Francesco Chieregati. – *Kron von Ungarn:* Ludwig II., der um Unterstützung gegen die Türken gebeten hatte.

92 *mein Ebenteuer ... gefugt:* Luthers Rückkehr von der Wartburg angesichts der durch radikal-reformatorische Aktionen entstandenen Unruhen in Wittenberg. – *Bischofs zu Costnitz* (zu Konstanz): Hugo von Hohenlandenberg. – *Buch wider mich:* Johann Faber, ›Opus adversus nova quaedam Martini Lutheri‹ (Gegen einige neue Lehren Martin Luthers), das Herzog Georg 1523 in Leipzig nachdrucken ließ.

93 *Dechant habt:* der in der Rangfolge nach dem Propst für die inneren Angelegenheiten des Stifts zuständig ist; 1523 war Matthäus Beskau in dieses Amt gewählt worden. – *Moses ... lassen:* Vgl. 4. Mose 33, 55. – *Oportet ... hominibus:* Man muß Gott mehr gehorchen als den Menschen. Apg. 5, 29. – *Si angelus ... sit:* Wenn ein Engel vom Himmel etwas anderes lehrte, sei er verflucht. Gal. 1, 8.

94 *Deus ... suum:* Gott wird sein Volk gerecht regieren. Ps. 9, 9. – *Et iterum ... in vobis:* Und wieder: Christus ist nicht schwach in Euch, sondern er ist in Euch stark. Vgl. 2. Kor. 12, 9. – *die Seinen ... nicht gehorchen:* Vgl. 1. Petr. 4, 17. – *vermahnet ... durch mich:* Vgl. 2. Kor. 5, 20.

95 *Euge ... nostri:* Recht so, unsere Augen sehen es. Ps. 35, 21. – *Prediger zu Oelsnitz:* Bartholomäus Krause; er wurde noch 1523 abgesetzt.

96 *Heman, Asaph oder Jedithun:* Nach 2. Chron. 5, 12 die Sänger im Tempelkult König Davids; ihnen werden einzelne Psalmen zugeschrieben. – *sieben Bußpsalmen:* ›Die sieben Bußpsalmen mit deutscher Auslegung‹, 1517; WA 1, 154–220. Dazu zählen Ps. 6, 32, 38, 51, 102, 130 und 143 nach der Vulgata.

97 *›Aus den Tiefen...‹:* ›Aus tiefer Not schrei ich zu Dir‹, nach Ps. 130; WA 35, 97–109; 419–421. – *›Erbarm dich mein...‹:* Vermutlich für Erhard Hegewald, der Anfang 1524 auf der Grundlage von Ps. 51 das Lied ›Erbarm dich mein, o Herre Gott‹ als Einblattdruck veröffentlichte. – *Ende jener ... Tragödie:* Luther wollte die polemische Auseinandersetzung mit Erasmus von Rotterdam in einem gleichzeitigen Brief beenden. Vgl. WABr 3, 268–271. – *Mandat:* Der aus Frankreich geflohene Theologe Wilhelm Farel wünschte mit Zustimmung des Basler Rates eine Disputation zur evangelischen Lehre, die der bischöfliche Vikar Heinrich von Schönau und die Universität ablehnten. Am 27. Februar 1524 erließ der Rat das erwähnte Mandat, das die Angehörigen der Universität zur Teilnahme verpflichtete. Die Disputation fand am 3. März 1524 statt. – *Bischofs:* Christoph von Utenheim.

98 *Mag. Veit:* Magister Veit Warbeck. – *Mit den Heiden ... jüdisch:* Vgl. vielmehr 1. Kor. 9, 20–22.

99 *wie Joseph:* Vgl. 1. Mose 41, 34. – *Lehen des Pfisters:* Johann Pfister, der durch seinen Klosteraustritt ein geistliches Lehen in Eisenach verlor. – *Kastner:* Kastenherrn, die den Gemeinen Kasten verwalteten. – *Gott ... vom Raube:* Vgl. Sir. 34, 21. – *Schwärmer:* Als Schwärmer oder Propheten bezeichnete Luther die von seiner Lehre Abweichenden, insbesondere alle Anhänger einer radikalen Reformation. – *Sachen zu Orlamünde:* die Verhandlungen über Karlstadts Entlassung. – *Satan zu Allstedt:* Thomas Müntzer.

100 *er fahr hin:* Luther dachte an seine Reise zur Leipziger

Disputation 1519. – *dem Herzog:* Heinrich V. von Mecklenburg-Schwerin. – *Quelle der abgöttischen Greuel:* Seit 1492 war Sternberg ein vielbesuchter Wallfahrtsort. Angeblich war es zur Schändung einer Hostie gekommen, die beim Wiederauffinden blutig gewesen sein soll. Herzog Magnus von Mecklenburg gründete am Fundort ein Augustinerkloster. Bereits in seiner Schrift ›An den christlichen Adel deutscher Nation‹, 1520, hatte Luther die Wallfahrten zum ›heiligen Blut‹ in Sternberg scharf angegriffen.

101 *gesungen hat:* vermutlich ein Hinweis auf Müntzers liturgische Bemühungen, zu denen auch seine deutsche Messe gehörte.

102 *die Raben speist:* Vgl. Luk. 12, 24. – *einem anderen:* Kaspar Glatz, gegen den sich Katharina von Bora jedoch wehrte.

103 *Konzil:* Dieser Vorschlag Nikolaus Hausmanns wurde nicht verwirklicht. – *Apostelkonzil:* Vgl. Apg. 15, 1–29.

104 *Georg:* nicht bekannt; möglicherweise ist der Buchhändler Johann Cruß gemeint. – *Blut … Blut:* Vgl. Hos. 4, 2.– *Papst:* Clemens VII. – *jener, der nicht lügt:* Titus 1, 2. – *Fürst … über die ganze Welt:* Vgl. Joh. 12, 31; 14, 30. Eph. 6, 12.

105 *dem Satan überantwortet:* 1. Kor. 5, 5. – *mit Danksagung Gott:* Phil. 4, 6. – *Herz nicht mutlos:* Joh. 14, 27. – *unsere Gerechtigkeit … Mittag:* Ps. 37, 6.

106 *solchen Mann:* Matthäus Zell. – *D. Sambiensis:* Georg von Polenz. – *Deuteronomium:* Die Arbeiten am Druck der Vorlesung über das 5. Buch Mose gingen voran; Luther widmete diese Schrift Georg von Polenz. WA 14, 489–744. – *Karlstadt geantwortet:* ›Wider die himmlischen Propheten, von den Bildern und Sakrament‹, 1525; WA 18, 37–125. – *Amandus:* Johann Amandus. – *jene Propheten:* Vgl. Anm. zu S. 99 *Schwärmer.* – *einige Bürger:* Hinweis auf die Verhaftung der drei ›gottlosen Maler‹ Georg Pencz, Sebald und Barthel Beham. – *des Allstedters:* Thomas Müntzer.– *seiner Frau:* Anna Speratus. – *Leonhard:* Leonhard Beyer. – *bayrischen Herzog:* Wilhelm IV.

107 *den Sonnen:* vermutlich ein Flugblatt, auf dem die Sonne

mit zwei Nebensonnen abgebildet war. – *blutige Abendsonne ... Kaiser:* bezieht sich auf die Niederlage Franz I. am 24. Februar 1525 bei Pavia und seine Gefangennahme durch Karl V. – *Unterredung:* Am 20. März 1525 trafen sich Landgraf Philipp, Herzog Johann und Herzog Johann Friedrich in Creuzburg (Kr. Eisenach), um ihre Haltung zur Reformation abzustimmen. – *Propheten aus Antwerpen:* Der Schieferdecker Eloy Pruystinck, der eine Sekte gegründet hatte, war mit einigen seiner Anhänger nach Wittenberg gereist. Luther wies ihn ab und warnte die Antwerpener Anfang April 1525 brieflich vor dem ›Schwärmer‹. – *Exemplaren:* ›Eine christliche Schrift an H. Wolfgang Reißenbusch ... sich in den ehelichen Stand zu begeben‹, 1525; WA 18, 270–278.

108 *Präzeptor:* Wolfgang Reißenbusch. – *M. Eisleben:* Magister Johann Agricola. – *unsere Schule:* die 1502 gegründete Wittenberger Universität. – *drei Frauen zugleich:* Luther spielt auf seine Sympathien für Ave Alemann und Ave Schönfeld an; mit der dritten ist vermutlich Katharina von Bora gemeint.

109 *Türken:* Unter Sultan Suleiman II. unterwarfen sie die Ungarn in der Schlacht bei Mohács (1526) und standen 1529 vor Wien. Wenn das türkische Heer auch wieder abzog, so fühlten sich Österreich, Böhmen, Schlesien und die angrenzenden Gebiete doch bedroht. Im allgemeinen Bewußtsein des 16. Jahrhunderts war die ›Türkengefahr‹ tief verwurzelt, auch unter dem Gesichtspunkt einer möglichen Beherrschung der Christenheit durch ›Ungläubige‹. Die ständigen Kämpfe kamen der Ausbreitung der neuen Lehre jedoch indirekt zugute.

110 *der S[chweizer] Regiment:* Die politische Ordnung der Schweiz und den Unabhängigkeitskampf der Schweizer, der 1291 mit dem Rütlibund der Urkantone eingeleitet worden war, kritisiert Luther als Aufbegehren gegen die Obrigkeit. – *den Teufel ... Herrn heißt:* Joh. 14, 30. – *Müntzerisch:* Anhänger Thomas Müntzers.

111 *Riebe:* Rippe; nach 1. Mose, 2, 21 scherzhafte Bezeich-

nung für Rühels Frau Hanna. – *zwiefacher Ehren würdig:* 1. Tim. 5, 17.

112 *Herrn Michaelem:* Michael Hänlein. – *Es haben mich ... sehen kann:* Ps. 40,13. – *Der Herr hat ... nicht überantwortet:* Ps. 118, 18. – *Die Gerechten ... aus den allen:* Ps. 34, 20. – *Wilchen Gott ... gezuchtiget wirdest:* Spr. 3, 12.11. – *In der Welt ... mir den Frieden:* Vgl. Joh. 16, 33.

113 *wie sich ... Müntzer hielte:* Nach der Niederlage der Bauern am 15. Mai 1525 bei Frankenhausen war er gefangengenommen und einem grausamen Verhör unterzogen worden. – *Qui accipit ... peribit:* Wer das Schwert aufnimmt, der wird durch das Schwert umkommen. Matth. 26, 52. – *Osterhausen verderbt:* Am 5. Mai 1525, dem Todestag Kurfürst Friedrichs, schlug Graf Albrecht von Mansfeld die Bauern bei Osterhausen.

114 *seinem Bruder:* Kurfürst Johann. – *Hausreben:* Vgl. Ps. 128, 2f. – *Entgrobung ... Verwunderung:* Begriffe aus der Terminologie Karlstadts und Müntzers. – *Bischof:* Albrecht von Brandenburg; Luther riet ihm, sich zu verheiraten. – *Prediger:* Johann Poliander. – *Bischof zu Riga:* Johann Blankenfeld. – *seinen Muhmen:* Anna und Margarete Blankenfeld. – *Meister Kersten:* Christian Döring. – *ihre Schwester:* Barbara Döring.

115 *Buchlin wider die Bauren:* ›Wider die räuberischen und mörderischen Rotten der Bauern‹, 1525; WA 18, 344 bis 361. – *von Gott erschaffen:* verehelicht. – *Heimfahrt:* festliche Übersiedlung der Braut in das Haus ihres Bräutigams; die Feier fand am 27. Juni 1525 statt.

116 *Graf Gebharden und Albrecht:* Gebhard VII. und sein Bruder Albrecht, Grafen von Mansfeld. – *Dänenkönig:* Christian II.

117 *Joachim:* Joachim Müller, der 1525 von seinem Patron als Pfarrer in Reichstädt (Kr. Gera) abgesetzt worden war. *Christus ... Feinde:* Vgl. Ps. 110, 2. – *mit den Zähnen ... vergehen:* Vgl. Ps. 112, 10. – *unseren Prior:* Eberhard Brisger. – *des Fürsten:* Johann der Beständige. – *Widerlegung des Erasmus:* Als Entgegnung auf Erasmus von Rotterdams ›De libero arbitrio Diatribe‹ (Vom freien Willen),

1524, verfaßte Luther die Schrift ›De servo arbitrio‹ (Von der Unfreiheit der Willensentscheidung), 1526; WA 18, 551–787. – *Reformation der Gemeinden:* Luther bezieht sich auf ein Gutachten, das Nikolaus Hausmann für Johann den Beständigen angefertigt hatte (Mai 1525) und das als Vorläufer der Vorschläge für eine allgemeine Visitation gilt. – *Leviten:* Vgl. Maleachi 2, 7–10. – *Katechismus:* Immer wieder wurde Luther zu einer kurzen Zusammenfassung der Glaubenslehre aufgefordert. Der ›Kleine‹ und der ›Große Katechismus‹ erschienen erst 1529. – *meine Rippe:* Katharina, Luthers Frau.

118 *Sei stark ... Güte:* Eph. 6, 10. – *Herzog Georgs Gebiet:* Gemeint ist das Kloster Seußlitz (Diesbar-Seußlitz, Kr. Riesa). – *Unsere Fürsten:* Kurfürst Johann und Herzog Johann Friedrich. – *Zinsen des Klosters:* das ehemalige ›Schwarze Kloster‹ der Augustiner, das Kurfürst Johann 1525 Luther als Wohnsitz übergab. Die offizielle Verschreibung auf ihn und seine Leibeserben erfolgte 1532. – *Deine Herrin ... Leibes:* Dorothea Jörger und ihre Kinder. – *öffentlichen Druck:* ›Ordnung eines Gemeinen Kastens‹, 1523 (Leisniger Kastenordnung; WA 12, 1–30).

120 *Seelpfennige:* der Aufwand für die Seelenmessen. – *zu Wittenberg geredt:* Gespräche mit Kurfürst Johann während der Huldigung Wittenbergs vom 13.–16. Juli 1525.

121 *mir geantwort:* Johann der Beständige hatte am 7. November auf Luthers Brief vom 31. Oktober geantwortet. – *Arbeiter auch lohnen:* Vgl. Matth. 10, 10; 1. Tim. 5, 18.

122 *Der Herr töt' ... lebendig:* 1. Sam. 2, 6. – *freundlich gebeten:* Brief vom 3. Januar 1523 an Herzog Georg; WA Br 3, 4f. – *Herzoge Jurge:* Herzog Georg.

123 *durch ein Eselinne geredt:* Vgl. 4. Mose 22, 28–30. – *des Elenden Rat vorschmähn:* Vgl. Ps. 14, 1. – *Eckstein Christum:* Vgl. Eph. 2, 20; 1. Petr. 2, 6. – *alle Engel ... freuen:* Vgl. Luk. 15, 10.

125 *verba coenae:* die Abendmahlsworte. – *de duplici ... veritatis:* über die zweifache Speise des Bildes und der Wahrheit. – *zwo escas sollen in coena:* zwei Speisen sollen im

Abendmahl. – *rein ... Eurm Blute:* Vgl. Matth. 27, 24. – *Herr Wigand:* Wigand Güldenapf.

126 *cum tempore conceptionis:* mit der Zeit der Empfängnis. – *Psalterlein:* ›Vier tröstliche Psalmen...‹, 1526; WA 19, 542–615. – *Anathema angriffen:* unklar. – *M. Eisleben:* Magister Johann Agricola. – *Dat heißt:* Nach dem Cisiojanus, einer mittelalterlichen Kalenderform aus den Namensanfängen der wichtigsten Monatsheiligen, handelt es sich um den 7. Juni. – *Sonnträgerin:* Wortspiel mit Sohnträgerin, hier Hanna Rühel. – *Eislebens Else:* Elisabeth Agricola.

127 *Vitus:* Veit Amerbach. – συνεργός: griech., Mitarbeiter. – *meine Mutter:* Margarethe Luther. – *Bezichtigung:* Kaspar Schalbe wurde vorgeworfen, seine Magd geschwängert zu haben.

128 *Kanzeler:* Gregor Brück.

129 *Propst zu Kemberg:* Bartholomäus Bernhardi. – *Christus ... zum Aufstehen:* Vgl. Luk. 2, 34.

130 *König von England:* Im Brief vom 1. September 1525 an Heinrich VIII. (WA Br 4, 562–565) hatte Luther seine polemische Schrift gegen den König mit aufrichtigem Bedauern zurückgenommen. Vgl. Anm. zu S. 81 *gegen den König von England.* – *Dänenkönigs:* Christian II. – *Diener Wolfgang:* Wolfgang Seberger. – *Vorstellungen ... Undankbaren dienen:* Vgl. Matth. 5, 45–47.

131 *die Ordnunge:* Im Anschluß an die Homburger Synode (1526) entstand unter dem Einfluß Franz Lamberts von Avignon eine ›Reformatio ecclesiarum Hassiae‹. Diese Ordnung für die Gemeinden Hessens betonte die Stellung der Einzelgemeinde und enthielt Ansätze zur kirchlichen Selbstverwaltung (Synodalverfassung). Luther riet von der Einführung ab, Hessen folgte bei der Gestaltung des Kirchenwesens kursächsischen Ordnungen.

132 *Eur Landsfürst:* Joachim I. von Brandenburg. – *der Prophet Elisa ... anbetet etc.:* 2. Kön. 5, 17f. – *im Götzenhause ... ohn Fahr etc.:* 1. Kor. 10, 27–31.

133 *Dein Herr Magister:* Johann Agricola.

135 *Visitation:* allgemeine Untersuchung und Regelung der

äußeren kirchlichen Verhältnisse in den Gemeinden durch eine Kommission von Theologen und Juristen. – *Eberhards:* Eberhard Brisger.

136 *den Kaplänen:* Johann Mantel und Georg Rörer. – *jene alte Schlange:* Vgl. Offb. 12, 9; 20, 2. – *sie ihn ... sticht:* 1. Mose 3, 15. – *Schwärmer ... gegen mich geschrieben:* wahrscheinlich die 1527 erschienenen antilutherischen Schriften Zwinglis und Oekolampads zur Abendmahlsfrage. – *heftigeren Brief Zwinglis:* nicht überliefert.

137 *Pfarrherr:* Johann Bugenhagen. – *fürstlich Begräbnis:* Die Kirche des Franziskanerklosters diente den Askaniern bis 1435 als Begräbnisstätte. – *Was ihr meinen ... tut ihr mir:* Matth. 25, 40. – *Greifenklauen ... herabzwacken möchten:* Bild für die persönliche Bereicherung am Klostervermögen. – *Visitatoren Acta:* eine Vorform des ›Unterrichts der Visitatoren an die Pfarrherrn im Kurfürstentum Sachsen‹, 1528; WA 26, 175–240. – *die Widerwärtigen:* die Gegner.

138 *der Samen geworfen:* Vgl. Matth. 13, 24–30. – *man müsse tun ... wie es gehet:* Vgl. Pred. 11, 6. – *Frau Georgs:* Hanna Rörer. – *Pfarrer:* Johann Bugenhagen.

139 *Frau Augustins:* Anna Schurf. – *Dotheas Ehemann:* Johann Weber. – *inmitten dieses ... Geschlechts:* Vgl. Phil. 2, 15.

140 ›*Tuto*‹: griech., das ist. Beginn der Einsetzungsworte beim Abendmahl (vgl. Luk. 22, 19), gemeint ist Karlstadts Standpunkt dazu. – *Bete aber ... dauernd bewirke:* Vgl. Joh. 16, 24. – *meine teure Freude ... Jesu:* Vgl. Phil. 4, 1.

141 *die Ärzte:* Magister Bohemus und der Medizinprofessor D. Thomas Eschhaus. – *die Kapläne:* Johann Mantel und Georg Rörer. – *Visitationsordnung:* Vgl. Anm. zu S. 137 *Visitatoren Acta.* – *Sacharja:* ›Der Prophet Sacharja...‹, 1527; WA 23, 477–664. – *gegen die Sakramentierer:* ›Vom Abendmahl Christi‹, 1528; WA 26, 241–509.

142 *Fall ... Hans Muller:* Nachdem die bisherige kirchliche Ehegerichtsbarkeit unwirksam geworden war, forderte man häufig auch in derartigen Fragen die Meinung der Wittenberger Theologen. Später übernahmen die Konsistorien diese Aufgabe. – *in der Unterricht:* ›Unterricht der Visitatoren...‹. Vgl. Anm. zu S. 137 *Visitatoren Acta.* –

unser Pfarrherr: Johann Bugenhagen. – *Gebrüder Einsiedel:* Wegen ihres Bekenntnisses zur lutherischen Lehre waren die Brüder von Herzog Georg aufgefordert worden, ihre Güter, die teilweise im herzoglichen Sachsen lagen, zu verkaufen und auszuwandern. Befreundete Adlige hatten ein Vermittlungsschreiben an den Herzog gerichtet. Erst nachdem die Einsiedels das von Herzog Georg korrigierte Schriftstück unterzeichnet hatten, entdeckten sie, daß er sie durch eine Änderung wieder auf die geltende Kirchenordnung verpflichtet hatte. In ihrem Gewissenskonflikt wandten sie sich an Luther, der sie im vorliegenden Brief berät, in welcher Form sie diesen Konflikt Herzog Georg vortragen sollten.

143 *Euer Tyrann:* Kardinal Albrecht. – *Geschichte Doctor Krausens:* Johann Krause, der Rat Kardinal Albrechts in Halle, hatte 1527 das Abendmahl nach evangelischem Ritus empfangen. Einem darauf folgenden Verbot des Kardinals fügte er sich. Dieser Schritt, von ihm als Verleugnung angesehen, stürzte ihn in eine psychische Krise, in deren Folge er Anfang November 1527 Selbstmord beging.

144 *Gotte ... gehorsam sein:* Apg. 5, 29. – *im Büchlein:* ›Tröstung an die Christen zu Halle...‹, 1527; WA 23, 390–431. – *durch Druck weiter:* ›Ein Bericht an einen guten Freund von beider Gestalt des Sakraments‹, der Anfang September 1528 gedruckt wurde. WA 26, 555–618.

145 *in die Sachen:* Otto von Pack, der Rat Herzog Georgs von Sachsen, hatte Landgraf Philipp von Hessen 1528 gefälschte Dokumente über ein angeblich 1527 in Breslau geschlossenes Angriffsbündnis der führenden katholischen Fürsten gegen die evangelischen Länder in die Hände gespielt. Philipp rüstete darauf zum Angriff gegen die Bistümer Bamberg und Würzburg, mußte sich aber mit einer Entschädigung für seine Rüstungen begnügen, als der Betrug an den Tag kam. Gemeinsam mit Melanchthon, der diesen Brief mitunterzeichnete, mahnte Luther angesichts der drohenden Kriegsgefahr zum Frieden und zum Verhandeln. – *dem Landgrafen:* Philipp von Hessen. – *fur*

dem Hamen zu fischen: sich umsonst bemühen. – *die Kostunge:* die Erstattung der Rüstungskosten für Philipp von Hessen.

146 *Jenes Bündnis:* die von Otto von Pack behauptete Gruppierung. Vgl. Anm. zu S. 145 *in die Sachen.* – μωρότατον μωρόν: griech., so törichten Toren. – *wie Moab:* Vgl. Jes. 16, 6; Jer. 48, 29.

147 *Magister Erhard:* vermutlich Erhard Junius.

148 *über den Türkenkrieg:* ›Vom Krieg wider die Türken‹, 1529; WA 30 II, 81–148. – *Elisabeth:* Sie war am 3. August 1528 verstorben. – *einer neuen Lehre:* Johann Agricola widersetzte sich der von Melanchthon auf Grund seiner Erfahrungen während der Visitation geforderten Predigt des Gesetzes und trat für die alleinige Verkündigung des Evangeliums als Weg zur Buße und zum Glauben ein. Der daraus resultierende Streit mit den Wittenberger Theologen erhielt die Bezeichnung Antinomistenstreit.

149 *wenig Sauerteig ... versäuert:* 1. Kor. 5, 6. – *mit ihren Trauben:* Vgl. Ps. 128, 3. – *Michel Koch:* Der Wollweber aus Mühlhausen hatte die Stadt verlassen und sich am Bauernkrieg beteiligt.

150 *Rottengeister:* Anhänger Zwinglis.

151 *Reichstag:* der 2. Speyerer Reichstag von März bis April 1529. Im Reichstagsabschied wurden das Wormser Edikt bestätigt und Maßnahmen gegen kirchliche Veränderungen gefordert. Einige evangelische Fürsten und Reichsstädte protestierten dagegen. Von dieser Protestation her erhielten die antikatholischen Kräfte die Bezeichnung Protestanten. – *Sohn des Dogen:* Ludovicus, außerehelicher Sohn des Andreas Gritti mit einer Türkin. – *Der Bräutigam ... ihm entgegen:* Matth. 25, 6. – *Deiner Frau:* Margarethe Link.

152 *ein neu Bündnis:* Landgraf Philipp und Kurfürst Johann schlossen am 22. April 1529 mit Straßburg, Nürnberg und Ulm ein vorläufiges Bündnis gegen den von ihnen abgelehnten Reichstagsabschied. Vgl. Anm. zu S. 151 *Reichstag.* – *fährlichen Bündnis:* ein zwischen Landgraf Philipp und Kurfürst Johann am 9. März 1528 verein-

barter Beistand gegen das von Otto von Pack behauptete katholische Angriffsbündnis. Vgl. Anm. zu S. 145 *in die Sachen.* – *in solchem Bündnis die ... haben:* die Anhänger Zwinglis, deren Aufnahme in ein gesamtprotestantisches Bündnis Luther aus theologischen Gründen ablehnte. – *Markgraf George:* Georg von Brandenburg-Ansbach.

153 *Wenn ihr stille ... geholfen werden:* Vgl. Jes. 7, 4; 8, 12; 30, 15. – *Werft alle ... sorget für euch:* 1. Petr. 5, 7. – *Wer bist du ... sterblichen Menschen:* Jes. 51, 12. – *Zwiespalt:* Auseinandersetzungen mit Zwingli und seinen Anhängern um das rechte Verständnis des Abendmahls. – *zu Marburg ... unterreden:* von Landgraf Philipp angeregte Zusammenkunft der evangelischen Theologen, um durch einen Lehrausgleich die Voraussetzungen für ein allgemeines politisches Bündnis gegen Karl V. zu schaffen. Daß Luther und Zwingli sich in der Abendmahlsfrage nicht einigen konnten, war der Anlaß für das Scheitern dieser Religionsgespräche.

155 *unser Herr ... unser aller Fuße:* Vgl. Röm. 16, 20. – *Wehe euch ... Lohn dahin:* Luk. 6, 24.

156 *Gespräch zu Marburg:* Vgl. Anm. zu S. 153 *zu Marburg ... unterreden.* – *corpus non potest ... est in pane:* der Leib nicht ohne Ort sein kann, also der Leib Christi nicht im Brot ist. – *dies Sacramentum ... corporis Christi:* dies Sakrament ist Zeichen des Leibes Christi. – *Lensgen und Hänsgen:* Magdalena und Hans Luther. – *Doctor Stephan:* Stephan Agricola. – *Schweißschrecken:* Der englische Schweiß, eine ansteckende, rasch zum Tode führende Fieberkrankheit; sie war aus England eingeschleppt worden. – *Marburger Zusammenkunft:* Vgl. Anm. zu S. 153 *zu Marburg ... unterreden.* – *aus der Nachbarschaft:* Agricola weilte auf Wunsch Graf Albrechts, der Mansfeld aus Furcht vor der Pest und dem englischen Schweiß verlassen hatte, in Saalfeld.

157 *N.N. aus Basel:* nach anderen Berichten der Ratsherr Rudolf Frey. – *gedruckten Zettel:* ein Plakatdruck der ›Marburger Artikel‹, 1530; WA 30 III, 92–144.

158 *uns vieren:* Melanchthon, Jonas, Bugenhagen und Luther. – *solch Verbündnis:* der Plan eines antikaiserlichen

Bündnisses der deutschen Protestanten. – *Kaisers Furnehmen:* die im Abschied des Reichstages von Speyer (1529) erklärte Absicht, das Wormser Edikt durchzuführen. – *Sein Unglück ... ihn ausgehen:* Ps. 7, 17.

160 *Cyriakus:* Cyriakus Kaufmann. – *sein Werk damit ... und vollbringen:* Vgl. Phil. 1, 6. – *die rechten Malzeichen:* Vgl. Gal. 6, 17. – *wie Sankt Paulus sagt:* Vgl. Röm. 6, 5; 8, 17. – *Bittet ... aufgetan werden:* Matth. 7, 7. – *Alle, die ... selig werden:* Vgl. Apg. 2, 21.

161 *mit der Schaufel nachschlägt:* begräbt. – *er wirds wohl machen:* Vgl. Ps. 37, 5. – *Pfarrherr und Prediger:* Martin Seligmann. – *Muhme Lehne:* Magdalene von Bora.

162 *der Reichstag:* der Reichstag in Augsburg von Juni bis November 1530, auf dem am 25. Juni die von Melanchthon verfaßte grundlegende Bekenntnisschrift der lutherischen Kirche, die ›Confessio Augustana‹ (Augsburgische Konfession), verlesen wird. Karl V. erklärt die Protestanten durch die von ihm gewünschte und von Eck, Cochläus und Faber verfaßte ›Confutatio‹ (Zurückweisung) als widerlegt. Die evangelischen Stände verlassen im September den Reichstag, nachdem eine Einigung mit der katholischen Partei unmöglich geworden ist; der Reichstag endet mit einer Erneuerung des Wormser Edikts. – *Papst:* Clemens VII. – *der Fürst:* Kurfürst Johann. – *die anderen zum Reichstag:* Kurfürst Johann und seine Begleitung sowie als theologische Berater Melanchthon, Jonas, Johann Agricola und Spalatin.

163 *Der Herr zerstört ... der Heiden:* Ps. 33, 10. – *Häuserabbrechen:* Die vom Kurfürsten geplante Verstärkung der Befestigungsanlagen am Wittenberger Schloß erforderte den Abbruch zahlreicher Häuser der Stadt. Hauptmann Hans von Metzsch setzte dies ohne Rücksicht auf Proteste der Bürger, denen sich Luther anschloß, sofort in die Tat um.

164 *Konige Ahab mit dem Naboth:* Vgl. 1. Kön. 21. – *drei Hütten bauen:* Vgl. Matth. 17, 4; symbolisch für seine literarischen Pläne.

165 *Psalter:* Luther plante eine Auslegung der Psalmen, von

denen die ersten 25 auf der Veste Coburg fertiggestellt und 1530 veröffentlicht wurden. WA 31 I, 258–588. – *Propheten:* Mitte Juni 1530 wurde Jeremias abgeschlossen, danach wandte Luther sich dem Propheten Ezechiel zu. – *Äsop:* ›Etliche Fabeln aus Äsop‹, 1557; WA 50, 432–460. – *gegen den Türken und Mohammed bewegt:* Die Türkengefahr veranlaßte Luther zu einer Erläuterung von Ezechiel 38–39. ›Das 38. und 39. Kapitel Hesekiel vom Gog‹, 1530; WA 30 II, 220–236. – *beiden neuen Reiche:* das türkische und das des Papstes. – *von den feurigen Pfeilen des Satans:* Vgl. Eph. 6, 16. – *die beiden Befehlshaber:* der Schosser Arnold von Falkenstein und der Kastner Paul Bader. – *Doctor Caspar:* Caspar Lindemann.

166 *M. Philippsen Apologia:* Luther hatte eine Fassung der Vorarbeiten Melanchthons zur späteren ›Confessio Augustana‹ erhalten.

168 *ein kalten Trunk Wassers geben:* Vgl. Matth. 10, 42. – *dem durstigen Christo ... Gallen geben:* Vgl. Matth. 27, 34. 48.

169 *da steht ... rechten Sand:* Vgl. Matth. 7, 26. – *feurige Pfeile:* Vgl. Eph. 6, 16.

170 *nicht zu Coburg:* nicht in der Stadt Coburg. – *dem Kastner:* Paul Bader. – *Brief an D. Wenzels:* vermutlich Luthers Brief vom 5. Juni an Wenzeslaus Link (WA Br 5, 349 f.), der demnach erst nach Wittenberg ging.

171 *Tod meines lieben Vaters:* Hans Luther war am 29. Mai 1530 gestorben. – *Spilling:* kleine, gelbe Pflaumen. – *Lippus und Jost:* Philipp Melanchthon d. J. und Justus Jonas d. J.

172 *Apologie:* Melanchthon hatte am 26. Juni die am Tag zuvor verlesene ›Confessio Augustana‹ an Luther geschickt mit der Bitte, die Punkte zu benennen, in denen Zugeständnisse möglich wären. WA Br 5, 396–398. – *Wir wollen ... uns herrsche:* Luk. 19, 14. – *an jenen Eckstein ... verworfen haben:* Ps. 118, 22. – *Dieser ist ... in unseren Augen:* Ps. 118, 22 f.

173 *an Euren Bischof:* Nikolaus Hausmann. – *jenen Reichstag:* der Augsburger Reichstag. Vgl. Anm. zu S. 162 *der Reichstag.* – *unser Bekenntnis:* die ›Confessio Augustana‹, 1530. – *D. Christian:* Doctor Christian Beyer. – *Ich rede ...*

nicht zuschanden werden: Ps. 119, 46. – *wer mich bekannt ... im Himmel ist:* Matth. 10, 32.

174 *Gott der wahre ... genannt wird:* Vgl. Ps. 61, 6. – *Denn so man ... wird man gerecht:* Röm. 10, 10. – *Iustus enim ... crucifixi:* Der Gerechte wird aus Glauben leben (Röm. 1, 17), aber aus dem Glauben an den Gekreuzigten. – *nicht wie die Welt ... gibt:* Vgl. Joh. 14, 27. – *Ex Eremo:* Aus der Wüste. – *Grubok:* Anagramm von Koburg.

175 *Kann auch ein Weib ... eigne Hand gezeichnet:* Jes. 49, 15f.

176 *pax politica:* weltlicher Friede. – *Gottes Gedanken ... über unser Gedanken:* Vgl. Jes. 55, 8f. – *supra quam ... petimus:* über alles, was wir bitten oder verstehen. Eph. 3, 20. – *Denn wir wissen ... bitten sollen:* Röm. 8, 26. – *infra ... intelligimus:* unter, nicht über unser Verstehen.

177 *Viri Sanguinum:* Männer, die nach Blut dürsten. Vgl. Ps. 26, 9; 55, 24; 59, 3; 139, 19. – *in fine videbitur, cuius toni:* am Ende wird man sehen, auf welche Tonart [es endet]. – *unsers Widerparts Antwort:* die am 3. August verlesene ›Confutatio‹. Vgl. Anm. zu S. 162 *der Reichstag.*

178 *unsern lieben Sack:* vielleicht Nickel Sack von Geilsdorf. – *Kastnerin:* Barbara Bader. – *seinen Schulmeister:* Hieronymus Weller. – *den Sermon:* ›Eine Predigt, daß man Kinder zur Schule halten solle‹, 1530; WA 30 II, 508–588.

179 *wird der Luther kommen:* Erinnerung an einen Traum Melanchthons, nach dem Luther einen Adler befreite, der in eine Katze verwandelt und in einen Sack eingesperrt worden war. – Μακεδὼν: griech., der Makedonier. Gemeint ist Philipp von Hessen, der den Augsburger Reichstag heimlich verlassen hatte. Luther fürchtete, daß der Landgraf die Absicht hegte, gewaltsam gegen Karl V. vorzugehen, und weist darauf hin, daß er eine solche Verteilung der Rollen nicht wünscht. – *Ismael:* Vgl. 1. Mose 16, 12; gemeint ist Philipp von Hessen. – *vom Legaten:* Lorenzo Campeggio. – *Bischof zu Mainz:* Kardinal Albrecht. – *Augsburg:* Christoph von Stadion. – *Pfalzgrafe:* Ludwig V. – *Trier:* Richard von Greifenklau. – *Köln:* Hermann von Wied.

180 *den Psalm:* Es handelt sich um die 2. Auflage von ›Der

117. Psalm ausgelegt‹, 1530; WA 31 I, 219–257. – *Exemplar von den Schlüsseln:* ›Von den Schlüsseln‹ (Über die Beichte), 1530; WA 30 II, 428–507, das vor einem Druck erst Bugenhagen und Cruciger durchsehen sollten. – *Sermon vom Sakrament:* ›Vermahnung zum Sakrament des Leibes und Blutes unseres Herrn‹, WA 30 II, 589–626, 691–693, der im Oktober 1530 gedruckt wurde. – *Cyriakus:* Cyriakus Kaufmann. – *Polner:* Hans Polner. – *Wellers:* Peter Weller. – *Ein Sendbrief ... vom Dolmetschen:* Link ließ die Schrift mit seiner auf den 15. September 1530 datierten Vorrede in Nürnberg drucken. WA 30 II, 627–646.

181 *Deine Frau:* Margarethe Link. – *zu Augsburg wollen auf sein:* Sie wollen Augsburg verlassen. Vgl. Anm. zu S. 162 *der Reichstag.*

182 *Deine Herzöge von Bayern:* Wilhelm IV. und Ludwig X. – *die Wahrheit ... sagten:* Vgl. 1. Sam. 10, 5. – *›In pace in id ipsum‹:* Ich liege und schlafe ganz in Frieden, Ps. 4, 9. Dieses Lied hat Luther nach Berichten häufig auf der Veste Coburg gesungen. – *Tenor:* Melodiestimme (cantus firmus). – *diese Antiphone:* Psalmlied. – *der beste und treue Hirt:* Vgl. 1. Petr. 2, 25. – *meine Seele hinwegnehmen:* 1. Kön. 19, 4.

183 *Romischen König zu erwählen:* Kursachsen beteiligte sich am 5. Januar 1531 nicht an der Wahl und erkannte Ferdinand I. mit den übrigen evangelischen Ständen erst 1534 im Vertrag von Kaden an.

184 *Herzog Georgen ... geliehen:* Seit der Unterstützung Kurfürst Friedrichs für Luther wollte das Gerücht nicht verstummen, daß die von Herzog Georg repräsentierte albertinische Linie der Wettiner die Kurwürde erhalten solle.

185 *der Landgraf ... Bürger zu Zürich:* Landgraf Philipp war dem christlichen Burgrecht, einem Bündnis evangelischer schweizerischer Städte unter Zürichs Führung, beigetreten und hatte so in Luthers Augen für Zwingli Partei ergriffen. – *Martinus Bucerus anzeigt:* Bucer hatte nach Gesprächen mit Luther, Zwingli, Oekolampad und ober-

deutschen Städten eine Schrift über das Abendmahl ausgearbeitet, die als Grundlage für Verhandlungen zwischen Luther und Zwingli dienen sollte. Diese Schrift hatte Kurfürst Johann an Luther zur Begutachtung geschickt.

186 *Euer Ordnung lassen drucken:* Luther verfaßte die Vorrede zu dieser 1531 erschienenen Göttinger Kirchenordnung. WA 30 III, 249–251. – *Licentiat Basilius:* Basilius Schumann. Er war unzufrieden, weil Göttingen die Umzugskosten nicht tragen wollte.

187 *aus der Gemeinschaft ... ausschließen:* Luther sah in dem Vorgehen des Zwickauer Rates eine unzulässige Einmischung in Aufgaben des Pfarrers und in Roth den Urheber. Daher schloß er den Stadtschreiber und den Rat aus der kirchlichen Gemeinschaft durch Exkommunikation aus.

188 *Euer Oberkeit:* Caspar von Schönberg zu Reinsberg. – *Exempel D. Krausen:* Vgl. Anm. zu. S. 143 *Geschichte Doctor Krausens.*

189 *Wer mich bekennet ... himmlischen Vater:* Matth. 10, 32. – *Liebe Gott über alles:* Vgl. Matth. 22, 37. – *Wer Weib und Kind ... nichts wert:* Matth. 10, 37. – *hundertfältig wiedergeben:* Matth. 19, 29. – *Joachim:* wohl Joachim Lemcke. – *das Mardern Geschenk:* vermutlich eine mit Marderfell gefütterte Kappe.

190 *Clarissimo ... Maiori:* Dem berühmten D. Gregor Brück, Doctor der Rechte und Sächsischen Rat, seinem Oberen im Herrn. – *mein Büchlein:* die gegen Herzog Georg gerichtete scharfe Schrift ›Wider den Meuchler zu Dresden‹, 1531; WA 30 III, 413–471. – *des Bischofs:* Kardinal Albrecht verlangte 1531 in Halle die Teilnahme an der österlichen Kommunion und bestrafte alle, die auswärts evangelische Gottesdienste besucht hatten. – *Herr Johann:* Johann Agricola. – *Herzogen von Württemberg:* Ulrich I.

191 *Wir werden ... wie die Schlachtschafe:* Ps. 44, 23; Röm. 8, 36. – *Eckstein, Jesum Christum:* Vgl. 1. Petr. 2, 5–7. – *Seid getrost ... überwunden:* Joh. 16, 33. – *den Fürsten der Welt:* Vgl. Joh. 12, 31.

192 *Der Tod ... dein Stachel:* 1. Kor. 15, 55. – *Gott hat uns ... Dank gesagt:* Vgl. 1. Kor. 15, 57.

193 *Jesus Christus unser Mittler:* Vgl. 1. Tim. 2, 5. – *Gnadenstuhl:* Vgl. Röm. 3, 25; Hebr. 4, 16. – *unser Bischof:* Vgl. 1. Petr. 2, 25. – *uns täglich vertritt:* Vgl. Röm. 8, 34; Hebr. 7, 25. – *Lieber Heiland ... unser Seelen etc.:* Vgl. 1. Tim. 4, 10; 1. Petr. 2, 25. – *Denn der ... vollenden:* Phil. 1, 6. – *Ich lebe ... von euch nehmen:* Joh. 14, 19; 16, 22. – *Gott alles Trostes:* Vgl. Röm. 15, 5.

194 *ihre Supplikation:* Im Gegensatz zu den Bittstellern in der Supplikation berief Luther sich nicht auf altes kaiserliches Recht, nach dem die Geistlichen von bürgerlichen Pflichten befreit waren, sondern bat um ihre Freistellung vom Dammbau wegen ihrer schlechten wirtschaftlichen Verhältnisse.

195 *Selig ist ... ärgert an mir:* Matth. 11, 6. – *M. Ludwig:* Ludwig Agricola.

196 *feurigen Pfeilen:* Vgl. Eph. 6, 16. – *Nam quod vi ... tedio:* Denn was er durch Gewalt und List nicht vermag, erreicht er sehr oft durch Beharrlichkeit und Überdruß.

197 *Bruderhause:* Niederlassung der Brüder vom gemeinsamen Leben. Vgl. Anm. zu S. 78 *zu den Nullbrüdern.* – *des Pfarrherrs:* Johann Dreyer. – *Predigers:* Heinrich Vogelmann.

198 *Doctor Caspar:* Caspar Lindemann. – *gnädigen Herrn:* Kurfürst Johann. – *Dobitzsch:* Christoph aus Dobitzsch, 1531 hingerichteter Wegelagerer. – *Hans Stockmeister:* allgemeine Bezeichnung für Henker. – *Johannes:* Johann Rischmann. – *Gemeine Kaste:* der Gemeine Kasten, die Gemeindekasse von Wittenberg. – *Pfarrherr zu Zwickau:* Nikolaus Hausmann.

199 *Es werde die Königin ... der Welt etc.:* Matth. 12, 42.

200 *die Schwachgläubigen nicht verworfen sind:* Röm. 14, 1; 15, 1.

201 *Fliehet ... einer verfolgen:* Matth. 10, 23. – *itzt zu Leipzig:* Seit dem Frühjahr 1532 ging der Rat auf Befehl Herzog Georgs gegen die Bürger vor, die evangelische Gottesdienste in benachbarten ernestinischen Dörfern besuchten. Wegen ihrer Standhaftigkeit mußten mehrere von

ihnen die Stadt verlassen. – *zwo Kerzen anzündet:* etwas Besonderes tut. – *H. G.:* Herzog Georg. – *der Kaiser Friede gegeben:* der am 3. August 1532 durch kaiserliches Edikt verkündete ›Nürnberger Religionsanstand‹, zu dem es angesichts der erneuten Bedrohung durch die Türken kam und der festlegte, daß alle Stände bis zu einem allgemeinen Konzil Frieden halten und sich in Glaubensdingen nicht befehden sollten.

202 *Ich bin ein Gott ... von fern:* Ps. 138, 6. – *Dulcia ... conteritur cor:* An das Angenehme erinnert sich nur der, welcher Bitteres kennengelernt hat. Vor dem Rühmen wird das Herz bedrängt. Vgl. Sprüche 18, 12. – *meinem jungen Sohn:* Paul Luther.

203 *etlicher großen Fürsten Schreiben:* Bestrebungen Herzog Georgs von Sachsen, Kurfürst Joachims I. von Brandenburg und Kardinal Albrechts, Fürst Johann mit seinen Brüdern Georg und Joachim bei der katholischen Kirche zu halten. – *Gott der Vater ... gehoret haben:* Vgl. Matth. 17, 5. – *Christus ... keinen Teufel:* Joh. 8, 49. – *Heiligen Geist ohn Maß:* Vgl. Joh. 1, 32; 3, 34. – *nur ein Teil und Erstling haben:* Vgl. Röm. 8, 23; 1. Kor. 12, 4–11. – *Vater aller Barmherzigkeit:* Vgl. 2. Kor. 1, 3. – *Sünder und irrige Schaf:* Ps. 119, 176.

204 *Euer Ordnung:* Christliche Kirchenordnung für die Stadt Bremen; erschien 1534 in Magdeburg. – *Prediger:* Johann Timann. – *niemand ... dienen kann:* Vgl. 1. Kor. 9, 7.

205 *Früchtlin und Kräutlin:* Kardinal Albrecht. – *der Winkelmesse:* Messen, die für das eigene Seelenheil oder zugunsten Verstorbener gestiftet wurden, griff die reformatorische Propaganda als Kauf- oder Winkelmessen an. Luther behandelt dies in seiner Schrift: ›Von der Winkelmesse und Pfaffenweihe‹, 1533; WA 38, 171–256.

206 *Magister Forchheim:* Georg Helt. – *unsere Neuordnung:* ›Deutsche Messe und Ordnung Gottesdiensts‹, 1526; WA 19, 44–113, 667–669.

207 *Deinen vortrefflichen Fürsten:* Georg, Joachim und Johann von Anhalt. – *Dem Andresen:* Andreas Hügel.

208 *itzt ohne Pfarr:* Michael Stiefel hatte im Ergebnis seiner

mathematischen Berechnungen für den 19. Oktober 1533 den Weltuntergang angekündigt. Als die Prophezeiung nicht eintraf, ließ der Kurfürst ihn verhaften und absetzen. – *Freu dich ... Ding sein:* Pred. 11, 9.

209 *Wiedertäufer:* eigtl. Täufer, eine in zahlreiche Gruppen zersplitterte Volksbewegung der Reformationszeit, der die Erwachsenentaufe als Ausdruck bewußt vollzogener Aufnahme in eine am biblischen Vorbild orientierte Gemeinschaft Auserwählter gemeinsam war. Die Täuferbewegung, in der sich schwärmerische Vorstellungen von Entwurzelten dicht neben sozialpolitischen Forderungen der bäuerlich-plebejischen Volksbewegung finden, breitete sich vor allem nach der Niederlage der Bauern rasch aus. Ihre Auflehnung gegen geltende weltliche und kirchliche Rechtsnormen machte sie zum politischen Unruheherd und setzte sie grausamen Verfolgungen aus. In seinen polemischen Äußerungen unterscheidet Luther die Täufer nicht von Vertretern anderer radikaler Bestrebungen. Vgl. dazu auch Anm. zu S. 99 *Schwärmer.* – *Konfession zu Augsburg ... aufs Concilium ... geschoben:* Vgl. dazu Anm. zu S. 162 *der Reichstag;* Anm. zu S. 201 *der Kaiser Friede gegeben.*

210 *des frommen Fursten:* Fürst Joachim von Anhalt. – *Magister Franciscus:* Franz Burkhard. – *Brief des Cochläus:* Schreiben des Johann Cochläus an Georg Witzel, der seit 1533 in Eisleben als katholischer Pfarrer amtierte. Cochläus riet ihm, seine Ehe zu verheimlichen. – *diese:* Johann Cochläus und Georg Witzel.

211 *vierten Söhnlein:* Am 17. Dezember 1534 wurde Margarethe Luther geboren. – *den oberländischen Predigern:* die Straßburger mit Bucer; im weiteren Sinne auch die Anhänger Zwinglis.

212 *Die Rach ... vergelten etc.:* 5. Mose, 32, 35; Röm. 12, 19. – *Quod iustum ... persequeris:* Was recht ist, das bestrafe rechtmäßig. 5. Mose 16, 20.

213 *junge Tochter:* Margarethe.

214 *H. Hansen:* Herzog Johann d. J. – *Bischof zu Mainz:* Albrecht von Mainz.

215 *dem Grimmaschen Tage:* Am 18. November 1533 wurden die Streitigkeiten zwischen Kurfürst Johann Friedrich und Herzog Georg auf einem Schiedstag in Grimma beigelegt. Danach sollten die Theologen ihre Fürsten in die theologischen Streitigkeiten nicht einbeziehen. Schmähschriften waren untersagt. – *Bischof zu Hall:* Albrecht von Mainz. – *Heilige Kreatur Sanctiss[imi] Leonis:* Albrecht von Mainz, der 1518 zum Kardinal ernannt worden war. – *Portatel:* kleine, transportable Altäre in Tafel- oder Kastenform.

216 *sonst ... etwa holen:* ein Abendmahlsbesuch im benachbarten Kurfürstentum, z.B. in Leisnig (Kr. Döbeln), wohin viele Freiberger gingen. – *Gratiam et pacem:* Gnade und Friede. – *Leuten von Mittweida:* Im Frühjahr 1535 mußten 73 Bürger auf Befehl Herzog Georgs wegen ihrer evangelischen Überzeugung die Stadt verlassen. – *von Leipzig verjagt:* Vgl. S. 201, Luthers Brief vom 4. Oktober 1532. Die darin enthaltenen Angriffe gegen Herzog Georg verhärteten dessen Haltung gegenüber den Evangelischen in Leipzig. – *Denn sie ja ... Paulus sagt:* Vgl. 1. Thess. 1, 5f. – *der Pfaff zu Halle:* Kardinal Albrecht von Mainz forderte, daß die Bürger von Halle nach katholischem Ritus zu beichten und das Abendmahl zu empfangen hätten. – *H. G.:* Herzog Georg.

217 *Doctor Gereons:* Gereon Sailer. – *guter Botschaft:* Die in der Abendmahlsfrage aufgetretenen Spannungen zwischen Luther und einzelnen Augsburger Geistlichen sollten vergessen sein. Augsburg wünschte freundschaftliche Verbindungen zu Luther. – *dem frommen Fürsten:* Herzog Ernst von Braunschweig-Lüneburg.

218 *den Konig:* Wegen ihrer Schmähschriften gegen die Katholiken waren die französischen Protestanten blutig verfolgt worden. In der Umgebung Franz I. setzten sich jedoch bald jene Kräfte durch, die in den deutschen Protestanten einen Bundesgenossen gegen Habsburg sahen und die daher für einen Aufenthalt Melanchthons zu Religionsverhandlungen eintraten. – *Antonius ... rege:* Robert Barnes, Gesandter seines Königs, Heinrichs VIII. – *Ko-*

nig ... in unser Fursten Bundnis: der Schmalkaldische Bund, ein 1531 vertraglich vereinbartes Bündnis evangelischer Reichsstände unter der Führung Kursachsens und Hessens, um die nach dem Augsburger Reichstag von 1530 zu erwartenden antiprotestantischen Maßnahmen Karls V. abzuwehren, dem Heinrich VIII. beitreten wollte. Sein Wunsch scheiterte jedoch am Widerstand einiger Bündnismitglieder. – *Apologia:* die ›Confessio Augustana‹.

219 *Fronte ... calva:* ein von Luther mehrfach herangezogenes Zitat aus Pseudo-Cato, Disticha 2, 26, das er so übersetzt: ›Die Occasio [Gelegenheit] ist vornen voll Haares am Kopf, hinten aber kahl‹. WA Br 6, 332. – *Qui ... negliget occasio:* Wer die Gelegenheit nicht beachtet, den wird die Gelegenheit ebenfalls unbeachtet lassen. – *Der koniglichen Ehe:* Der Erzbischof von Canterbury, Thomas Cranmer, hatte die Ehe Heinrichs VIII. mit Katharina von Aragon für ungültig erklärt und die Verbindung des Königs mit Anne Boleyn als Ehe anerkannt. – *suspensio:* Auflösung. – *der ander Legat:* Christopher Mont. – *gehet die Fursten nichts an:* Luther wollte die Eheangelegenheit nicht politisch behandelt wissen. – *einen Aalschwanz gebären:* etwas, das einem sofort wieder entschlüpft. – *Kapellan[e]:* Johann Buchner und Lorenz Schröter.

220 *der Farchmutter ... Borsten krauen:* farch, Ferkel; den Torgauern in einer Predigt die Meinung sagen.

221 *Konvent:* ein Versuch, die innerevangelischen Streitigkeiten beizulegen, die Einigung erfolgte in der ›Wittenberger Konkordie‹, einer Vereinbarung über die gemeinsame Lehrgrundlage der Wittenberger und oberdeutschen Theologen, die am 29. Mai 1536 in Wittenberg unterzeichnet wurde. WA Br 12, 200–212. – *den Herren zu Augsburg und Straßburg geschrieben:* ebenfalls am 5. Oktober 1535. WA Br 7, 289–291; 286f. – *Antonius:* Anton Lauterbach. – *Euntes ibant ... semina pretiosa:* Sie gehen hin und weinen und tragen kostbaren Samen. Ps. 126, 6.

222 *des Koniges Sachen:* die Ehescheidung Heinrichs VIII. –

Doctor Antonio: Robert Barnes. – *der ander Legat:* Eduard Foxe. – *sie zu Schmalkalden:* Auf dem Bundestag des Schmalkaldischen Bundes vom November/Dezember 1535 hatten die Engländer ihre Vorstellungen über ein politisches Zusammengehen mit den deutschen Protestanten vorgetragen, ohne damit auf Zustimmung zu treffen. – *vorigem Erbieten:* nicht überliefert. – *die Konigin ... eilf Universitäten:* Heinrich VIII. hatte für seine nach kanonischem Recht verbotene Ehe mit Katharina von Aragon, der Witwe seines Bruders Arthur, einen päpstlichen Dispens benötigt, der 1503 erteilt worden war. Im Zusammenhang mit den Bemühungen, die 1509 geschlossene Ehe wieder zu lösen, wurde dieser Dispens als dem göttlichen Gesetz widersprechend angefochten und die Ehe als Inzest, die 1516 geborene Maria als ›incestae‹ bezeichnet. Während Papst Paul III. die Ehescheidung verweigerte, stimmten die von Luther erwähnten Universitätsgutachten einer Lösung der Ehe zu.

223 *mein voriger Sentenz:* Gutachten an Robert Barnes vom 3. September 1531, in dem Luther die geplante Ehescheidung ablehnte. – *nicht uber Tische:* nicht öffentlich. – *bis auf den Stich:* bis die Gespräche abgeschlossen sind. – *Konvent:* die ›Wittenberger Konkordie‹. Vgl. Anm. zu S. 221 *Konvent.* – *Eisenach:* Die Gespräche fanden in Wittenberg statt.

224 *angefangen Einigkeit:* die ›Wittenberger Konkordie‹. Vgl. Anm. zu S. 221 *Konvent.* – *im Druck ... ausgehen:* Zu dem hier angesprochenen Druck der ›Wittenberger Konkordie‹ kam es nicht.

225 *Pfarrherr:* Leonhard Beyer. – *einem Teil ... gegläubt:* Es war zum Streit gekommen, weil Bürgermeister und Rat ohne Zustimmung des Pfarrers Nikolaus Rudolf als Lehrer eingesetzt hatten. Der Zwickauer Rat hatte sich nun darüber beschwert, daß Luther in diesem Streit nur den Pfarrer gehört hatte. – *Stern zu Zwickau:* Stephan Roth. Vgl. S. 187, Luthers Brief an Stephan Roth. – *Mein Herz ist je das:* Meine Meinung ist. – *Beißt ... beide umbringet:* Gal. 5, 15.

226 *Bischofe ... ausgerottet:* Am 20. August 1536 hatte Christian III. die dänischen Bischöfe absetzen und verhaften lassen.

227 *abgeschrieben Zettel:* Berichte über die Verhandlungen, die zur ›Wittenberger Konkordie‹ führten. Vgl. Anm. zu S. 221 *Konvent.*

228 *Tag Innocentium:* der 28. Dezember. – *M. Eisleben:* Magister Johann Agricola. – *Herr Just:* Justus Menius. – *Friedrich:* Friedrich Myconius. – *die Artikel:* die von Luther im Auftrag Kurfürst Johann Friedrichs verfaßten ›Schmalkaldischen Artikel‹, 1537; WA 50, 160–254. Im Hinblick auf das von Papst Paul III. für den Mai 1537 in Mantua einberufene Konzil, dessen gegen die Protestanten gerichtete Absicht bereits feststand, enthalten sie noch einmal eine bekenntnisartige Zusammenfassung der neuen Lehre; als Bekenntnisschrift wurden sie jedoch erst nach Luthers Tod anerkannt.

229 *Deinen Lehrer und dessen Frau:* Marcus Crodel; der Name seiner Frau ist nicht überliefert.

230 *wir alle ... Christo Jesu:* Röm. 15, 6. – *Calculo:* Luthers Steinleiden.

231 *zu Deiner Notdurft:* für Deinen Bedarf. – *vom ersten Sonntag:* dem 11. Februar. – *ein Stübigen:* 3–4 Liter. – *fromme Fürst:* Kurfürst Johann Friedrich. – *Landvogt:* Hans von Metzsch. – *Gratiam et pacem:* Gnade und Friede.

232 *Verteilung meiner Schriften:* Der Straßburger Drucker Wendelin Rihel plante eine Ausgabe aller Lutherschriften. Luther beauftragte schließlich Caspar Cruciger und Georg Rörer mit der Edition seiner Werke. Von den deutschen Schriften erschien der erste Band 1539, Band 1 der lateinischen Schriften kam 1545 heraus. – *saturnischen Hunger:* dem Hunger des römischen Gottes Saturn gleichend, der bis auf Zeus all seine Kinder unmittelbar nach der Geburt verschlang. – *über den geknechteten Willen:* ›De servo arbitrio‹. Vgl. Anm. zu S. 117 *Widerlegung des Erasmus.*

233 *Den Augsburgischen Teufel:* Michael Keller, ein Anhänger Zwinglis. – *der sein Werk begonnen hat:* Vgl. Phil. 1, 6. –

Dieser wird ... nicht verweilen: Hab. 2, 3. – *Eure Kirche mit der unseren:* die Straßburger und die Wittenberger.

234 *Euer Schrift:* das Schreiben der Schweizer evangelischen Städte vom 12. Januar 1537, in dem sie zur ›Wittenberger Konkordie‹ (vgl. Anm. zu S. 221 *Konvent*) Stellung genommen hatten. – *Wenn Gott ... zum Frieden:* Spr. 16, 7.

236 *Das ist mein Leib ... mein Blut:* Matth. 26, 26.28; Mark. 14, 22 und 24; Luk. 22, 19f.; 1. Kor. 11, 24f. – *Bann oder Schlussel:* In den zur Reformation übergegangenen Städten Süddeutschlands und der Schweiz waren besondere Ordnungen aufgestellt worden, die das kirchliche und weltliche Leben der Bürger regelten. Dazu gehörte auch die Möglichkeit, Bürger zu bannen, d.h. aus der Gemeinde auszuschließen.

237 *Eure Apologie:* 1535 hatten böhmische Herren und Ritter König Ferdinand I. ein tschechisches Bekenntnis der Böhmischen Brüder übergeben, das ein Jahr nach diesem Brief, 1538, in lateinischer Sprache als ›Confessio fidei ac religionis...‹ mit einer Vorrede Luthers erschien. WA 50, 375–380. – *Das Büchermachen ... Ende:* Pred. 12, 12. – *Eure Bücher:* Neben der ›Confessio fidei ac religionis...‹ ist an die um 1532 auf Anregung Markgraf Georgs von Brandenburg-Ansbach verfaßte ›Rechenschaft des Glaubens...‹ zu denken, die 1533 mit einer Vorrede Luthers in Wittenberg gedruckt worden war (WA 38, 75–80). Eine von den böhmischen Brüdern gewünschte erneute Veröffentlichung kam in lateinischer Sprache, zusammen mit der genannten ›Confessio...‹, 1538 zustande.

238 *seins Gutlins:* Zülsdorf. – *sich verehlichen:* Er heiratete die Witwe Apollonia von Seydewitz.

239 *mit einem gehandelt:* Johann Beyer. – *Zettels wider den Bischof:* Einblattdruck vom 16. Juni 1538 mit Angriffen gegen Kardinal Albrecht. WA 50, 350f. – *zu Zerbst:* Vom 3.–24. Februar 1534 fanden dort zwischen Kardinal Albrecht und Kurfürst Johann Friedrich Verhandlungen um das Burggrafentum zu Magdeburg statt.

240 *Concordia ... zu erlangen:* eine Übereinstimmung mit den schweizerischen evangelischen Kantonen. Vgl. S. 234ff., Luthers Brief an die Städte Zürich ... Biel.
241 *Wilhelm Rink:* Wegen eines Waldstücks im Amt Rammelburg gab es 1538 zwischen ihm und Graf Albrecht VII. von Mansfeld eine Fehde. – *uber Tisch:* Luther speiste am 11. Oktober 1538 bei dem im Wittenberg weilenden Kurfürsten. – *Handel zu Leipzig:* Im Juli 1538 verhandelte Herzog Georg in Leipzig mit führenden katholischen Geistlichen seines Landes über die Beseitigung von Mißständen in den Klöstern und unter dem Klerus. – *Question:* Anfrage. – *böhmische Confusio:* die den Hussiten in Böhmen nachgesagte Verwirrung. – *Kardinal zu Halle:* Kardinal Albrecht. – *Kardinals von Schönberg:* Nikolaus von Schönberg.
242 *Primum ... Dei etc.:* Sucht am ersten das Reich Gottes usw.; Matth. 6, 33. – *Cooperatores ... mediatus:* Wir sind Mitarbeiter, wie der Bauer beim Anbau von Getreide Gottes Mitarbeiter ist, aber als Werkzeug und Vermittler. Vgl. 1. Kor. 3, 9. – *Sabbatho ... est historia:* Sonnabend nach den elftausend Jungfrauen, wenn die Geschichte wahr ist. Anspielung auf eine Legende, nach der die britische Königstochter Ursula zusammen mit elftausend Jungfrauen den Märtyrertod starb. – *Wiedertäufern:* Im Gegensatz zu den Verfolgungspraktiken in anderen, auch in den evangelischen Gebieten bemühte sich Landgraf Philipp von Hessen um eine Bekehrung der Täufer. Standhafte wurden ausgewiesen. Vgl. Anm. zu S. 209 *Wiedertäufer.* – *lichte Teufel:* Vgl. 2. Kor. 11, 14. – *Ende zu Münster:* Radikale Täufer hatten dort 1534 nach der Vertreibung der bischöflichen Regierung und der Anhänger Luthers eine auf Gütergemeinschaft basierende Volksherrschaft begründet, die im Juni 1535 grausam niedergeschlagen wurde.
243 *Hausfrau:* Margarethe von Taubenheim. – *Euch also ... geliebet habt:* 1. Joh. 4, 19. – *den Friede Gottes ... Sinne schwebet:* Vgl. Phil. 4, 7.
244 *unsern Schosser:* Wolfgang Schieferdecker. – *Landvogt:*

Hans von Metzsch, der Anfang 1539 nach Colditz versetzt wurde. – *so wurde er ... jener Welt:* Vgl. 1. Petr. 1, 6; 2. Petr. 2, 9; 3, 7. – *auf dem Kirchhofe ... schlafend:* Jes. 26, 19. – *Bräupfannen ... drauf wohl leiden:* Die Bräupfannen der Stadt wurden hier aufbewahrt, u.a., um sie vor Diebstahl zu schützen.

246 *Geist ... des Verstandes:* Vgl. Jes. 11, 2. – *Gegner des Gesetzes:* die Antinomisten. Vgl. Anm. zu S. 148 *einer neuen Lehre.* – *Diakon:* Jakob Siegel. – *Eidechse, Lector:* Johann Agricola. – κόλαξ: griech., Kolax, prahlerischer Soldat in der hellenistischen Komödie, hier Hans Kohlhase, der in der Nacht vom 19. zum 20. Februar den Müller von Stangenhagen (Kr. Luckenwalde) entführt hatte. – *Der Feind:* Hans Kohlhase.

247 *Mezentius:* Heinrich II. von Braunschweig-Wolfenbüttel. – *Fürst sein:* die Herrschaft an sich reißen. – *D. Pontanus:* Doctor Gregor Brück.

249 *Magister Nikolaus:* Nikolaus Magnus. – *des königlichen Sohnes:* Erik XIV.

251 *Herzog Georgen Tod:* Er war am 17. April 1539 verstorben. – *der zu Mainz:* Kardinal Albrecht. – *die Bayern:* Wilhelm IV. und Ludwig X. – *deutsche Biblia:* die Wittenberger Vollbibel von 1534, um deren Druck für das Herzogtum Sachsen sich Nikolaus Wolrab bemühte.

252 *Instructio der Visitation:* Instruktion vom 16. Juni 1527 für die Visitation im Kurfürstentum durch Kurfürst Johann. – *der Landschaft:* Ritterschaft und Stände, die Landstände im Herzogtum.

253 *Qui servit ... de altari:* Wer dem Altar dient, soll vom Altar leben. 1. Kor. 9, 13. – *Wer einen Trunk ... empfahen:* Matth. 10, 42. – *Ezechias* oder Hiskia: um 700 v. u. Z. König von Juda. Vgl. 2. Kön. 18. 19; 2. Chron. 32. – *Ut possent ... domini:* Damit sie sich dem Gesetz des Herrn widmen können. 2. Chron. 31, 4.

254 *die gehauene Haustür:* das 1540 fertiggestellte ›Katharinenportal‹ am Eingang zu Luthers Wohnhaus (heute Lutherhalle).

255 *Euers Churfürsten:* Joachim II. – *Bet- oder Kreuzwochen:*

Bettage vom 5. Sonntag nach Ostern (Rogate) bis zum darauffolgenden Mittwoch, selten bis zum Sonnabend danach. – *am Tage Marti:* 25. April. – *Circuitum:* festlicher Umzug. – *Responsorio:* Responsorium, Kehr-, Antwortvers des Volkes zum Chor beim Psalmenvortrag (Antiphon). – *Salve festa dies:* Sei gegrüßt, festlicher Tag. Hymnus für die Sonntage von Ostern bis zum Sonntag nach Pfingsten (Trinitatis, Fest der heiligen Dreifaltigkeit). – *Vigilien:* Andachten für Verstorbene. – *weihen Wasser, Salz und Kraut:* Als Symbol der reinigenden Kraft und der Beständigkeit wurde bei den Taufzeremonien und zur Weihe des Wassers geweihtes Salz verwendet; eine Segnung des für das Vieh bestimmten Salzes erfolgte ebenfalls. Die Kräuterweihe zu Mariä Himmelfahrt (15. August) galt Blumen und Kräutern, sie sollte deren für Mensch und Tier heilende Kräfte erhalten. – *Aaron ... anzog:* Vgl. 3. Mose 8, 7. – *Josua ... Posaunen:* Jos. 6, 4–16. – *David vor der Lade:* 2. Sam. 6, 14f. – *Abusus:* Mißbrauch.

256 *Bruch:* Hose. – *Elevation:* Emporheben von Brot und Kelch bei den Einsetzungsworten zum Abendmahl; vgl. Luk. 22, 17–20. – *Vale ... perficitur:* Lebe wohl und sei stark im Herrn, denn die Kraft wird in der Schwachheit vollendet. Eph. 6, 10; 2. Kor. 12, 9. – *gegebenen Ratschlag:* der Beichtrat vom 10. Dezember 1539, den Luther gemeinsam mit Melanchthon erteilt hatte (WA Br 9, 638–644). Er enthielt ihre Zustimmung zur Doppelehe Philipps von Hessen. Die Entscheidung stimmte mit zeitgenössischen Vorstellungen überein, die statt einer Ehescheidung die Doppelehe als Notlösung gelten ließen. Sie stand jedoch im Gegensatz zum geltenden kaiserlichen Recht, das Bigamie verbot, und erwies sich wegen der so möglichen – und dann auch eintretenden – politischen Folgen als kurzsichtig.

257 *ich bitte:* Luther wandte sich gegen Versuche des Mansfelder Grafen, die Erbfeuer gegen ein geringes Entgelt oder ohne Entschädigung in Herrenfeuer, von ihm selbst betriebene Bergteile, umzuwandeln. – *Huttenmeistern:*

die Besitzer der Erbfeuer oder die Pächter von Herrenfeuern. – *zu Wahrzeichen:* zum Beweis. – *meiner Freundschaft:* meiner Verwandtschaft.

258 *Zülsdorf:* kleines Gut, das sich bei Neukieritzsch (Kr. Borna) befand. Luther hatte es 1540 von seinem Schwager, Hans von Bora, gekauft. – *wie Lazarus:* Vgl. Joh. 11, 1–45. – *Grafe zu Schwarzburg:* Graf Günther XL. von Schwarzburg-Sondershausen. – *M. Ambrosio:* Magister Ambrosius Berndt. – *des Baccalarien:* Hans Luther, der am 15. Oktober 1539 zum Baccalaureus promovierte. – *Mariische:* vielleicht für ›Marusche‹, die Tochter Margarethe.

259 *Lycaoni nostro:* unserem Lycaon. Nach der griechischen Sage hatte Zeus den König Lycaon in einen Wolf verwandelt; Anspielung auf Luthers Diener Wolf Seberger. – *Doctor Bleikards:* Bleikard Sindringer.

260 *itzt zu Hagenau:* Im Juni 1540 traf man dort zu Gesprächen über einen Religionsausgleich zusammen. Karl V., der sich wegen der Bedrohung durch die Türken gegenüber den protestantischen Ständen erneut kompromißbereit zeigen mußte, hatte dazu aufgerufen. – *wider den Herrn ... Gesalbeten:* Ps. 2, 2. – *wollen ... zureißen:* Ps. 2, 3. – *Auf daß sie ... spotte:* Ps. 2, 4. – *zuschmettere ... Gefäße:* Ps. 2, 9. – *Sage auch D. Schiefer:* Wolfgang Schiefer war Erzieher am Hof Ferdinands I. gewesen. – *Flectere si ... movebo:* Kann ich den Himmel nicht besiegen, bewege ich die Hölle zum Aufruhr. Vergil, Äneis, 7, 312. – *vom Vater ... gesetzt:* Ps. 110, 1. – *Mecum:* Friedrich Myconius.

261 *Hans von Jena:* Narrenkopf über der Jenaer Rathausuhr, der immer wieder vergeblich nach einer Kugel schnappt. Ihm zu dienen heißt, etwas zum Vergnügen, zum Zeitvertreib tun. – *Reichstage zu Hagenau:* Vgl. Anm. zu S. 260 *itzt zu Hagenau.*

262 *mit neuen bosen Teufeln:* Vgl. Matth. 12, 45. – *Feurlin ... löschen kunnte:* Vgl. Hes. 21, 36f. – *M. Engelbertum:* Magister Engelbert Scheteken.

263 *die Schrift:* Während des Wormser Religionsgesprächs, das im November 1540 begann, erarbeiteten von pro-

testantischer Seite vor allem Martin Bucer, von katholischer Seite vor allem Johann Gropper einen gemeinsamen Vorschlag zum Lehrausgleich. Diese Schrift bildete den Ausgangspunkt für die Verhandlungen auf dem Regensburger Reichstag (Mai bis Juli 1541), dessen Einberufung durch den Kaiser den Abbruch des Wormser Gesprächs zur Folge hatte. – *Bischof zu Mainz:* Kardinal Albrecht. – *Herzog Georgen ... Reformation:* Während des 2. Leipziger Religionsgesprächs 1539 entstand unter dem Einfluß Georgs von Karlowitz und unter der Beteiligung Georg Witzels und Martin Bucers ein Einigungsentwurf für einen religiösen Ausgleich, der Herzog Georg zugestellt wurde. – *Papst:* Paul III. – *Gottes Reich ... ersten gesucht:* Vgl. Matth. 6, 33. – *Regensburg:* die Religionsgespräche während des Regensburger Reichstages, die ihren Niederschlag in der ›Acta in conventu Ratisbonensi...‹, Wittenberg 1541, dem ›Regensburger Buch‹, fanden, das von protestantischer wie von katholischer Seite abgelehnt wurde. Eine Einigung auf Dauer wurde auch hier nicht erzielt, sondern von einem allgemeinen oder nationalen Konzil, das in Deutschland abgehalten werden mußte, abhängig gemacht. Vgl. Anm. zu S. 263 *die Schrift.*

264 *Caput ecclesiae:* Haupt der Kirche. – *M. Georg:* wohl Magister Georg Rörer. – *Mezentius:* Heinrich II. von Braunschweig-Wolfenbüttel. – *Jakob:* Jakob Steyrer. – *zu Regensburg... de transubstantiatione:* Über die Lehre von der Verwandlung der Elemente Brot und Wein im Abendmahl hatte man sich auf dem Regensburger Reichstag nicht einigen können. Vgl. Anm. zu S. 263 *Regensburg.* – *Dekretal:* Vgl. Anm. zu S. 47 *Dekretalen.*

265 *philosophiae ratio:* Lehre der Philosophie; hier abwertend, im Sinne von (bloßer) Weisheit der Welt. – *Eadem dicenda ... disputatione:* Dasselbe ist zu sagen vom Herumtragen [des Sakraments] und von seiner Aufbewahrung im Ziborium. Denn die Anbetung beim Empfang ergibt sich von selbst, da der wahre Leib und das wahre Blut mit gebeugten Knien empfangen wird [und] auch ohne

Philipp von Hessen. – *Durchzug ... Furnehmen:* Der Übergang über die Mulde bei Wurzen war einer der Streitpunkte in der ›Wurzener Fehde‹ (1542) zwischen Kurfürst Johann Friedrich und Herzog Moritz von Sachsen. Das Stiftsgebiet Wurzen (Bistum Meißen) war der gemeinsamen Schutzherrschaft von Ernestinern und Albertinern unterstellt. Versäumnisse Bischof Johanns VIII. beim Abliefern der Türkensteuer hatte Kurfürst Johann Friedrich zur eigenen Machterweiterung auszunutzen versucht, indem er Wurzen besetzen und die Reformation einführen ließ, ohne die Rechte Herzog Moritz' als Mitschutzfürst zu beachten. Dieser bot seine Landstände auf, um den Übergriffen zu begegnen, zumal für ihn der Muldenübergang strategische Bedeutung besaß. Dieses Verhalten des Herzogs verurteilten die Wittenberger Theologen als antiprotestantisch.

274 *disputatio:* Streitgespräch. – *dem Cerbero:* Zerberus; in der griechischen Sage der Hund am Eingang zur Unterwelt (Hades). – *der zu Mainz:* Kardinal Albrecht, zu dessen Erzbistum auch Erfurt gehörte. – *Bosewichter in Meißen:* neben Bischof Johann VIII. von Meißen vor allem die herzoglichen Räte in Dresden, die nach Überzeugung der Wittenberger Theologen die Haltung Herzog Moritz' gegenüber Kurfürst Johann Friedrich beeinflußt hatten. – *dem Landgrafen:* Philipp von Hessen. – *Bluthund H. Moritz:* wegen seines Verhaltens in der Wurzener Fehde so bezeichnet. Vgl. Anm. zu S. 273 *Durchzug ... Furnehmen:* – *H. Friedrich ... brudermordische Bosheit:* Friedrich III. und Johann der Beständige standen Heinrich von Sachsen in den Streitigkeiten mit seinem Bruder Georg bei, der dessen Anschluß an die Reformation zu verhindern gesucht hatte und ihn, als dies nicht gelungen war, mit seinen Söhnen von der Nachfolge im Herzogtum ausschließen wollte.

275 *von Euch ... genommen:* Johann Cellarius starb am 21. April 1542. – *Denn wir sind ... oder leben:* Vgl. Röm. 14, 8.

276 *D. Augustin:* Doctor Augustin Schurf.

277 *(wie Paulus):* Vgl. Phil. 4, 11. – *meinen Hausgenossen ein Schuldner:* 1. Tim. 5, 8.

278 *Herrn von Einsiedel:* Heinrich Hildebrand von Einsiedel. – *Das hat Gott getan:* Ps. 118, 23. – *Der hat solchen ... ausgetrieben:* Luk. 11, 20. – *solchem Sieg:* Die unablässigen Versuche Heinrichs II. von Braunschweig-Wolfenbüttel, die Städte Braunschweig und Goslar, das dem Schmalkaldischen Bund angehörte, seinem Machtbereich zuzuordnen, führten, verquickt mit der Religionsfrage, zur Feindschaft zwischen ihm, Kurfürst Johann Friedrich und Landgraf Philipp. Im Juli/August 1542 kam es zu einer weitgehend kampflosen Besetzung des Herzogtums durch Kursachsen und Hessen, zur politischen Isolierung Heinrichs II. und damit zur Ausschaltung seines Gebiets als antiprotestantisches und gegen den Schmalkaldischen Bund gerichtetes Zentrum. – *Pharao ... ersäuft:* Vgl. 2. Mose 14, 27f.

279 *Wurm zu Mainz:* Kardinal Albrecht. – *Es ist beständiger ... erhalten:* Terenz, Adelphi 1, 1, 65–67. – *Florian:* Florian von Bora.

280 *die beiden anderen:* Martin und Paul Luther. – *Optimo ... charissimo:* Dem trefflichen Marcus Crodel, dem frommen und getreuen Erzieher der Jugend zu Torgau, seinem geliebten Freund im Herrn. – *Florian:* Florian von Bora. – *Hansen:* Johann Luther. – *bene veneris:* Willkommen; Ausdruck für die Prügel, die den Gefangenen bei Einlieferung ins Gefängnis verabreicht wurden. – *einen guten fetten Schilling:* Prügel. – *Paulo:* Paul Luther. – *Sassen:* langes Messer. – *Lecker:* Schlingel, Schurke.

281 *Magdalena:* Sie starb am 20. September 1542. – *Spottzettel:* ›Neue Zeitung vom Rhein‹, 1542 anonym erschienen. WA 53, 402–405. – *Braut zu Mainz:* Kardinal Albrecht, den Luther in Predigten auch ›höllische Braut‹ nannte. – *Famoslibell:* nach kaiserlichem Recht eine anonyme, strafbare Schmähschrift.

282 *subiectum ... civilis:* Gegenstand und Absicht im allgemeinen Recht. – *lustet mich zu tanzen:* Vgl. Matth. 11, 17. – *Jurisperdit:* Rechtsverderber, Spottausdruck für Juris-

peritus, Rechtskundiger. – *Frischmut:* Hans Frischmut, der Drucker des Spottzettels, den Kardinal Albrecht daraufhin gefangennehmen ließ. – שבלימיני ·|· *sede a dextris meis:* Luther benutzt das für Ps. 110 charakteristische lat. ›sitze zu meiner Rechten‹ (Vers 1), um die Herkunft der vorangehenden hebräischen Wendung, ›zum Schemel deiner Füße‹, ebenfalls Ps. 110, 1, für Justus Jonas zu verdeutlichen. – *nos filii ... sicut illi:* wir Kinder des Lichts, nicht der Finsternis, wie jene; vgl. Joh. 12, 36. – *Valete ... Domini:* Lebt wohl! Am 6. November im Jahre des Herrn.

283 *Konzil gehe weiter:* Das für 1537 nach Mantua einberufene Konzil war nicht zustande gekommen; Luther bezieht sich hier auf Versuche Papst Pauls III. und Kaiser Karls V. vom Sommer 1542, im folgenden November ein Konzil zu eröffnen, doch kam es erst 1545 in Trient zu einem Konzil. – *Schweinfurt:* der Bundestag des Schmalkaldischen Bundes vom November 1542. – *zu Verächtern der Unsern:* durch die schwerfällige Kriegsführung des unter Kurfürst Joachim II. stehenden Reichsheeres in Ungarn, das Scheitern des Feldzuges Anfang Oktober 1542 vor Pest und den Rückzug. – *unsere Tochter:* die am 20. September verstorbene Magdalena.

284 *Hauptmann:* Nikolaus Schebitz. – *Kraft:* Johann Crato von Crafftheim. – *Complexion:* Konstitution des Körpers. – *M. Christophero:* Magister Christoph Jonas.

285 *Bischofe zu Köln ... Münster:* Hermann von Wied, Franz von Waldeck. – *Jerusalem ... ärgeste tun:* Vgl. z.B. Jer. 6, 8; Klagelieder 1, 8; Maleachi 2, 11. – *Reichstag zu Nürnberg:* Die Verhandlungen von Januar bis April 1543 betrafen die Hilfe für Ferdinand I. gegen die Türken, die Unterstützung Karls V. im erneuten Krieg mit Frankreich und in seinen Auseinandersetzungen mit Herzog Wilhelm von Jülich-Kleve um Geldern. Den Reichstagsabschied vom 23. April 1543 lehnten die Protestanten ab, da ihre Forderungen, das Kammergericht zu visitieren, die Prozesse gegen die evangelischen Stände auszusetzen sowie eine Neubesetzung des Gerichts, nicht

berücksichtigt worden waren. – *von Guise:* Claude de Lorraine, Herzog von Guise, hatte bei Metz einen evangelischen Gottesdienst überfallen, die Teilnehmer grausam mißhandelt und getötet. – *Christoffels Vater:* Nikolaus Jonas. – *die Bibel:* Bibelübersetzung der Zürcher Theologen, die Luther als Anhänger Zwinglis ablehnt.

286 *Regent zu Wien:* Gemeint ist Christoph Jörgers Tätigkeit als Rat in der Regierung für Niederösterreich. – *Wer wider … Sünde:* Röm. 14, 23. – *Euer König:* Ferdinand I.

289 *Vogt oder Richter:* Johann Fuchs. – *Gott … Gute kommt:* Jak. 1, 17. – *mit allerlei … segne:* Vgl. Eph. 1, 3. – *Feindschaft setzen … dem der Frau:* 1. Mose 3, 15.

290 *Er wird … zertreten:* 1. Mose 3, 15. – *Zähne der Schlange … der Backen:* Vgl. Ps. 58, 7. – *Kölner Reformation:* von Bucer und Melanchthon verfaßter Entwurf einer Kirchenordnung für Erzbischof Hermann von Wied. – *Fürst:* Johann Friedrich.

291 *Arnstadt … Ständetag:* Kurfürst Johann Friedrich und Landgraf Philipp verhandelten am 23. Juni 1544 in Gotha, nicht wie vorgesehen in Arnstadt, mit den evangelischen Bundesgenossen Niedersachsens über das Verhalten gegenüber Heinrich II. von Braunschweig-Wolfenbüttel. – *Neffen:* Christoph und Georg von Amsdorf. – *Mutter:* unbekannt. – *ihrem Mann:* Bartholomäus von Amsdorf. – *kommen von Zeitz:* von einem Besuch bei Nikolaus von Amsdorf.

292 *sein Bistum:* Georg von Anhalt hatte am 16. Mai 1544 als Koadjutor in geistlichen Dingen die Verantwortung für die Kirchensachen im Bistum Merseburg übernommen. – *Ad Georgium Hoselum … montis Mariae:* An Georg Hösel, den Bergschreiber zu Marienberg. – *Es ist … Kleinen verderbe:* Matth. 18, 14. – *ihre Engel … Angesicht sehen:* Matth. 18, 10.

293 *der von Altenburg Sachen:* die Nachfolge Georg Spalatins betreffend, der am 16. Januar 1545 gestorben war. – *M. Andres:* Magister Andreas Hügel. – *in der Türkei … Prediger:* in Ungarn und den türkisch besetzten Gebieten wirkende Prediger, die in Wittenberg studiert hatten. –

M. Augustinus: Magister Augustin Himmel. – *denen zu Jessen:* Wolfgang Brauer. – *Schulmeister:* Andreas Misenius.

294 *welsche Freude:* eine am 12. März 1545 von Landgraf Philipp übersandte italienische Zeitung, die Luthers Tod gemeldet hatte. – *Mein Büchlein:* ›Wider das Papsttum zu Rom, vom Teufel gestiftet‹, 1545; WA 54, 195–299. – *welsch und deutsch:* ›Eine welsche Lügenschrift von D. M. Luthers Tod, zu Rom ausgegangen‹, 1545 (WA 54, 188 bis 194), der die obenerwähnte Zeitung zugrunde lag. – *Witwen widerfähret:* Erbauseinandersetzungen der Margarethe von Staupitz mit ihren Geschwistern.

295 *Bischof zu Köln:* Hermann von Wied. – *Kurfürstin:* Dorothea von der Pfalz. – *Romische Greuel:* Papst Paul III. hatte versucht, das von Karl V. gewünschte Konzil zur Reform der Kirche hinauszuschieben. – *Mitfasten … Michaelis:* vom 15. März (Lätare) bis zum 29. September 1545.

296 *Ecce, quam … in unum:* Siehe, wie gut und wie angenehm ist es, daß Brüder einträchtig sind; Ps. 133, 1. – *ut abundetis magis und … werdet:* damit ihr dann immer mehr habt und immer stärker werdet; vgl. 1. Thess. 4, 1. – *Satan feind ist … verschlingen möge:* 1. Petr. 5, 8. – *Aschaffenburg:* Sommerresidenz Kardinal Albrechts von Mainz. – *wenig sind der Arbeiter:* Matth. 9, 37. – *hie findet … erfunden werde:* 1. Kor. 4, 2. – *in zwiefältiger Ehren zu haben:* 1. Tim. 5, 17. – *dedit bona hominibus:* Er hat den Menschen Geschenke gegeben; Ps. 68, 19; Eph. 4, 8.

297 *Ferdinandus:* Ferdinand von Maugis. – *das große Haus:* das ehemalige Schwarze Kloster. Vgl. Anm. zu S. 118 *Zinsen des Klosters.* – *mit dem Solde:* Luthers Professorengehalt. – *die vier Element:* Nach antiken Vorstellungen waren Wasser, Erde, Feuer und Luft die Grundlage der Materie und aller Wesen; für Luther hier Sinnbild der Gesamtheit des Bösen. – *St. Veits Tanz:* krankhafte Zuckungen im Gesicht und in den Gliedern. – *St. Johanns Tanz:* Tanz um das Johannisfeuer am 24. Juni. – *Lecks Bachscheiße:* Schlingel Schweinescheiße. – *Rosina:*

eine Rosina von Truchseß gleichende Magd. Vgl. S. 287, Brief vom 29. Januar 1544. – *Deceptor:* Betrüger. – *Furst George:* Georg von Anhalt hatte Luther gebeten, ihn für die bischöflichen Aufgaben im Bistum Merseburg zu ordinieren. Die Feier fand am 2. August 1545 statt.

298 *Braunschweigisch Unlust:* Störung durch die erneuten Kämpfe mit Heinrich II. von Braunschweig-Wolfenbüttel, der im Herbst 1545 versuchte, sein Land zurückzuerobern, jedoch am 21. Oktober 1545 zur Kapitulation gezwungen wurde. Vgl. Anm. zu S. 278 *solchem Sieg.* – *Mutter:* Dorothea von Mansfeld. – *Landschaft:* das Mansfelder Land.

299 *Zettel der Huttemeister:* nicht überlieferte Bittschriften. – *res transit cum onere:* Das Gut vergeht mit der Schuld. – *die Kaufmänner:* Georg Kaufmann und seine Geschwister, die Kinder von Heinz und Margarethe Kaufmann, geb. Luther, einer Schwester des Reformators.

300 *wunderbaren Sieg:* über Heinrich II. von Braunschweig-Wolfenbüttel. Vgl. Anm. zu S. 298 *Braunschweigisch Unlust.* – *Mezentius:* Heinrich II. von Braunschweig-Wolfenbüttel. – *Herr Pontanus:* Gregor Brück. – *seinem Sohn:* Karl Viktor von Braunschweig-Wolfenbüttel. – *von Rietberg:* Otto IV. von Rietberg. – *von Wrisberg:* wohl Christoph von Wrisberg. – *Reisigen Zeug Heinzen:* die Reiterei Heinrichs II. von Braunschweig-Wolfenbüttel.

301 *Papst sampt seinen Schupen:* Paul III. samt seinen Anhängern.

302 *Versprechens:* Georg von Anhalt in Merseburg zu besuchen. – *Konzil ... eröffnet:* Am 13. Dezember 1545 wurde das Konzil in Trient eröffnet. – *Babylon:* Vgl. Offb. 17, 5; Bezeichnung für Rom. – *Der Herr erhebe ... seine Feinde:* 4. Mose 10, 35.

303 *Deine Sohnchen:* Johann, Martin und Paul Luther. – *Hans von Jena:* Vgl. Anm. zu S. 261 *Hans von Jena.*

304 *seine Postill:* Melanchthons ›Annotationes in evangelio...‹ (Bemerkungen zu den Evangelien), Wittenberg 1544. – *die Reichtumb Dornen:* Luk. 8, 14. – *den Dornen ... gedrauet wird:* Ps. 118, 12; Jes. 9, 18; 10, 17; 27, 4; 33,

12. – *Wolfes Vogelherd:* Wolfgang Seberger hatte sich in seinem Garten einen Vogelfangplatz angelegt. – *zu Rißdorf:* Unterrißdorf (Kr. Eisleben). – *Gräfin zu Mansfeld:* Dorothea von Mansfeld. – *hab mich heute lassen horen:* ›Eine Vermahnung wider die Juden‹, 1546; WA 51, 195f. – *in ira mea:* in meinem Zorn.

305 *halbstubigen Reinfall:* ein halber Liter eines zu der Zeit geschätzten Südweins. – *phlegmate:* Schleim.

306 *Wirf Dein Anliegen ... für dich:* Ps. 55, 23; 1. Petr. 5, 7. – *Gebharts Sohn:* Georg II. oder Christoph II. von Mansfeld. – *Exauditor precum:* Erhörer der Gebete. Vgl. Ps. 91, 15; 118, 5. – *Gräfin Albrechts:* Anna von Mansfeld. – *Deine Sohnchen:* Johann, Martin und Paul Luther.

307 *der Franzose:* Franz I. – *der Landgraf:* Philipp von Hessen. – *den mir sehr willkommenen Brief:* Um die Verhandlungen zu beschleunigen, hatte Luther Melanchthon am 6. Februar 1546 gebeten, bei Kurfürst Johann Friedrich einen Brief zu erbitten, in dem seine Rückkehr nach Wittenberg gewünscht würde. – *Papst Paul III.:* Das Gerücht war falsch; Paul III. starb erst am 10. November 1549. – *Bischof zu Köln:* Hermann von Wied.

Personenregister

B. = Bruder.
D.h.F.G.H. = Durchleuchtiger, hochgeborner Fürst, gnädiger Herr.
E.A. = Euer Achtbarkeit.
E.E. = Euer Ehrbarn.
E.F. = Euer Fürsichtigen.
E.F.G. = Euer Fürstlichen Gnaden.
E.Gn. = Euer Gnaden.
E.K.F.G. = Euer Kurfürstlichen Gnaden.
E.K.Mt. = Euer Kaiserlichen Majestät.
E.L. = Euer Liebden.
Eu.Gestr. = Euer Gestrengen.
E.W. = Euer Weisheit.
Fürstl.Gn. = Fürstliche Gnaden.
G(n.)H. = gnädiger Herr.
G.u.F. = Gnade und Friede.
h.Ro.K. = heiligen Römischen Kirchen.
Kaiserl.Mai. = Kaiserliche Majestät.
M(ag). = Magister.
m.g.H. = mein gnädiger Herr.
p(r).n(r). = pater noster (Vaterunser).
Ro.Kais.Majt. = Römische Kaiserlichen Majestät.
S.C.F.G. = Seine Churfürstlichen Gnaden.
S.F.G. = Seine Fürstlichen Gnaden.
S.K.M. = Seine Kaiserlichen Majestät.

Origines (185–254): griechischer Philosoph und Theologe, stellte in der ›Hexapla‹ sechs verschiedene Fassungen des Alten Testaments nebeneinander, versuchte, antike Philosophie und christliche Lehre zu verbinden. 24.

Osiander, Andreas (1489–1552): prägte die Reformation in Nürnberg, nach 1547 in Königsberg, versuchte, Anschauungen Luthers selbständig weiterzuverarbeiten und löste 1550 heftige Streitigkeiten um die Rechtfertigungslehre aus. 156f., 223.

Otto IV. (1520–1552): Graf von Rietberg. 306.

Pack, Otto von (um 1480–1537): 1499 Studium in Leipzig, 1519 Rat Herzog Georgs. Als Urheber der Packschen Händel (1528) wird er auf Herzog Georgs Betreiben 1536 in den Niederlanden verhaftet und hingerichtet. 145.

Paul III.: Papst 1534–1549. 222, 236, 238, 241, 255f., 260, 263–265, 273, 288, 293, 301f., 307.

Pelagius (gest. nach 418): 400–411 in Rom, dann im Orient lebender Mönch. 14.

Pencz, Georg (um 1500–1550): Maler und Kupferstecher in Nürnberg. 106.

Petri, Adam (1454–1527): Buchdrucker in Basel, bei dem bereits 1520 eine Auswahl der lateinischen Schriften Luthers erschien. 59.

Petrus Lombardus (gest. um 1164): aus Lumello bei Novara (Lombardei) stammender scholastischer Theologe und Philosoph, berühmt durch seine Sammlung von Stellen der Kirchenväter zur Begründung der Dogmen. Diese ›Libri IV Sententiarum‹ wurden von fast allen Scholastikern erklärt. 1159 Bischof von Paris. 46.

Pfeffinger, Degenhart (1471–1519): kursächsischer Kämmerer. 21, 28.

Pfister, Johann (gest. 1557): Augustinereremit in Nürnberg, 1525 Studium in Wittenberg, 1527 Pfarrer in Farrenbach (Fürth) und 1547 in Fürth. 99.

Pflug, Julius von (1499–1564): 1541 katholischer Bischof von Naumburg-Zeitz; von Erasmus beeinflußt trat er für eine Kirchenreform ein. 273.

Worterklärungen

abe: ab
abekommen: wegkommen, versetzt werden
Abfuhren: Verirrungen, Verführungen
ader: oder
Aufzug: Aufschub
allwegen: allezeit, überall
amächtig: ohnmächtig, schwach
anheimisch: daheim
aufrücken: jemandem etwas vorhalten, vorwerfen
ausstäupern: vertreiben, verjagen
ausziehen: aussondern, ausnehmen

bald: zugleich, sogleich
barmherzig: erbärmlich
baß: besser
begrafen: an Wohlstand gewinnen
benugen: sich begnügen, zufriedenstellen
bereithan: bereits, schon
beschmitzt: beschmutzt, geschmäht
blöde: schüchtern, zaghaft
Bruch: Hose
Bus: Kuß
Copey: Kopie, Abschrift

dannost: dennoch, trotzdem
dar: auf, in
dargeben: opfern
Durst: Keckheit, Kühnheit, Frechheit

ebenteuerlich: seltsam
ehr: doch
ehrlich: anständig, geziemend
einheimisch: zu Hause anwesend
eisenmalicht: rostfleckig
ekel: schwierig, widerwillig
empfahen: empfangen
entragen: entwenden
erbeutig: erbötig, willig
Erbnem: Erbnehmer, Erbe
erst: zuerst, schnell

Fach: Loch
fährlich: gefährlich
Fälle: Fehltritte
fast: sehr
Feil: Fehler, Irrtum
feilen: fehlen, sich irren

feilschlachnis: Fehlschlag, Mangelhaftigkeit
flügg: flügge, reif, erwachsen
fodern: fordern
fort: fortan, in Zukunft
freidig: kühn, zuversichtlich
Frömichen: Frömmling, Scheinheiliger
fur: vor
furdern: fördern
Furnehmen: Entschluß, Plan
fußen: beharren

Gegitter: Gitter, Käfig
gemeldt: genannt
gestickt: gesteckt
gesunnen: gesunden, genesen
Geten: Jäten
Gezeug: Werkzeug
Glimpf: guter Ruf, Leumund
glum: trüb, schmutzig

Hamen: Fangnetz
heben: wegheben, wegnehmen
heimlich: geheim
Helle: Hölle
hoffen: erwarten, fürchten
Hürlin: Mädchen

ichts: etwas

Kappe: Kutte
keck: mutig, furchtlos
Kredenz: schriftliche Vollmacht
kurz: schnellstens

Laub: Erlaubnis
leberlich: leberfarben, bleich
Lecker: Schlingel, Schurke
leiden: etwas gestatten
zur Letze: zum Abschied
liegen: lügen, belügen

meilinger Weise: mählicher Weise, allmählich
mücken: murren
Mündlin: Mündel, Schützling
mützen: schmücken, putzen

nach: hernach, später
nerlich: knapp, kaum, zur Not
nießen: nutzen, genießen
nindert: keinesfalls, keineswegs

Parteken: Anteil, Stück, zeitliches, vergängliches Gut
Pfloschen: Flaschen, Fläschchen
plutzlich: plötzlich

quad: böse, schlimm
Quittenladwerge: Quittenmus

raufen: plündern
rechen: rechnen, ermessen
rüstrig: rostig, verrostet
Ruge: Gelassenheit, Ruhe

säuberlich: vorsichtig
scheu: unsicher, zögernd
schierst: schnell, sogleich
Schindeleich: Schindanger

Schörlinge: Tonsurträger
Schupen: Anhänger, Diener
sichen: sehen
Siedel: verschlossene Kastenbank
sint: seit
sittig: sittsam
Steur: Steuer, Beihilfe
stockern: stottern, stolpern

triegen: trügen, betrügen
tuglich: tauglich
Tumherr: Domherr
Tumprobst: Dompropst
Turst: Kühnheit
tursten: sich erkühnen, wagen

uberhaben: von etwas befreit sein
ungewaschen: derb, deutlich

verantworten: beantworten
Verfolger: Nachfolger
verjeuchen: verjagen
verledigt: leer stehend
verlegen: (Geld) vorstrecken, verauslagen
versuhnet: versöhnt
verteufen: leichtfertig sein
vertragen: verzeihen
verwissen: jemanden für unschuldig halten
vorfahren: fortfahren, weiterhin tätig sein
vorstorren: verfälschen, verstören
vorzweifelt: heillos
Vurmund: Vormund

zu Wahrzeichen: zum Beweis
weder: als
wegerer: besser
wegern: verweigern
absetzen von wehnen: entwöhnen
zu werken kommen: mit jemandem aneinandergeraten
wilchs: welches
wogen: wagen
wue: wo

zerren: sich mit etwas herumschlagen
aufzeuchen, verzeuchen: aufschieben, verschieben
ziemlich: geziemend, genügend
zupaß werden: gesund werden

Verzeichnis der Briefe

Inhalt

Fourier Verlag GmbH, Wiesbaden
Lizenzausgabe für die Bundesrepublik Deutschland,
Berlin-West, die Schweiz und Österreich
Gesamtherstellung: Offizin Andersen Nexö,
Graphischer Großbetrieb, Leipzig
Schrift: Baskerville-Antiqua und Luthersche Fraktur
Gestaltung: Hans-Joachim Walch
Printed in the German Democratic Republic
ISBN 3-921 695-79-1